Die *charitable company* im englischen Recht

Europäische Hochschulschriften
Publications Universitaires Européennes
European University Studies

Reihe II
Rechtswissenschaft

Série II Series II
Droit
Law

Bd./Vol. 3306

PETER LANG
Frankfurt am Main · Berlin · Bern · Bruxelles · New York · Oxford · Wien

Philip Kurt Brauch

Die *charitable company* im englischen Recht

PETER LANG
Europäischer Verlag der Wissenschaften

Die Deutsche Bibliothek - CIP-Einheitsaufnahme

Brauch,Philip Kurt:

Die "charitable company" im englischen Recht / Philip Kurt Brauch. - Frankfurt am Main ; Berlin ; Bern ; Bruxelles ; New York ; Oxford ; Wien : Lang, 2001
(Europäische Hochschulschriften : Reihe 2, Rechtswissenschaft ; Bd. 3306)
Zugl.: Osnabrück, Univ., Diss., 2001
ISBN 3-631-38614-1

Gedruckt mit Unterstützung
der Dr. Leo Mohren-Stiftung, München.

D 700
ISSN 0531-7312
ISBN 3-631-38614-1

www.peterlang.de

Meinen Eltern

Vorwort

Die vorliegende Arbeit wurde im Sommersemester 2001 von der Universität Osnabrück als Dissertation angenommen. Rechtsprechung und Literatur konnten bis einschließlich Februar 2001 berücksichtigt werden.

Mein herzlicher Dank gebührt zunächst meinem Doktorvater Herrn Professor Dr. Malte Schindhelm, LL.M., der die Erstellung dieser Arbeit mit großer Hilfsbereitschaft begleitet und meine Bemühungen um eine finanzielle Förderung meiner Promotion und die Organisation meines Aufenthalts am King's College in London nachhaltig unterstützt hat. Herrn Professor Dr. Rainer Hüttemann danke ich für die zügige Erstellung des Zweitgutachtens.

Zu Dank verpflichtet bin ich darüberhinaus Dr. John Gardner, der mich während meines Aufenthalts am King's College engagiert betreut hat und mir stets als kenntnisreicher Ansprechpartner zur Verfügung stand. Gedankt sei auch Ms. Margret Bolton, Professor Dr. Charles Mitchell, Mr. Richard Fries und Mr. Jonathan Garton, durch deren Interesse an meiner Arbeit ich zahlreiche wertvolle Anregungen erhalten habe.

Besonderer Dank gebührt der Erika und Ekmar Schoeneberg-Stiftung für die großzügige Förderung meiner Promotion durch ein Stipendium sowie der Dr. Leo Mohren-Stiftung für die Gewährung eines Reisekosten- und eines Druckkostenzuschusses.

Für die Durchsicht des Manuskripts danke ich Frau Gerda Schuy und Herrn Dr. Carsten Hoppmann. Schließlich möchte ich meiner Ehefrau Annette Brauch danken, die mir stets mit Einfühlungsvermögen und Verständnis zur Seite stand.

Diese Arbeit ist meinen Eltern gewidmet, die mir das Studium der Rechtswissenschaften ermöglicht und mich während meiner Ausbildung in jeder Hinsicht unterstützt haben.

Osnabrück, im Juli 2001 *Philip Brauch*

Inhaltsverzeichnis

Abkürzungsverzeichnis

A.C.	The Law Reports: Appeal Cases, ab 1891
All E.R.	All England Law Reports
Amb.	Ambler´s Chancery Reports
App.Cas.	The Law Reports: Appeal Cases, bis 1890
Atk.	Atkyn´s Chancery Reports
B.C.C.	British Company Law Cases
B.C.L.C.	Butterworths Company Law Cases
Beav.	Beavan´s Rolls Court Reports
Bracton L.J.	Bracton Law Journal
B.T.R.	British Tax Review
Can. Bar Rev.	Canadian Bar Review
C.B.	Common Bench Reports
Ch.	The Law Reports: Chancery Division, ab 1891
Ch.D.	The Law Reports: Chancery Division, bis 1890
Cl. & Fin.	Clark & Finnally´s House of Lords Cases
C.L.J.	Cambridge Law Journal
C.L.P.	Current Legal Problems
C.L. & P.R.	Charity Law and Practice Review
C.L.R.	Commonwealth Law Reports
Cm.	Command Papers, 6th series, ab 1986
Cmd.	Command Papers, 4th Series, 1919 - 1956
Co. Law.	The Company Lawyer
Conv.	Conveyancer and Property Lawyer
Conv. (N.S.)	Conveyancer and Property Lawyer, New Series
Coop. Pr. Cas.	Cooper´s Practice Cases
Cr. App. R.	Criminal Appeal Reports
De G. & J.	De Gex & Jones´ Chancery Reports
Diss.	Dissertation
D.T.I.	Department of Trade and Industrie

El. & Bl.	Ellis & Blackburn's Queen's Bench Reports
Ex. D.	The Law Reports: Exchequer Division
Ha.	Hare's Chancery Reports
H.L.C.	Clark's House of Lords Cases
H.M.	Her Majesty's
H.M.S.O.	Her Majesty's Stationery Office
Hrsg.	Herausgeber
i.V.m.	in Verbindung mit
J.	Justice
J.B.L.	Journal of Business Law
K.B.	The Law Reports: King's Bench Division
K. & J.	Kay & Johnson's Vice Chancellor's Reports
L.G.R.	Knight's Local Government Reports
L.J.	Lord Justice
Lloyd's Rep.	Lloyd's List Law Reports
L.Q.R.	Law Quarterly Review
L.R. Ch.App.	The Law Reports: Chancery Appeal Cases
L.R. C.P.	The Law Reports: Court of Common Pleas
L.R. Eq.	The Law Reports: Equity Cases
L.R. H.L.	The Law Reports: English and Irish Appeal Cases
L.T.	Law Times Reports
Mac. & G.	Macnaghten & Gordon's Chancery Reports
Macq.	Macqueen's Scotch Appeal Cases
Mer.	Merivale's Chancery Reports
M.L.R.	Modern Law Review
M.R.	Master of the Rolls
Myl. & K.	Mylme & Keen's Chancery Reports
NCVO	National Council for Voluntary Organisations
N.I.	Northern Ireland Law Reports
N.L.J.	New Law Journal
No.	Number
para./paras.	paragraph/paragraphs
P.C.	Privy Council
Pt.	Part

Q.B.	The Law Reports: Queen's Bench Division, ab 1891
Q.B.D.	The Law Reports: Queen's Bench Division, bis 1890
Q.C.	Queen's Counsel
R.	Regina
s.	section
S.C.	Session Cases
S.I.	Statutory Instrument
Sim.	Simsons' Vice Chancellor's Reports
Sim. & St.	Simsons & Stuart's Vice Chancellor's Reports
S.J.	Solicitors Journal
S.R. & O.	Statutory Rules and Orders
ss.	sections
S.T.C.	Simon's Tax Cases
Tax.	Taxation
T.C.	Official Reports of Tax Cases
T.L.R.	Times Law Reports
T.R.	Taxation Reports
Trust L. & P.	Trust Law & Practice
V.A.T.	Value Added Tax
V.A.T.T.R.	Value Added Tax Tribunals Reports
V.C.	Vice Chancellor
Ves.	Versey Junior's Chancery Reports
Vol.	Volume
W.L.R.	Weekly Law Reports
W.N.	Weekly Notes of Cases
W.R.	Weekly Reporter

Hinsichtlich der sonstigen verwendeten Abkürzungen wird verwiesen auf:

Kirchner, Hildebert	Abkürzungsverzeichnis der Rechtssprache, 3. Auflage, Berlin, New York 1993

§ 1 Einleitung

I. Die gesellschaftspolitische Funktion des englischen gemeinnützigen Sektors

Die gemeinnützige Betätigung in Gestalt privater Organisationen hat in England eine jahrhundertelange Tradition[1]. Dies belegt etwa die Royal Foundation of Saint-Katherine. Diese Organisation wurde bereits im Jahre 1148 gegründet und betreibt noch heute in London ein Zentrum für Altenfürsorge und eine Fortbildungsstätte für die Führungskräfte anderer Wohlfahrtseinrichtungen. Die Royal Society of London for Improving Natural Knowledge besteht seit 1645 und wird heute in England als Zentrum naturwissenschaftlichen Wissens angesehen[2]. Herkömmlich erfüllen gemeinnützige Organisationen in England Aufgaben, die in anderen Ländern weitestgehend dem Staat vorbehalten sind. So beruht beispielsweise der Aufbau des englischen Schul- und Universitätswesens maßgeblich auf der Tätigkeit privater Organisationen[3]. Gleiches gilt für das englische Gesundheitswesen[4]. Dies ist Folge einer Politik, bei der der Staat sich auf die Wahrnehmung weniger Kernaufgaben beschränkte. Weite Bereiche des öffentlichen Lebens, insbesondere der Daseinsfürsorge, blieben daher für private Initiative offen[5].

Im Laufe des ausgehenden 19. und der ersten Hälfte des 20. Jahrhunderts hat in England der Staat jedoch bedeutende Aufgaben, die traditionell von privaten Organisationen wahrgenommen wurden, an sich gezogen[6]. Dies war äußeres Zeichen einer gewandelten Staatsauffassung, die stärker dessen fürsorgende und schützende Rolle betonte. Der National Health Service Act 1946 verstaatlichte etwa das Gesundheitswesen. Der Staat zog das Vermögen privater Krankenhäuser ein und verwendete es, um die Steuersätze zu senken[7] und die neuen staatlichen

---

[1] Eingehend zur geschichtlichen Entwicklung etwa: *Chesterman*, Charities, Trusts and Social Welfare, S. 11 bis 111; *Jones*, History of the Law of Charity 1532 - 1827.
[2] *Hill*, in: Stiftungen in Europa, S. 219, 222 f.
[3] *Mestmäcker*, Recht und ökonomisches Gesetz, S. 335.
[4] *Chesterman*, Charities, Trusts and Social Welfare, S. 83; *Mestmäcker*, Recht und ökonomisches Gesetz, S. 335.
[5] *Westebbe*, Die Stiftungstreuhand, S. 20.
[6] *Chesterman*, Charities, Trusts and Social Welfare, S. 81 ff.; *Westebbe*, Die Stiftungstreuhand, S. 20; siehe auch: *NCVO*, The Voluntary Sector in a Changing Welfare State, S. 8.
[7] *Hill*, in: Stiftungen in Europa, S. 219, 244.

Hospitäler zu finanzieren[8]. In anderen Bereichen trat der Staat verstärkt in Wettbewerb zu privaten Einrichtungen. Zu nennen ist hier beispielsweise das Schulwesen. Dieses fand durch den Education Act 1944 zu seiner heutigen Form. Es ist gekennzeichnet durch ein Nebeneinander von staatlichen und privaten Schulen. Rein zahlenmäßig kommt dabei den staatlichen Schulen die weitaus größere Bedeutung zu[9]. Das Betätigungsfeld für gemeinnützige Organisationen wurde dadurch zunehmend eingeengt. Zudem entdeckten auch gewinnorientierte Unternehmen den Wohlfahrtssektor als Geschäftsfeld und traten damit in Wettbewerb zu den gemeinnützig ausgerichteten Organisationen[10].

Damit stellte sich die Frage, welcher Stellenwert dem gemeinnützigen Sektor neben der staatlichen Fürsorge und gewinnorientierten privaten Dienstleistern überhaupt noch zukommen konnte. Denn staatliche Fürsorge hat gegenüber privater Fürsorge zahlreiche Vorteile. Im Gegensatz zu privaten Einrichtungen kann der Staat Steuern erheben. Bei der Finanzierung seiner Leistungen ist er nicht auf die oft stimmungsabhängige Freigiebigkeit der Bevölkerung oder Wirtschaft angewiesen. Er hat somit im Vergleich zu privaten Organisationen die weitaus größere Finanzkraft[11]. Allein deshalb hat er viele Aufgaben an sich gezogen[12]. Zudem hat der Staat die Möglichkeit, seine Leistungen etwa durch Zwangsmitgliedschaften flächendeckend zu erbringen. Dies ist insbesondere bei teuren und aufwendigen Fürsorgeleistungen von Vorteil, die erst ab einer Mindestzahl von Empfängern durchführbar werden. Außerdem hat private Fürsorgetätigkeit den Nachteil, sich nicht nach der objektiven Bedürftigkeit zu richten. Sie entfaltet sich vielmehr nur auf den Gebieten, die sich die Initiatoren nach subjektiven Gesichtspunkten aussuchen. Bedürftige, denen es nicht gelingt, das Wohlwollen der Initiatoren zu gewinnen, werden dadurch gegenüber anderen benachteiligt. Der Staat wird sich dagegen eher nach dem objektiven Bedarf nach Fürsorge richten. Staatliche Fürsorge kann daher den Grundsätzen von Gleichheit und Gerechtigkeit eher genügen als private Fürsorgetätigkeit[13].

---

[8] *Chesterman*, Charities, Trusts and Social Welfare, S. 88.

[9] Im Jahre 1990 besuchten nur ca. 11 % der englischen Schüler Privatschulen, vgl.: *Bundeszentrale für politische Bildung*, Informationen zur politischen Bildung - Großbritannien, S. 38.

[10] *Chesterman* (1999) 62 M.L.R. 333, 335.

[11] *Weisbrod*, The Nonprofit Economy, S. 20 und 41.

[12] *Chesterman*, Charities, Trusts and Social Welfare, S. 83.

[13] *Simon*, in: The Third Sector - Comparative Studies of Nonprofit Organizations, S. 31, 33.

Andererseits sind private Einrichtungen im Gegensatz zum Staat von politischen Zwängen weitestgehend unabhängig. Sie können daher unbeirrt auch unpopuläre Zwecke verfolgen[14]. Zudem neigt der Staat wegen seiner Größe und seiner hierarchischen Struktur zu Schwerfälligkeit und Bürokratismus. Private Einrichtungen sind dagegen vergleichsweise kleine Einheiten, die schnell und unbürokratisch handeln können. Dadurch können sie effektiver arbeiten als der Staat[15].

Auch gegenüber gewinnorientierten Unternehmen haben gemeinnützige Organisationen Vorteile. Denn ein dem Wettbewerb ausgesetztes Unternehmen wird nur solche Aufgaben wahrnehmen, die einen Gewinn erwarten lassen. Unrentable Leistungen werden vernachlässigt. Gemeinnützige Organisationen können demgegenüber ihre Zwecke frei von Gewinnstreben verfolgen. Sie unterliegen daher auch keinem Wettbewerbsdruck. Dadurch sind sie besonders geeignet, für das Gemeinwesen bedeutende, aber wirtschaftlich uninteressante Aufgaben wahrzunehmen[16].

Angesichts des veränderten Stellenwerts des gemeinnützigen Sektors wurde im Jahre 1950 von der Regierung ein Ausschuß eingesetzt, der unter dem Vorsitz von *Lord Nathan* die Auswirkungen der Ausdehnung der Staatstätigkeit auf die Rolle der gemeinnützigen Organisationen untersuchen und Empfehlungen für eine Anpassung des Gemeinnützigkeitsrechts an die gewandelten Verhältnisse entwickeln sollte[17]. Seine Ergebnisse sind im sogenannten Nathan-Report[18] zusammengefaßt, der den privaten Organisationen drei Funktionen zuerkennt: Sie sollen neue Felder in der Fürsorge erschließen (to pioneer), mit staatlichen Institutionen zusammenarbeiten (to collaborate) und den Staat bei seiner Tätigkeit kritisieren (acting as a critic). Dies zeigt, daß die privaten, gemeinnützigen

---

[14] *Weisbrod*, The Nonprofit Economy, S. 5, 16 f. und 41.

[15] *Warburton/Morris* (1991) Conv. 419, 420; *Weisbrod*, The Nonprofit Economy, S. 17 f. und 41; *Simon*, in: The Third Sector - Comparative Studies of Nonprofit Organizations, S. 31, 32; *Westebbe*, Die Stiftungstreuhand, S. 22.

[16] *Mestmäcker*, Recht und ökonomisches Gesetz, S. 338; *Weisbrod*, The Nonprofit Economy, S. 5 und 41.

[17] *Hill*, in: Stiftungen in Europa, S. 219, 244; *Chesterman*, Charities, Trusts and Social Welfare, S. 84.

[18] *Committee on the Law and Practice Relating to Charitable Trusts*, Report of the Committee on the Law and Practice Relating to Charitable Trusts.

Organisationen auch in Zeiten zunehmender Tätigkeit des Staates und privater Dienstleister ihre Bedeutung behalten haben. Allerdings hat sich ihre gesellschaftspolitische Funktion von einer in weiten Bereichen monopolartigen Stellung hin zu einer ergänzenden und korrigierenden Rolle verschoben[19]. Dabei geht der Nathan-Report jedoch nicht von einem Über-Unterordnungsverhältnis aus; Staat und private Organisationen werden vielmehr als gleichberechtigt betrachtet[20]. Dieses partnerschaftliche Verhältnis läßt sich anhand der Entwicklung des Gemeinnützigkeitsrechts in den letzten Jahrzehnten belegen. So wurden die steuerlichen Vorteile für gemeinnützige Organisationen ständig erweitert[21]. Parallel zur Ausdehnung seiner Aufgaben hat der Staat dadurch die Anreize für private Wohlfahrtstätigkeit noch verstärkt.

Die letzten zwei Jahrzehnte waren wiederum durch eine gegenläufige Entwicklung gekennzeichnet: Ausgelöst durch eine freiheitlichere Staatsauffassung einerseits und die rezessionsbedingt angespannte Finanzlage der öffentlichen Haushalte andererseits suchte der Staat nach Möglichkeiten, seine fürsorgende Tätigkeit auf wesentliche Kernaufgaben zu beschränken[22]. Dementsprechend hat sich das Betätigungsfeld für private Fürsorgetätigkeit wiederum vergrößert. Rückzug des Staates und Ausdehnung privater Fürsorgetätigkeit sind unmittelbar miteinander verknüpft, wo der Staat Aufgaben vertraglich auf private Einrichtungen überträgt. Vor allem die Kranken- und Altenpflege auf lokaler Ebene ist seit Ende der achtziger Jahre durch eine solche "contract culture" geprägt[23].

---

[19] *Chesterman*, Charities, Trusts and Social Welfare, S. 84 ff.; *Chesterman* (1999) 62 M.L.R. 333, 335 f.; *Hill*, in: Stiftungen in Europa, S. 219, 244; *Mestmäcker*, Recht und ökonomisches Gesetz, S. 339; *Westebbe*, Die Stiftungstreuhand, S. 20; *Weisbrod* spricht von einem "Sicherheitsventil": *Weisbrod*, The Nonprofit Economy, S. 42.

[20] *Hill*, in: Stiftungen in Europa, S. 219, 244; *Chesterman*, Charities, Trusts and Social Welfare, S. 87 ff.

[21] *Chesterman*, Charities, Trusts and Social Welfare, S. 102 f.; *Chesterman* (1999) 62 M.L.R. 333, 335.

[22] *NCVO*, The Voluntary Sector in a Changing Welfare State, S. 8 und 11 f.; *Deakin*, in: The Voluntary Sector, the State and the Law, S. 241, 244.

[23] Vgl. dazu etwa: *Flynn*, in: The Role and Workings of Voluntary Organisations, S. 58 ff.; *Morris*, in: The Voluntary Sector, the State and the Law, S. 123 ff.; *Warburton/Morris* (1991) Conv. 419 ff.; *NCVO*, The Voluntary Sector in a Changing Welfare State, S. 23.

Dies mag mit dazu beigetragen haben, daß in den letzten Jahrzehnten die Zahl der in England registrierten gemeinnützigen Organisationen stetig gestiegen ist: Waren Ende 1980 nur 136.048 Organisationen registriert[24], betrug deren Zahl Ende 1998 bereits 186.248[25]. Hinzu kommt eine Dunkelziffer von nicht registrierten Organisationen, die auf etwa 80.000 geschätzt wird[26]. Allein im Jahre 1998 wurden mehr als 6.200 neue gemeinnützige Organisationen gegründet[27]. Die Einnahmen sämtlicher Organisationen beliefen sich im Jahre 1998 auf etwa 19,7 Mrd. Pfund[28]. 85 % dieser Einnahmen wurden allein von 5 % der Organisationen erzielt[29]. Demzufolge gibt es in England nur eine relativ kleine Zahl großer und finanzstarker gemeinnütziger Organisationen. Vorherrschend ist die kleine, nur regional tätige Einrichtung[30].

Wie diese Entwicklung zeigt, ist der gemeinnützige Sektor wesentlicher Bestandteil des englischen Gemeinwesens geblieben. Zwar hat die Ausdehnung des Wohlfahrtsstaates die privaten Organisationen aus ihrer in weiten Bereichen monopolartigen Stellung verdrängt. Als notwendige Ergänzung und Korrektiv zur staatlichen Wohlfahrt kommt ihnen jedoch nach wie vor eine bedeutende Funktion zu; dabei hat sich ihr Betätigungsfeld in den letzten zwei Jahrzehnten wegen des Rückzugs des Staates wiederum ausgeweitet.

II. Die rechtliche Struktur des englischen gemeinnützigen Sektors; Eingrenzung des Untersuchungsobjekts

Keeton bezeichnet das englische Recht gemeinnütziger Organisationen als "Dschungel, in dem sich der Jurist, gleich ob Praktiker oder Wissenschaftler, auf eigene Gefahr bewegt und dabei jeden Augenblick über verfaulende Stümpfe veralteter Gesetze stolpern oder sich in einer Falle im Gestrüpp von

---

24 Annual Report of the Charity Commissioners for 1980, para. 74.

25 Annual Report of the Charity Commissioners for 1998, Annex 1.

26 *Chesterman*, Charities, Trusts and Social Welfare, S. 90 und 127.

27 Annual Report of the Charity Commissioners for 1998, Annex 1.

28 Annual Report of the Charity Commissioners for 1998, Annex 1.

29 Annual Report of the Charity Commissioners for 1998, Annex 1.

30 *Hill*, in: Stiftungen in Europa, S. 219, 223; Annual Report of the Charity Commissioners for 1998, Annex 1.

Gerichtsentscheidungen, die mit keinem allgemeinen Grundsatz in Einklang zu bringen sind, wiederfinden kann[31]". Dieser Befund ist vor dem Hintergrund zu sehen, daß es eine eigene, besonders für gemeinnützige Betätigungen zugeschnittene Rechtsform im englischen Recht nicht gibt. Bei den Begriffen "Foundation", "Donation" oder "Fund", die oft synonym verwendet werden, handelt es sich nur um im allgemeinen Sprachgebrauch gängige Umschreibungen gemeinnütziger Tätigkeit. Rechtstechnisch haben diese Begriffe demgegenüber keinerlei Aussagekraft[32]. Dies bringt deutlich der Charities Act 1993 zum Ausdruck. Der Charities Act 1993 enthält die umfassendste Kodifikation von Sonderregelungen für gemeinnützige Betätigungen im englischen Recht. Er gebraucht den Begriff "charity" als Oberbegriff für gemeinnützige Organisationen. Gemäß s. 96 (1) Charities Act 1993 gilt als charity "any institution, corporate or not, which is established for charitable purposes [...]". Wie die Formulierung "any institution" zeigt, kann eine charity in jeder beliebigen Rechtsform verfaßt sein. Maßgebliches Wesensmerkmal einer charity ist somit allein das Verfolgen einer charitable purpose, also eines gemeinnützigen Zwecks.

Rechtlich unterliegen die charities grundsätzlich den für die jeweils gewählte Rechtsform geltenden allgemeinen Regelungen. Um den besonderen Anforderungen gemeinnütziger Betätigung Rechnung zu tragen, werden diese allgemeinen Regelungen durch Sonderregelungen ergänzt. Diese Sonderregelungen wurden zunächst durch die Rechtsprechung entwickelt. Seit Beginn des 19. Jahrhunderts hat jedoch auch der Gesetzgeber durch immer umfangreichere Kodifikationen Sonderrecht für den gemeinnützigen Bereich geschaffen: Zu nennen ist hier neben dem Charities Act 1993 insbesondere der Charities Act 1992. Während der Charities Act 1993 vor allem das Verfahren zur staatlichen Anerkennung von charities und deren staatliche Kontrolle regelt, enthält der Charities Act 1992 bestimmte Vorgaben für die Sammlung von Spenden (fund-raising). Auch bei der Besteuerung unterliegen charities verschiedenen gesetzlichen Sonderregelungen. Im übrigen ergeben sich nach wie vor zahlreiche Sonderregelungen aus dem einschlägigen case law.

---

[31] *Keeton* (1960) 13 C.L.P. 22; auch *Bentwich* hält das englische Recht gemeinnütziger Organisationen für eine "Wildnis", vgl.: *Bentwich* (1933) 49 L.Q.R. 520.

[32] *Hill*, in: Stiftungen in Europa, S. 219; *Westebbe*, Die Stiftungstreuhand, S. 49.

Abgesehen von einigen Sonderformen sind in der englischen Rechtspraxis im wesentlichen zwei Arten von charities anzutreffen: der charitable trust und die charitable company.

1. Der charitable trust

Der größte Teil der englischen charities ist als trust verfaßt[33]. Das Rechtsinstitut des trust durchdringt das gesamte anglo-amerikanische Sachenrecht und erfüllt dort vielfältige Funktionen[34]. Sein Vorläufer war das Recht der sogenannten uses, welches sich im 12. und 13. Jahrhundert in England ausgebildet hat. Im 15. Jahrhundert wurde das Recht der uses durch den Lord Chancellor anerkannt. Dieser war der für Beschwerden zuständige königliche Beamte. Er entschied nach dem Grundsatz der Billigkeit. Seine Entscheidungen bildeten die Grundlage für die Rechtsquelle des Billigkeitsrechts (equity). Dieses Billigkeitsrecht stand ursprünglich in Konkurrenz zu dem von den Gerichten geprägten, formelhaften Fallrecht (common law). Beide Rechtsquellen wurden zunächst von unterschiedlichen Gerichtszweigen angewandt. Erst seit den Judicature Acts 1873 bis 1875 haben sämtliche Gerichte beide Rechtsquellen bei der Rechtsfindung zu berücksichtigen[35]. Damit wurde auch der im Billigkeitsrecht wurzelnde trust zum allgemeinen Rechtsinstitut[36].

Bis heute gibt es keine einheitliche Definition des trust[37]. Das Grundprinzip des trust ist jedoch allgemein anerkannt. Demnach überträgt eine Person (settlor) einer anderen person (trustee) das Eigentum an einem Vermögensgegenstand (trust property) mit der Maßgabe, diesen Vermögensgegenstand ordnungsgemäß zu verwalten und dessen Früchte und gegebenenfalls auch den Vermögensgegenstand selbst einem Dritten (beneficiary oder cestui que trust) zuzuwenden; Einzelheiten

---

[33] *Cairns*, Charities: Law and Practice, S. 55; *Chesterman*, Charities, Trusts and Social Welfare, S. 4; *Westebbe*, Die Stiftungstreuhand, S. 25.

[34] Beispiele bei: *Oakley*, Parker and Mellows - The Modern Law of Trusts, S. 3 ff.

[35] *Elliott/Quinn*, The English Legal System, S. 71 f.; *Blumenwitz*, Einführung in das anglo-amerikanische Recht, S. 9 ff.

[36] Eingehend zur Geschichte des trust: *Kötz*, Trust und Treuhand, S. 14 ff.

[37] Zu den zahllosen Definitionsversuchen vgl. statt vieler: *Oakley*, Parker and Mellows - The Modern Law of Trusts, S. 7 ff.

regelt der settlor im sogenannten trust instrument[38]. Das Eigentum am trust property ist aufgespalten: Der trustee ist Eigentümer "at law", der beneficiary ist Eigentümer "in equity"[39]. Zwischen trustee und beneficiary besteht eine treuhänderische Beziehung. Seine daraus folgenden Ansprüche kann der beneficiary gerichtlich durchsetzen[40].

Nach der Definition in s. 96 (1) Charities Act 1993 gilt ein trust nur dann als charity, wenn er einem anerkannt gemeinnützigen Zweck, einer charitable purpose dient. Dies richtet sich nach den Zwecken, die der settlor dem trustee für die Verwaltung des in trust gegebenen Vermögens vorgibt. Ein solcher trust wird als charitable trust bezeichnet.

Charitable trusts unterliegen grundsätzlich dem allgemeinen trust-Recht. Aufgrund ihrer gemeinnützigen Ausrichtung finden allerdings wesentliche Grundsätze des trust-Rechts auf charitable trusts keine oder nur eingeschränkte Anwendung. Beispielsweise können charitable trusts auch ohne genaue Bestimmung der beneficiaries wirksam errichtet werden[41]. Demgegenüber ist normalerweise ein trust, der die beneficiaries nicht genau bestimmt, nichtig[42]. Charitable trusts müssen sich daher nicht an einen genau abgegrenzten Personenkreis richten, sondern können auch zugunsten der Allgemeinheit gegründet werden. Auch finden die sogenannten rules against perpetuities nur eingeschränkt Anwendung. Diese sollen verhindern, daß Vermögen zu lange aus dem Wirtschaftskreislauf ausgeschlossen und der Wirtschaftskreislauf dadurch beeinträchtigt wird[43]. Im Kern bestehen sie

---

[38] *Hayton*, Underhill and Hayton - Law Relating to Trusts and Trustees, S. 3; so auch: *Green v. Russell* [1959] 2 Q.B. 226, 241, per *Romer L.J.*

[39] Diese Aufspaltung wird durch die Dualität der Rechtsquellen common law und equity ermöglicht, vgl.: *Schindhelm/Stein*, Der trust im deutschen Erbschaft- und Schenkungsteuerrecht, S. 3; *Kötz*, Trust und Treuhand, S. 17 f.; grundlegend: *Blumenwitz*, Einführung in das angloamerikanische Recht, S. 14 f.

[40] *Oakley*, Parker and Mellows - The Modern Law of Trusts, S. 520 ff.; *Hayton*, Hayton and Marshall - Commentary and Cases on the Law of Trusts, S. 691 ff.; *Hill*, in: Stiftungen in Europa, S. 219, 225.

[41] *Warburton/Morris*, Tudor on Charities, S. 131; *Chesterman*, Charities, Trusts and Social Welfare, S. 206 ff.

[42] *Re Astor's Settlement Trusts* [1952] Ch. 534.

[43] *Hayton*, Hayton and Marshall - Commentary and Cases on the Law of Trusts, S. 179; *Oakley*, Parker and Mellows - The Modern Law of Trusts, S. 163; *Picarda*, The Law and Practice Relating to Charities, S. 274.

aus vier Regeln. Nach der ersten Regel ist eine Zuwendung unter einem trust unwirksam, wenn sie von einer Bedingung abhängig gemacht wird, die erst mehr als 21 Jahre nach dem Tod einer zur Zeit der Zuwendung lebenden Person oder nach Ablauf von 80 Jahren eintreten kann[44]. Zuwendungen unter einem charitable trust können dagegen auch unter einer Bedingung erfolgen, die erst nach Ablauf dieser perpetuity period eintreten wird; Voraussetzung ist allerdings, daß sich die Zuwendung an eine andere charity richtet[45]. Nach der zweiten Regel darf ein trust nicht für unendliche Zeit errichtet werden[46]. Von dieser Regel sind charitable trusts ausgenommen. Einen charitable trust kann der settlor daher auch für unbegrenzte Dauer errichten[47]. Der dritten Regel zufolge darf dem trustee die Übertragung eines in den trust eingebrachten Vermögensgegenstandes nicht über die perpetuity period hinaus untersagt werden[48]. Auch von dieser Regel sind charitable trusts vollständig ausgenommen[49]. Der settlor kann also nicht nur einen charitable trust für unbegrenzte Dauer errichten, sondern auch festlegen, daß bestimmte Vermögensgegenstände dem trust auch über die perpetuity period hinaus erhalten bleiben müssen. Einzig die vierte Regel, welche die Ansammlung des trust-Einkommens beschränkt[50], gilt uneingeschränkt auch für charitable trusts[51]. Diese Ausnahmen sollen es erleichtern, Vermögen für gemeinnützige Zwecke zur Verfügung zu stellen und auf Dauer diesen Zwecken zu erhalten.

---

[44] Sogenannte rule against the remoteness of vesting, vgl.: *Hayton*, Hayton and Marshall - Commentary and Cases on the Law of Trusts, S. 179 ff.; *Oakley*, Parker and Mellows - The Modern Law of Trusts, S. 163 ff.; *Erb*, Sammelvermögen und Stiftung, S. 23 f.; *Chesterman*, Charities, Trusts and Social Welfare, S. 210 f.

[45] *Picarda*, The Law and Practice Relating to Charities, S. 272 ff.; *Warburton/Morris*, Tudor on Charities, S. 139 f.; *Chesterman*, Charities, Trusts and Social Welfare, S. 210 f.

[46] Sogenannte rule against perpetual duration, vgl.: *Erb*, Sammelvermögen und Stiftung, S. 23; *Chesterman*, Charities, Trusts and Social Welfare, S. 210 f.

[47] *Picarda*, The Law and Practice Relating to Charities, S. 266; *Warburton/Morris*, Tudor on Charities, S. 140 f.; *Chesterman*, Charities, Trusts and Social Welfare, S. 210.

[48] Sogenannte rule against inalienability, vgl.: *Hayton*, Hayton and Marshall - Commentary and Cases on the Law of Trusts, S. 184 f.; *Oakley*, Parker and Mellows - The Modern Law of Trusts, S. 172 f.; *Westebbe*, Die Stiftungstreuhand, S. 57; *Erb*, Sammelvermögen und Stiftung, S. 25.

[49] *Oakley*, Parker and Mellows - The Modern Law of Trusts, S. 197; *Westebbe*, Die Stiftungstreuhand, S. 57.

[50] Sogenannte rule against accumulations, vgl.: *Hayton*, Hayton and Marshall - Commentary and Cases on the Law of Trusts, S. 185 f.; *Oakley*, Parker and Mellows - The Modern Law of Trusts, S. 173 f.; *Chesterman*, Charities, Trusts and Social Welfare, S. 210; *Picarda*, The Law and Practice Relating to Charities, S. 274 f.

[51] *Picarda*, The Law and Practice Relating to Charities, S. 274 ff.; *Warburton/Morris*, Tudor on Charities, S. 141.

Wie bei jedem trust kann auch bei einem charitable trust entweder eine natürliche oder eine juristische Person, wie etwa eine Gesellschaft, als trustee gewählt werden[52]. Der trustee ist derjenige, der entsprechend dem vom settlor vorgegebenen Zweck am Rechtsverkehr teilnimmt. Nur er ist rechtsfähig. Der trust als solcher besitzt dagegen keine Rechtspersönlichkeit[53].

2. Die charitable company

Statt als trust kann eine charity auch als company verfaßt sein. Laut s. 96 (1) Charities Act 1993 muß auch eine company einem anerkannt gemeinnützigen Zweck, einer charitable purpose dienen, um als charity anerkannt zu werden. Eine als charity anerkannte Gesellschaft wird als charitable company bezeichnet. Im Grundsatz unterliegen charitable companies wie jede andere Gesellschaft auch dem allgemeinen Gesellschaftsrecht, das sich im wesentlichen im Companies Act 1985 findet.

Probleme bei der rechtlichen Bewertung der charitable company entstanden in der Vergangenheit zum einen aus der Zielrichtung des Gesellschaftsrechts und zum anderen aus der gegenüber dem charitable trust geringen Verbreitung dieser Organisationsform. Denn während die Rechtsfigur des trust speziell auf fremdnützige Vermögensverwaltung angelegt ist, geht das Gesellschaftsrecht, dem die charitable companies im Grundsatz unterliegen, von einer privatnützigen und nicht von einer gemeinnützigen wirtschaftlichen Betätigung aus. Es ist daher zur rechtlichen Bewältigung von aus der Gemeinnützigkeit der charitable company folgenden Problemen nur unvollkommen geeignet[54]. Zudem hat sich die Rechtsprechung wegen der geringen Verbreitung der company als Organisationsform für charities bei der Entwicklung der Sonderregelungen für gemeinnützige Betätigungen weitgehend am Leitbild des trust orientiert. Die von der Rechtsprechung

---

[52] *Sydenham*, Trusts in a Nutshell, S. 65; *Oakley*, Parker and Mellows - The Modern Law of Trusts, S. 360.

[53] *Chesterman*, Charities, Trusts and Social Welfare, S. 199.

[54] *Luxton*, in: The Voluntary Sector, the State and the Law, S. 227, 231; *Gray*, in: The Voluntary Sector, the State and the Law, S. 75, 85; *Warburton* (1990) Conv. 95, 101; *Warburton* (1992/93) C.L. & P.R. 203; so auch die Regierung in einem Weißbuch von 1989, vgl.: *Home Office*, Charities: A Framework for the Future, para. 5.21.

ursprünglich entwickelten Sonderregelungen bezogen sich daher beinahe ausschließlich auf als trust verfaßte charities. Dies löste eine bis heute nicht völlig abgeebbte Grundsatzdiskussion darüber aus, ob auf charitable companies allgemeines trust-Recht sowie die von den Gerichten für charitable trusts entwikkelten Sonderregelungen analog anzuwenden seien, wo sich aus der gemeinnützigen Ausrichtung folgende Probleme stellten und das auf privatnützige Betätigungen zugeschnittene Gesellschaftsrecht keine sachgerechte Lösung bot[55]. Wie sich im Verlauf der Untersuchung zeigen wird, sind jedoch heute alle Fragen, in denen diese Diskussion praktische Bedeutung erlangt hätte, durch die zunehmende Intervention des Gesetzgebers oder durch Gerichtsentscheidungen zugunsten einer analogen Anwendung des trust-Rechts geklärt oder haben durch sonstige Rechtsänderungen ihre praktische Bedeutung verloren. Ausweislich s. 96 (1) Charities Act 1993 gilt insbesondere der Charities Act 1993 unabhängig von der Rechtsform für jede charity und erfaßt damit auch charitable companies. Gleiches gilt ausweislich s. 58 (1) (b) Charities Act 1992 auch für den Charities Act 1992. Deshalb bestehen im Hinblick auf als company verfaßte charities heute keine Regelungslücken mehr, die eine grundsätzliche Klärung der Frage einer analogen Anwendung des trust-Rechts erfordern würden.

Ausweislich s. 13 (3) Companies Act 1985 verfügt eine nach den Vorschriften des Companies Act 1985 errichtete Gesellschaft über eine eigene Rechtspersönlichkeit. Anders als ein charitable trust ist eine charitable company daher selbst rechtsfähig.

3. Trust und company als konkurrierende Gestaltungsformen

Trust und company lassen sich wegen ihrer unterschiedlichen Rechtsnatur als konkurrierende Gestaltungsformen gemeinnütziger Tätigkeit betrachten. Damit stellt sich die Frage, wann sich die Wahl der einen und wann sich die Wahl der anderen Gestaltungsform empfiehlt[56].

---

[55] Vgl. etwa: *Picarda*, The Law and Practice Relating to Charities, S. 382 f.; *Warburton/Morris*, Tudor on Charities, S. 159 ff.; *Hill*, in: Stiftungen in Europa, S. 220; *Mestmäcker*, Recht und ökonomisches Gesetz, S. 330 f.; *Westebbe*, Die Stiftungstreuhand, S. 25 und 41.

[56] Grundlegend dazu etwa: *NCVO*, The Company Right or Wrong? The Pros and Cons of Incorporation for Charities and Other Voluntary Organisations.

Zur Errichtung eines trust bedarf es lediglich der Übertragung des trust-Vermögens auf den oder die trustees sowie einer formlosen Erklärung des settlor, dieses Vermögen zur Begründung eines trust übertragen zu wollen[57]. Ein kostspieliges und langwieriges behördliches Verfahren ist nicht zu durchlaufen. Demgegenüber ist gemäß s. 1 (1) i.V.m. s. 10 und s. 13 Companies Act 1985 für die Gründung einer company deren Eintragung in das register of companies durch den Registrar of Companies erforderlich. Dafür müssen die Gründer zuvor umfangreiche Unterlagen einreichen[58]. Im Vergleich zu einer company läßt sich ein trust also vergleichsweise schnell und billig gründen. Der trust eignet sich daher besonders für charities mit kleinerem Vermögen, für die die Gründung einer company zu aufwendig wäre[59].

Ein trust besteht jedoch immer nur in Abhängigkeit von dem einmal ernannten trustee. Stirbt der trustee oder tritt er in den Ruhestand, muß daher ein neuer trust errichtet werden. Das Eigentum "at law" muß dann auf den neuen trustee übertragen werden[60]. Für Grundeigentum müssen dafür die Grundbücher entsprechend geändert werden[61]. Demgegenüber hat eine company den Vorteil, eine eigene Rechtspersönlichkeit zu besitzen. Sie besteht unabhängig von den natürlichen Personen, die ihre Organe besetzen. Das ihr einmal übertragene Vermögen wechselt auch bei einer Veränderung unter den Gesellschaftern oder directors nicht den Eigentümer. Die company ist somit für auf lange Dauer angelegte charities die vorteilhaftere Rechtsform.

Ein weiterer Anreiz für die Wahl einer company als Organisationsform ist die beschränkte Haftung[62]. Da die Gesellschaft eine eigene Rechtspersönlichkeit besitzt, haftet nur die Gesellschaft selbst für in ihrem Namen eingegangene Verbindlichkeiten. Die Gesellschafter haften gemäß s. 1 (2) Companies Act 1985

---

[57] *Hayton*, Underhill and Hayton - Law Relating to Trusts and Trustees, S. 124; *Hayton*, Hayton and Marshall - Commentary and Cases on the Law of Trusts, S. 220.

[58] Im einzelnen dazu unter § 3 II.1.

[59] *Hill* (1994) 144 N.L.J. Annual Charities Review 22, 32; *Westebbe*, Die Stiftungstreuhand, S. 22.

[60] *Oakley*, Parker and Mellows - The Modern Law of Trusts, S. 380; *Cairns*, Charities: Law and Practice, S. 56.

[61] Vgl. dazu etwa: *Thompson*, Land Law, S. 70 ff.

[62] *Hill* (1994) 144 N.L.J. Annual Charities Review 22, 28.

nur gegenüber der Gesellschaft und auch dies nur bis zur Höhe ihrer Haftungseinlage. Die directors haften bei pflichtgemäßer Ausführung ihrer Aufgaben überhaupt nicht persönlich[63]. Der trustee eines trust hingegen haftet aus den in Ausübung seines Amtes getätigten Rechtsgeschäften nicht nur mit dem trust-Vermögen, sondern im Grundsatz auch unbeschränkt mit seinem Privatvermögen[64]. Will er dem entgehen, muß er bei jeder Rechtshandlung, die er in seiner Eigenschaft als trustee ausführt, die Haftung auf das trust-Vermögen begrenzen. Der trustee ist daher einem ungleich höheren finanziellen Risiko ausgesetzt als die Gesellschafter oder directors einer company. Für charities, die in größerem Umfang am Wirtschaftsverkehr teilnehmen, ist daher eine company als Organisationsform besser geeignet als ein trust[65].

Darüber hinaus finden sich für companies im Companies Act 1985 genaue Regelungen zur Entscheidungsfindung unter den Gesellschaftern. Dies ist von Vorteil, wenn mehrere Gründer vorhanden sind. Als Gesellschafter können diese auch nach Errichtung der charity noch deren Arbeit steuern und innerhalb gewisser Grenzen auch den Zweck der Gesellschaft nachträglich ändern[66]. Der Zweck einer Gesellschaft kann daher den Vorstellungen eines wechselnden Gesellschafterbestandes oder veränderten äußeren Umständen angepaßt werden. Beim trust hingegen verliert der settlor mit der Gründung des trust grundsätzlich seinen Einfluß. Er selbst hat keine direkte Möglichkeit, den trustee zu einer ordnungsgemäßen Verwaltung anzuhalten. Der Zweck eines charitable trust kann nachträglich nur durch die zuständigen staatlichen Stellen mit Hilfe der sogenannten cy-près Doktrin geändert werden[67]. Eine Änderung durch den settlor oder den trustee ist ausgeschlossen, sofern das trust instrument nicht ausdrücklich eine abweichende Regelung trifft[68]. Daher eignet sich die company als Organisationform besonders für

---

[63] Zur Haftung der directors bei Pflichtverletzungen im einzelnen unter § 4 I.4.c.

[64] *Warburton/Morris* (1991) Conv. 419, 428; *Hill* (1994) 144 N.L.J. Annual Charities Review 22, 28; *Longley/Dockray/Sallon*, Charity Trustees' Guide, S. 19.

[65] *Cairns*, Charities: Law and Practice, S. 60; *Hill* (1994) 144 N.L.J. Annual Charities Review 22, 32.

[66] Im einzelnen dazu unter § 4 II.1.b.aa.

[67] Dazu im einzelnen unter § 7 I.

[68] *Schindhelm/Stein*, Der trust im deutschen Erbschaft- und Schenkungsteuerrecht, S. 5; *Sydenham*, Trusts in a Nutshell, S. 26 f.; *Cairns*, Charities: Law and Practice, S. 56; *Hill* (1994) 144 N.L.J. Annual Charities Review 22, 30.

solche charities, bei denen mehrere Gründer vorhanden sind, die auch nach Errichtung der charity noch deren Arbeit steuern wollen[69].

Als Umstände, die für die Wahl einer company als Organisationsform sprechen, können somit zusammenfassend genannt werden: großer Umfang des einzubringenden Vermögens, eine Mehrheit von Gründern, umfangreiche Teilnahme der charity am Wirtschaftsverkehr, voraussichtlich langes Bestehen der charity sowie der Wunsch der Gründer, auch nach Errichtung der charity deren Arbeit und Zweck noch beeinflussen zu können. Will hingegen ein einzelner Gründer ein kleineres Vermögen in eine charity einbringen und legt der Gründer keinen Wert auf eine dauernde Beeinflussung der Tätigkeit der charity, ist wegen der einfachen Errichtung ein trust besser geeignet.

Tatsächlich ist das Einkommen der als company verfaßten charities im Durchschnitt um ein Vielfaches größer als das der als trust verfaßten charities[70]. Die company ist somit diejenige Rechtsform, die am besten geeignet ist und auch am häufigsten verwendet wird, wenn eine gemeinnützige Betätigung größeren Umfangs angestrebt wird. Aus diesem Grund soll die vorliegende Untersuchung auf die Rechtsform der charitable company beschränkt werden.

4. Sonstige Gestaltungsformen

Neben trust und company finden sich im englischen Recht noch verschiedene andere Rechtsformen für gemeinnützige Organisationen. Gegenüber trust und company kommen diese allerdings vergleichsweise selten vor[71]. Ihre praktische Relevanz ist daher äußerst gering. Der Vollständigkeit halber sollen sie hier gleichwohl kurz beschrieben werden.

Zu nennen ist zunächst die unincorporated association. Diese Rechtsform wird vorwiegend von kleineren, mitgliedschaftlich geprägten Organisationen wie etwa

---

[69] *Hill* (1994) 144 N.L.J. Annual Charities Review 22, 32.
[70] *Chesterman*, Charities, Trusts and Social Welfare, S. 201.
[71] *Chesterman*, Charities, Trusts and Social Welfare, S. 198.

Sportvereinen genutzt[72]. Die unincorporated association ist nicht rechtsfähig[73]. Die Mitglieder können sie formlos durch einen schlichten Vertrag gründen[74]. Viele ursprünglich in Gestalt einer unincorporated association betriebene charities wurden später in companies umgewandelt, als die Ausdehnung ihrer wirtschaftlichen Betätigung einen Träger mit eigener Rechtspersönlichkeit und beschränkter Haftung vorteilhaft erscheinen ließ[75]. Die unincorporated association ist daher oft Vorform einer charitable company.

Die trustees einer in Form eines in trust betriebenen charity haben die Möglichkeit, sich unter s. 50 Charities Act 1993 inkorporieren zu lassen[76]. Die Inkorporierung muß gemäß s. 50 (1) (a) i.V.m. s. 52 Charities Act 1993 bei der zuständigen Aufsichtsbehörde beantragt werden. Der trust selbst erwirbt durch die Inkorporierung keine Rechtsfähigkeit. Ausweislich s. 50 (3) (a) Charities Act 1993 werden aber die trustees in ihrer Gesamtheit zur juristischen Person. Laut s. 50 (4) Charities Act 1993 können sie sich in dieser Eigenschaft einen eigenen Namen geben und unter diesem Namen klagen und verklagt werden. Ausweislich s. 51 Charities Act 1993 geht das gesamte von den trustees gehaltene Eigentum auf die neue juristische Person über. Bei einem Wechsel der trustees muß dieses daher nicht auf die neuen trustees übertragen werden. Zudem kann der unter s. 50 (4) Charities Act 1993 gewählte Name beibehalten werden. Dies dokumentiert nach außen hin die Kontinuität der charity auch über die Zugehörigkeit der ursprünglichen trustees hinaus.

---

[72] *Charity Commission*, Choosing and Preparing a Governing Document, para. 16; *Hill*, in: Stiftungen in Europa, S. 219, 234; *Warburton/Morris*, Tudor on Charities, S. 154.

[73] *Warburton/Morris*, Tudor on Charities, S. 155; *Hill* (1994) 144 N.L.J. Annual Charities Review 22, 24.

[74] *Chesterman*, Charities, Trusts and Social Welfare, S. 198; *Warburton/Morris*, Tudor on Charities, S. 155.

[75] *Hill*, in: Stiftungen in Europa, S. 219, 235; *Chesterman*, Charities, Trusts and Social Welfare, S. 200; *Warburton/Morris*, Tudor on Charities, S. 154; *Hill* (1994) 144 N.L.J. Annual Charities Review 22, 24.

[76] Vgl. dazu: *Hill* (1994) 144 N.L.J. Annual Charities Review 22, 24 f.; Halsbury's Laws of England, Vol. 5 (2), para. 234; *Middleton/Lloyd*, The Charities Acts Handbook, S. 56 ff.

In der Vergangenheit wurden charities gelegentlich durch spezielles Gesetz errichtet und mit eigener Rechtspersönlichkeit versehen[77]. Ferner kann eine charity beliebiger Rechtsform die Krone um Verleihung einer sogenannten Royal Charter ersuchen[78]. Mit der Verleihung der Royal Charter wird die charity zur juristischen Person[79]. Allerdings kann eine charity durch Umwandlung in eine company schneller und sicherer mit einer eigenen Rechtspersönlichkeit versehen werden. Die Verleihung der Royal Charter ist daher kaum noch gebräuchlich. Als Ehrentitel ist sie jedoch noch immer begehrt[80].

Eine weitere wenig verbreitete Rechtsform sind die sogenannten friendly societies. Dies sind Körperschaften, die sich aus Mitgliedsbeiträgen finanzieren und Leistungen allein an ihre Mitglieder erbringen[81]. Sie können sich nach den Vorschriften des Friendly Societies Act 1974 registrieren lassen und dadurch Rechtsfähigkeit erlangen[82]. Die friendly societies haben durch den Ausbau der staatlichen Sozialsysteme ihre Bedeutung weitgehend verloren[83].

5. Zusammenfassung

Das englische Recht bietet für gemeinnützige Tätigkeiten eine Vielzahl verschiedener Organisationsmöglichkeiten. Wesentliches Merkmal einer charity ist nicht deren verfassungsmäßige Struktur. Vielmehr ist ausschlaggebend, ob sie einen anerkannt gemeinnützigen Zweck, eine charitable purpose verfolgt. Ist dies

---

[77] Halsbury's Laws of England, Vol. 5 (2), para. 214; *Hill*, in: Stiftungen in Europa, S. 219, 232; *Warburton/Morris*, Tudor on Charities, S. 121; *Chesterman*, Charities, Trusts and Social Welfare, S. 204.

[78] Halsbury's Laws of England, Vol. 5 (2), para. 214; *Hill* (1994) 144 N.L.J. Annual Charities Review 22, 23; *Gower/Prentice/Pettet*, Gower's Principles of Modern Company Law, S. 6 und 265 f.

[79] *Hill*, in: Stiftungen in Europa, S. 219, 232 f.; *Warburton/Morris*, Tudor on Charities, S. 162 f.; *Chesterman*, Charities, Trusts and Social Welfare, S. 203 f.; *Gower/Prentice/Pettet*, Gower's Principles of Modern Company Law, S. 6.

[80] *Hill*, in: Stiftungen in Europa, S. 219, 232; *Cairns*, Charities: Law and Practice, S. 62; *Gower/Prentice/Pettet*, Gower's Principles of Modern Company Law, S. 6.

[81] *Hill*, in: Stiftungen in Europa, S. 219, 235 f.; *Warburton/Morris*, Tudor on Charities, S. 121; *Chesterman*, Charities, Trusts and Social Welfare, S. 201 f.;

[82] Vgl. dazu: *Warburton/Morris*, Tudor on Charities, S. 163.

[83] *Chesterman*, Charities, Trusts and Social Welfare, S. 201.

der Fall, gelten verschiedene Sonderregelungen, durch die das allgemeine Recht an die aus der Gemeinnützigkeit folgenden besonderen Anforderungen angepaßt werden soll. Die meisten englischen charities sind entweder als trust oder als company organisiert. Dabei wird die charitable company von den größeren und finanzstärkeren charities bevorzugt. Zwar finden sich daneben noch andere Erscheinungsformen. Diese spielen jedoch in der Rechtspraxis keine nennenswerte Rolle. Untersuchungsobjekt der vorliegenden Arbeit ist daher allein die charitable company.

III. Gang und Ziele der Untersuchung

Wie bereits angedeutet, setzt sich das Recht der charitable company aus einer Vielzahl sich überlagernder Rechtsquellen zusammen. Vor diesem Hintergrund ist es Ziel dieser Arbeit, das Recht der charitable company zu entwirren und nach Problemkreisen getrennt darzustellen. Dabei werden Inhalt und Funktion der für charitable companies geltenden Sonderregelungen gegenüber dem allgemeinen Gesellschaftsrecht besonderes Gewicht erhalten. Letzteres soll nur soweit dargestellt werden, wie es als Rahmen zur Verdeutlichung der für charitable companies geltenden rechtlichen Besonderheiten erforderlich ist.

Eine charitable company unterscheidet sich von privatnützig ausgerichteten Gesellschaften vor allem durch ihren gemeinnützigen Gesellschaftszweck. Nur wenn eine Gesellschaft einen gemeinnützigen Zweck verfolgt und aufgrund dessen als charity anerkannt wird, kommen neben dem allgemeinen Gesellschaftsrecht Sonderregelungen zur Anwendung. Ausgangspunkt der Untersuchung ist daher die Frage, welche Zwecke im englischen Recht als charitable purpose anerkannt sind und welche sonstigen Anerkennungsvoraussetzungen zu erfüllen sind. In diesem Zusammenhang sind auch das Verfahren und die Zuständigkeit für eine Anerkennung als charity zu erörtern. Im Anschluß wird das Vorgehen bei Gründung einer charitable company beschrieben. Dabei soll zunächst untersucht werden, welche der im englischen Recht zur Verfügung stehenden Gesellschaftsformen sich am besten als Rechtsträger für eine charitable company eignet. Ferner wird erklärt, wie die Satzung im einzelnen gestaltet werden muß, um den zuvor erörterten Anerkennungsvoraussetzungen zu genügen.

Einen weiteren Schwerpunkt der Arbeit bildet die Leitung einer charitable company durch den board of directors und die Gesellschafterversammlung. Besondere Aufmerksamkeit verdienen dabei die Auswirkungen der Anerkennung als charity auf die Befugnisse dieser beiden Organe sowie die gesteigerte staatliche Kontrolle und Einflußnahme, der charitable companies unterliegen. Unter Berücksichtigung der aus der Gemeinnützigkeit folgenden Besonderheiten soll in diesem Zusammenhang auch die Rechtsstellung des einzelnen directors und des einzelnen Gesellschafters untersucht werden.

In zwei weiteren Abschnitten sollen Finanzierungsfragen erörtert sowie die mit der Anerkennung als charity verbundenen steuerlichen Vorteile dargestellt werden. Abschließend bleiben die Möglichkeit einer staatlichen Zweckänderung mit Hilfe der sogenannten cy-près Doktrin sowie das Verfahren bei Auflösung einer charitable company zu behandeln.

§ 2 Voraussetzungen und Verfahren der staatlichen Anerkennung als charity

I. Im englischen Recht als charitable purpose anerkannte Zwecke

Entsprechend der Definition in s. 96 (1) Charities Act 1993 ist wesentliches Merkmal einer charity deren gemeinnütziger Zweck. Auch eine company wird daher nur dann als charity anerkannt, wenn sie einen als charitable purpose anerkannten Zweck verfolgt. Den Begriff der charitable purpose definiert s. 97 (1) Charities Act 1993 als "purposes which are exclusively charitable according to the law of England and Wales". Durch die Bezugnahme auf das "law of England and Wales" verweist der Charities Act 1993 auf das einschlägige case law[1]. Eine gesetzliche Definition des Begriffs "charitable purpose" ist somit nicht vorhanden. Auch der Rechtsprechung läßt sich keine genaue Definition dieses Begriffs entnehmen. Allerdings hat sich in der Rechtsprechung ein bestimmtes Prüfungsverfahren ausgebildet, welches nach verschiedenen Fallgruppen unterscheidet. Dabei hat sich die Rechtsprechung bis heute an der Präambel des Charitable Uses Act 1601 orientiert. Diese enthält eine Aufzählung von Zwecken, die zur damaligen Zeit als charitable purpose angesehen wurden[2]. *Lord Macnaghten* ordnete diese Zwecke in *Commissioners of Income Tax v. Pemsel* in vier Kategorien ein: "relief of poverty", "advancement of education", "advancement of religion" und "other purposes beneficial to the community"[3]. Eine weitere Kategorie möglicher charitable purposes wurde durch den Recreational Charities Act 1958 eingeführt. Laut s. 1 dieses Gesetzes gilt unter bestimmten Voraussetzungen die Förderung von Erholungs- und Freizeiteinrichtungen als charitable purpose. Der von einer Organisation verfolgte Zweck muß sich in mindestens eine dieser fünf Kategorien einordnen lassen, um als charitable purpose anerkannt zu werden.

---

[1] *Warburton/Morris*, Tudor on Charities, S. 1 f.; Halsbury's Laws of England, Vol. 5 (2), para. 2.

[2] Dies sind im Wortlaut:"The relief of aged, impotent, and poor people; the maintenance of sick and maimed soldiers and mariners, schools of learning, free schools and scholars in universities; the repair of bridges, ports, havens, causeways, churches, sea-banks and highways; the education and preferment of orphans; the relief, stock or maintenance of houses of correction; the marriages of poor maids; the supportation, aid and help of young tradesmen, handicraftsmen and persons decayed; the relief or redemption of prisoners or captives; and the aid or ease of any poor inhabitants concerning payments of fifteens, setting out of soldiers and other taxes".

[3] *The Commissioners for Special Purposes of the Income Tax v. Pemsel* [1891] A.C. 531, 583.

Als weitere Voraussetzung hat die Rechtsprechung das sogenannte public benefit-Erfordernis enwickelt[4]. Dieses Erfordernis soll gewährleisten, daß nur solche Organisationen in den Genuß der mit einer Anerkennung als charity verbundenen Vorteile kommen, deren Arbeit das Gemeinwohl auch spürbar fördert. Es läßt sich in zwei eng miteinander verbundene Prüfungspunkte aufspalten: Zum einen muß die Arbeit der betreffenden Organisation einen spürbaren Nutzen haben, zum anderen die Allgemeinheit in ihrer Gesamtheit oder zumindest einen hinreichend bedeutenden Teil der Allgemeinheit begünstigen[5]. Diese zwei Prüfungspunkte werden jedoch nicht einheitlich auf alle fünf Kategorien angewandt; vielmehr gelten je nach Kategorie unterschiedlich strenge Maßstäbe[6]. Im folgenden wird daher das public benefit-Erfordernis für jede der fünf Kategorien gesondert behandelt.

Schließlich gibt es verschiedene Ausschlußgründe, bei deren Vorliegen eine Organisation nicht als charity anerkannt wird, selbst wenn die übrigen Voraussetzungen erfüllt sind. Der erste Ausschlußgrund beschränkt charities in der Verwendung ihrer Gewinne. Ein weiterer Ausschlußgrund betrifft Organisationen, die ihren Zweck durch politische Einflußnahme zu erfüllen versuchen. Ein dritter Ausschlußgrund greift ein, wenn eine Organisation neben einem als charitable purpose anerkannten Zweck gleichzeitig auch privatnützigen Zwecken dient.

Die Rechtprechung zu diesen Punkten hat sich über Jahrhunderte entwickelt und längst eine unüberschaubare Fülle erreicht. Daher beschänkt sich die folgende Darstellung auf die wesentlichen Grundzüge[7].

---

[4] Erstmals: *Jones v. Williams* (1767) Amb. 651.

[5] Halsbury's Laws of England, Vol. 5 (2), paras. 7 ff.; *Atiyah* (1958) 21 M.L.R. 138; *Warburton/Morris*, Tudor on Charities, S. 5; *Longley/Dockray/Sallon*, Charity Trustees' Guide, S. 1.

[6] *Atiyah* (1958) 21 M.L.R. 138 f.; *Maurice* (1951) 15 Conv. (N.S.) 328 f.; *Warburton/Morris*, Tudor on Charities, S. 6; *Cairns*, Charities: Law and Practice, S. 20; *Sheridan*, Keeton & Sheridan's Modern Law of Charities, S. 18; *Longley/Dockray/Sallon*, Charity Trustees' Guide, S. 1.

[7] Umfassende Sammlungen der einschlägigen Urteile finden sich bei *Sheridan*, Keeton & Sheridan's Modern Law of Charities, S. 1 bis 201, *Picarda*, The Law and Practice Relating to Charities, S. 1 bis 173, *Warburton/Morris*, Tudor on Charities, S. 1 bis 121, *Cracknell*, Law Relating to Charities, S. 1 bis 27, *Cairns*, Charities: Law and Practice, S. 3 ff. und Halsbury's Laws of England, Vol. 5 (2), paras. 16 ff.; speziell zum public benefit-Erfordernis vgl. etwa: *Atiyah* (1958) 21 M.L.R. 138 ff.; *Maurice* (1951) 15 Conv. (N.S.) 328 ff.

1. Relief of poverty

Zur Beantwortung der Frage, ob der Zweck einer Organisation sich in die Kategorie "relief of poverty" einordnen läßt, gehen die Gerichte zunächst vom Wortlaut der Zweckbestimmung aus. Enthält diese Begriffe wie "poverty", "poor people", "of limited means" oder "needy", so wird der Zweck dieser Kategorie zugeordnet, sofern keine entgegenstehenden Anhaltspunkte vorliegen[8].

Diese Vermutung gilt jedoch nicht, wenn Begriffe wie "deserving" oder "in need of" verwendet werden[9]. Diese stehen nämlich im englischen Sprachgebrauch nicht für eine generelle, sondern eher für eine partielle Bedürftigkeit. So führt *Templeman J.* in *Re Cohen* aus, auch der an sich wohlhabende Vater sei hinsichtlich der Finanzierung des Studiums seines Sohnes "in need of money"[10]. In solchen Fällen ist eine nähere Untersuchung der Bedürftigkeit der Adressaten erforderlich. Gleiches gilt, wenn ohne Attribute wie "poor" oder "needy" nur der Adressatenkreis der Organisation beschrieben wird. So betraf der Fall *Powell v. Attorney General* Leistungen an Witwen und Kinder der Seeleute aus Liverpool[11]. In *Re Niyazi* war zu klären, ob die Errichtung eines Heims für Arbeiter auf Zypern als relief of poverty zu werten sei[12]. Dann stellt sich die Frage, wann seitens der Adressaten Bedürftigkeit im Sinne von "poverty" besteht. Die Gerichte haben den Begriff "poverty" nicht genau definiert. Vielmehr stellte *Sir Raymond Evershed M.R.* in *Re Coulthurst* fest, der Begriff "poverty" sei "a word of wide and somewhat indefinite import"[13]. Grundsätzlich betrachten die Gerichte die Adressaten jedoch als "poor", wenn sie objektiv nicht einmal zu einer bescheidenen Lebensführung in der Lage sind[14]. Dies wird bei bestimmten Lebensumständen vermutet: In den oben genannten Fällen *Powell v. Attorney General* und *Re Niyazi* gingen die Gerichte ohne weiteres von einer hinreichenden Bedürftigkeit der Adressaten aus, da Witwen von Seeleuten beziehungsweise Arbeiter, die auf eine

---

[8] *Re Gardom* [1914] 1 Ch. 662.
[9] *Re Cohen* (1919) 36 T.L.R. 16; *Re Cohen* [1973] 1 W.L.R. 415.
[10] *Re Cohen* [1973] 1 W.L.R. 415, 422.
[11] *Powell v. Attorney General* (1817) 3 Mer. 48.
[12] *Re Niyazi's Will Trusts* [1978] 1 W.L.R. 910.
[13] *Re Coulthurst* [1951] Ch. 661, 665.
[14] *Shaw v. Mayor, & C., of Halifax* [1915] 2 K.B. 170; *Re Clarke* [1923] 2 Ch. 407; *Re De Carteret* [1933] Ch. 103.

Heimunterkunft angewiesen seien, nach allgemeiner Lebenserfahrung stets "poor" seien[15]. Auch Adressaten, die durchaus noch zu einer bescheidenen Lebensführung in der Lage sind, können jedoch als "poor" eingestuft werden, sofern sich deren persönliche Verhältnisse im Vergleich zu ihrem früheren Lebensstandard deutlich verschlechtert haben. In *Re Young* wurden beispielsweise in finanzielle Schwierigkeiten geratene Mitglieder eines exklusiven Londoner Clubs als bedürftig angesehen[16]. Neben den absoluten Maßstab der bescheidenen Lebensführung tritt damit der relative Maßstab der Veränderung der persönlichen Verhältnisse der Adressaten.

Ist der Adressatenkreis der betreffenden Organisation als hinreichend bedürftig eingestuft, spielt es nach der Rechtsprechung keine Rolle, mit welchen Mitteln dessen Armut gelindert werden soll. Auch ist unerheblich, ob die Hilfe die Adressaten unmittelbar oder mittelbar erreicht. Neben unmittelbaren Leistungen wie Geldzahlungen[17] oder zinslosen Darlehen[18] sind daher auch mittelbare Unterstützungsmaßnahmen wie etwa die Förderung von Suppenküchen[19] oder Armenwohnheimen[20] in die Kategorie "relief of poverty" einzuordnen. Nach einer mittlerweile allgemein anerkannten Rechtsregel ist es zudem gleichgültig, ob die charity die betreffende Leistung entgeltlich oder unentgeltlich erbringt[21]. Auch Organisationen, die von ihren Adressaten für die empfangene Leistung eine Gegenleistung verlangen, können daher als charity anerkannt werden.

Bei der Prüfung des public benefit-Erfordernisses legt die Rechtsprechung in der Kategorie "relief of poverty" einen vergleichsweise großzügigen Maßstab an. Ist der Zweck einer Organisation einmal dieser Kategorie zugeordnet worden, unterstellen die Gerichte einen spürbaren Nutzen der Arbeit dieser Organisation. Sie untersuchen nur, ob die Adressaten der Organisation einen hinreichend bedeutenden Teil der Allgemeinheit bilden. Auch diese Prüfung handhaben sie

---

[15] *Powell v. Attorney General* (1817) 3 Mer. 48; *Re Niyazi's Will Trusts* [1978] 1 W.L.R. 910.

[16] *Re Young* [1955] 1 W.L.R. 1269; vgl. auch: *Re Gardom* [1914] 1 Ch. 662; *Re Young* [1951] Ch. 344.

[17] *Re De Carteret* [1933] Ch. 103.

[18] *Re Monk* [1927] 2 Ch. 197.

[19] *Biscoe v. Jackson* (1887) 35 Ch.D. 460.

[20] *Re Sahal's Will Trusts* [1958] 1 W.L.R. 1243.

[21] *Re Estlin* [1903] 89 L.T. 88.

wohlwollend: So reicht es beispielsweise aus, wenn die Organisation nur die Verwandtschaft des Gründers begünstigt; jedoch darf der Adressatenkreis nicht auf die gesetzlichen Erben beschränkt sein[22]. Ebenso ausreichend ist es, nur die Beschäftigten eines bestimmten Unternehmens[23] oder die Mitglieder eines bestimmten Clubs[24] zu begünstigen. Allerdings müssen die Begünstigten zumindest über ein gemeinsames Merkmal wie etwa eine gemeinsame Abstammung oder Betriebszugehörigkeit verfügen, das sie nach außen hin als besondere Klasse von Personen erscheinen läßt; die Begünstigung namentlich bezeichneter Personen, die kein gemeinsames Merkmal verbindet, reicht nicht aus[25]. Wie die weitere Bearbeitung zeigen wird, wäre bei derartig begrenzten Adressatenkreisen in den anderen Kategorien von charitable purposes das public benefit-Erfordernis nicht erfüllt. Als Grund für diese Bevorzugung der Kategorie "relief of poverty" führt *Sir Raymond Evershed M.R.* in *Re Scarisbrick* an, dem Kampf gegen Armut sei ein besonderes, gesteigertes Maß an Selbstlosigkeit eigen[26]. Allerdings ist nicht ersichtlich, warum es nicht ebenso selbstlos sein sollte, sich für andere gemeinnützige Zwecke einzusetzen. Der Grund der Bevorzugung dürfte deshalb wohl eher im Respekt vor deren mehr als zweihundertjähriger Tradition zu suchen sein[27].

2. Advancement of education

Die Rechtsprechung legt die Kategorie "advancement of education" grundsätzlich weit aus. Ihr unterfällt unabhängig von Alter und Vorbildung der Adressaten jede Art von Bildungseinrichtung von der Kindertagesstätte[28] bis hin zu Forschungsinstituten für bedeutende Wissenschaftler[29]. Anders als in der Kategorie "relief of

---

[22] *Re Scarisbrick* [1951] Ch. 622, 657, per *Jenkins L.J.*; bestätigt in: *Dingle v. Turner* [1972] A.C. 601.

[23] *Re Gosling* (1900) 48 W.R. 300; *Gibson v. South American Stores (Gath and Chaves) Ltd.* [1950] Ch. 177; bestätigt in: *Dingle v. Turner* [1972] A.C. 601.

[24] *Re Young* [1955] 1 W.L.R. 1269.

[25] *Re Scarisbrick* [1951] Ch. 622, 655; bestätigt in: *Dingle v. Turner* [1972] A.C. 601.

[26] *Re Scarisbrick* [1951] Ch. 622, 639.

[27] In diesem Sinne auch: *Dingle v. Turner* [1972] A.C. 601, 622, per *Lord Cross*; *Plowright* (1975) 39 Conv. (N.S.) 183, 187.

[28] Annual Report of the Charity Commissioners for 1966, Appendix A, para. 3.

[29] *Royal Society of London v. Thompson* (1881) 17 Ch.D. 407; *Re British School of Egyptian Archeology* [1954] 1 W.L.R. 546.

poverty" kommt es zudem nicht auf die Bedürftigkeit der Adressaten an[30]. Auch Maßnahmen zur Förderung von Kunst und Kultur[31] oder zur Erhaltung von Baudenkmälern oder Naturräumen[32] fallen in diese Kategorie. Dies gilt allerdings nur, wenn derartige Fördermaßnahmen einen erzieherischen oder bildenden Bezug haben. Fehlt ein derartiger Bezug, können solche Fördermaßnahmen gegebenenfalls in die vierte Kategorie eingeordnet werden. Wegen seines erzieherischen Bezugs unterfällt auch die Förderung des Schul- und Universitätssports der Kategorie "advancement of education"[33]. Ebenso wie in der Kategorie "relief of poverty" müssen auch hier die Leistungen nicht unentgeltlich erbracht werden, damit eine Anerkennung als charity erfolgen kann[34].

Die Gerichte hatten sich verschiedentlich mit der Frage zu befassen, ob und unter welchen Voraussetzungen auch Förderung der Forschung der Kategorie "advancement of education" zuzuordnen ist[35]. Die hierfür maßgeblichen Regeln lassen sich zwei Leitentscheidungen entnehmen: Nach der von *Wilberforce J.* in *Re Hopkins' Will Trusts* entwickelten Grundregel unterfällt Forschungsförderung der Kategorie "advancement of education", wenn die Forschung entweder für den Forscher selbst von erzieherischem Wert ist, oder deren Ergebnisse Eingang in allgemein zugängliches Lehrmaterial finden sollen[36]. Wann ein Forschungsvorhaben für den Forscher selbst von erzieherischem Wert sein soll, ist unklar[37]. Auch die spätere Rechtsprechung hat sich hierzu nicht geäußert. In seiner Aussage eindeutig ist demgegenüber der zweite Teil der Grundregel: Maßnahmen zur Forschungsförderung werden dann als charitable purpose anerkannt, wenn die Ergebnisse der Forschung zur allgemeinen Verbreitung bestimmt sind. Nur dann haben solche Maßnahmen den notwendigen erzieherischen Bezug. Eine bloße Vermehrung von

---

30 *Attorney General v. Lord Lonsdale* (1827) 1 Sim. 105.

31 *Re Shakespeare Memorial Trust* [1923] 2 Ch. 398; *Royal Choral Society v. IRC* [1943] 2 All E.R. 101; *Re Delius* [1957] Ch. 299.

32 *Re Varrall* [1916] 1 Ch. 100; *Re Cranstoun* [1932] 1 Ch. 537, 545, per *Farwell J.*

33 *Re Mariette* [1915] 2 Ch. 284; *IRC v. McMullen* [1981] A.C. 1.

34 *Brighton College v. Marriott* [1926] A.C. 192; *Abbey Malvern Wells Ltd. v. Ministry of Local Government and Planning* [1951] Ch. 728.

35 Eingehend dazu: *Newark/Samuels* (1965) 29 Conv. (N.S.) 368 ff.

36 *Re Hopkins' Will Trusts* [1965] Ch. 669, 680; ebenso: *Re Besterman's Will Trusts* (21.1.1980, unveröffentlicht, zitiert in: *McGovern v. Attorney General* [1982] Ch. 321, 352f., per *Slade J.*).

37 *Chesterman*, Charities, Trusts and Social Welfare, S. 151; *Newark/Samuels* (1965) 29 Conv. (N.S.) 368, 370 f.

Wissen reicht also nicht aus[38]. In Anwendung dieser Regel hat die Rechtsprechung verschiedene Forschungseinrichtungen als charity anerkannt[39]. Eine Einschränkung ergibt sich jedoch aus dem Fall *Re Shaw*: Das zu fördernde Forschungsvorhaben darf nicht nur zur Bestätigung eines schon vorgegebenen Ergebnisses dienen, sondern muß ergebnisoffen sein[40]. Insbesondere politik- oder sozialwissenschaftliche Forschungsvorhaben sehen sich jedoch schnell dem Verdacht ausgesetzt, nur zur wissenschaftlichen Bekräftigung bestimmter politischer Vorstellungen zu dienen. Allerdings greift im Falle politischer Einflußnahme ohnehin ein besonderer Ausschlußgrund ein[41]. Eigenständige Bedeutung hat diese Einschränkung daher vor allem im naturwissenschaftlichen Bereich.

Bei der Prüfung des public benefit-Erfordernisses wird hier, anders als in der "relief of poverty"-Kategorie, ein spürbarer Nutzen der in Rede stehenden Maßnahmen nicht vermutet. Vielmehr entscheiden die Gerichte nach der persönlichen Einschätzung der Richter, ob die Arbeit der betreffenden Organisation einen erzieherischen oder bildenden Nutzen hat oder nicht[42]. Zwar stützen sich die Richter dabei regelmäßig auf Expertengutachten[43]; dennoch hängt die Beurteilung des Nutzens einer Maßnahme in weitem Umfang vom Wohlwollen des mit der Entscheidung befaßten Richters ab. Dies gilt insbesondere für den künstlerischen Bereich, in dem sich der Wert einer Leistung in erster Linie nach den Vorlieben ihrer Adressaten richtet und daher kaum unvoreingenommen zu bewerten ist. Bei der Beantwortung der Frage, ob die Adressaten einer Organisation einen hinreichend bedeutenden Teil der Allgemeinheit bilden, folgt die Rechtsprechung demgegenüber einer gewissen Systematik. Diese läßt sich anhand einer Gegenüberstellung verschiedener Adressatengruppen verdeutlichen. Als hinreichend bedeutender Teil der Allgemeinheit sind etwa anerkannt worden: die Angehörigen einer bestimmten

---

[38] *Re Shaw* [1957] 1 W.L.R. 729, 737, per *Harman J.*
[39] Vgl. etwa: Annual Report of the Charity Commissioners for 1988, para. 24.
[40] *Re Shaw* [1957] 1 W.L.R. 729, 738, per *Harman J.*
[41] Im einzelnen dazu unter § 2 I.6.b.
[42] *Re Delius* [1957] Ch. 299, 307; *Re Pinion* [1965] Ch. 85, 107; *Incorporated Council of Law Reporting for England and Wales v. Attorney General* [1972] Ch. 73, 87, 91, 101.
[43] Vgl. etwa: *Re Pinion* [1965] Ch. 85 und *Incorporated Council of Law Reporting for England and Wales v. Attorney General* [1972] Ch. 73.

Berufsgruppe[44], die Kinder der Angehörigen einer bestimmten Berufsgruppe[45] und die Einwohner einer bestimmten Stadt oder eines bestimmten Stadtviertels[46]. Als nicht hinreichend bedeutend wurden demgegenüber eingestuft: die Verwandtschaft des Gründers der Organisation[47], die Beschäftigten eines bestimmten Unternehmens und die Kinder der Beschäftigten eines bestimmten Unternehmens[48]. Gemeinsame Abstammung oder gemeinsame Betriebszugehörigkeit reichen daher in dieser Kategorie nicht aus, um einen hinreichend bedeutenden Teil der Allgemeinheit zu bilden. Hier zeigt sich die im Vergleich zur Kategorie "relief of poverty" strengere Handhabung des public benefit-Erfordernisses[49]. Eine Adressatengruppe stellt nach der Rechtsprechung also dann keinen hinreichend bedeutenden Teil der Allgemeinheit dar, wenn alle Adressaten unmittelbar oder mittelbar mit einer bestimmten Person oder mit einer bestimmten Einrichtung verbunden sind[50]. Dabei umfaßt die Adressatengruppe alle potentiellen Leistungempfänger. Unerheblich für die Bestimmung der Adressatengruppe ist dagegen, wer tatsächlich Leistungen erhält. Die Anwendung dieser Systematik kann in der Praxis zu widersinnigen Ergebnissen führen: So würde etwa ein Stipendium für die Kinder der Angehörigen einer bestimmten Berufsgruppe einen hinreichend bedeutenden Teil der Allgemeinheit begünstigen, selbst wenn tatsächlich nur ein einziges Kind Leistungen erhält. Ein Stipendium für alle Kinder der Beschäftigten eines bestimmten Betriebes begünstigt dagegen keinen hinreichend bedeutenden Teil der Allgemeinheit, selbst wenn

---

44 *Oppenheim v. Tobacco Securities Trust Company Ltd.* [1951] A.C. 297, 306, per *Lord Simonds.*

45 *Hall v. Derby Sanitary Authority* (1885) 16 Q.B.D. 163.

46 *Hall v. Derby Sanitary Authority* (1885) 16 Q.B.D. 163; *German v. Chapman* (1877) 7 Ch.D. 271.

47 *Re Compton* [1945] Ch. 123; *Cross* sieht - nachvollziehbar - den Grund für diese Entscheidung darin, daß anderenfalls jeder Steuerzahler zur Ausbildung seiner eigenen Kinder eine charity errichten und so durch die schlichte Erfüllung seiner Unterhaltsverpflichtungen die den charities zustehenden Steuervorteile ausnutzen könnte: *Cross* (1956) 72 L.Q.R. 187, 188; in diesem Sinne auch: *Bright* (1989) Conv. 28, 33.

48 *Oppenheim v. Tobacco Securities Trust Company Ltd.* [1951] A.C. 297, 306, per *Lord Simonds.*

49 Kritisch zu dieser uneinheitlichen Rechtsprechung äußert sich *Watkin*, der eine Übertragung der für die Kategorie "relief of poverty" entwickelten Grundsätze auf die vorliegende Kategorie fordert, vgl.: *Watkin* (1978) Conv. 277 ff.

50 *Cross* (1956) 72 L.Q.R. 187, 188 ff.; *Atiyah* (1958) 21 M.L.R. 138, 143 und 146 f.; *Plowright* (1975) 39 Conv. (N.S.) 183, 185 f.; *Warburton/Morris*, Tudor on Charities, S. 60; *Sheridan*, Keeton & Sheridan's Modern Law of Charities, S. 20; siehe auch: *Charity Commission*, Starting and Registering a Charity, paras. 21 f.

tatsächlich mehrere tausend Kinder in den Genuß dieses Stipendiums kommen[51]. Mit dem Sinn des public benefit-Erfordernisses, gerade Organisationen mit geringem praktischen Nutzen die Anerkennung als charity zu verwehren, lassen sich solche Ergebnisse kaum vereinbaren.

3. Advancement of religion

Auch diese Kategorie legt die Rechtsprechung im Grundsatz weit aus. Dies gilt zunächst für die erfaßten Glaubensrichtungen: Zwar haben die Gerichte den Begriff "religion" nicht definiert; verschiedene Urteile zeigen jedoch eine große Aufgeschlossenheit der Gerichte auch gegenüber unüblichen oder fremdartigen Glaubensrichtungen. Der Fall *Thornton v. Howe* beispielweise betraf die Anerkennung einer Organisation zur Veröffentlichung der religiösen Werke einer Frau, die sich selbst für die Mutter des Messias hielt. Obwohl *Romilly M.R.* diese Werke selbst für "närrisch" hielt, ordnete er deren Veröffentlichung der Kategorie "advancement of education" zu[52]. Ebenso urteilte *Plowman J.* in *Re Watson* hinsichtlich der Veröffentlichung von Werken einer kleinen, dem Calvinismus nahestehenden Glaubensgemeinschaft[53]. In *Gilmour v. Coats* bemerkte *Lord Reid*, das englische Recht behandele alle Religionen gleich und bevorzuge nicht die eine vor der anderen[54]. Die Kategorie "advancement of religion" ist somit nicht auf bestimmte Glaubensrichtungen beschränkt, sondern grundsätzlich offen für jede Art von Bekenntnis. Der Rechtsprechung läßt sich in dieser Hinsicht nur ein einschränkendes Erfordernis entnehmen: Eine Organisation muß stets eine Gottesgestalt verehren, damit ihre Arbeit der Kategorie "advancement of religion" zugeordnet werden kann[55]. Organisationen, die lediglich für bestimmte ethische oder moralische Grundsätze werben wollen, ohne diese Grundsätze aus dem Glauben an einen Gott herzuleiten, unterfallen daher nicht der Kategorie "advancement of religion"[56]. Auch bezüglich der Mittel zur Förderung der Religion zeigen sich die Gerichte

---

[51] *Oppenheim v. Tobacco Securities Trust Company Ltd.* [1951] A.C. 297.
[52] *Thornton v. Howe* (1862) 31 Beav. 14.
[53] *Re Watson* [1973] 1 W.L.R. 1472.
[54] *Gilmour v. Coats* [1949] A.C. 426, 458 f.
[55] *Re South Place Ethical Society* [1980] 1 W.L.R. 1565, 1572, per *Dillon J.*
[56] *Bowman v. Secular Society* [1917] A.C. 406.

aufgeschlossen: Im Grundsatz wird jede Art von Betätigung mit religiösem Bezug anerkannt[57] - neben der Veröffentlichung religiöser Schriften etwa die Errichtung oder Reparatur von Kirchen[58] oder die Förderung kirchlicher Arbeit[59].

Bei der Prüfung des public benefit-Erfordernisses wird grundsätzlich vermutet, daß die Arbeit einer religiösen Organisation der religiösen Erbauung und dem Seelenheil dient und daher einen spürbaren Nutzen hat. Problematischer ist demgegenüber, ob eine Organisation die Allgemeinheit insgesamt oder zumindest einen hinreichend bedeutenden Teil der Allgemeinheit begünstigt. Hier unterscheidet die Rechtsprechung zwischen zwei verschiedenen Gruppen religiöser Organisationen: Die eine Gruppe bilden Organisationen, deren Mitglieder sich im Gemeinwesen betätigen und dadurch die Arbeit der Organisation auch nach außen hin in Erscheinung treten lassen. Solche Organisationen begünstigen nach der Rechtsprechung grundsätzlich die Allgemeinheit insgesamt[60]. Die Prüfung des public benefit-Erfordernisses bereitet bei diesen Organisationen mithin keine Probleme. Unter die andere Gruppe fallen Organisationen, die von der Außenwelt abgeschlossen sind und sich nicht an die Allgemeinheit wenden. Solche Organisationen haben nach der Rechtsprechung nicht für die Allgemeinheit insgesamt, sondern nur für ihre Mitglieder einen tatsächlichen Nutzen. Dies gilt etwa für Klöster, deren Nonnen oder Mönche sich nur dem Gebet verschrieben haben[61], oder für private Gebetsgruppen[62]. Dann ist zu klären, ob die Mitglieder dieser Organisation einen hinreichend bedeutenden Teil der Allgemeinheit bilden. Dabei stellt die Rechtsprechung nicht auf den Kreis der potentiellen Mitglieder, sondern nur auf den Kreis der tatsächlichen Mitglieder ab[63]. Damit besteht hier ein maßgeblicher Unterschied zur Kategorie "advancement of education", in der sich der Adressatenkreis gerade umgekehrt aus den potentiellen und nicht aus den tatsächlichen Leistungsempfängern zusammensetzt. Den Kreis der tatsächlichen Mitglieder betrachten die

---

[57] *Keren Kayemeth Le Jisroel Ltd. v. IRC* [1931] 2 K.B. 465, 477, per *Lord Hanworth M.R.*

[58] *Attorney General v. Day* [1900] 1 Ch. 31.

[59] *Re Barker's Will Trusts* [1948] W.N. 155.

[60] *Neville Estates Ltd. v. Madden* [1962] Ch. 832, 853, per *Cross J.*

[61] *Re Coats' Trusts* [1947] 2 All E.R. 422; *Gilmour v. Coats* [1949] A.C. 426, 448 f., per *Lord Simonds*; vgl. auch: *United Grand Lodge of Ancient Free and Accepted Masons of England v. Holborn Borough Council* [1957] 1 W.L.R. 1080, 1090, per *Donovan J.*

[62] *Re Warre's Will Trusts* [1953] 1 W.L.R. 725.

[63] *Gilmour v. Coats* [1949] A.C. 426, 448 f., per *Lord Simonds.*

Gerichte jedoch grundsätzlich nicht als hinreichend bedeutenden Teil der Allgemeinheit[64]. Solche Organisationen werden daher grundsätzlich nicht als charity anerkannt[65].

4. Other purposes beneficial to the community

Unter den vier von *Lord Macnaghten* in *Commissioners of Income Tax v. Pemsel* entwickelten Kategorien nimmt diese Kategorie wegen ihres generalklauselartigen Charakters eine Sonderstellung ein. Sie erfaßt all diejenigen Zwecke, die sich nicht in eine der drei anderen Kategorien einordnen lassen, die aber nach Überzeugung der Gerichte wegen ihrer Übereinstimmung mit dem Geist der Präambel des Charitable Uses Act 1601 gleichwohl als charitable purpose anzuerkennen sind. Ihr kommt daher die Funktion eines Auffangtatbestandes zu. Dabei haben sich verschiedene Fallgruppen herausgebildet, die von der Rechtsprechung jedoch nicht als abschließend betrachtet werden. Somit ist diese Kategorie offen auch für neue, bislang unbekannte Zweckbestimmungen. Während die anderen drei Kategorien in ihrem Gehalt mittlerweile recht eindeutig festgelegt sind, ermöglicht es daher diese Kategorie den Gerichten, das englische Recht der charities dem fortschreitenden gesellschaftlichen Wandel anzupassen.

Die bedeutendste Fallgruppe in dieser Kategorie bilden Zweckbestimmungen, die sich unter dem Oberbegriff "relief of the aged and impotent" zusammenfassen lassen. Als "aged" soll ein Mensch nach der Rechtsprechung ab einem Lebensalter von 50 Jahren gelten[66]. Der Begriff "impotent" wird von den Gerichten als Oberbegriff für alle kranken oder in irgeneiner Weise behinderten Menschen verstanden[67]. Die Zweckbestimmung "relief of the aged and impotent" findet sich ausdrücklich in der Präambel des Charitable Uses Act 1601. Sie ist dort in unmittelbarem Zusammenhang mit der Zweckbestimmung "relief of poor people"

---

[64] *Cocks v. Manners* (1871) L.R. 12 Eq. 574; *Re Joy* (1888) 60 L.T. 175; *Re Coats' Trusts* [1947] 2 All E.R. 422; *Gilmour v. Coats* [1949] A.C. 426, 448 f., per *Lord Simonds*.

[65] Kritisch zu dieser Rechtsprechung: *Keeton* (1949) 2 C.L.P. 86, 92.

[66] *Re Wall* (1889) 42 Ch.D. 510; allerdings ist anzunehmen, daß die Gerichte diese Grenze angesichts der inzwischen deutlich gestiegenen Lebenserwartung heute höher ansetzen würden, vgl.: *Warburton/Morris*, Tudor on Charities, S. 26.

[67] *Re Hillier* [1944] 1 All E.R. 480; *Re Spence* [1979] Ch. 483.

genannt[68], die *Lord Macnaghten* in seiner Klassifizierung zur Kategorie "relief of poverty" verselbständigt hat. Wegen dieses unmittelbaren Zusammenhangs hat die Gerichte längere Zeit die Frage beschäftigt, ob Hilfe für alte oder kranke Menschen stets auch der Linderung von Armut dienen muß, um als charitable purpose gelten zu können[69]. Organisationen, die sich der Hilfe von Alten oder Kranken widmen, könnten in diesem Fall nur dann als charity anerkannt werden, wenn ihre Adressaten zugleich auch arm sind. Diese Frage ist seit der Entscheidung *Re Glyn* geklärt, in der sich *Danckwerts J.* für eine unabhängige Auslegung der Begriffe "aged", "impotent" und "poor" aussprach[70]. Hilfe für Alte und Kranke kann daher unabhängig von deren Vermögen als charitable purpose betrachtet werden. Dies ist schon deshalb zu begrüßen, weil sonst der Zweckbestimmung "relief of the aged and impotent" neben der Kategorie "relief of poverty" keine selbständige Bedeutung zukäme. Vor diesem Hintergrund sind beispielsweise die Errichtung von Altenheimen[71] und Krankenhäusern[72], die Einrichtung von Pflegediensten[73], die Bereitstellung medizinischer Geräte[74] und die Förderung medizinischer Forschung[75] als charitable purposes anerkannt worden. Maßnahmen zur Förderung der medizinischen Forschung werden zusätzlich von der Kategorie "advancement of education" erfaßt, sofern der notwendige erzieherische Bezug besteht. Auch in dieser Kategorie ist es unschädlich, wenn die Adressaten für die empfangene Hilfe eine Gegenleistung erbringen müssen[76].

---

68 Siehe oben Fußnote 2.

69 *Attorney General v. Haberdashers' Company* (1834) 1 Myl. & K. 420; *Re Lucas* [1922] 2 Ch. 52.

70 *Re Glyn* (1950) 66 T.L.R. (Pt. 2) 510; bestätigt in: *Re Bradbury* [1950] 2 All E.R. 1150, *Re Robinson* [1951] Ch. 198 und *Joseph Rowntree Memorial Trust Housing Association Ltd. v. Attorney General* [1983] Ch. 159.

71 *Re Glyn* (1950) 66 T.L.R. (Pt. 2) 510; *Re Bradbury* [1950] 2 All E.R. 1150.

72 *Re Welsh Hospital (Netley) Fund* [1921] 1 Ch. 655; *Re Resch's Will Trusts* [1969] 1 A.C. 514.

73 *Re White's Will Trusts* [1951] 1 All. E.R. 528; *Royal College of Nursing v. St. Marylebone Borough Council* [1959] 1 W.L.R. 1077.

74 *Re Adams* [1968] Ch. 80.

75 *Royal College of Surgeons of England v. National Provincial Bank Ltd.* [1952] A.C. 631.

76 *Re Cottam* [1955] 1 W.L.R. 1299; *Re Resch's Will Trusts* [1969] 1 A.C. 514; *Joseph Rowntree Memorial Trust Housing Association Ltd. v. Attorney General* [1983] Ch. 159, 175, per *Gibson J.*

Daneben ordnet die Rechtsprechung die unterschiedlichsten Zwecke wie etwa Hilfeleistungen für Opfer bestimmter Unglücksfälle[77] oder Maßnahmen zur Lebensrettung[78] in die vierte Kategorie ein. Ihr unterfallen auch Maßnahmen zum Schutz des Staates und seiner verfassungsmäßigen Strukturen: Dazu zählen die Förderung der Verteidigung des Königreichs[79], die Bewahrung von Recht und Ordnung[80], die Unterstützung der Moral und Leistungsfähigkeit der Streitkräfte[81] und sogar die Förderung des Sports in einem bestimmten Regiment[82]. Ferner hat die Rechtsprechung der Erholung oder Freizeitgestaltung dienende Gemeinschaftseinrichtungen wie Parks[83] oder Gemeindezentren[84] der vierten Kategorie zugeordnet. Gleiches gilt für die Erhaltung bedeutender Bau- oder Naturdenkmäler[85]. Auch der Umweltschutz unterfällt der vierten Kategorie: So sind der Schutz des Regenwaldes, der Schutz bestimmter Tier- und Pflanzenarten vor Ausrottung, die Erforschung der Hausmüllwiederverwertung oder die Verbesserung des Umweltbewußtseins der Bevölkerung als charitable purposes anerkannt worden[86]. Oft dienen die Zwecke solcher Organisationen auch der Bildung oder Erziehung der Bevölkerung oder dem Gesundheitsschutz und können somit zusätzlich der zweiten Kategorie oder der Fallgruppe "relief of the aged and impotent" zugeordnet werden. Auch der Tierschutz unterfällt der vierten Kategorie[87]. Gleiches gilt für die Förderung der Industrie, des Handels oder der Landwirtschaft[88]. Bedeutung hat die vierte Kategorie außerdem für Organisationen, die für bestimmte ethische oder moralische Grundsätze werben, aber nicht schon der Kategorie "advancement of religion" unterfallen, weil sie keine Gottesgestalt verehren: Der Zweck solcher Organisationen läßt sich dann der vierten Kategorie zuordnen[89].

---

[77] *Re Hobourn Aero Components Ltd.'s Air Raid Distress Fund* [1946] Ch. 194; *Re North Devon and West Somerset Relief Fund Trusts* [1953] 1 W.L.R. 1260.
[78] *Re Wokingham Fire Brigade Trusts* [1951] Ch. 373.
[79] *Re Driffill* [1950] Ch. 92.
[80] *IRC v. City of Glasgow Police Athletic Association* [1953] A.C. 380.
[81] *Re Lord Stratheden* [1894] 3 Ch. 265; *Verge v. Sommerville* [1924] A.C. 496.
[82] *Re Gray* [1925] Ch. 362.
[83] *Re Hadden* [1932] 1 Ch. 133.
[84] *Re Spence* [1938] Ch. 96.
[85] *Re Varrall* [1916] 1 Ch. 100.
[86] Annual Report of the Charity Commissioners for 1989, para. 29.
[87] *Re Moss* [1949] 1 All E.R. 495; *Re Murawski's Will Trust* [1971] 1 W.L.R. 707.
[88] *Yorkshire Agricultural Society v. IRC* [1928] 1 K.B. 611; *Crystal Palace Trustees v. Minister of Town and Country Planning* [1951] Ch. 132.
[89] *IRC v. Falkirk Temperance Café Trust* (1927) S.C. 261, 269, per *Lord Blackburn*.

Bei der Prüfung des public benefit-Erfordernisses wird auch in dieser Kategorie grundsätzlich vermutet, daß die Arbeit der betreffenden Organisation einen spürbaren Nutzen hat. Dies gilt für alle Fallgruppen mit Ausnahme des Tierschutzes. Im Tierschutz wird die Nützlichkeit der betreffenden Maßnahmen von den Gerichten streng untersucht. Entscheidend ist dabei, ob die betreffende Maßnahme nur für die geschützten Tiere oder auch für den Menschen von Nutzen ist. Ist sie nur für die geschützten Tiere von Nutzen, ist das public benefit-Erfordernis nicht erfüllt. Tierschutzmaßnahmen müssen also stets auch dem Menschen zugute kommen, um als charitable purpose anerkannt zu werden. Der Rechtsprechung lassen sich zwei Fälle entnehmen, in denen diese Voraussetzung erfüllt ist: Dies gilt zunächst für solche Maßnahmen, die speziell Nutztiere schützen - hier dient der Tierschutz zugleich der Verbesserung oder Sicherung der Versorgung der Bevölkerung mit Lebensmitteln[90]. Auch der Schutz anderer Tiere kann aber nach der Rechtsprechung dem Menschen zugute kommen: Dies ist immer dann der Fall, wenn die entsprechenden Schutzmaßnahmen die Tiere vor sinnlosem Leiden bewahren sollen. Den Nutzen für den Menschen sieht die Rechtsprechung dabei in der Förderung der Menschlichkeit und der allgemeinen Moral[91]. Dies gilt jedoch wiederum nicht, wenn das Leiden der Tiere im Dienst des Menschen steht: Denn dann wäre eine Beendigung des Leidens der Tiere für den Menschen nicht nur moralisch vorteilhaft, sondern wegen der Einbuße der mit dem Leiden der Tiere verbundenen Vorteile zugleich auch von Nachteil. Aufgrund dessen wurde in *National Anti-Vivisection Society v. IRC* einer Organisation von Tierversuchsgegnern die Anerkennung als charity mit der Begründung verweigert, die moralischen Vorteile einer Abschaffung der Tierversuche würden durch die Nachteile aufgezehrt, die eine solche Abschaffung für den medizinischen Fortschritt habe[92].

Auch bei der Beantwortung der Frage, ob eine Organisation die Allgemeinheit insgesamt oder zumindest einen hinreichend bedeutenden Teil der Allgemeinheit begünstigt, behandelt die Rechtsprechung alle Fallgruppen der vierten Kategorie im Grundsatz gleich. Ebenso wie in der Kategorie "advancement of education" betrachtet sie auch hier die Beschäftigten eines bestimmten Unternehmens nicht als

---

[90] *London University v. Yarrow* (1857) 1 De G. & J. 72.

[91] *Re Wedgwood* [1915] 1 Ch. 113, 122, per *Swinfen Eady L.J.*; *Re Moss* [1949] 1 All E.R. 495.

[92] *National Anti-Vivisection Society v. IRC* [1948] A.C. 31.

hinreichend bedeutenden Teil der Allgemeinheit[93]. Dies deutet darauf hin, daß die Rechtsprechung in dieser Kategorie derselben Systematik folgt wie in der Kategorie "advancement of education"[94]. Auch in der vierten Kategorie stellt eine Adressatengruppe also dann keinen hinreichend bedeutenden Teil der Allgemeinheit dar, wenn alle Adressaten unmittelbar oder mittelbar mit einer bestimmten Person oder mit einer bestimmten Einrichtung, wie etwa einem Unternehmen, verbunden sind.

Auf ein weiteres einschränkendes Erfordernis deutet die Entscheidung des House of Lords in *IRC v. Baddeley* hin: In ihren Stellungnahmen haben die Lordrichter *Viscount Simonds* und *Lord Somervell of Harrow* erklärt, der Adressatenkreis einer Organisation stelle auch dann keinen hinreichend bedeutenden Teil der Allgemeinheit dar, wenn er nach willkürlichen Gesichtspunkten bestimmt sei. Nur wenn sich die Begrenzung des Adressatenkreises aus der Natur der Leistung der Organisation ergebe, sei das public benefit-Erfordernis erfüllt. Erbringe aber eine Organisation ihre Leistungen nur an einen nach Belieben der Betreiber ausgewählten Teil der tatsächlich Bedürftigen, sei ihr die Anerkennung als charity zu verweigern. Werde daher Land zu Erholungszwecken nur für methodistische Bewohner bestimmter Londoner Stadtteile zur Verfügung gestellt, so begünstige dies keinen hinreichend bedeutenden Teil der Allgemeinheit[95]. Allerdings scheiterte eine Anerkennung der Landgabe als gemeinnützig ohnehin schon daran, daß das Gericht die Förderung der Erholung als solche in keine der vier Kategorien von charitable purposes einordnen wollte[96]. Bei den obigen Ausführungen der beiden Lordrichter handelt es sich daher nicht um die das Urteil tragenden Erwägungen, sondern nur um hilfsweise angebrachte Gründe. Derartige dicta entfalten nach dem englischen Präjudiziensystem jedoch grundsätzlich keine Bindungswirkung - zum Präjudiz wird ein dictum vielmehr nur dann, wenn es wegen seiner Überzeugungskraft oder wegen des Ansehens des betreffenden Richters in einem späteren Urteil

---

[93] *Wernher's Trustees v. IRC* [1937] 2 All E.R. 488; *Re Hobourn Aero Components Ltd.'s Air Raid Distress Fund* [1946] Ch. 194; vgl. auch: *Re Mead's Trust Deed* [1961] 1 W.L.R. 1244 für die Mitglieder einer bestimmten Gewerkschaft.

[94] So auch: *Chesterman*, Charities, Trusts and Social Welfare, S. 170.

[95] *IRC v. Baddeley* [1955] A.C. 572, 589 f. und 615.

[96] *IRC v. Baddeley* [1955] A.C. 572.

als tragende Erwägung aufgegriffen wird[97]. Dies ist mit den obigen Ausführungen aber bis heute nicht geschehen[98]. Daher ist unklar, ob diese Ausführungen noch Eingang in zukünftige Urteile finden und dadurch Verbindlichkeit erlangen, oder aber weiterhin ohne Zuspruch bleiben und mit der Zeit auch ihre unverbindliche Überzeugungswirkung verlieren werden.

Gegen eine erneute Aufnahme spricht die fragwürdige Wirkungsweise einer derart strengen Handhabung des public benefit-Erfordernisses. Denn für Privatpersonen ist oft gerade das Gefühl der Verbundenheit mit einer bestimmten Bevölkerungsgruppe Beweggrund für eine gemeinnützige Betätigung. Daher müßte ein Verbot, den Kreis der Begünstigten frei zu bestimmen, die Privatinitiative im Bereich der Wohltätigkeit hemmen. Zwar mag man vom Staat aus verfassungsrechtlichen Gründen die Gleichbehandlung aller Bedürftigen verlangen. Dies gilt jedoch nicht für Privatpersonen, die sich freiwillig und aus uneigennützigen Gründen für andere einsetzen. Stehen einer großen Zahl von Bedürftigen nur begrenzte Mittel gegenüber, ist eine Auswahl unter den Bedürftigen ohnehin unvermeidbar, wenn die Hilfe nicht im Sande verlaufen soll. Daher wäre es dem englischen Wohltätigkeitsbereich zuträglich, wenn das dictum der beiden Lordrichter aus *IRC v. Baddeley* durch die Rechtsprechung nicht wieder aufgegriffen würde.

5. Der Recreational Charities Act 1958

Bis zur Entscheidung des House of Lords in *IRC v. Baddeley* ging die Rechtsprechung allgemein davon aus, die Förderung von Erholung und Freizeit würde von der vierten Kategorie erfaßt und sei daher als charitable purpose anzuerkennen[99]. Wie bereits festgestellt weigerte sich jedoch das House of Lords in dieser Entscheidung, die Förderung der Erholung als charitable purpose zu betrachten[100]. Die dadurch entstandene Unsicherheit über den Status von Erholungs- und

---

[97] *Zander*, The Law-Making Process, S. 262 f.; *Elliott/Quinn*, The English Legal System, S. 7; *Ward*, Walker & Walker's English Legal System, S. 68 f.; *Blumenwitz*, Einführung in das angloamerikanische Recht, S. 36.

[98] Vgl.: *Warburton/Morris*, Tudor on Charities, S. 112.

[99] Siehe oben Fußnoten 83 (Parks) und 84 (Gemeindezentren); vgl. ferner: *Re Hadden* [1932] 1 Ch. 133; *Re Morgan* [1955] 1 W.L.R. 738.

[100] Siehe oben § 2 I.4.

Freizeiteinrichtungen wollte der Gesetzgeber durch den Erlaß des Recreational Charities Act 1958 beseitigen[101]. Ausweislich s. 1 (1) dieses Gesetzes sind Erholungs- und Freizeiteinrichtungen als charities anzuerkennen, wenn sie zum Gemeinwohl (social welfare[102]) beitragen. S. 1 (3) Recreational Charities Act 1958 zählt beispielhaft einige derartige Einrichtungen wie etwa Stadthallen oder Gemeindezentren auf.

Um zum Gemeinwohl beizutragen, muß eine Erholungs- oder Freizeiteinrichtung laut s. 1 (2) Recreational Charities Act 1958 zwei Voraussetzungen erfüllen: Zum einen muß sie die Lebensbedingungen ihrer Adressaten verbessern. Dafür reicht bereits eine geringe Anhebung des Lebensstandards aus[103]. Zum anderen muß sie entweder der Allgemeinheit insgesamt oder einem besonders bedürftigen Adressatenkreis offenstehen. Eine Einrichtung steht dann der Allgemeinheit insgesamt offen, wenn ihre Nutzung nicht an eine Mitgliedschaft oder besondere persönliche Voraussetzungen geknüpft ist und nicht durch abschreckend hohe Eintrittsgelder erschwert wird[104]. Steht eine Einrichtung nicht der Allgemeinheit, sondern nur einem begrenzten Adressatenkreis offen, muß dieser aus einem der in s. 1 (2) (b) (i) Recreational Charities Act 1958 genannten Gründe in besonderer Weise bedürftig sein. Als Gründe für besondere Bedürftigkeit nennt das Gesetz Jugend, Alter, Gebrechlichkeit oder Behinderung sowie Armut oder soziale und wirtschaftliche Benachteiligung. Wendet sich eine Erholungs- oder Freizeiteinrichtung nur an alte, gebrechliche, behinderte oder arme Menschen, wird sie allerdings ohnehin schon der Fallgruppe "relief of the aged and impotent" der vierten Kategorie beziehungsweise der Kategorie "relief of poverty" zuzuordnen sein[105]. Eigenständige Bedeutung haben daher nur die Adressatengruppen "Jugendliche" und "sozial und wirtschaftlich Benachteiligte". Sozial und wirtschaftlich benachteiligt sind solche Personen, die zwar nicht arm im Sinne der Kategorie "relief of poverty" sind, sich

---

[101] *Cracknell*, Law Relating to Charities, S. 37; *Picarda*, The Law and Practice Relating to Charities, S. 123 f.; *Sheridan*, Keeton & Sheridan's Modern Law of Charities, S. 136 f.; *Maurice* (1959) 23 Conv. (N.S.) 15.

[102] Grundlegend zur Auslegung dieses Begriffs vgl.: *Waters* (1959) 23 Conv. (N.S.) 365 ff.

[103] *Commissioners of Valuation for Northern Ireland v. Lurgan Borough Council* [1968] N.I. 104; *Trustees of the Belfast Young Men's Christian Association v. Commissioners of Valuation for Northern Ireland* [1969] N.I. 324.

[104] *Warburton/Morris*, Tudor on Charities, S. 114.

[105] So auch: *Maurice* (1959) 23 Conv. (N.S.) 15, 18.

aber dennoch aus eigener Kraft keine angemessene Erholung oder Freizeitgestaltung erlauben können[106]. Darüber hinaus werden gemäß s. 1 (2) (b) (ii) Recreational Charities Act 1958 auch nur für Frauen zugängliche Einrichtungen als dem Gemeinwohl dienlich betrachtet. Einrichtungen speziell für Männer werden demgegenüber nicht als charity anerkannt[107]. Für diese Ungleichbehandlung ist kein sachlicher Grund ersichtlich. Sie geht auf eine längere Entwicklung in der Rechtsprechung zurück, die der Gesetzgeber bei Erlaß des Recreational Charities Act 1958 offenbar respektieren wollte[108].

Ausweislich s. 1 (1) Recreational Charities Act 1958 müssen auch Erholungs- und Freizeiteinrichtungen dem public benefit-Erfordernis genügen, um als charity anerkannt werden zu können. Bei der Prüfung des Nutzens einer Einrichtung ist zu berücksichtigen, daß nur solche Erholungs- und Freizeiteinrichtungen dem Recreational Charitis Act 1958 unterfallen, die zu einer tatsächlichen Verbesserung der Lebensbedingungen ihrer Adressaten führen. Eine Verbesserung der Lebensbedingungen der Adressaten ist jedoch auch von Nutzen für das Gemeinwohl[109]. Der erste Teil des public benefit-Erfordernisses ist damit stets erfüllt. Der zweite Teil des public benefit-Erfordernisses ist nur dann problematisch, wenn die betreffende Einrichtung nicht der Allgemeinheit insgesamt, sondern nur einem besonders bedürftigen Adressatenkreis offensteht. In diesem Fall stellt sich die Frage, ob dieser Adressatenkreis einen hinreichend bedeutenden Teil der Allgemeinheit darstellt. Nach welchen Kriterien sich die Rechsprechung dabei richtet, ist im einzelnen unklar. Vor Erlaß des Recreational Charities Act 1958 hat die Rechtsprechung Erholungs- und Freizeiteinrichtungen der vierten Kategorie zugeordnet und daher die Prüfung des public benefit-Erfordernisses auch nach den für die vierte Kategorie entwickelten Grundsätzen durchgeführt[110]. Für eine Abkehr der Gerichte von dieser Verfahrensweise sind keine Anhaltspunkte ersichtlich. In

---

[106] Halsbury's Statutes, Vol. 5, S. 895, Anmerkung zu s. 1 (2) Recreational Charities Act 1958.

[107] Vgl. etwa: Annual Report of the Charity Commissioners for 1965, Appendix C, s. B, para. 12 (Wollerton Working Men's Club).

[108] Halsbury's Statutes, Vol. 5, S. 895, Anmerkung zu s. 1 (2) Recreational Charities Act 1958; *Waters* führt als weiteren Grund für die Ungleichbehandlung an, Frauen seien zur Zeit der Verabschiedung des Recreational Charities Act 1958 im Vergleich zu Männern in aller Regel wirtschaftlich schlechter gestellt und daher in besonderem Maße bedürftig gewesen, vgl.: *Waters* (1959) 23 Conv. (N.S.) 365, 388.

[109] In diesem Sinne auch: *Chesterman*, Charities, Trusts and Social Welfare, S. 174.

[110] Vgl. etwa: *Wernher's Trustees v. IRC* [1937] 2 All E.R. 488.

Anbetracht dessen werden die Gerichte vermutlich die Bedeutung des von einer Erholungs- oder Freizeiteinrichtung begünstigten Adressatenkreises noch immer nach den für die vierte Kategorie enwickelten Grundsätzen bestimmen[111]. Daher kann an dieser Stelle auf die dortigen Ausführungen verwiesen werden.

Viele der vom Recreational Charities Act 1958 erfaßten Einrichtungen unterfallen zusätzlich einer der anderen Kategorien von charitable purposes. Dies gilt insbesondere für Gemeinschaftseinrichtungen wie Bibliotheken oder Gemeindezentren, die oft auch eine erzieherische und bildende Funktion haben und daher bereits der Kategorie "advancement of education" zugeordnet werden können. Eigenständige Bedeutung hat der Recreational Charities Act 1958 daher allenfalls für reine Erholungseinrichtungen wie Feriendörfer[112] ohne derartigen erzieherischen oder bildenden Bezug. Und auch solche Einrichtungen unterfallen bereits der Kategorie "relief of poverty" beziehungsweise der Fallgruppe "relief of the aged and impotent" der vierten Kategorie, wenn sie sich speziell an arme oder alte, gebrechliche oder behinderte Menschen richten. Die praktische Bedeutung des Recreational Charities Act 1958 gegenüber den vier von *Lord Macnaghten* entwickelten Kategorien von charitable purposes ist somit eher gering. Dies gilt auch für den Bereich der Sportförderung: Schon vor Erlaß des Recreational Charities Act 1958 galt Sportförderung als charitable purpose, wenn sie mit einer anderen als charitable purpose anerkannten Zweckbestimmung in Zusammenhang stand. Dies belegen die bereits genannten Beispiele der Förderung des Schul- oder Universitätssports[113] oder der Förderung des Sports in den Streitkräften[114]. Zwar können nach dem Recreational Charities Act 1958 auch Sporteinrichtungen ohne Bezug zu einem anderen gemeinnützigen Zweck als charity anerkannt werden. Wie festgestellt gilt dies jedoch nur, wenn die betreffende Einrichtung entweder die Allgemeinheit insgesamt oder einen besonders bedürftigen Adressatenkreis begünstigt. Mitgliedschaftlich geprägten Sportclubs ist daher nach wie vor eine Anerkennung als charity grundsätzlich verwehrt[115]. Im Bereich der Sportförderung

---

[111] In diesem Sinne auch: *Chesterman*, Charities, Trusts and Social Welfare, S. 174.

[112] Vgl. etwa: *Wynn v. Skegness Urban District Council* [1967] 1 W.L.R. 52.

[113] Siehe oben Fußnote 33.

[114] Siehe oben Fußnote 82.

[115] *Charity Commission*, Starting and Registering a Charity, para. 34; *Waters* (1959) 23 Conv. (N.S.) 365, 387 f.; *Hill*, in: Stiftungen in Europa, S. 219, 234 f.

hat der Recreational Charities Act 1958 daher in erster Linie für öffentliche Sportzentren eigenständige Bedeutung[116].

6. Ausschlußgründe

Wenn die Zwecke einer Organisation einer oder mehreren der oben genannten fünf Kategorien von charitable purposes unterfallen und dem public benefit-Erfordernis genügen, reicht dies allein nach der Rechtsprechung für eine Anerkennung als charity nicht aus. Vielmehr hat die Rechtsprechung bestimmte Ausschlußgründe entwickelt, bei deren Vorliegen eine Anerkennung als charity auch dann noch scheitert, wenn die übrigen Voraussetzungen erfüllt sind.

a. Ausschüttung von Gewinnen außerhalb der gemeinnützigen Zweckbestimmung

Wie sich bereits gezeigt hat ist es charities nicht verwehrt, für ihre Leistungen eine Gegenleistung zu verlangen und so mit ihrer gemeinnützigen Tätigkeit Einnahmen zu erzielen[117]. Dies gilt auch dann, wenn die verlangte Gegenleistung die Kosten für die erbrachte Leistung übersteigt und deshalb ein Gewinn entsteht[118]. Auch ist es charities nicht schlechthin verwehrt, sich in anderer Weise unternehmerisch zu betätigen oder Vermögen anzulegen und auf diese Weise Gewinne zu erwirtschaften[119]. Nur bei der Verwendung der erzielten Gewinne unterliegen charities Beschränkungen. So hat die Rechtsprechung mehrfach zu erkennen gegeben, daß eine Organisation, die ihre Gewinne an ihre Mitglieder ausschüttet, nicht als charity anerkannt werden kann[120].

---

[116] Vgl. dazu: *Guild v. IRC* [1992] 2 A.C. 310.

[117] Siehe oben Fußnoten 21 (poverty), 34 (education) und 76 (aged and impotent).

[118] *Abbey Malvern Wells Ltd. v. Ministry of Local Government and Planning* [1951] Ch. 728.

[119] Siehe dazu unter § 2 I.7.

[120] *Re Girls' Public Day School Trust Ltd.* [1951] Ch. 400; *Abbey Malvern Wells Ltd. v. Ministry of Local Government and Planning* [1951] Ch. 728; siehe auch: *Re Smith* [1962] 1 W.L.R. 763; grundlegend zu diesem Ausschlußgrund etwa: *Picarda*, The Law and Practice Relating to Charities, S. 27; *Chesterman*, Charities, Trusts and Social Welfare, S. 175 ff.

Wenngleich die einschlägigen Urteile die Beweggründe der Gerichte für diese Rechtsprechung nicht ausdrücklich nennen, sind diese doch offenkundig: So trägt ein Ausschluß von Gewinnausschüttungen an die Mitglieder dazu bei, daß die Gewinne der charity zur Förderung ihres gemeinnützigen Zwecks erhalten bleiben. Zugleich läßt sich durch ein Verbot von Gewinnausschüttungen an die Mitglieder verhindern, daß die den charities im Interesse des Gemeinwohls zugestandenen steuerlichen Vorteile von den Mitgliedern zum eigenen Vorteil ausgenutzt werden. Schließlich werden die Mitglieder daran gehindert, ihre Mitbestimmungsrechte zur Durchsetzung eigener wirtschaftlicher Interessen einzusetzen und dadurch die gemeinnützige Zweckbestimmung der Organisation zu verwässern.

Die Ausführungen der Gerichte in den entschiedenen Fällen bezogen sich zwar lediglich auf Gewinnausschüttungen an Mitglieder der betreffenden Organisationen; jedoch versteht die Literatur diese Rechtsprechung einhellig dahingehend, daß auch Gewinnausschüttungen an außenstehende Dritte, die nicht von der gemeinnützigen Zweckbestimmung gedeckt sind, unzulässig sein sollen[121]. Zwar verfügen außenstehende Dritte nicht über die mit einer Mitgliedschaft verbundenen Mitbestimmungsrechte und haben daher vergleichsweise geringen Einfluß auf die Arbeit der Organisation; daher mag zum Schutz vor einer Verwässerung der gemeinnützigen Zweckbestimmung ein Ausschluß von Gewinnausschüttungen auch an außenstehende Dritte nicht erforderlich sein. Jedoch würde eine nicht der Verwirklichung des gemeinnützigen Zwecks dienende Ausschüttung von Gewinnen an außenstehende Dritte in der gleichen Weise zu einer Begünstigung einzelner durch die den charities im Interesse des Gemeinwohls eingeräumten steuerlichen Vorteile führen wie eine Gewinnausschüttung an die Mitglieder selbst. Zudem kann ein Abfluß der Gewinne außerhalb der gemeinnützigen Zweckbestimmung nur dann lückenlos verhindert werden, wenn jede Gewinnverwendung außerhalb der gemeinnützigen Zweckbestimmung unzulässig ist. Daher ist in Übereinstimmung mit der Literatur anzunehmen, daß die Gerichte auch Gewinnausschüttungen an außenstehende Dritte, die nicht der Verwirklichung des gemeinnützigen Zwecks dienen, als Ausschlußgrund für eine Anerkennung einer Organisation als charity betrachten würden.

---

[121] *Picarda*, The Law and Practice Relating to Charities, S. 27; *Chesterman*, Charities, Trusts and Social Welfare, S. 179; Halsbury's Laws of England, Vol. 5 (2), para. 11.

Eine company wird demzufolge nur dann als charity anerkannt, wenn sowohl Gewinnausschüttungen an die Gesellschafter als auch von der gemeinnützigen Zweckbestimmung nicht gedeckte Ausschüttungen an Dritte durch die Satzung ausdrücklich ausgeschlossen sind[122]. Wie die Satzung im einzelnen gestaltet wird, um diesen Anforderungen zu genügen, bleibt den Gründern überlassen: So kann statt eines Verbots von Gewinnausschüttungen an Gesellschafter und an Dritte außerhalb der gemeinnützigen Zweckbestimmung auch eine Verpflichtung in die Satzung aufgenommen werden, sämtliche Gewinne ausschließlich zur Förderung des gemeinnützigen Zwecks zu verwenden.

Im Grundsatz zulässig sind demgegenüber die Entlohnung der Beschäftigten und - in eingeschränktem Umfang - die Vergütung der Tätigkeit der directors sowie der Ersatz von Aufwendungen, die die directors in Wahrnehmung ihrer Aufgaben getätigt haben[123]: Denn Aufwendungen für derartige Leistungen zählen zu den Kosten der Tätigkeit einer charity und stellen deshalb keine Gewinnausschüttung dar.

b. Politische Einflußnahme

Auch Organistionen, die ihren Zweck durch politische Einflußnahme zu erreichen versuchen, werden nicht als charity anerkannt[124]. Dies betrifft etwa Organisationen,

---

[122] Demgegenüber besteht keine Verpflichtung, sämtliche Gewinne sofort zur Förderung des gemeinnützigen Zwecks zu verwenden. Vielmehr ist es einer charitable company gestattet, Rücklagen zu bilden. Allerdings muß die Bildung der Rücklagen sachlich gerechtfertigt sein und darf das im Einzelfall notwendige Maß nicht übersteigen: *Charity Commission*, Charities' Reserves, para. 3. Rücklagen dürfen insbesondere dann gebildet werden, wenn die Gesellschaft in Erfüllung ihres gemeinnützigen Zwecks weitreichende Verpflichtungen eingegangen ist, aber nur über ein schwankendes Einkommen verfügt: *Charity Commission*, Charities' Reserves, paras. 40 und 42. Die Bildung nicht gerechtfertigter Rücklagen gefährdet zwar grundsätzlich nicht die gemeinnützige Ausrichtung der Gesellschaft, kann aber Eingriffe der Charity Commissioners in die Verwaltung der Gesellschaft zur Folge haben: *Charity Commission*, Charities' Reserves, para. 6. Zu den Eingriffsbefugnissen der Charity Commissioners siehe unter § 4 I.5.b.cc. Zur steuerlichen Behandlung von Rücklagen siehe unter § 6 I.2.

[123] Im einzelnen dazu unter § 4 I.4.d.

[124] Grundlegend zu diesem Ausschlußgrund etwa: Halsbury's Laws of England, Vol. 5 (2), para. 45; *Sheridan*, Keeton & Sheridan's Modern Law of Charities, S. 34 ff.; *Picarda*, The Law and Practice Relating to Charities, S. 151 ff.; *Warburton/Morris*, Tudor on Charities, S. 51 ff.;

die zur Verfolgung ihres Zwecks bestimmte politische Parteien unterstützen[125] oder für die Umsetzung einer bestimmten politischen Doktrin eintreten[126]. Gleiches gilt für Organisationen, die auf bestimmte Gesetzesänderungen hinwirken[127]. Die Anerkennung eines Zusammenschlusses von Tierversuchsgegnern scheiterte daher im bereits erwähnten Fall *National Anti-Vivisection Society v. IRC* nicht nur am public benefit-Erfordernis[128], sondern außerdem an dessen Absicht, ein gesetzliches Verbot von Versuchen an lebenden Tieren durchzusetzen[129]. Vereinzelt haben die Gerichte auch Organisationen zur Bekämpfung von Diskriminierungen aufgrund der Staatsangehörigkeit als "politisch" eingestuft und deshalb nicht als charity anerkannt[130]. Seit Beginn der achtziger Jahre ist es allerdings unangefochtene Praxis, auch derartige Organisationen als charities zu registrieren[131]. Organisationen zur Förderung der Völkerverständigung ist allerdings nach wie vor eine Anerkennung als charity verwehrt[132].

Zur Begründung des Ausschlusses in dieser Weise politisch tätiger Organisationen führt die Rechtsprechung an, die Gerichte könnten nicht entscheiden, ob bestimmte politische Vorstellungen oder Gesetzesänderungen dem Gemeinwohl dienlich seien[133]. Anderenfalls würden sie die Kompetenzen des Gesetzgebers verletzen[134]. Unausgesprochener Hintergrund dieser Äußerungen ist der verfassungsrechtliche Grundsatz der Souveränität des Parlaments (Sovereignty of Parliament). Nach diesem Grundsatz sind gesetzgeberische Akte des Parlaments jeder Kontrolle durch

Cairns, Charities: Law and Practice, S. 27 ff.; *Forder* (1984) Conv. 263 ff.; *Swann*, in: The Voluntary Sector, the State and the Law, S. 161 ff.

[125] *The Bonar Law Memorial Trust v. IRC* (1933) 17 T.C. 508; *Re Hopkinson* [1949] 1 All E.R. 346.

[126] *Re Bushnell* [1975] 1 W.L.R. 1596.

[127] *Bowman v. Secular Society Ltd.* [1917] A.C. 406; *McGovern v. Attorney General* [1982] Ch. 321.

[128] Siehe oben § 2 I.4.

[129] *National Anti-Vivisection Society v. IRC* [1948] A.C. 31.

[130] *Anglo-Swedish Society v. IRC* (1931) 16 T.C. 34; *Re Strakosch* [1949] Ch. 529; *Buxton v. Public Trustee* (1962) 41 T.C. 235.

[131] Annual Report of the Charity Commissioners for 1983, paras. 15 ff.; siehe auch: *Charity Commission*, Starting and Registering a Charity, para. 33; *Santow* (1999) 52 C.L.P. 255, 267.

[132] *Charity Commission*, Starting and Registering a Charity, para. 34.

[133] *Bowman v. Secular Society Ltd.* [1917] A.C. 406, 442, per *Lord Wright*.

[134] *National Anti-Vivisection Society v. IRC* [1948] A.C. 31, 50; *McGovern v. Attorney General* [1982] Ch. 321, 336f., per *Slade J.*

die Rechtsprechung entzogen und die Funktion der Gerichte auf die Auslegung der Gesetze beschränkt[135]. Dies dürfte die Ursache für die generelle Zurückhaltung der Rechtsprechung gegenüber Stellungnahmen zu im weitesten Sinne politischen Angelegenheiten sein, die sich auch in der hier in Rede stehenden Spruchpraxis zeigt[136].

Allerdings führt nicht jede noch so unbedeutende politische Betätigung zu einer Verweigerung der Anerkennung als charity. So ist es beispielsweise unschädlich, wenn die Herbeiführung einer Gesetzesänderung nicht das einzige oder vorrangige Mittel zur Verfolgung des Zwecks einer Organisation ist, sondern nur als eines unter vielen Mitteln dienen soll. Daher erkannte der High Court im Fall *IRC v. Yorkshire Agricultural Society* eine Organisation zur Förderung der Landwirschaft als charity an, die sich unter anderem auch der Beratung der Regierung bei Gesetzgebungsvorhaben verschrieben hatte[137]. Auch in anderen Fällen wurden Organisationen, die sich zur Verfolgung ihres Zwecks in begrenztem Umfang politischer Mittel bedienten, als charity anerkannt[138]. Dies führt zu Schwierigkeiten bei der Abgrenzung zwischen zulässiger Stellungnahme zu gesellschaftspolitischen Problemen und unzulässiger politischer Einflußnahme[139]. Als Orientierungshilfe für die betroffenen Organisationen haben die zuständigen Behörden versucht, die einschlägigen Gerichtsurteile auf allgemeine Grundsätze zurückzuführen. Diese sind in Richtlinien zusammengefaßt, die aus Sicht der Behörden zulässige und unzulässige Verhaltensweisen aufführen[140]. Danach soll etwa die Beeinflussung der Regierung durch vernünftige Argumente[141] oder die Beschäftigung eines parlamentarischen Verbindungsmanns zur Information der Abgeordneten über die Ziele und Interessen der Organisation[142] zulässig sein. Als unzulässig wird dagegen bei-

---

[135] *Wade/Phillips*, Constitutional Law, S. 38.

[136] Nach Ansicht *Santow's* und *Forder's* steht jedoch der Grundsatz der Souveränität des Parlaments einer Anerkennung politisch tätiger Organsiationen grundsätzlich nicht entgegen: *Santow* (1999) 52 C.L.P. 255, 261; *Forder* (1984) Conv. 263, 266 f.; kritisch zu dieser Rechtsprechung auch: *Bright* (1989) Conv. 28, 34; *Chesterman* (1999) 62 M.L.R. 333, 336 und 343 ff.

[137] *IRC v. Yorkshire Agricultural Society* [1928] 1 K.B. 611, 632, per *Atkin J.*

[138] Vgl. etwa: *Re Hood* [1931] 1 Ch. 240.

[139] *Santow* (1999) 52 C.L.P. 255, 257; *Forder* (1984) Conv. 263, 269 ff.

[140] *Charity Commission*, Political Activities and Campaigning by Charities; *Charity Commission*, Political Activities and Campaigning by Local Community Charities.

[141] *Charity Commission*, Political Activities and Campaigning by Charities, para. 24.

[142] *Charity Commission*, Political Activities and Campaigning by Charities, para. 44.

spielsweise die Teilnahme an Parteiveranstaltungen[143] oder die Verteilung von vorformulierten, gegen bestimmte Parteien oder Abgeordnete gerichteten Protestbriefen an die Öffentlichkeit[144] eingestuft.

c. Gleichzeitige Verfolgung privatnützziger Zwecke

Lassen sich sämtliche der von einer Organisation verfolgten Zwecke in mindestens eine der fünf Kategorien von charitable purposes einordnen, bereitet die Anerkennung der Organisation als charity keine Probleme, solange auch das public benefit-Erfordernis erfüllt ist und keiner der vorgenannten Ausschlußgründe eingreift. Weniger eindeutig ist demgegenüber der Status solcher Organisationen, die neben anerkannt gemeinnützigen Zwecken zugleich auch solche Zwecke verfolgen, die sich in keine der fünf Kategorien von charitable purposes einordnen lassen und daher nicht gemeinnützig sind. Eine derartige Vermischung gemeinnütziger und nicht gemeinnütziger Zwecke kann nach der Rechtsprechung zu einer Verweigerung der Anerkennung als charity führen[145]. Zwar ist eine solche Vermischung unschädlich, wenn die nicht gemeinnnützige Zweckbestimmung gegenüber der gemeinnützigen Zweckbestimmung nur von völlig untergeordnetem Stellenwert ist[146]: So wurde in *Re Coxen* eine Organisation zur Förderung des medizinischen Fortschritts als charity anerkannt, obwohl aus deren Einnahmen zugleich auch ein jährliches Fest zugunsten der Verwalter finanziert werden sollte[147]. Sobald jedoch der nicht gemeinnnützige Zweck mehr als nur nebensächlich ist, stellt dies nach der Rechtsprechung einen weiteren Ausschlußgrund für die Anerkennung als charity dar[148]. Eine Anerkennung als charity setzt daher grundsätzlich eine ausschließlich gemeinnützige Zweckbestimmung voraus.

---

[143] *Charity Commission*, Political Activities and Campaigning by Charities, para. 29.

[144] *Charity Commission*, Political Activities and Campaigning by Charities, para. 46.

[145] Grundlegend dazu etwa: *Chesterman*, Charities, Trusts and Social Welfare, S. 188 ff.; Halsbury's Laws of England, Vol. 5 (2), para. 4; *Warburton/Morris*, Tudor on Charities, S. 7 ff.; *Gravells* (1978) Conv. 92 ff.

[146] *Gravells* (1978) Conv. 92, 112.

[147] *Re Coxen* [1948] Ch. 747; vgl. auch: *Re Scowcroft* [1898] 2 Ch. 638; *Incorporated Council of Law Reporting for England and Wales v. Attorney General* [1972] Ch. 73.

[148] *Oxford Group v. IRC* [1949] 2 All E.R. 537; *Ellis v. IRC* (1949) 31 T.C. 178.

Auch hier sind die Beweggründe der Rechtsprechung offenkundig: Ebenso wie der Ausschlußgrund der Ausschüttung von Gewinnen außerhalb der gemeinnützigen Zweckbestimmung trägt auch dieser Ausschlußgrund dazu bei, eine Verwässerung der gemeinnützigen Ausrichtung durch möglicherweise gegenläufige Privatinteressen zu verhindern. Zudem würde die Anerkennung einer Organisation mit gemischter Zweckbestimmung Probleme bei der Besteuerung und der Gewinnverwendung aufwerfen: Um einen Mißbrauch steuerlicher Vorteile zu verhindern, dürfte die Organisation nicht insgesamt, sondern nur hinsichtlich ihrer gemeinnützigen Betätigungen steuerlich begünstigt werden. Um den Anforderungen des Ausschlußgrundes unzulässiger Gewinnausschüttungen zu genügen, müßte zudem zwischen Gewinnen, die aus den gemeinnützigen Betätigungen stammen, und Gewinnen, die aus den sonstigen Betätigungen stammen, unterschieden werden. Erstere müßten dann voll dem gemeinnützigen Teil der Zweckbestimmung der Organisation zukommen, letztere könnten dagegen frei verwendet werden. Eine derartige Trennung wäre nur schwer durchzuführen und zu überprüfen und müßte zwangsläufig das Mißbrauchsrisiko erhöhen.

Diese Rechtsprechung wird insbesondere solchen Organisationen zum Verhängnis, deren Zweckbestimmungen nicht ausdrücklich auf gemeinnützige Betätigungen beschränkt, sondern so weit formuliert sind, daß sie auch nicht gemeinnützige Betätigungen beinhalten können. Führendes Beispiel ist der Fall *Re Cole*, der eine Organisation "zur Förderung des allgemeinen Wohls" von Kindern in Waisenhäusern betraf[149]. Dieser Organisation wurde die Anerkennung als charity mit der Begründung verweigert, die weite Formulierung ihres Zwecks ermächtige auch zu Leistungen wie Spenden von Fernsehern oder Schallplatten, die sich in keine der fünf Kategorien von charitable purposes einordnen ließen und daher nicht gemeinnützig seien[150]. Auch Zweckbestimmungen wie "public purposes"[151] oder "civil purposes"[152] schließen wegen ihrer begrifflichen Weite nach der Rechtsprechung die Ermächtigung zu nicht gemeinnützigen Betätigungen ein. Die betroffenen Organiationen wurden daher nicht als charities anerkannt. Dasselbe Schicksal ereilt Organisationen, deren Zweckbestimmung alternativ zu gemeinnüt-

---

149 *Re Cole* [1958] Ch. 877.

150 *Re Cole* [1958] Ch. 877, 888, per *Romer L.J.*

151 *Houston v. Burns* [1918] A.C. 337.

152 *Re Friends' Free School* [1909] 2 Ch. 675.

zigen oder nicht gemeinnützigen Betätigungen ermächtigt: Denn auch in diesen Fällen ist es der jeweiligen Organisation möglich, sich ausschließlich oder überwiegend nicht gemeinnützig zu betätigen. Zweckbestimmungen wie "charitable or public purposes"[153], "charitable or other purposes"[154] oder "charitable or benevolent purposes"[155] wurden daher nicht als charitable purpose betrachtet[156].

Weniger eindeutig ist dagegen die Position der Rechtsprechung gegenüber solchen Organisationen, die gemeinnützige Zwecke und Zwecke, die wegen ihrer begrifflichen Weite auch nicht gemeinnützige Aktivitäten einschließen, kumulativ verfolgen. So haben die Gerichte zwar die Zweckbestimmungen "charitable and benevolent purposes"[157] und "charitable and public purposes"[158], nicht jedoch die Zweckbestimmungen "religious charitable and philanthropic purposes"[159] und "patriotic and charitable purposes"[160] als gemeinnützig anerkannt. Ob in derartigen Fällen eine Anerkennung erfolgt, hängt davon ab, wie das erkennende Gericht im Einzelfall die Zweckbestimmung auslegt. Versteht es das "and" dahingehend, daß stets beide Voraussetzungen kumulativ vorliegen müssen, bereitet die Anerkennung keine Probleme, da dann eine Betätigung stets auch gemeinnützig sein muß, um von der Zweckbestimmung erfaßt zu werden. In den beiden letztgenannten Beispielen haben die Gerichte jedoch das "and" als "or" ausgelegt. In dieser Auslegung erfaßten die Zweckbestimmungen auch Betätigungen, die nicht notwendig zugleich auch als gemeinnützig anerkannt waren. Die Anerkennung der betreffenden Organisationen als charity mußte daher scheitern. Was die Gerichte zu einer solchen dem Wortlaut widersprechenden Auslegung veranlaßt hat, ist unklar. Sie hat für Organisationen mit in dieser Weise formulierter Zweckbestimmung eine beträchtliche Rechtsunsicherheit zur Folge[161].

---

[153] *Re Davis* [1923] 1 Ch. 225.
[154] *Re Chapman* [1922] 2 Ch. 479.
[155] *Chichester Diocesan Board v. Simpson* [1944] A.C. 341; *Re Diplock* [1948] Ch. 465.
[156] Kritisch zu dieser Rechtsprechung: *Keeton* (1949) 2 C.L.P. 86, 89; *Keeton* (1960) 13 C.L.P. 22, 24.
[157] *Blair v. Duncan* [1902] A.C. 37.
[158] *Dolan v. McDermot* (1868) L.R. 3 Ch.App. 676.
[159] *Re Eades* [1920] 2 Ch. 353.
[160] *Attorney General v. National Provincial and Union Bank of England* [1924] A.C. 262.
[161] Kritisch auch *Bentwich* (1933) 49 L.Q.R. 520, 523 f.

Eine besondere Gruppe bilden Organisationen zur Förderung eines bestimmten Berufsstandes wie etwa Standesvertretungen oder berufsbezogene Ausbildungseinrichtungen. Diese erfüllen meist eine Doppelfunktion: Zum einen fördern sie die beruflichen Interessen ihrer Mitglieder, was in deren persönlichen Interesse liegt und daher keinen gemeinnützigen Zweck darstellt. Zum anderen tragen sie jedoch regelmäßig zur Verbesserung der von dem jeweiligen Berufsstand erbrachten Leistungen bei. Unterfallen diese Leistungen einer der fünf Kategorien von charitable purposes, so stellt dies einen gemeinnützigen Zweck dar. Ob solche Organisationen trotz dieser Verquickung von gemeinnützigem und nicht gemeinnützigem Zweck als charity anerkannt werden, richtet sich danach, welchem der Zwecke im Einzelfall das größere Gewicht zukommt. Entsprechend den oben beschriebenen Grundsätzen setzt eine Anerkennung voraus, daß der nicht gemeinnützige gegenüber dem gemeinnützigen Zweck von völlig untergeordnetem Stellenwert ist. Die Anerkennung erfolgt daher nur dann, wenn die persönliche Begünstigung der Mitglieder nur reflexartige Folge und nicht einer der Hauptzwecke der Organisation ist. In Anwendung dieser Grundsätze haben die Gerichte beispielsweise Schulungseinrichtungen für Chirurgen[162] und Krankenpflegepersonal[163] sowie eine Gesellschaft zur Veröffentlichung von Gerichtsentscheidungen[164] als charity anerkannt. Einer Berufsvereinigung von Geologen blieb dagegen die Anerkennung verwehrt[165].

Die strengen Konsequenzen dieses Ausschlußgrundes werden in zwei Fällen abgemildert: Zum einen waren die Gerichte gelegentlich bereit, Organisationen, die wegen ihrer gemischten Zweckbestimmung nicht insgesamt als charity anerkannt werden konnten, in einen gemeinnützigen und einen nicht gemeinnützigen Teil aufzuspalten und zumindest den gemeinnützigen Teil als charity zu betrachten. Dies ist nach der Rechtsprechung jedoch nur dann möglich, wenn nach der Satzung der Organisation für die gemeinnützigen und für die nicht gemeinnützigen Zwecke jeweils getrennte Vermögensmassen angelegt werden sollen und sich deren Beträge

---

[162] *Royal College of Surgeons of England v. National Provincial Bank Ltd.* [1952] A.C. 631.

[163] *Royal College of Nursing v. St. Marylebone Borough Council* [1959] 1 W.L.R. 1077, 1085, per *Romer L.J.*

[164] *Incorporated Council of Law Reporting for England and Wales v. Attorney General* [1972] Ch. 73.

[165] *Geologists' Association v. IRC* (1928) 14 T.C. 271; vgl. auch: *Chartered Insurance Institute v. London Corporation* [1957] 1 W.L.R. 867.

der Satzung entnehmen oder durch Auslegung ermitteln lassen[166]. Nur bei strikt getrennten Vermögensmassen läßt sich auch die oben beschriebene Trennung in steuerlicher Hinsicht und hinsichtlich der Gewinnverwendung durchführen.

Zum anderen ist durch den Erlaß des Charitable Trusts (Validation) Act 1954 auch der Gesetzgeber tätig geworden, um die weitreichenden Folgen der oben beschriebenen Rechtsprechung einzuschränken. Dies geschah auf Empfehlung des bereits erwähnten Nathan-Report[167]. Ausweislich s. 1 (1) Charitable Trusts (Validation) Act 1954 ist der Anwendungsbereich dieses Gesetzes - anders als dessen Titel vermuten läßt - nicht auf trusts beschränkt[168]. Es gilt somit auch für als company verfaßte Organisationen, deren Zweckbestimmung nicht eindeutig auf gemeinnützige Betätigungen beschränkt ist und denen deshalb von der Rechtsprechung die Anerkennung als charity verweigert würde. Laut s. 1 (2) Charitable Trusts (Validation) Act 1954 werden derartige Organisationen unter bestimmten Voraussetzungen als charities behandelt. Dies gilt gemäß s. 1 (2) Charitable Trusts (Validation) Act 1954 allerdings nur, wenn die Organisation vor dem 16. Dezember 1952, dem Tag der Veröffentlichung des Nathan-Reports, gegründet wurde. Offenbar war der Gesetzgeber der Ansicht, wegen der im Nathan-Report enthaltenen Warnungen vor einer Vermischung von gemeinnützigen und nicht gemeinnützigen Zwecken werde es nach dessen Veröffentlichung nicht mehr zur Gründung von Organisationen kommen, die durch den Charitable Trusts (Validation) Act 1954 vor den Folgen der oben beschriebenen Rechtsprechung bewahrt werden müßten[169]. Wegen dieser zeitlichen Begrenzung hat der Charitable Trusts (Validation) Act 1954 im Laufe der Jahre zunehmend an Bedeutung

---

166 *Salusbury v. Denton* (1857) 3 K. & J. 529; *Hoare v. Osborne* (1866) L.R. 1 Eq. 585; *Re Vaughan* (1886) 33 Ch.D. 187.

167 *Committee on the Law and Practice Relating to Charitable Trusts*, Report of the Committee on the Law and Practice Relating to Charitable Trusts, Chapter 12.

168 Bei der Wahl des Titels hat sich der Gesetzgeber offenbar davon leiten lassen, daß der trust die bei weitem verbreitetste Organisationsform für charities ist: siehe oben § 1 II.1.; auch im Charities Act 1993 gebraucht der Gesetzgeber den Begriff "trust" in derart untechnischer Weise: So erfaßt beispielsweise der Begriff "charity trustees" gemäß s. 97 (1) Charities Act 1993 nicht nur die trustees einer als trust verfaßten charity, sondern auch die directors einer als company verfaßten charity.

169 *Chesterman*, Charities, Trusts and Social Welfare, S. 191.

verloren und spielt in der englischen Rechtspraxis heute kaum noch eine Rolle[170]. Daher sollen dessen Regelungen hier nicht im einzelnen behandelt werden.

7. Exkurs: Unternehmerische Betätigung und Anerkennung als charity

Losgelöst von den einzelnen Anerkennungsvoraussetzungen kann sich in der Praxis die Frage stellen, wie sich eine unternehmerische Betätigung auf die Anerkennung einer company als charity auswirkt. Dabei sind verschiedene Gestaltungsmöglichkeiten denkbar. So kann eine company, die als charity anerkannt werden soll, selbst als Inhaber ein Unternehmen betreiben oder persönlich haftender Gesellschafter einer Personengesellschaft sein oder einen beherrschenden Einfluß auf eine Kapitalgesellschaft ausüben.

Wie die bisherigen Ausführungen gezeigt haben, gilt eine Organisation im englischen Recht als charity, wenn sie einen als charitable purpose anerkannten Zweck verfolgt. Bezweckt eine Organisation allein den Betrieb eines Unternehmens oder das Halten und die Verwaltung von Unternehmensbeteiligungen, so stellt dies nach den von der Rechtsprechung entwickelten Grundsätzen keine charitable purpose dar. Einer solchen Organisation wäre folglich die Anerkennung als charity zu versagen. Dies berührt zwar nicht ihren rechtlichen Bestand; ihr bleiben jedoch die mit dem gemeinnützigen Status verbundenen Vorteile versagt. Verfolgt eine Organisation demgegenüber einen übergeordneten, als gemeinnützig anerkannten Zweck und dient ihr die unternehmerische Betätigung nur als Finanzierungsinstrument zur Verfolgung dieses übergeordneten Zwecks, so steht einer Anerkennung grundsätzlich nichts im Weg[171]. Allerdings ist darauf zu achten, daß die durch die unternehmerische Betätigung erwirtschafteten Gewinne vollständig dem übergeordneten, gemeinnützigen Zweck zugeführt werden, da ansonsten der Ausschluß-

---

170 *Sheridan*, Keeton & Sheridan's Modern Law of Charities, S. 281; *Warburton/Morris*, Tudor on Charities, S. 154; *Chesterman*, Charities, Trusts and Social Welfare, S. 191.

171 Annual Report of the Charity Commissioners for 1980, paras. 6 ff.; Annual Report of the Charity Commissioners for 1984, Appendix C; Halsbury's Laws of England, Vol. 5 (2), para. 5; *Chesterman*, Charities, Trusts and Social Welfare, S. 200; *Cairns*, Charities: Law and Practice, S. 25; *Cracknell*, Law Relating to Charities, S. 115; zu Abgrenzungsfragen siehe: *Charity Commission*, Charities and Trading, paras. 10 ff.

grund der Ausschüttung von Gewinnen eingriffe[172]. Das Erfordernis eines übergeordneten gemeinnützigen Zwecks und das Verbot von Gewinnausschüttungen außerhalb der gemeinnützigen Zweckbestimmung verhindern, daß die im Interesse der Förderung des Gemeinwohls für charities geschaffenen steuerlichen Vorteile privaten Gewinninteressen dienenden Unternehmen zugute kommen. Zudem bedeutet die steuerliche Begünstigung eines Unternehmens durch die Anerkennung als charity eine Wettbewerbsverzerrung, die den Wettbewerbern gerechtfertigterweise nur zugemutet werden kann, wenn sie tatsächlich im Interesse des Gemeinwohls liegt.

Unter diesen Voraussetzungen können charities jedoch sowohl selbst ein Unternehmen betreiben[173] als auch durch das Halten von Beteiligungen einen beherrschenden Einfluß auf ein anderes Unternehmen ausüben[174]. Aus steuerlicher Sicht ist dabei die letztgenannte Gestaltungsvariante die vorteilhaftere[175].

8. Zusammenfassung

Ausgehend von der antiquierten Aufzählung gemeinnütziger Betätigungen in der Präambel des Charitable Uses Act 1601 hat die Rechtsprechung in den vergangenen Jahrhunderten ihren Spielraum genutzt, um die Gruppe gemeinnütziger Zwecke stetig zu erweitern und neuen gesellschaftlichen Entwicklungen und Bedürfnissen anzupassen. Die Anerkennung des Tierschutzes als charitable purpose und die Aufgeschlossenheit der Rechtsprechung gegenüber neu- oder fremdartigen religiösen Bewegungen zeugen von dieser wohlwollenden Grundhaltung[176]. Zudem ist die Rechtsprechung bestrebt, durch Ausschlußgründe

---

[172] Siehe dazu oben § 2 I.6.a.

[173] Annual Report of the Charity Commissioners for 1980, paras. 6 ff.; Annual Report of the Charity Commissioners for 1984, Appendix C; Halsbury's Laws of England, Vol. 5 (2), para. 5; *Hill*, in: Stiftungen in Europa, S. 219, 238.

[174] Annual Report of the Charity Commissioners for 1980, paras. 10 f.; Annual Report of the Charity Commissioners for 1984, Appendix C; Halsbury's Laws of England, Vol. 5 (2), para. 5; *Chesterman*, Charities, Trusts and Social Welfare, S. 200; *Hill*, in: Stiftungen in Europa, S. 219, 239.

[175] Im einzelnen dazu unter § 6 I.2.

[176] *Mestmäcker* spricht von einer "gelassenen Toleranz, mit der die Gerichte das Skurrile neben dem Erhabenen dulden": *Mestmäcker*, Recht und ökonomisches Gesetz, S. 340.

Mißbräuche der charities zustehenden steuerlichen Vorteile zu verhindern und im Interesse des Gemeinwohls eine möglichst nachhaltige Förderung der gemeinnützigen Zwecke der charities zu gewährleisten. Wie *Lord Wilberforce* in *Scottish Burial Reform and Cremation Society Ltd. v. Glasgow Corporation* feststellte, betrachtet die Rechtsprechung diesen Entwicklungsprozeß keineswegs als abgeschlossen[177]. In dieser Flexibilität liegt ein Vorteil des Verzichts auf eine gesetzliche Definition gemeinnütziger Zwecke. Der große Freiraum der Gerichte hat andererseits aber auch Entwicklungen hervorgebracht, die sich kaum mit sachlichen Erwägungen begründen lassen. Hier sei nur an die von Kategorie zu Kategorie unterschiedliche Handhabung des public benefit-Erfordernisses erinnert, derzufolge in der Kategorie "relief of poverty" eine Begrenzung der Begünstigung auf Verwandte oder Betriebsangehörige zulässig ist, in den anderen Kategorien jedoch nicht. In anderen Bereichen wie etwa der Abgrenzung zwischen zulässiger Stellungnahme zu gesellschaftspolitischen Problemen und unzulässiger politischer Einflußnahme ist die Rechtsprechung bis heute unscharf geblieben. Kehrseite der richterrechtlichen Flexibilität ist daher eine gewisse Willkür und Rechtsunsicherheit[178]. Dieser Gegensatz ist beispielhaft für die Vor- und Nachteile einer auf case law fußenden Rechtsordnung wie der englischen. Forderungen nach einer gesetzlichen Definition gemeinnütziger Zwecke[179] wurden von Seiten der Regierung unter ausdrücklichem Verweis auf die Vorteile einer richterrechtlichen Regelung zurückgewiesen[180].

II. Verfahren der staatlichen Anerkennung als charitable company

Während die Bestimmung der gemeinnützigen Zwecke im wesentlichen der Rechtsprechung überlassen ist, folgt das Verfahren zur Anerkennung als charity genauen gesetzlichen Bestimmungen. An diesem Verfahren sind mit den Charity

---

[177] *Scottish Burial Reform and Cremation Society Ltd. v. Glasgow Corporation* [1968] A.C. 138, 154.

[178] Dies gesteht auch die Rechtsprechung selbst ein: Vgl. die Ausführungen *Lord Simonds'* in: *Gilmour v. Coats* [1949] A.C. 426, 443.

[179] Vgl. etwa: *Sheridan*, Keeton & Sheridan's Modern Law of Charities, S. 55 ff.; *Bentwich* (1933) 49 L.Q.R. 520, 526; *Bruynate* (1945) 61 L.Q.R. 268, 279 f.; *Keeton* (1960) 13 C.L.P. 22, 23.

[180] *Home Office*, Charities: A Framework for the Future, para. 2.11

Commissioners, der Finanzverwaltung und den Gerichten verschiedene staatliche Stellen in unterschiedlicher Weise und in unterschiedlichem Umfang beteiligt. Die Rolle dieser Stellen bei der Anerkennung von charities soll im folgenden für jede Stelle getrennt beschrieben werden.

1. Die Rolle der Charity Commissioners bei der Anerkennung von charities

Die Charity Commissioners wurden durch den mittlerweile aufgehobenen Charitable Trusts Act 1853 ins Leben gerufen. Grundlage ihres Bestehens ist heute s. 1 (1) Charities Act 1993. Die Charity Commissioners sind eine Regierungsbehörde. Sie setzen sich gemäß s. 1 (2) i.V.m. Schedule 1 para. 1 (1) und (2) Charities Act 1993 aus einem Chief Commissioner und mindestens zwei weiteren Commissioners zusammen, von denen mindestens zwei Anwälte sein müssen. Die Commissioners werden gemäß s. 1 (2) i.V.m. Schedule 1 para. 1 (3) Charities Act 1993 von einem Minister ernannt. In der Praxis nimmt diese Aufgabe der Innenminister (Secretary of State for the Home Department) wahr, der gegenüber den Charity Commissioners jedoch keine Weisungsbefugnis besitzt[181]. Ausweislich s. 1 (2) i.V.m. Schedule 1 para. 1 (5) Charities Act 1993 kann der Innenminister bis zu zwei weitere Commissioners ernennen. Auf Grundlage von s. 1 (2) i.V.m. Schedule 1 para. 2 (1) Charities Act 1993 kann der Chief Commissioner mit Genehmigung des Finanzministeriums Assistenten und andere Angestellte einstellen, soweit er dies zur Erfüllung der Aufgaben der Charity Commisioners für notwendig erachtet. Die Charity Commissioners sind gemäß s. 1 (2) i.V.m. Schedule 1 para. 3 (3) Charities Act 1993 befugt, ihr Verwaltungsverfahren selbst zu regeln. Obwohl sie keine eigene Rechtspersönlichkeit besitzen[182], können sie ausweislich s. 1 (2) i.V.m. Schedule 1 para. 4 Charities Act 1993 als Charity Commissioners klagen und verklagt werden.

Laut s. 1 (3) Charities Act 1993 besteht die Aufgabe der Charity Commissioners darin, eine möglichst effektive Verwendung der den charities zur Verfügung stehenden Mittel zu gewährleisten. Dadurch soll der Nutzen der charities für das

---

[181] *Cracknell*, Law Relating to Charities, S. 61; *Cairns*, Charities: Law and Practice, S. 31; *Warburton/Morris*, Tudor on Charities, S. 308.

[182] *Cairns*, Charities: Law and Practice, S. 31; *Warburton/Morris*, Tudor on Charities, S. 308.

Gemeinwohl maximiert werden. Zwar ist es den Charity Commissioners ausweislich s. 1 (4) Charities Act 1993 verwehrt, selbst die Verwaltung einer charity zu übernehmen. Gleichwohl verfügen sie zur Erfüllung ihrer Aufgaben über weitreichende Befugnisse, die charities zu überwachen und auf die Zweckbestimmung und die Verwaltung der charities Einfluß zu nehmen. Diese Befugnisse sollen im einzelnen im jeweiligen Zusammenhang betrachtet werden. Maßgeblichen Einfluß auf die Anerkennung von charities erhalten die Charity Commissioners dadurch, daß ihnen laut s. 3 (1) Charities Act 1993 die Führung des sogenannten register of charities obliegt.

a. Das register of charities

Das register of charities enthält eine Auflistung als charity anerkannter Organisationen. Ausweislich s. 3 (7) (a) Charities Act 1993 haben die mit der Verwaltung einer charity betrauten Personen grundsätzlich die Pflicht, die von ihnen verwaltete charity zur Eintragung anzumelden. Gemäß s. 3 (6) i.V.m. s. 97 (1) Charities Act 1993 müssen gemeinsam mit der Anmeldung zur Eintragung die Dokumente eingereicht werden, durch die die charity errichtet wird und die deren Verwaltung regeln. Bei als company verfaßten charities sind dies gemäß s. 2 und s. 7 (1) Companies Act 1985 das memorandum und die articles of association sowie die unter s. 13 (1) Companies Act 1985 auszustellende Bescheinigung über die Eintragung der Gesellschaft in das register of companies. In der Praxis erhalten die charities bei der Anmeldung zur Eintragung darüber hinaus ein Anmeldeformular und einen Fragebogen[183]. Bei Verletzungen der Eintragungspflicht können die Charity Commisioners laut s. 87 (1) Charities Act 1993 geeignete Maßnahmen zur Wiedergutmachung dieser Pflichverletzung anordnen. Leistet die charity auch einer solchen Anordnung nicht Folge, können die trustees auf Antrag der Charity Commissioners gemäß s. 88 (c) Charities Act 1993 vom High Court wegen Mißachtung des Gerichts belangt werden[184]. Der Charities Act 1993 erlegt den Verwaltungsorganen der charities eine Reihe von Berichtspflichten auf, um den

---

183 *Charity Commission*, Starting und Registering a Charity, para. 56.

184 Dies führt entweder zur Auferlegung einer Geldbuße oder - in besonders schweren Fällen - zu vorübergehender Inhaftierung, vgl.: Halsbury's Laws of England, Vol. 9 (1), para. 474 i.V.m. paras. 492 f. und 506.

Charity Commissioners die ständige Aktualisierung des register of charities zu ermöglichen[185].

Unter s. 3 (5) Charities Act 1993 sind allerdings bestimmte charities von der Pflicht zur Registrierung befreit. Diese Ausnahme betrifft gemäß s. 3 (5) (a) i.V.m. Schedule 2 Charities Act 1993 zunächst praktisch alle Universitäten und Colleges und einige führende Museen[186]. Unter s. 3 (5) (b) Charities Act 1993 sind ferner durch besondere Rechtsverordnung eine große Gruppe religiöser charities, charities zur Förderung der Wehrfähigkeit sowie sämtliche Universitäten, die nicht schon gemäß s. 3 (5) (a) Charities Act 1993 von einer Registrierung befreit sind, ausgenommen[187]. Eine weitere Ausnahme gilt gemäß s. 3 (5) (c) Charities Act 1993 für bestimmte kleine charities. Schlußendlich werden durch s. 3 (5) i.V.m. s. 3 (14) Charities Act 1993 solche religiösen Vereinigungen von einer Registrierung im register of charities befreit, die sich bereits nach den Vorschriften des Places of Worship Registration Act 1855 anderweit registrieren lassen müssen.

Die durch s. 3 (5) Charities Act 1993 von der Pflicht zur Registrierung befreiten charities können gemäß s. 3 (2) Charities Act 1993 freiwillig ihre Eintragung in das register of charities beantragen, sofern sie nicht zu den von s. 3 (5) (a) i.V.m. Schedule 2 Charities Act 1993 erfaßten Organisationen gehören.

Der Inhalt des register of charities richtet sich nach s. 3 (3) Charities Act 1993: Demnach enthält es neben den Namen der eingetragenen charities weitere Angaben nach Ermessen der Charity Commissioners. In der Praxis werden in das register of charities Angaben zu den Tätigkeitsfeldern, den Bankverbindungen, den Adressen und dem ungefähren Jahreseinkommen der registrierten charities aufgenommen[188]. Darüber hinaus erhält jede registrierte charity eine Nummer[189]. Laut s. 3 (8)

---

[185] Im einzelnen dazu unter § 2 II.1.c. und § 4 I.4.a.bb.

[186] Allgemein zur rechtlichen Lage der unter s. 3 (5) (a) i.V.m. Schedule 2 Charities Act 1993 von der Pflicht zur Registrierung ausgenommenen charities siehe: *Charity Commission*, Exempt Charities.

[187] Eine detaillierte Auflistung der durch Rechtsverordnung ausgenommenen charities findet sich bei *Picarda*, The Law and Practice Relating to Charities, S. 566 ff.; siehe auch: Halsbury's Laws of England, Vol. 5 (2), para. 290.

[188] *Warburton/Morris*, Tudor on Charities, S. 312; *Cairns*, Charities: Law and Practice, S. 73; *Picarda*, The Law and Practice Relating to Charities, S. 565.

[189] *Picarda*, The Law and Practice Relating to Charities, S. 565.

Charities Act 1993 muß das register of charities der Öffentlichkeit zugänglich sein. Gleiches gilt gemäß s. 3 (8) Charities Act 1993 für die mit der Anmeldung eingereichten Satzungen der registrierten charities. Damit dient das register of charities zum einen der Information der Öffentlichkeit über gemeinnützige Betätigungen[190]: So kann sich etwa jeder Interessierte darüber unterrichten, ob er möglicherweise zum Adressatenkreis einer charity gehört und aufgrund dessen gegebenenfalls Leistungen erhalten kann. Zudem werden charities der Kritik der öffentlichen Meinung ausgesetzt, so daß die Öffentlichkeit als weitere Kontrollinstanz neben die Charity Commissioners tritt. Die Gewährleistung einer effektiven öffentlichen Kontrolle stellt ein grundlegendes Ziel des Charities Act 1993 dar und tritt noch in verschiedenen anderen Zusammenhängen zutage. Zum anderen erhalten die Charity Commissioners einen Überblick über den Bestand gemeinnütziger Organisationen und können so ihre Kontroll- und Eingriffsbefugnisse effektiver ausüben, als es ihnen ohne ein solches Register möglich wäre[191].

Auch für die registrierten Organisationen selbst ist die Eintragung von Vorteil: Denn ausweislich s. 4 (1) Charities Act 1993 wird vermutet, daß alle in das register of charities eingetragenen Organisationen charities sind. Diese Vermutung bindet zum einen andere Behörden, insbesondere die Finanzbehörden[192]. Zum anderen ist grundsätzlich auch die Rechtsprechung an diese Vermutung gebunden[193]. Durch die Eintragung in das register of charities können daher Organisationen, die als charity anerkannt werden wollen, auch ohne eine gerichtliche Entscheidung Rechtssicherheit über ihren Status erlangen. Damit besteht auch ein starker Anreiz für die unter s. 3 (5) Charities Act 1993 von der Pflicht zur Registrierung ausgenommenen Organisationen, sich auf freiwilliger Basis um eine Eintragung zu bemühen.

---

190 *Cracknell*, Law Relating to Charities, S. 45 und 49 f.

191 *Picarda*, The Law and Practice Relating to Charities, S. 564; *Warburton/Morris*, Tudor on Charities, S. 312.

192 *Chesterman*, Charities, Trusts and Social Welfare, S. 121; vgl. etwa: *Wynn v. Skegness Urban District Council* [1966] 3 All E.R. 336.

193 *Re Murawski's Will Trusts* [1971] 1 W.L.R. 707.

b. Entscheidung über die Eintragung

Über die Eintragung entscheiden die Charity Commissioners. Dies ergibt sich aus s. 3 (1) Charities Act 1993, wonach diese das register of charities führen. Da die Eintragung die Vermutung unter s. 4 (1) Charities Act 1993 auslöst, sind somit grundsätzlich die Charity Commissioners erstinstanzlich für die Anerkennung von charities zuständig[194]. Voraussetzung für eine Eintragung ist, daß die Zwecke der die Eintragung erstrebenden Organisation als charitable purpose einzuordnen sind. In Ermangelung einer gesetzlichen Definition orientieren sich die Charity Commissioners dabei an der bereits erörterten einschlägigen Rechtsprechung[195]. Unproblematisch ist die Entscheidung über die Eintragung dann, wenn ein Präzedenzfall vorliegt, der die Zwecke der betreffenden Organisation eindeutig als charitable purpose anerkennt. Angesichts der Vielzahl denkbarer Zweckbestimmungen wird dies jedoch nicht immer der Fall sein. Zudem wird der gesellschaftliche Wandel immer wieder neuartige Zwecke hervorbringen, mit denen sich die Rechtsprechung noch nicht auseinanderzusetzen hatte. Dies war beispielsweise beim Umweltschutz der Fall. Auch in Ermangelung eines eindeutigen Präzedenzfalles bleiben die Charity Commissioners zur Entscheidung über die Eintragung befugt. In derartigen Fällen versuchen die Charity Commissioners, Analogien zu bereits entschiedenen Fällen zu bilden[196].

Grundlage der Entscheidung über die Eintragung ist in erster Linie der Wortlaut der Zweckbestimmung in den mit dem Antrag auf Eintragung eingereichten Dokumenten, bei als company verfaßten charities also dem memorandum und den articles of association. In aller Regel entscheiden die Charity Commissioners daher nach Aktenlage. Nur wenn die eingereichten Dokumente mehrdeutig sind, dürfen eigene Untersuchungen vorgenommen werden[197]. In diesen Fällen orientieren sich die Charity Commissioners bei ihrer Entscheidung an den Aktivitäten der betreffenden Organisation[198]. Allerdings nehmen die Charity Commissioners das Recht,

---

[194] *Warburton/Morris*, Tudor on Charities, S. 17.

[195] *Chesterman*, Charities, Trusts and Social Welfare, S. 116; *Picarda*, The Law and Practice Relating to Charities, S. 569.

[196] *Cracknell*, Law Relating to Charities, S. 48; *Warburton/Morris*, Tudor on Charities, S. 17.

[197] *Incorporated Council of Law Reporting for England and Wales v. Attorney General* [1972] Ch. 73, 91, per *Sachs L.J.*

[198] Annual Report of the Charity Commissioners for 1970, para. 23.

die Aktivitäten einer Organisation näher zu untersuchen, auch in solchen Fällen für sich in Anspruch, in denen zwar die Zweckbestimmung an sich eindeutig als charitable purpose einzuordnen ist, die Aktivitäten der betreffenden Organisation jedoch offensichtlich von der Zweckbestimmung abweichen und daher nicht mehr als gemeinnützig gelten können. In derartigen Fällen legen die Charity Commissioners entweder die Zweckbestimmung so aus, daß sie die Aktivitäten der Organisation deckt, und lehnen die Eintragung ab, oder sie nehmen die Eintragung vor und versehen sie mit der Ermahnung, in Zukunft die Aktivitäten der Zweckbestimmung anzupassen[199].

Liegen die Eintragungsvoraussetzungen vor, sind die Charity Commissioners ausweislich s. 3 (2) Charities Act 1993 verpflichtet, die Eintragung vorzunehmen. Beantragt eine von der Pflicht zur Registrierung ausgenommene Organisation freiwillig die Eintragung in das register of charities, liegt es laut s. 3 (2) Charities Act 1993 im Ermessen der Charity Commissioners, ob sie dem Antrag Folge leisten und die Eintragung vornehmen.

In der Praxis lehnen die Charity Commissioners Anträge auf Eintragung in das register of charities nur selten ab: So bewegt sich das Verhältnis zwischen antragsgemäßen Eintragungen und Ablehnungen in etwa in der Größenordnung von dreißig zu eins[200].

c. Die Löschung aus dem register of charities

Hinsichtlich der Löschung aus dem register of charities ist zwischen den von der Eintragunspflicht befreiten und den sonstigen charities zu unterscheiden. Beantragt eine unter s. 3 (5) Charities Act 1993 von der Eintragungspflicht befreite charity ihre Löschung aus dem register of charities, so sind die Charity Commissioners gemäß s. 3 (2) Charities Act 1993 verpflichtet, die Löschung vorzunehmen. Wird kein Antrag auf Löschung gestellt, steht die Löschung dieser Vorschrift zufolge jederzeit im Ermessen der Charity Commissioners.

---

199 Annual Report of the Charity Commissioners for 1970, para. 26.

200 *Chesterman*, Charities, Trusts and Social Welfare, S. 121.

Die Löschung der sonstigen charities richtet sich nach s. 3 (4) Charities Act 1993. Dieser Vorschrift zufolge ist eine Organisation zunächst dann aus dem register of charities zu löschen, wenn sie nach Ansicht der Charity Commissioners keine charity mehr zu sein scheint. In der Praxis unterfallen dieser Bestimmung vor allem diejenigen Fälle, in denen eine Organisation ihren ursprünglich als charitable purpose anerkannten Zweck zugunsten eines anderen Zwecks aufgibt oder in denen die Zweckbestimmung zwar unverändert bleibt, aufgrund einer späteren Gerichtsentscheidung aber nicht mehr als charitable purpose betrachtet werden kann[201]. Eine Löschung hat gemäß s. 3 (4) Charities Act 1993 auch zu erfolgen, wenn eine als charity eingetragene Organisation nicht mehr besteht oder nicht mehr arbeitet. Eine als company verfaßte charity hört dann auf zu bestehen, wenn sie nach den einschlägigen gesetzlichen Bestimmungen aufgelöst und beendet worden ist. Damit die Charity Commissioners von derartigen Umständen, die zu einer Löschung führen können, auch Kenntnis erlangen, sind die Verwaltungsorgane der eingetragenen charities laut s. 3 (7) (b) Charities Act 1993 verpflichtet, die Charity Commissioners über jede Satzungsänderung zu unterrichten sowie ihnen die Beendigung der von ihnen verwalteten Organisation anzuzeigen.

Bezüglich des bei Löschung einer charity zu durchlaufenden Verfahrens enthält der Charities Act 1993 keine Bestimmungen. In der Praxis werden die Charity Commissioners die betroffene Organisation jedoch zunächst von der geplanten Löschung unterrichten und ihr Gelegenheit zur Stellungnahme geben[202].

Eine Löschung aus dem register of charities wirkt grundsätzlich ex nunc. Somit bleiben den betroffenen Organisationen die charities zustehenden Vorteile bis zur Vornahme der Löschung erhalten. Erfolgt jedoch die Löschung aufgrund einer Änderung der Zweckbestimmung, so wirkt die Löschung laut s. 3 (4) Charities Act 1993 auf den Zeitpunkt der Änderung zurück.

---

[201] *Cairns*, Charities: Law and Practice, S. 40; *Picarda*, The Law and Practice Relating to Charities, S. 570 f.

[202] *Picarda*, The Law and Practice Relating to Charities, S. 572.

d. Rechtsschutz gegen Entscheidungen der Charity Commissioners

Wie die vorstehenden Ausführungen gezeigt haben, verfügen die Charity Commissioners bei der Führung des register of charities in vielen Fällen über erhebliche Freiräume: So bleiben sie auch dann zur Entscheidung über die Eintragung einer Organisation befugt, wenn kein eindeutiger Präzedenzfall vorliegt. Ob die Voraussetzungen für eine Löschung einer zur Registrierung verpflichteten charity erfüllt sind, richtet sich gemäß s. 3 (4) Charities Act 1993 nach der Einschätzung der Charity Commissioners. Eintragung und Löschung der unter s. 3 (5) Charities Act 1993 von der Eintragungspflicht befreiten charities liegen laut s. 3 (2) Charities Act 1993 grundsätzlich in deren Ermessen. Angesichts dieser Spielräume und der weitreichenden Folgen, die eine Entscheidung über Eintragung oder Löschung wegen der Vermutung unter s. 4 (1) Charities Act 1993 für die betroffenen Organisationen sowie für Dritte auslösen kann, besteht ein dringender Bedarf nach einer wirksamen Kontrolle der Charity Commissioners bei der Führung des register of charities. Diesem Bedarf versucht der Charities Act 1993 durch s. 4 (2) bis (4) gerecht zu werden. Diese Vorschriften regeln die Rechtsbehelfe, die den Betroffenen gegen Entscheidungen der Charity Commissioners bei der Führung des register of charities zur Verfügung stehen. Im folgenden sollen die verschiedenen Rechtsschutzbedarf auslösenden Situationen und die jeweils zur Verfügung stehenden Rechsbehelfe dargestellt werden.

aa. Die Eintragung ist erfolgt

Ist eine Organisation in das register of charities eingetragen worden, erlaubt s. 4 (2) Charities Act 1993 jeder Person, die möglicherweise von der Eintragung betroffen ist, gegen die Eintragung Widerspruch einzulegen, oder - sofern seit der Eintragung bereits ein längerer Zeitraum verstrichen ist - die Löschung der charity aus dem register of charities zu beantragen. Der Widerspruch beziehungsweise der Antrag auf Löschung ist an die Charity Commissioners selbst zu richten und hat keine aufschiebende Wirkung. Diese Rechtsbehelfe haben somit weder Devolutiv- noch Suspensiveffekt. Der Kreis der Widerspruchs- beziehungsweise Antragsbefugten ist weit gefaßt und in seinen Grenzen unklar[203]. In der Praxis nutzen beinahe ausschließlich die Finanzbehörden diese Rechtsbehelfe[204]. Die Finanzbehörden sind insofern von der Eintragung betroffen, als sie wegen der Vermutung unter s. 4 (1) Charities Act 1993 allen eingetragenen Organisationen die charities zustehenden steuerlichen Vorteile einräumen müssen. Zur Vermeidung derartiger Beschwerden bitten die Charity Commissioners die Finanzbehörden regelmäßig schon im voraus um eine Stellungnahme zu der geplanten Eintragung[205].

Helfen die Charity Commissioners dem Widerspruch gegen die Eintragung nicht ab beziehungsweise geben sie dem Antrag auf Löschung nicht statt, kann ausweislich s. 4 (3) Charities Act 1993 gegen die ablehnende Entscheidung der High Court angerufen werden. Eine Klagefrist besteht nicht[206]; eine derart ablehnende Entscheidung der Charity Commissioners erlangt somit niemals Rechtskraft.

Neben den unter s. 4 (2) Charities Act 1993 Beschwerdebefugten kann laut s. 4 (3) Charities Act 1993 auch der Attorney General gegen eine Eintragung vorgehen. Dem Attorney General kommt im englischen Recht der charities eine übergeordnete Funktion zu. In seiner Eigenschaft als Kronanwalt tritt er an Stelle der Krone als Hüter und Beschützer der charities auf[207]. Zur Wahrnehmung dieser Aufgabe verfügt er kraft seines Amtes, also ohne besondere gesetzliche Ermächtigung, über weitreichende Befugnisse. Diese Befugnisse sollen im einzelnen im jeweiligen Zusammenhang erörtert werden. Anders als die unter s. 4 (2) Charities Act 1993 Beschwerdebefugten muß sich der Attorney General ausweislich s. 4 (3) Charities Act 1993 nicht zuerst an die Charity Commissioners wenden, sondern kann gegen die Eintragung unmittelbar den High Court anrufen.

Eine Klage vor dem High Court führt laut s. 4 (4) Charities Act 1993 zu einer Aussetzung der Eintragung in das register of charities: Die betroffene Organisation

---

203 *Chesterman*, Charities, Trusts and Social Welfare, S. 130.

204 *Cairns*, Charities: Law and Practice, S. 72 und 74; *Warburton/Morris*, Tudor on Charities, S. 18; *Picarda*, The Law and Practice Relating to Charities, S. 572.

205 *Cairns*, Charities: Law and Practice, S. 72; *Warburton/Morris*, Tudor on Charities, S. 18; *Longley/Dockray/Sallon*, Charity Trustees' Guide, S. 8.

206 *Warburton/Morris*, Tudor on Charities, S. 18.

207 Halsbury's Laws of England, Vol. 5 (2), para. 404; *Picarda*, The Law and Practice Relating to Charities, S. 513 f. und 662; *Cairns*, Charities: Law and Practice, S. 75.

ist so zu behandeln, als sei sie nicht in das register of charities eingetragen. Ihr Eintrag wird mit einem entsprechenden Vermerk versehen. Sie gilt nicht als charity, solange die Aussetzung währt. Die Vermutung unter s. 4 (1) Charities Act 1993 ist damit für die Zeit der Aussetzung aufgehoben. Eine Klage vor dem High Court hat daher sowohl Devolutiv- als auch Suspensiveffekt. Dies gilt unabhängig davon, ob der Attorney General oder eine andere Person die Klage erhebt. Die Eintragung bleibt gemäß s. 4 (4) Charities Act 1993 solange ausgesetzt, bis die Charity Commissioners sich sicher sind, ob ihre Entscheidung, die Eintragung vorzunehmen beziehungsweise die Löschung abzulehnen, Bestand haben wird. Diese Formulierung erweckt den Eindruck, die Charity Commissioners könnten nach Belieben über den Fortbestand der Aussetzung bestimmen. Entgegen dem insofern irreführenden Wortlaut sind sie jedoch an den Ausgang des Gerichtsverfahrens gebunden; s. 4 (4) Charities Act 1993 soll es den Charity Commissioners lediglich ermöglichen, die Aussetzung aufrechtzuerhalten, bis die Angelegenheit abschließend gerichtlich geklärt ist[208]. Dabei haben die Charity Commissioners zu berücksichtigen, daß gegen eine Entscheidung des High Court gegebenenfalls weitere Rechtsmittel zur Verfügung stehen. Daher werden die Charity Commissioners - je nach Ausgang des gerichtlichen Verfahrens - die Aussetzung erst dann aufheben beziehungsweise erst dann die betroffene Organisation endgültig aus dem register of charities löschen, wenn eine rechtskräftige gerichtliche Entscheidung vorliegt oder die Einlegung eines weiteren Rechtsmittels zumindest unwahrscheinlich ist[209].

Zwar gilt eine Organisation solange nicht als charity, wie ihre Eintragung in das register of charities ausgesetzt ist. Gleichwohl kann sie während dieser Zeit tatsächlich eine charity sein. Wird daher später rechtskräftig entschieden, daß die Eintragung der betreffenden Organisation in das register of charities ursprünglich rechtens war und daraufhin die Aussetzung der Eintragung aufgehoben, kann sie rückwirkend auch für die Zeit der Aussetzung sämtliche charities zustehenden Vorteile für sich in Anspruch nehmen[210].

---

[208] *Picarda*, The Law and Practice Relating to Charities, S. 573.

[209] *Picarda*, The Law and Practice Relating to Charities, S. 573; *Warburton/Morris*, Tudor on Charities, S. 18.

[210] Halsbury's Laws of England, Vol. 5 (2), para. 289; *Picarda*, The Law and Practice Relating to Charities, S. 573.

bb. Die Eintragung wurde abgelehnt oder gelöscht

Wird ein Antrag auf Eintragung in das register of charities abgelehnt oder eine Organisation aus dem Register gelöscht, können laut s. 4 (3) Charities Act 1993 die Verwaltungsorgane der betroffenen Organisation oder der Attorney General unmittelbar den High Court anrufen. Damit ist bei Klagen der Verwaltungsorgane gegen eine Ablehnung der Eintragung oder gegen eine Löschung ihrer Organisation ein Vorverfahren nicht gesetzlich vorgeschrieben. Gleichwohl findet bei Klagen der Verwaltungsorgane in der Praxis ein informelles Vorverfahren statt, bei dem sich die Verwaltungsorgane zunächst an einen besonderen Ausschuß der Charity Commissioners wenden, bevor sie Klage beim High Court erheben[211]. Zudem muß bei Klagen der Verwaltungsorgane der Attorney General auf Seiten der betroffenen Organisation als Prozeßpartei miteinbezogen werden[212].

2. Die Rolle der Finanzverwaltung bei der Anerkennung von charities

Auch die Finanzbehörden (Inland Revenue) und die für die Gemeindeabgaben zuständigen Behörden (rating authorities) können auf unterschiedlichem Weg Einfluß auf die Anerkennung einer Organisation als charity nehmen. So können sie unter s. 4 (2) und (3) Charities Act 1993 in der oben beschriebenen Weise gegen die Eintragung einer Organisation in das register of charities vorgehen. Wie bereits festgestellt hat dies dazu geführt, die Charity Commissioners diese Behörden regelmäßig schon vor einer Eintragung um eine Stellungnahme bitten und damit in das Eintragungsverfahren einbinden, um Beschwerden zu vermeiden[213].

Eine von den Charity Commissioners unabhängige Entscheidungsbefugnis kommt der Finanzverwaltung zu, wenn die Charity Commissioners die Eintragung einer Organisation in das register of charities verweigert haben: In diesen Fällen ist die

---

[211] *Chesterman*, Charities, Trusts and Social Welfare, S. 115; *Warburton/Morris*, Tudor on Charities, S. 17.

[212] Halsbury's Laws of England, Vol. 5 (2), para. 491; *Warburton/Morris*, Tudor on Charities, S. 17.

[213] Dieses Verfahren der Konsultation war früher in s. 9 Charities Act 1960 gesetzlich geregelt. Obwohl der Charities Act 1993 keine Entsprechung zu dieser Vorschrift enthält, haben die beteiligten Behörden dieses Verfahren in der Praxis beibehalten.

Finanzverwaltung befugt, die Organisation trotz der entgegenstehenden Entscheidung der Charity Commissioners für steuerliche Zwecke als charity anzuerkennen[214]. Denn die Vermutung unter s. 4 (1) Charities Act 1993, derzufolge alle in das register of charities eingetragenen Organisationen als charity zu behandeln sind, gilt nicht umgekehrt: Aus der Nichteintragung einer Organisation kann nicht geschlossen werden, daß diese keine charity sei[215]. Damit ist Raum für eine unabhängige Entscheidung der Finanzverwaltung, die allerdings auf deren Zuständigkeitsbereich beschränkt ist und nicht, wie die Entscheidung der Charity Commissioners, eine auch andere staatliche Stellen bindende Vermutung für den gemeinnützigen Status der betreffenden Organisation auslöst. Da die Charity Commissioners nur selten die Eintragung verweigern, dürfte sich die Finanzverwaltung allerdings nur in wenigen Fällen zur Ausübung dieser Befugnis veranlaßt sehen.

In bestimmten Fällen obliegt der Finanzverwaltung auch die Erstentscheidung über den gemeinnützigen Status einer Organisation. Dies gilt für solche Organisationen, die gemäß s. 3 (5) Charities Act 1993 von der Eintragungspflicht befreit sind und sich auch nicht freiwillig um eine Eintragung in das register of charities bemüht haben, gleichwohl aber bei der Finanzverwaltung steuerliche Vorteile beanspruchen[216]. Bei einer geschätzten Zahl von 80.000 unregistrierten charities[217] besteht auf den ersten Blick ein großes Potential für solche Erstentscheidungen der Finanzverwaltung. Allerdings ist zu vermuten, daß viele charities, die schon keine Veranlassung für eine freiwillige Eintragung in das register of charities sehen, sich auch nicht um Steuervergünstigungen bemühen werden. Dies gilt insbesondere für kleine charities, deren Mittel derart begrenzt sind, daß der mit einer Anerkennung verbundene Aufwand kaum durch entsprechende finanzielle Vorteile aufgewogen würde. Insbesondere wegen ihrer Einbeziehung in das Eintragungsverfahren durch

---

[214] *Picarda*, The Law and Practice Relating to Charities, S. 574; *Chesterman*, Charities, Trusts and Social Welfare, S. 123 f.

[215] Halsbury's Laws of England, Vol. 5 (2), para. 285; *Chesterman*, Charities, Trusts and Social Welfare, S. 123; vgl. auch: *Over Seventies Housing Association v. Westminster London Borough Council*, The Times, 11.4.1974.

[216] *Sheridan*, Keeton & Sheridan's Modern Law of Charities, S. 61.

[217] Vgl.: *Chesterman*, Charities, Trusts and Social Welfare, S. 90 und 127.

die Charity Commissioners ist der Einfluß der Finanzverwaltung auf die Anerkennung von charities jedoch insgesamt als hoch einzuschätzen[218].

3. Die Rolle der Gerichte bei der Anerkennung von charities

Die Gerichte verfügen über weitreichende Befugnisse zur Beeinflussung der Zweckbestimmung und der Verwaltung von charities sowie zur Kontrolle der Entscheidungen der Charity Commissioners. Diese Befugnisse sind nur teilweise gesetzlich geregelt und beruhen im übrigen auf einer gewohnheitsrechtlich verfestigten Rechtstradition[219]. Die Zuständigkeit für die Ausübung dieser Befugnisse liegt gemäß s. 19 (2) i.V.m. s. 61 und Schedule 1 para. 1 (c) Supreme Court Act 1981 bei der Chancery Division des High Court of Justice. Obwohl die Befugnisse des High Court ursprünglich vom Bestehen eines trust abhängig gemacht wurden, herrscht heute Einigkeit darüber, daß sich die Befugnisse des High Court auch auf als company verfaßte charities erstrecken[220]. Ebenso wie die Befugnisse der Charity Commissioners und des Attorney General sollen auch die Befugnisse des High Court im einzelnen im jeweiligen Zusammenhang behandelt werden.

Auch bei der Anerkennung von charities tritt der High Court regelmäßig als Kontrollinstanz für die Entscheidungen der Charity Commissioners in Erscheinung: Denn wie bereits festgestellt ist gegen Entscheidungen der Charity Commissioners in den die Führung des register of charities betreffenden Angelegenheiten unter s. 4 (3) Charities Act 1993 der Rechtsweg zum High Court eröffnet.

Ausweislich s. 4 (1) Charities Act 1993 gelten alle in das register of charities eingetragenen Organisationen kraft Gesetzes als charity. Obwohl auch die Gerichte grundsätzlich an diese Vermutung gebunden sind[221], hat diese keinen Einfluß auf

---

[218] *Chesterman*, Charities, Trusts and Social Welfare, S. 133.

[219] *Hill*, in: Stiftungen in Europa, S. 219, 239; *Warburton/Morris*, Tudor on Charities, S. 325.

[220] *Construction Industry Training Board v. Attorney General* [1973] Ch. 173; vgl. auch: *Warburton/Morris*, Tudor on Charities, S. 325; Halsbury's Laws of England, Vol. 5 (2), para. 425.

[221] Siehe oben § 2 II.1.a.

die richterliche Kontrolle der Entscheidungen der Charity Commissioners hinsichtlich der Führung des register of charities: Denn richtet sich die Klage vor dem High Court gegen die Eintragung einer charity, führt die Klageerhebung laut s. 4 (4) Charities Act 1993 zu einer Aussetzung der Eintragung und damit zu einer Aussetzung der Vermutung. Ist die Klage umgekehrt darauf gerichtet, eine Eintragung vorzunehmen oder eine zuvor erfolgte Löschung rückgängig zu machen, ist die betroffene Organisation zum Zeitpunkt der gerichtlichen Entscheidung nicht in das Register eingetragen. Da die Vermutung gemäß s. 4 (1) Charities Act 1993 nicht umgekehrt gilt[222], kann sich auch in diesen Fällen die Frage einer Bindung des High Court nicht stellen.

Haben die Charity Commissioners im Rahmen des Eintragungs- oder Löschungsverfahrens darüber zu befinden, ob eine Organisation die Voraussetzungen für eine Anerkennung als charity erfüllt, fehlt es jedoch an einem einschlägigen Präzedenzfall, so stellt sich die Frage, ob den Charity Commissioners ein Beurteilungsspielraum zusteht. Ob eine Organisation die Vorausssetzungen für eine Anerkennung als charity erfüllt, ist nach der Konzeption des Charities Act 1993 eine Frage des Richterrechts. Daher obliegt allein den Gerichten die Bestimmung der Anerkennungsvoraussetzungen. Den Charity Commissioners einen Beurteilungsspielraum zuzugestehen würde aber bedeuten, einen Teil dieser Entscheidungsbefugnis von den Gerichten auf die Verwaltung zu verlagern. Deshalb unterliegen die Entscheidungen der Charity Commissioners über das Vorliegen der Anerkennungsvoraussetzungen im Rahmen des Eintragungs- oder Löschungsverfahrens inhaltlich unbeschränkt der richterlichen Kontrolle des High Court[223]. Gewährt dagegen der Charities Act 1993 den Charity Commissioners auf der Rechtsfolgenseite einen Ermessensspielraum, so ist dieser von den Gerichten zu respektieren[224]. Im Zusammenhang mit der Führung des register of charities steht den Charity Commissioners ausweislich s. 3 (2) Charities Act 1993 dann ein Ermessensspielraum zu, wenn sie über die Eintragung oder Löschung solcher charities zu befinden haben, die von der Pflicht zur Registrierung ausgenommen sind und die betreffende charity nicht selbst die Löschung beantragt hat.

---

222 Siehe oben § 2 II.2.

223 *Picarda*, The Law and Practice Relating to Charities, S. 570.

224 *Picarda*, The Law and Practice Relating to Charities, S. 569.

Gegen ein Urteil des High Court kann nach den allgemeinen Vorschriften, die hier nicht näher erläutert werden sollen, gegebenenfalls der Court of Appeal und letztinstanzlich das House of Lords angerufen werden. Wird die Gerichtsentscheidung rechtskräftig, sind die Charity Commissioners zu deren Umsetzung verpflichtet. Ausweislich s. 4 (5) Charities Act 1993 ist es den Charity Commissioners jedoch trotz einer rechtskräftigen Gerichtsentscheidung gestattet, über die Angelegenheit neu zu entscheiden, sofern entweder eine neue Sachlage eingetreten ist oder sich die Rechtslage durch eine spätere Gerichtsentscheidung in anderer Sache maßgeblich geändert hat. Da in diesen Fällen wegen der veränderten Sach- oder Rechtslage ein neuer Streitgegenstand vorliegt, stellt dies keine Durchbrechung der Rechtskraft dar. Gegen eine auf s. 4 (5) Charities Act 1993 gestützte Entscheidung der Charity Commissioners ist dann erneut der Rechtsweg eröffnet.

Insgesamt sind Klagen gegen Entscheidungen der Charity Commissioners äußerst selten. Dies läßt sich auf die hohen Verfahrenskosten zurückführen[225]. Ein weiterer Grund liegt darin, daß die Charity Commissioners in der Regel dem Antrag auf Eintragung entsprechen[226] und damit zumindest seitens der betroffenen Organisation kein Anlaß für eine Klage besteht. Wegen der Einbindung der Finanzverwaltung in das Anerkennungsverfahren sieht sich auch diese nur selten zu einer Klage veranlaßt.

Die Position der Gerichte ist eine andere, wenn der Status der betroffenen Organisation nicht den Hauptgegenstand des Verfahrens bildet, sondern nur inzidenter zu untersuchen ist. Ist in solchen Fällen die betroffene Organisation bereits in das register of charities eingetragen, so sind auch die Gerichte an die Vermutung unter s. 4 (1) Charities Act 1993 gebunden[227]. Sie sind deshalb verpflichtet, die betroffene Organisation als charity zu behandeln. Allerdings gilt diese Vermutung wie bereits festgestellt nicht umgekehrt. Ist die betroffene Organisation nicht eingetragen, etwa weil die Charity Commissioners eine Eintragung abgelehnt oder wieder gelöscht haben oder weil gar kein Antrag auf Eintragung gestellt wurde, können daher die Gerichte inzidenter den Status der Organisation bestimmen. Das

---

[225] *Bright* (1989) Conv. 28; *Chesterman*, Charities, Trusts and Social Welfare, S. 131; *Cairns*, Charities: Law and Practice, S. 32.

[226] Siehe oben § 2 II.1.b.

[227] Siehe oben § 2 II.1.a.

in einem solchen Fall gesprochene Urteil entfaltet zwar nur gegenüber den Parteien Rechtskraft und vermag die Charity Commissioners nicht unmittelbar zu einer bestimmten Entscheidung zu verpflichten; allerdings ist es als Präzedenzfall von den Charity Commissioners bei zukünftigen Entscheidungen zu beachten. Stellt eine Organisation, deren gemeinnütziger Status inzident gerichtlich festgestellt wurde, später einen Antrag auf Eintragung in das register of charities, werden somit die Charity Commissioners diesem Antrag entsprechen müssen.

Anders als bei charitable trusts ist bei als company verfaßten charities die Frage nach deren Status allerdings nur vergleichsweise selten inzidenter zu prüfen: Denn bei als trust verfaßten Organisationen hängt unter Umständen schon deren Entstehung von einer Anerkennung als charity ab. Beispielsweise können charitable trusts für unbegrenzte Zeit oder ohne genaue Bestimmung der beneficiaries wirksam errichtet werden, während ein normaler trust unter diesen Bedingungen von vornherein unwirksam wäre[228]. Für die Gründung einer company sind demgegenüber ausschließlich die Vorschriften des Companies Act 1985 maßgeblich. Die Anerkennung als charity hat keinen Einfluß auf den Bestand der company als solcher, sondern ist nur für deren rechtliche Behandlung von Bedeutung. Die Frage der Wirksamkeit der Gründung fällt damit bei als company verfaßten Organisationen als Anlaß für eine Inzidenterprüfung der Gemeinnützigkeit weg.

4. Zusammenfassung

Die Anerkennung einer Organisation als charity ist abgesehen von wenigen Sonderfällen Ergebnis eines Zusammenspiels von Charity Commissioners, Gerichten und Finanzverwaltung: Auf Antrag der betreffenden Organisation entscheiden die Charity Commissioners, meist nach Anhörung der Finanzverwaltung, auf Grundlage der bisherigen Rechtsprechung über eine Eintragung in das register of charities. Nach erfolgter Eintragung gilt die betroffene Organisation gemäß s. 4 (1) Charities Act 1993 als charity. Diese Vermutung bindet neben den Behörden grundsätzlich auch die Gerichte. Die betroffene Organisation ist damit als charity anerkannt. Die Rolle der Gerichte beschränkt sich im wesentlichen auf

---

[228] Siehe oben § 1 II.1.

die Kontrolle der Entscheidungen der Charity Commissioners. Angesichts der unbeschränkten Kontrolldichte hinsichtlich der Tatbestandsvoraussetzungen einer Eintragung oder Löschung ist diese Kontrolle zwar effektiv, wird jedoch nur äußerst selten in Anspruch genommen. Gerade bei als company verfaßten charities sind auch Inzidenterentscheidungen der Gerichte verhältnismäßig selten. Die tragende Rolle bei der Anerkennung von charities kommt damit den Charity Commissioners zu. Dies gilt auch für unter s. 3 (5) Charities Act 1993 von der Pflicht zur Registrierung befreite charities: Denn diese werden sich regelmäßig auf Grundlage von s. 3 (2) Charities Act 1993 freiwillig um eine Eintragung in das register of charities bemühen, wenn ihnen daran gelegen ist, Rechtsklarheit über ihren Status zu erlangen.

§ 3 Die Gründung einer charitable company

Zur Gründung einer charitable company sind zwei Schritte erforderlich, die strikt zu trennen sind: Zum einen die Errichtung einer company als Rechtsträger und zum anderen deren Anerkennung als charity. Während die Voraussetzungen und das Verfahren zur Anerkennung als charity für alle denkbaren Organisationsformen grundsätzlich identisch sind, richtet sich die Errichtung des Rechtsträgers nach den für die jeweilige Organisationsform geltenden allgemeinen Vorschriften. Zur Gründung einer charitable company bedarf es daher zunächst der Errichtung einer company nach den Vorschriften des Companies Act 1985.

I. Die Eignung der company limited by guarantee als Rechtsträger

Soll eine charity nicht als trust, sondern in Form einer company gegründet werden, so ist zunächst zu klären, welche der in s. 1 (2) und (3) Companies Act 1985 aufgezählten Gesellschaftsformen zweckmäßigerweise als Rechtsträger gewählt werden sollte. In der Praxis werden charitable companies nahezu ausnahmslos in Form einer company limited by guarantee errichtet[1]. Allerdings sind die Gründer einer charitable company nicht gehindert, eine andere Gesellschaftsform als Rechtsträger zu wählen - auch eine public oder private company limited by shares oder eine unlimited company kann sich um eine Anerkennung als charity bemühen[2].

Angesichts des unbegrenzten Haftungsrisikos, dem ausweislich s. 1 (2) (c) Companies Act 1985 die Gesellschafter einer unlimited company ausgesetzt sind, wird sich allerdings die Wahl dieser Gesellschaftsform als Rechtsträger in aller Regel von vornherein verbieten[3]. Dies gilt umso mehr, als sich die Wahl einer

---

[1] *Warburton* (1984) Conv. 112, 113; *Warburton* (1990) Conv. 95; *Warburton/Morris*, Tudor on Charities, S. 156; *Chesterman*, Charities, Trusts and Social Welfare, S. 197; *Mestmäcker*, Recht und ökonomisches Gesetz, S. 331.

[2] *Hill* (1994) 144 N.L.J. Annual Charities Review 22; *Cairns*, Charities: Law and Practice, S. 59. Vgl. auch: *Re Girls' Public Day School Trust Ltd.* [1951] Ch. 400: In diesem Fall bemühte sich eine als private company limited by shares organisierte Schule um eine Anerkennung als charity; im Ergebnis scheiterte die Anerkennung, weil die Satzung die Ausschüttung von Gewinnen an die Gesellschafter zuließ.

[3] So auch: *Hill* (1994) 144 N.L.J. Annual Charities Review 22.

company als Organisationsform gerade dann empfiehlt, wenn die charity in größerem Umfang am Wirtschftsverkehr teilnehmen soll[4].

Daher bieten sich neben der company limited by guarantee praktisch nur die public und die private company limited by shares als Rechtsträger an. Damit stellt sich die Frage nach den Gründen der Bevorzugung der company limited by guarantee gegenüber den beiden anderen Rechtsformen. Um diese Gründe aufzuhellen, sollen im folgenden die entscheidenden Eigenschaften von company limited by guarantee einerseits und public und private company limited by shares andererseits gegenübergestellt werden.

1. Haftungsrisiko der Gesellschafter

Der grundlegendste Unterschied zwischen den genannten Gesellschaftsformen besteht darin, daß public und private companies limited by shares schon wesensmäßig über ein share capital, also ein in Anteile aufgeteiltes Grund- oder Stammkapital verfügen müssen[5], während companies limited by guarantee laut s. 1 (4) Companies Act 1985 seit dem 22. Dezember 1980 nur ohne share capital gegründet werden können und auch schon vor diesem Zeitpunkt üblicherweise nicht mit einem share capital ausgestattet wurden[6].

Dies wirkt sich vor allem auf das Haftungsrisiko der Gesellschafter aus: So haften die Gesellschafter einer public oder private company limited by shares gegenüber der Gesellschaft in Höhe des Nennwertes ihrer Anteile[7]. Dabei kann die Gesellschaft die Gesellschafter grundsätzlich jederzeit auf den vollen Nennwert in Anspruch nehmen[8]. Handelt es sich um eine public limited company, müssen die

---

[4] Siehe oben § 1 II.3.

[5] Halsbury's Laws of England, Vol. 7 (1), para. 436; *Thorne/Walmsley*, Butterworths Company Law Guide, S. 56; *Pennington*, Company Law, S. 1036.

[6] *Pennington*, Company Law, S. 1030; *Barc/Bowen*, Tolley's Company Law, Vol. 1, para. F6014; *Gower/Prentice/Pettet*, Gower's Principles of Modern Company Law, S. 11.

[7] *Thorne/Walmsley*, Butterworths Company Law Guide, S. 47; Halsbury's Laws of England, Vol. 7 (1), para. 413; *Pennington*, Company Law, S. 171; *Gower/Prentice/Pettet*, Gower's Principles of Modern Company Law, S. 89.

[8] Halsbury's Laws of England, Vol. 7 (1), para. 416; *Goldenberg*, A Guide to Company Law, S. 114; *Morse*, Charlesworth and Morse - Company Law, S. 118.

Gesellschafter ausweislich s. 101 (1) Companies Act 1985 zudem bereits bei der Ausgabe der Anteile mindestens ein Viertel des Nennwerts an die Gesellschaft zahlen. Zwar ist für das share capital einer private company limited by shares kein Mindestbetrag vorgegeben; bei der Wahl dieser Gesellschaftsform kann also die Summe der Nennwerte der Anteile und damit der Haftungsbetrag der Gesellschafter rein rechtlich gesehen beliebig niedrig angesetzt werden, wenngleich sich eine allzu starke Begrenzung des Haftungsbetrages oft aus wirtschaftlichen Erwägungen verbieten wird. Demgegenüber muß das share capital einer public company limited by shares und damit die von den Gesellschaftern aufzubringende Haftsumme gemäß s. 11 i.V.m. s. 118 (1) Companies Act 1985 mindestens 50.000 Pfund betragen. Somit müssen die Gesellschafter einer public oder private company limited by shares zum einen damit rechnen, schon zu Beginn oder während der laufenden Geschäftstätigkeit in Höhe des Nennwertes ihrer Anteile in Anspruch genommen zu werden. Zum anderen läßt sich jedenfalls für Gesellschafter einer public company limited by shares das Haftungsrisiko betragsmäßig nicht beliebig begrenzen.

Demgegenüber haften die Gesellschafter einer company limited by guarantee laut s. 2 (4) Companies Act 1985 in Höhe der im memorandum vorgesehenen Garantiesumme. Diese läßt sich rechtlich beliebig begrenzen und beläuft sich bei charitable companies in der Regel auf einen eher symbolischen Betrag[9]. Ausweislich s. 2 (4) Companies Act 1985 muß zudem das memorandum vorsehen, daß die Gesellschafter erst bei Auflösung der Gesellschaft zur Zahlung der Garantiesumme verpflichtet sind. Anders als bei public beziehungsweise private limited companies sind die Gesellschafter daher bei der Gründung und im laufenden Geschäftsbetrieb der Gesellschaft nicht verpflichtet, Einlagen zu erbringen[10].

Im Gegensatz zu den Gesellschaftern einer public oder private company limited by shares haben damit die Gesellschafter einer company limited by guarantee die Sicherheit, in Ermangelung einer abweichenden Vereinbarung während der Gründung und der Geschäftstätigkeit der Gesellschaft nicht in Anspruch genom-

---

[9] Im einzelnen dazu unter § 3 II.1.a.dd.

[10] *Rice* (1964) 28 Conv. (N.S.) 214; *Berkowitz/Cockain*, Companies Limited by Guarantee and Unlimited Companies, S. 12; *Morse*, Palmer's Company Law, Vol. 1, para. 2.008; *Barc/Bowen*, Tolley's Company Law, Vol. 1, para. F6014/1.

men zu werden. Gegenüber den Gesellschaftern einer public company limited by shares haben sie zudem den Vorteil, ihre Haftung gegenüber der Gesellschaft auf einen symbolischen Betrag begrenzen zu können, so daß für sie auch im Falle der Auflösung der Gesellschaft kein nennenswertes wirtschaftliches Risiko entsteht. Unter dem Gesichtspunkt des Haftungsrisikos der Gesellschafter ist somit die company limited by guarantee im Vergleich zu public oder private company limited by shares die günstigere Wahl.

2. Kapitalbeschaffung

Da die Gesellschafter einer company limited by guarantee bei Gründung und im laufenden Geschäftsbetrieb nicht zur Erbringung einer Einlage verpflichtet sind, kann die Gesellschaft vor ihrer Auflösung von den Gesellschaftern grundsätzlich keine Zuführung von Eigenkapital verlangen. Wie bereits festgestellt können dagegen public und private companies limited by shares ihre Gesellschafter jederzeit zur Erbringung ihrer Einlage verpflichten. Public companies limited by shares können sich darüber hinaus unter gewissen Voraussetzungen an der Börse notieren lassen, um am Kapitalmarkt in großem Umfang Eigenkapital aufzubringen[11]. Companies limited by guarantee haben somit im Vergleich zu public und private companies limited by shares grundsätzlich schlechtere Möglichkeiten, sich Eigenkapital zu beschaffen.

Allerdings können auch companies limited by guarantee ihre Gesellschafter durch eine entsprechende Gestaltung des memorandum oder der articles of association verpflichten, neben der übernommenen Garantie schon vor Auflösung der Gesellschaft zusätzliche Eigenkapitalbeiträge zu erbringen[12]. Wird eine Gesellschaft zu gemeinnützigen Zwecken gegründet, dürfte zudem das nötige Eigenkapital vielfach ohnehin bereits zur Verfügung stehen: Denn oft errichten die Gründer die Gesellschaft erst dann, wenn sie bereits Mittel zur Förderung des angestrebten Zwecks

---

[11] Private companies limited by shares ist diese Möglichkeit der Eigenkapitalbeschaffung verwehrt: s. 81 Companies Act 1985 und s. 143 (3) Financial Services Act 1986. Im einzelnen zu den Erfordernissen einer Börsennotierung vgl. etwa: *Morse*, Palmer's Company Law, Vol. 1, paras. 5.401 ff.

[12] *Rice* (1964) Conv. (N.S.) 214, 215.

aufgebracht haben und nur noch einen Rechtsträger zur Verwaltung dieser Mittel benötigen. Wird eine Gesellschaft zu gemeinnützigen Zwecken gegründet, fallen daher die schlechteren Möglichkeiten der Eigenkapitalbeschaffung entweder von vornherein nicht ins Gewicht oder lassen sich durch entsprechende Gestaltung des memorandum oder der articles of association ausgleichen.

3. Vorschriften zur Kapitalaufbringung und -erhaltung sowie Buchführung und Rechnungslegung

Da companies limited by guarantee nicht über ein share capital verfügen, unterliegen sie nicht den Bestimmungen hinsichtlich des share capital, die der Companies Act 1985 im Interesse der Kapitalaufbringung und -erhaltung für private companies limited by shares und in noch größerem Umfang für public companies limited by shares enthält[13]. Zudem kommen companies limited by guarantee ebenso wie private companies limited by shares in den Genuß von Erleichterungen bei der Buchführung, der Rechnungslegung und den Publizitätspflichten, die public companies limited by shares verschlossen sind[14]. Die vergleichsweise geringe Regelungsdichte vereinfacht Errichtung und Betrieb einer company limited by guarantee.

4. Befreiung von der Pflicht zur Führung eines die Haftungsbeschränkung kennzeichnenden Namenszusatzes

Zum Schutz ihrer Gläubiger muß eine Gesellschaft mit beschränkter Haftung ausweislich s. 25 Companies Act 1985 grundsätzlich durch einen entsprechenden

---

[13] Vgl. insbesondere ss. 99 bis 107 und 142 bis 150 Companies Act 1985; im einzelnen dazu etwa: *Goldenberg*, A Guide to Company Law, S. 158 ff.; *Gower/Prentice/Pettet*, Gower's Principles of Modern Company Law, S. 199 ff.; *Thorne/Walmsley*, Butterworths Company Law Guide, S. 65 ff.

[14] Vgl. s. 246 bis s. 253 Companies Act 1985; dabei enthalten s. 246 bis s. 250 besondere Erleichterungen für kleine und mittelgroße Gesellschaften. Im einzelnen dazu etwa: *Barc/Bowen*, Tolley's Company Law, Vol. 1, paras. A2522 ff. Der Ausschluß von public companies limited by shares ergibt sich aus s. 246 (3) (a), s. 249B (1) (a) sowie s. 252 (1) Companies Act 1985. Zu den Erleichterungen bei den Publizitätspflichten im einzelnen noch unter § 4 I.4.a.aa.

Namenszusatz auf die Haftungsbeschränkung hinweisen. Dieser Zusatz lautet für public companies limited by shares "public limited company" oder abgekürzt "p.l.c.", für private companies limited by shares und companies limited by guarantee "limited" oder abgekürzt "ltd.": s. 25 (1) und (2) i.V.m. s. 27 (4) (a) und (b) Companies Act 1985. Laut s. 30 Companies Act 1985 sind Gesellschaften mit gemeinnütziger Ausrichtung jedoch unter bestimmten Voraussetzungen von dieser Pflicht befreit. Ausweislich s. 30 (2) Companies Act 1985 gilt dies jedoch grundsätzlich nur für companies limited by guarantee. Public oder private companies limited by shares können daher eine solche Befreiung nicht in Anspruch nehmen.

Auch dies kann einen Anreiz für die Wahl einer company limited by guarantee als Rechtsträger für eine charitable company darstellen. Denn die weit überwiegende Zahl der Gesellschaften mit begrenzter Haftung und dementsprechendem Namenszusatz verfolgt rein privatnützige Zwecke. Wäre auch eine als charity anerkannte Gesellschaft zur Führung eines solchen Namenszusatzes verpflichtet, könnte dies in der Öffentlichkeit Zweifel an ihrer gemeinnützigen Ausrichtung hervorrufen. Gerade für Gesellschaften, die für ihre Arbeit auf Spenden angewiesen sind, ist jedoch das Vertrauen der Öffentlichkeit in ihre gemeinnützige Ausrichtung unverzichtbar[15].

5. Zusammenfassung

Die company limited by guarantee bietet im Vergleich zu public und private company limited by shares eine für die Gesellschafter günstigere Haftungsregelung und die Möglichkeit einer Befreiung von der Pflicht eines die Haftungsbeschränkung kennzeichnenden Namenszusatzes. Zudem unterliegt sie einer geringeren Regelungsdichte. Diese Eigenschaften zeigen, daß der Gesetzgeber mit der company limited by guarantee eine für gemeinnützige Betätigungen besonders geeignete Gesellschaftsform schaffen wollte[16]. Zwar werden diese Vorteile mit

---

[15] So auch: *Gray*, in: The Voluntary Sector, the State and the Law, S. 75, 79.

[16] In diesem Sinne auch: *Rice* (1964) 28 Conv. (N.S.) 214, 215 f.; *Gower/Prentice/Pettet*, Gower's Principles of Modern Company Law, S. 266; *Morse*, Palmer's Company Law, Vol. 1, para. 2.008; *Morse*, Charlesworth and Morse - Company Law, S. 29; *Chesterman*, Charities, Trusts and Social Welfare, S. 178.

schlechteren Möglichkeiten zur Eigenkapitalbeschaffung erkauft; wird die Gesellschaft zu gemeinnützigen Zwecken gegründet, fällt dieser Nachteil allerdings entweder von vornherein nicht ins Gewicht oder kann durch eine entsprechende Gestaltung des memorandum und der articles of association ausgeglichen werden. Für die Gründer einer charitable company ist es somit regelmäßig empfehlenswert, der üblichen Praxis folgend eine company limited by guarantee als Rechtsträger zu wählen.

II. Der Gründungsvorgang

Laut s. 13 (3) Companies Act 1985 entsteht eine Gesellschaft als juristische Person mit ihrer Eintragung in das register of companies. Mit der Eintragung der Gesellschaft ist somit die Gründung des Rechtsträgers vollzogen. Für die Eintragung ist ausweislich s. 10 (1) Companies Act 1985 der Registrar of Companies zuständig. Um die Eintragung herbeizuführen, müssen dort gemäß s. 10 Companies Act 1993 verschiedene Dokumente eingereicht sowie bestimmte Gebühren entrichtet werden.

1. Die zur Gründung erforderlichen Dokumente

Laut s. 10 (1) und (2) Companies Act 1985 müssen dem Registrar of Companies mit dem Antrag auf Eintragung in das register of companies das memorandum, die articles of association sowie eine in bestimmter Form abgefaßte ergänzende Erklärung mit weiteren Angaben zu der zu gründenden Gesellschaft vorgelegt werden. Ausweislich s. 12 (3) Companies Act 1985 muß ferner an Eides statt versichert werden, daß die gesetzlichen Voraussetzungen für eine Eintragung der Gesellschaft erfüllt sind.

a. Das memorandum

Das memorandum wird allgemein als die Gründungsurkunde der Gesellschaft betrachtet[17]. Es ist gemäß s. 1 (1) Companies Act 1985 grundsätzlich von mindestens zwei Personen zu unterzeichnen und muß deren Willen erkennen lassen, eine Gesellschaft zu gründen. Zwar kann laut s. 1 (3A) Companies Act 1985 auch eine Einzelperson eine company limited by guarantee errichten. Wie bereits erörtert ist jedoch für gemeinnützige Betätigungen von Einzelpersonen grundsätzlich der trust als Organisationsform besser geeignet[18]. Die Errichtung einer company limited by guarantee zu gemeinnützigen Zwecken wird daher kaum durch einen einzelnen Gründer erfolgen. Gemäß s. 2 (6) Companies Act 1985 muß jeder Gründer das memorandum in Gegenwart eines Zeugen unterzeichnen, der seinerseits durch seine Unterschrift die Authentizität der Unterschrift des Gründers bestätigt.

Die Funktion des memorandum besteht in erster Linie darin, außenstehenden Dritten die aus Gründen des Verkehrsschutzes erforderlichen Informationen über die Gesellschaft zu liefern. Dementsprechend kann ausweislich s. 709 i.V.m. s. 10 Companies Act 1985 jedermann das memorandum einer Gesellschaft beim Registrar of Companies einsehen. Laut s. 2 (1) Companies Act 1985 muß das memorandum zumindest Angaben über den Namen der Gesellschaft, deren Sitz sowie den Gesellschaftszweck enthalten. Das memorandum einer company limited by guarantee muß ausweislich s. 2 (3) und (4) Companies Act 1985 darüber hinaus darauf hinweisen, daß die Haftung der Gesellschafter beschränkt ist, sowie Angaben zum Umfang der Haftung der einzelnen Gesellschafter enthalten. Es betrifft somit vor allem das Außenverhältnis der Gesellschaft. Es ist den Gründern freigestellt, über den in s. 2 Companies Act 1985 vorgeschriebenen Mindestgehalt hinaus weitere Bestimmungen in das memorandum aufzunehmen[19]. Daher kann das memorandum auch Bestimmungen über die inneren Angelegenheiten der Gesellschaft enthalten.

---

[17] *Ashbury Railway Carriage and Iron Company Ltd. v. Riche* (1875) L.R. 7 H.L. 653, 667 f., per *Lord Cairns L.C.*

[18] Siehe oben § 1 II.3.

[19] *Fox/Bowen*, The Law of Private Companies, S. 42; *Morse*, Palmer's Company Law, Vol. 1, para. 2.1003.

Eine Musterformulierung für das memorandum einer nicht mit einem share capital ausgestatteten company limited by guarantee enthält Table C der Companies (Tables A to F) Regulations 1985[20], einer auf Grundlage der s. 3 und s. 8 Companies Act 1985 erlassenen Rechtsverordnung. Diese Musterformulierung[21] ist auf den zwingend vorgegebenen Mindestgehalt beschränkt. Ausweislich s. 3 (1) Companies Act 1985 muß das memorandum einer company limited by guarantee dem Table C Memorandum entsprechen, soweit nicht aufgrund der Umstände des Einzelfalles eine abweichende Regelung erforderlich ist.

Speziell für charitable companies besteht zudem eine Musterformulierung der Charity Commissioners, die über den im Table C Memorandum enthaltenen Mindestgehalt hinaus weitere Bestimmungen enthält und daher insoweit unverbindlich ist. Dieses sogenannte Model Memorandum of Association for a Charitable Company[22] soll den besonderen Bedürfnissen gemeinnützig ausgerichteter Gesellschaften Rechnung tragen und das memorandum den Voraussetzungen für eine Anerkennung als charity anpassen. Daher wird es in der Regel empfehlenswert sein, das memorandum der zu gründenden Gesellschaft an den Empfehlungen der Charity Commissioners auszurichten, wenn eine spätere Anerkennung der Gesellschaft als charity sichergestellt sein soll[23].

aa. Der Name einer charitable company limited by guarantee

Als erste Angabe muß das memorandum ausweislich s. 2 (1) (a) Companies Act 1985 den Namen der zu gründenden Gesellschaft enthalten. Laut s. 348 und 349 Companies Act 1985 muß der Name der Gesellschaft grundsätzlich an allen Niederlassungen angebracht sowie auf allen Geschäftsbriefen und sonstigen wesentlichen Schriftstücken angegeben werden. Er ist damit gewissermaßen die Visitenkarte der Gesellschaft und aufgrund dessen im Außenverhältnis der Gesell-

---

[20] S.I. 1985/805.

[21] Im folgenden Table C Memorandum.

[22] Im folgenden Model Memorandum; siehe Anhang I.

[23] Die Verwendung des Model Memorandum sowie der Model Articles (siehe dazu sogleich unter § 3 II.1.b.) führt in jedem Fall zu einer Beschleunigung des Eintragungsverfahrens: *Charity Commission*, Starting and Registering a Charity, paras. 59 f.; *Charity Commission*, Charities and the Charity Commission, para. 13.

schaft von besonderer Bedeutung. Obgleich die Gründer bei der Wahl eines Namens im Grundsatz frei sind, enthält deshalb der Companies Act 1985 zum Schutz des Geschäftsverkehrs sowie der öffentlichen Ordnung zahlreiche Beschränkungen. Speziell für charitable companies sind darüber hinaus besondere Vorgaben des Charities Act 1993 zu beachten.

(1) Die Vorgaben des Companies Act 1985

Zunächst ist gemäß s. 26 Companies Act 1985 die Wahl bestimmter Namen generell unzulässig. Dies gilt zum einen für Namen, die möglicherweise irreführend sind, etwa weil sie dem Namen einer schon bestehenden Gesellschaft entsprechen oder ähneln oder den Eindruck vermitteln, die Gesellschaft übe hoheitliche Befugnisse aus: s. 26 (1) (c) und (2) (a) Companies Act 1985. Gleiches gilt für Namen, deren Verwendung eine Straftat darstellen oder Anstoß erregen würde: s. 26 (1) (d) und (e) Companies Act 1985. Im Falle der Verwendung eines solchen Namens wird die zu gründende Gesellschaft ausweislich s. 26 (1) beziehungsweise (2) Companies Act 1985 nicht in das register of companies eingetragen. Eine Ausnahme gilt für den Verbotstatbestand in s. 26 (1) (c) Companies Act 1985: Da der Registrar of Companies den vorgeschlagenen Namen nicht auf Ähnlichkeiten mit den Namen bereits bestehender Gesellschaften prüft, steht ein Verstoß gegen diesen Tatbestand der Eintragung zunächst nicht entgegen. Fällt ein solcher Verstoß jedoch innerhalb der ersten zwölf Kalendermonate nach Eintragung der Gesellschaft auf, kann die Gesellschaft gemäß s. 28 (2) Companies Act 1985 zur Änderung ihres Namens angewiesen werden. Diese sowie die weiteren Kontrollaufgaben bezüglich der Namensgebung und -führung werden vom Wirtschaftsminister (Secretary of State for Trade and Industry) wahrgenommen[24].

Keiner Frist unterliegt die Befugnis des Wirtschaftsministers, auf Grundlage von s. 32 Companies Act 1985 eine Namensänderung anzuordnen, wenn der in das register of companies eingetragene Name seiner Ansicht nach in einer die Öffentlichkeit gefährdenden Weise über die Tätigkeit der Gesellschaft täuscht. Wurden

---

[24] *Morse*, Palmer's Company Law, Vol. 1, para. 2.415; *Pennington*, Company Law, S. 6; *Thorne/Walmsley*, Butterworths Company Law Guide, S. 13.

vor der Eintragung in Bezug auf den Namen irreführende Angaben gemacht oder Zusagen nicht eingehalten, so kann der Wirtschaftsminister gemäß s. 28 (3) Companies Act 1985 bis zum Ablauf von fünf Jahren nach der Eintragung noch eine entsprechende Namensänderung anordnen.

Ferner können auf Grundlage von s. 26 (2) (b) i.V.m. s. 29 Companies Act 1985 durch Rechtsverordnung bestimmte Begriffe festgelegt werden, deren Verwendung als Bestandteil des Namens einer Gesellschaft der Genehmigung des Wirtschaftsministers bedarf. Diese Verordnungsermächtigung wurde duch den Erlaß der sogenannten Company and Business Names Regulations 1981[25] umgesetzt. Gemäß s. 29 (2) Companies Act 1985 muß vor dem Ersuchen um die Genehmigung des betreffenden Begriffs eine Stellungnahme der durch die Verwendung dieses Begriffs betroffenen Stelle eingeholt werden, sofern in der den Company and Business Names Regulations 1981 in Bezug auf den verwendeten Begriff eine solche Stelle bestimmt ist.

Wie bereits festgestellt müssen companies limited by guarantee unter s. 25 (2) und s. 27 (4) (a) Companies Act 1985 grundsätzlich durch den Namenszusatz "limited" oder dessen Abkürzung "ltd." auf die Haftungsbeschränkung hinweisen. Sie sind jedoch durch s. 30 Companies Act 1985 unter bestimmten Voraussetzungen von dieser Pflicht befreit. Ausweislich s. 30 (2) Companies Act 1985 muß die Gesellschaft dafür einen als charitable purpose anerkannten Zweck verfolgen, ihre Gewinne ausschließlich zur Verfolgung dieses Zwecks verwenden sowie auch einen etwaigen Liquidationsüberschuß gemeinnützigen Zwecken zukommen lassen. Damit entsprechen die Voraussetzungen für eine Befreiung von der Pflicht zur Führung eines die Haftungsbeschränkung kennzeichnenden Namenszusatzes den Voraussetzungen für eine Anerkennung der Gesellschaft als charity[26]. Als charity anerkannte companies limited by guarantee sind daher stets von der Pflicht zur Führung des Namenszusatzes "limited" beziehungsweise "ltd." befreit. Allerdings kann der Wirtschaftsminister auf Grundlage von s. 31 (2) Companies Act 1985 die

---

[25] S.I. 1981/1685, geändert durch S.I. 1982/1653, S.I. 1992/1196, S.I. 1995/3022 und S.I. 1995/3022; dort sind beispielsweise die Worte "Abortion", "Building Society", "Chamber of Commerce", "Duke", "English", "Health Visitor", "Insurance", "National", "Royal", "Stock Exchange", "Trade Union" und "Windsor" enthalten.

[26] Zur Verwendung eines Liquidationsüberschusses siehe unter § 3 II.1.a.ff.

nachträgliche Aufnahme des Zusatzes "limited" in den Namen der Gesellschaft anordnen, wenn deren tatsächliches Verhalten den Anforderungen einer Befreiung zuwiderläuft.

Ausweislich s. 30 (7) Companies Act 1985 sind Gesellschaften, die von der Führung eines solchen Namenszusatzes befreit sind, außerdem von der Pflicht zur Angabe ihres Namens an ihren Niederlassungen und auf den in s. 349 Companies Act 1985 aufgezählten Dokumenten entbunden. Gemäß s. 351 (1) (d) Companies Act 1985 bleibt die betroffene Gesellschaft jedoch verpflichtet, in ihren Geschäftsbriefen und Formularen gesondert darauf hinzuweisen, daß sie eine Gesellschaft mit beschränkter Haftung ist. Dies erscheint zunächst widersinnig, da die Gesellschaft auf diese Weise doch die beschränkte Haftung ihrer Gesellschafter offenlegen muß - wenn auch nicht als Bestandteil ihres Namens. Allerdings ist der Anwendungsbereich von s. 351 Companies Act 1985 deutlich enger als der von s. 348 und s. 349 Companies Act 1985: Während s. 351 auf Geschäftsbriefe und Formulare beschränkt ist, bezieht sich s. 349 darüber hinaus auf zahlreiche Wertpapiere wie etwa Wechsel, Schecks oder Schuldscheine sowie auf sämtliche öffentlichen Verlautbarungen wie etwa Werbeanzeigen. In weiten Teilen des Geschäftslebens bleibt es daher bei der Befreiung von einem Hinweis auf die Haftungsbeschränkung.

(2) Die Vorgaben des Charities Act 1993

Speziell für charitable companies enthält darüber hinaus der Charities Act 1993 Vorschriften bezüglich der Namensgebung und -führung, die neben den allgemeinen Vorgaben des Companies Act 1985 beachtet werden müssen und diese teils ergänzen, teils modifizieren.

Laut s. 67 Charities Act 1993 bleiben charitable companies, die gemäß s. 30 Companies Act 1985 von der Führung eines die Haftungsbeschränkung kennzeichnenden Namenszusatzes befreit sind, entgegen s. 30 (7) Companies Act 1985 zur Angabe ihres Namens auf allen in s. 349 (1) Companies Act 1985 genannten Dokumenten verpflichtet - wenn auch ohne einen die Haftungsbeschränkung kennzeichnenden Zusatz. Ferner bleiben sie verpflichtet, gemäß s. 351 Companies

Act 1985 auf ihren Geschäftsbriefen und Formularen gesondert darauf hinzuweisen, daß sie Gesellschaften mit beschränkter Haftung sind.

Charitable companies müssen ausweislich s. 68 Charities Act 1993 zudem in allen wesentlichen Dokumenten gesondert darauf hinweisen, daß sie als charity anerkannt sind, sofern nicht schon ihr Name den Begriff "charity" oder "charitable" enthält. In erster Linie sollen dadurch die charities gezwungen werden, sich als solche nach außen hin zu erkennen zu geben und ihre Tätigkeit so der öffentlichen Kontrolle zugänglich zu machen. Ebenso wie die Publizität des register of charities dient daher auch diese Pflicht dazu, eine effektive öffentliche Kontrolle der charities zu gewährleisten[27]. Zudem wird für die Gläubiger der Gesellschaft erkennbar, daß diese der Überwachung durch die Charity Commissioners unterliegt. Angesichts der weitreichenden Kontrollbefugnisse der Charity Commissioners insbesondere hinsichtlich der Tätigkeit der Verwaltungsorgane bietet dies einen gewissen Schutz vor einem allzu riskanten Geschäftsgebaren[28].

In s. 6 enthält der Charities Act 1993 auch bezüglich der Wahl des Namens Vorgaben, die in ihrer Zielrichtung mit s. 26 und s. 32 Companies Act 1985 vergleichbar sind. Über die Einhaltung dieser Vorgaben wachen gemäß s. 6 (1) Charities Act 1993 die Charity Commissioners. Von Bedeutung sind diese Vorgaben vor allem für als trust verfaßte charities, die im Gegensatz zu charitable companies bei der Namensgebung nicht schon einer Kontrolle auf Grundlage des Companies Act 1985 unterliegen. Doch auch für charitable companies ist s. 6 Charities Act 1993 nicht ohne Belang: Zum einen tritt in Gestalt der Charity Commissioners eine dritte Kontrollinstanz bezüglich der Namensgebung neben den Registrar of Companies und den Wirtschaftsminister; zum anderen enthält s. 6 Charities Act 1993 verschiedene Vorgaben, die über diejenigen des Companies Act 1993 hinausgehen und daher zusätzlich beachtet werden müssen: So verbietet etwa s. 6 (2) (a) Charities Act 1993 die Wahl eines Namens, der dem einer anderen charity entspricht oder ähnelt. Der Name einer charitable company muß sich daher sowohl von den Namen anderer Gesellschaften als auch von den Namen anderer charities deutlich unterscheiden. Ferner können auf Grundlage von s. 6 (2) (c)

---

[27] Halsbury's Statutes, Vol. 5, S. 1025, Anmerkung zu s. 67 Charities Act 1993.

[28] In diesem Sinne auch: *Middleton/Lloyd*, The Charities Acts Handbook, S. 10.

Charities Act 1993 durch Rechtsverordnung bestimmte Begriffe festgelegt werden, deren Verwendung die Charity Commissioners zum Einschreiten berechtigt, wenn nach ihrer Überzeugung der Begriff zur Irreführung der Öffentlichkeit geeignet ist. Solche Begriffe sind in den Charities (Misleading Names) Regulations 1992 aufgezählt[29]. Bei der Auswahl eines Namens für eine charitable company sind daher sowohl diese Verordnung als auch die auf Grundlage von s. 26 (2) (b) Companies Act 1985 erlassenen Company and Business Names Regulations 1981 zu beachten. Die übrigen Vorgaben in s. 6 Charities Act 1993 decken sich inhaltlich im wesentlichen mit Vorgaben des Companies Act 1985. Sie haben daher aus Sicht von als company verfaßten charities keine eigenständige Bedeutung: S. 6 (2) (b) Charities Act 1993 enthält ein weitgehend mit s. 32 (1) Companies Act 1985 vergleichbares Verbot irreführender Namen, während s. 6 (2) (d) Charities Act 1993 ebenso wie s. 26 (1) (e) beziehungsweise s. 26 (2) (a) Companies Act 1985 den Gebrauch solcher Namen verbietet, die Anstoß erregen oder den Eindruck erwecken könnten, die Gesellschaft übe hoheitliche Befugnisse aus.

Zwar führt ein Verstoß gegen diese Vorschriften nicht zu einer Verweigerung der Eintragung der Gesellschaft in das register of companies; jedoch sind die Charity Commissioners im Falle eines Verstoßes laut s. 6 (1) und (8) Charities Act 1993 befugt, die directors der charitable company zur Änderung des Namens der Gesellschaft anzuweisen. Abweichend von s. 28 Companies Act 1985, wonach zur Namensänderung ein Gesellschafterbeschluß erforderlich ist, kann ausweislich s. 7 (1) Charities Act 1993 eine derartige Weisung durch Beschluß der directors umgesetzt werden. Gemäß s. 7 (3) (a) Charities Act 1993 muß auch der weisungsgemäß geänderte Name den Anforderungen des Companies Act 1985 entsprechen.

(3) Zusammenfassung

Zusammenfassend ist bezüglich des Namens einer charitable company limited by guarantee somit im wesentlichen folgendes zu beachten: Inhaltlich muß der Name sowohl den Vorgaben in s. 26 und s. 32 Companies Act 1985 als auch denen in s. 6

[29] S.I. 1992/1901; ausweislich s. 17 (2) (b) Interpretation Act 1978 findet diese Verordnung Anwendung, obwohl sie nicht der Umsetzung der Verordnungsermächtigung in s. 6 (2) (c) Charities Act 1993 dient.

Charities Act 1993 genügen. Gesellschaften, die die Voraussetzungen für eine Anerkennung als charity erfüllen, sind stets aufgrund von s. 30 Companies Act 1985 von der Pflicht, den Namenszusatzes "limited" beziehungsweise "ltd." zu führen, befreit. Sie müssen aber auf allen in s. 349 Companies Act 1985 genannten Dokumenten ihren Namen angeben und gemäß s. 351 (1) (d) Companies Act 1985 auf allen Geschäftsbriefen und Formularen gesondert darauf hinweisen, daß sie als Gesellschaft mit beschränkter Haftung verfaßt sind. Zudem müssen ausweislich s. 68 Charities Act 1993 alle wesentlichen Dokumente den Hinweis enthalten, daß die betroffene Gesellschaft eine charity ist. Darüber hinaus geben registrierte charities üblicherweise die Nummer an, unter der sie im register of charities geführt werden.

bb. Der Sitz der Gesellschaft

Ausweislich s. 2 (1) (b) Companies Act 1985 muß das memorandum ferner angeben, ob der satzungsmäßige Sitz der Gesellschaft (registered office) im Gebiet Englands und Wales′ oder im Gebiet Schottlands liegen soll[30]. Diese Angabe entscheidet laut s. 10 (1) Companies Act 1985 zum einen darüber, welcher Registrar of Companies für die Eintragung der Gesellschaft zuständig ist; zum anderen bestimmt sich nach dem satzungsmäßigen Sitz der Gesellschaft das Recht, dem die Gesellschaft unterliegt[31]. Demzufolge fallen im Gebiet Englands und Wales′ ansässige Gesellschaften gemäß s. 10 (1) (a) Companies Act 1985 in den Zuständigkeitsbereich des Registrar of Companies für England und Wales und unterliegen englischem Recht.

Die genaue Adresse des satzungsmäßigen Sitzes muß das memorandum nicht enthalten. Ausweislich s. 10 (6) Companies Act 1985 muß jedoch die zusammen mit dem memorandum und den articles of association beim Registrar of Companies einzureichende ergänzende Erklärung die Adresse des satzungsmäßigen Sitzes

---

[30] Dies ist vor dem Hintergrund zu sehen, daß England und Wales einen gemeinsamen Rechtsraum bilden, während Schottland über ein eigenes Rechtssystem verfügt, vgl. etwa: *Ward*, Walker & Walker's English Legal System, S. 3.

[31] *Barc/Bowen*, Tolley's Company Law, Vol. 1, para. M2012; *Morse*, Palmer's Company Law, Vol. 1, para. 2.501.

angeben. Gemäß s. 351 (1) (b) Companies Act 1985 muß dessen Adresse ferner auf allen Geschäftsbriefen und Formularen der Gesellschaft angegeben werden. Innerhalb des im memorandum festgelegten Gebietes kann der satzungsmäßige Sitz unter Einhaltung der Vorgaben der s. 287 Companies Act 1985 jederzeit verlegt werden. Der Umstand der Adressenänderung ist ausweislich s. 711 (1) (n) Companies Act 1985 vom Registrar of Companies im Amtsblatt bekanntzugeben. Soll dagegen der satzungsmäßige Sitz aus dem englisch-walisischen Hoheitsgebiet hinaus nach Schottland, Nordirland oder ins Ausland verlegt werden, ist dazu die Gründung einer neuen Gesellschaft nach dem Recht des Zielortes erforderlich[32]. Demgegenüber kann sich die Hauptniederlassung beziehungsweise der Sitz der Geschäftsleitung einer in England registrierten Gesellschaft auch im Ausland befinden[33]. Für die Verlegung des Sitzes der Geschäftsleitung bedarf es keiner vorherigen Auflösung der Gesellschaft.

Die Pflicht zur Angabe der Adresse des satzungsmäßigen Sitzes dient zum einen dazu, die Erreichbarkeit der Gesellschaft für staatliche Stellen und Privatpersonen sicherzustellen; zum anderen sollen sich am satzungsmäßigen Sitz die Gesellschafter über die Angelegenheiten der Gesellschaft unterrichten können[34]. Demzufolge können ausweislich s. 725 (1) Companies Act 1985 einer Gesellschaft Dokumente rechtswirksam zugestellt werden, indem sie an deren Sitz geschickt oder dort hinterlegt werden. Ferner müssen am satzungsmäßigen Sitz der Gesellschaft stets bestimmte Dokumente zur Einsichtnahme durch die Gesellschafter vorgehalten werden. Dazu zählen unter anderem ein Verzeichnis der Gesellschafter (s. 353 Companies Act 1985), die Protokolle der Gesellschafterversammlungen (s. 383 Companies Act 1985) sowie Kopien der Dienstverträge der directors (s. 318 Companies Act 1985)[35].

---

[32] *Fox/Bowen*, The Law of Private Companies, S. 48; *Morse*, Palmer's Company Law, Vol. 1, para. 2.504.

[33] *Morse*, Palmer's Company Law, Vol. 1, para. 2.509; *Morse*, Charlesworth and Morse - Company Law, S. 47 f.

[34] *Goldenberg*, A Guide to Company Law, S. 26.

[35] Vgl. ferner ss. 164, 167, 169, 175, 190, 211 und 213 sowie 288 Companies Act 1985 für weitere Beispiele.

cc. Die objects clause

Des weiteren muß das memorandum laut s. 2 (1) (c) Companies Act 1985 Angaben zu den objects der Gesellschaft, also zu deren Zwecken beziehungsweise Geschäftsgegenstand enthalten. Diese Angaben sind in der sogenannten objects clause zusammengefaßt. Die Gründer sind in der Bestimmung des Zwecks ihrer Gesellschaft grundsätzlich frei. Lediglich rechtswidrige Zwecke dürfen sie nicht wählen[36].

Soll die zu gründende Gesellschaft später als charity anerkannt werden, ist jedoch zu beachten, daß sich die Anerkennung einer Organisation als charity im wesentlichen nach deren Zwecken richtet. Bei als company verfaßten Organisationen ist deshalb in erster Linie der Inhalt der objects clause Grundlage der Entscheidung über deren Anerkennung als charity. Daher ist dessen Ausgestaltung für Gesellschaften, die später als charity anerkannt werden sollen, von besonderer Bedeutung. Soll eine spätere Anerkennung sichergestellt sein, muß die objects clause eine Zweckbestimmung enthalten, die entsprechend den obigen Ausführungen als charitable purpose gilt. Um Mißverständnissen vorzubeugen, empfiehlt sich eine möglichst klare und eindeutige Wortwahl. Allerdings legen die Gerichte auch mehrdeutige Zweckbestimmungen wohlwollend aus und entscheiden im Zweifel zugunsten einer Anerkennung[37]. Dabei stützen sie sich nicht nur auf den Wortlaut der Zweckbestimmung selbst, sondern greifen bei Bedarf auch auf weitere Erkenntnisquellen wie etwa Sachverständigengutachten zurück[38].

Die objects clause hat nicht nur programmatische Bedeutung, sondern begrenzt auch die Befugnisse der Gesellschaft zur Vornahme von Rechtsgeschäften sowohl im Verhältnis zu außenstehenden Dritten als auch im Verhältnis zu den Gesellschaftern[39]. Auch die Vertretungsmacht des board of directors ist durch die in der objects clause enthaltene Zweckbestimmung beschränkt[40].

---

[36] *Bowman v. Secular Society Ltd.* [1917] A.C. 406, 439, per *Lord Parker of Waddington.*

[37] *Weir v. Crum-Brown* [1908] A.C. 162, 167, per *Lord Loreburn*; *Re Watt* [1932] 2 Ch. 243, 246, per *Lord Hanworth M.R.*

[38] *Drummond v. Attorney General* (1849) 2 H.L.C. 837; *Attorney General v. Murdoch* (1849) 7 Ha. 445.

[39] Im einzelnen dazu unter § 3 III.2.

[40] Siehe dazu unter § 4 I.3.a.

dd. Angaben zur Haftungsbeschränkung

Um den gesetzlich vorgeschriebenen Mindestanforderungen zu genügen, muß das memorandum einer company limited by guarantee ausweislich s. 2 (3) Companies Act 1985 zudem auf die beschränkte Haftung ihrer Gesellschafter hinweisen. Gemäß s. 2 (4) Companies Act 1985 muß ferner die Garantiesumme angegeben werden, auf welche die Haftung des einzelnen Gesellschafters beschränkt ist. Hierbei wird regelmäßig ein eher symbolischer Betrag gewählt: Der Gesetzgeber sieht in s. 5 Table C Memorandum einen Betrag von 100 Pfund vor, während die Charity Commissioners ausweislich s. 7 Model Memorandum gar eine Garantiesumme von lediglich 10 Pfund empfehlen. Außerdem darf nach dem memorandum ausweislich s. 2 (4) Companies Act 1985 die Pflicht der Gesellschafter zur Erbringung ihrer Haftungseinlage erst bei Auflösung der Gesellschaft entstehen. Schließlich muß das memorandum dieser Vorschrift zufolge festlegen, daß die Haftung eines ausgeschiedenen Gesellschafters mit Ablauf eines Jahres nach dessen Ausscheiden endet und zudem auf während seiner Mitgliedschaft begründete Verbindlichkeiten beschränkt ist.

ee. Gemeinnützige Verwendung der Gewinne

Soll die zu gründende Gesellschaft später als charity anerkannt werden, müssen über den durch s. 2 Companies Act 1985 vorgegebenen Mindestgehalt hinaus weitere Bestimmungen in das memorandum aufgenommen werden, um den Anforderungen für eine Anerkennung der Gesellschaft als charity gerecht zu werden. So wird eine Gesellschaft nur dann als charity anerkannt, wenn die Ausschüttung von Gewinnen an die Gesellschafter und an Dritte außerhalb der gemeinnützigen Zweckbestimmung ausdrücklich ausgeschlossen oder umgekehrt vorgeschrieben ist, sämtliche Gewinne ausschließlich zur Förderung des gemeinnützigen Zwecks zu verwenden[41]. Das Model Memorandum enthält in s. 5 eine entsprechende Bestimmung.

---

[41] Siehe oben § 2 I.6.a.

ff. Gemeinnützige Verwendung des Liquidationsüberschusses

Müssen somit alle während der laufenden Geschäftstätigkeit erwirtschafteten Erträge dem gemeinnützigen Zweck zugute kommen, so stellt sich die Frage, ob dies im Falle der Auflösung der Gesellschaft auch für einen etwaigen Liquidationsüberschuß gilt. Ausweislich s. 154 und s. 107 Insolvency Act 1986 steht ein nach Befriedigung der Gläubiger verbleibender Liquidationsüberschuß grundsätzlich den Gesellschaftern zu.

Allerdings ist soweit ersichtlich bislang kein Fall bekannt geworden, in dem sich eine Gesellschaft um eine Anerkennung als charity bemüht hätte, ohne abweichend von dieser allgemeinen Regelung eine Beteiligung der Gesellschafter am Liquidationsüberschuß auszuschließen und statt dessen auch für den Liquidationsüberschuß eine gemeinnützige Verwendung vorzuschreiben. Ausweislich s. 8 Model Memorandum empfehlen auch die Charity Commissioners die Aufnahme einer solchen Bestimmung in das memorandum. Daher haben Rechtsprechung und Charity Commissioners bislang nicht eindeutig zu erkennen gegeben, ob sie neben der Verpflichtung zur gemeinnützigen Verwendung der Gewinne auch die Festlegung einer gemeinnützigen Verwendung für den Liquidationsüberschuß als Anerkennungsvoraussetzung betrachten. Auch in der Literatur findet sich dazu keine Stellungnahme.

Allerdings könnte die Rechtsprechung die Verteilung eines Liquidationsüberschusses an die Gesellschafter nicht zulassen, ohne ihre Bemühungen zu unterlaufen, durch das Erfordernis einer Verpflichtung zur gemeinnützigen Verwendung der Gewinne eine Ausnutzung der charities zustehenden steuerlichen Begünstigungen zum persönlichen Vorteil zu verhindern: Denn wäre eine gemeinnützige Verwendung des Liquidationsüberschusses keine Voraussetzung für die Anerkennung als charity, könnte eine charitable company unter Ausnutzung der mit ihrem gemeinnützigen Status verbundenen steuerlichen Vorteile zunächst Überschüsse anhäufen, um dann durch Beschluß der Gesellschafter gemäß s. 122 (1) i.V.m. s. 124 (1) oder s. 84 (1) Insolvency Act 1986 aufgelöst zu werden und ihr Vermögen auf diesem Weg an die Gesellschafter zu verteilen. Auf diese Weise könnte die Verpflichtung zur gemeinnützigen Verwendung der Gewinne leicht umgangen werden. Der Ausschluß der Gesellschafter vom Liquidationsüberschuß und die

Festlegung einer gemeinnützigen Verwendung für den Liquidationsüberschuß sind somit notwendige Ergänzung der Verpflichtung zur gemeinnützigen Verwendung der Gewinne. Daher muß davon ausgegangen werden, daß die Rechtsprechung die Aufnahme einer entsprechenden Bestimmung in das memorandum als Anerkennungsvoraussetzung betrachten würde. Um eine Anerkennung als charity sicherzustellen, muß das memorandum folglich auch die Verteilung eines Liquidationsüberschusses an die Gesellschafter ausschließen und auch für den Liquidationsüberschuß eine gemeinnützige Verwendung vorschreiben.

b. Die articles of association

Neben dem memorandum sind laut s. 10 (1) Companies Act 1985 die articles of association beim Registrar of Companies einzureichen. Anders als bei der Gründung von companies limited by shares ist zur Gründung einer company limited by guarantee die Verabschiedung solcher articles gemäß s. 7 (1) Companies Act 1985 zwingend erforderlich. Sie müssen laut s. 7 (3) Companies Act 1985 gedruckt und in fortlaufend numerierte Abschnitte eingeteilt sein und zudem ebenso wie das memorandum von jedem Gründer in Gegenwart eines Zeugen unterzeichnet werden, der seinerseits durch seine Unterschrift die Authentizität der Unterschrift des Gründers bestätigt.

Eine Musterformulierung für die articles of association einer nicht mit einem share capital ausgestatteten company limited by guarantee findet sich ebenso wie die Musterformulierung des memorandum in Table C der Companies (Tables A to F) Regulations 1985[42]. Ausweislich s. 8 (4) Companies Act 1985 müssen die articles of association dieser Musterformulierung entsprechen, soweit nicht aufgrund der Umstände des Einzelfalles eine abweichende Regelung erforderlich ist. S. 1 Table C Articles enthält einen Globalverweis auf die Musterformulierung für companies limited by shares in Table A der Companies (Tables A to F) Regulations 1985[43]. Nur Vorschriften, die sich wegen des fehlenden share capital nicht auf companies limited by guarantee übertragen lassen, sind von der entsprechenden Anwendung

[42] Im folgenden Table C Articles.
[43] Im folgenden Table A Articles.

ausgenommen. Darüber hinaus enthalten die Table C Articles einige Sonderregelungen für companies limited by guarantee.

Ausweislich der Table C Articles regeln die articles of association vor allem die Einberufung und Durchführung von Gesellschafterversammlungen, die Ausübung des Stimmrechts der Gesellschafter, die Ernennung und Entlassung sowie die Rechte und Pflichten der directors sowie die Voraussetzungen und Durchführung von Gesellschafterwechseln. Während das memorandum vorrangig das Außenverhältnis der Gesellschaft betrifft, regeln somit die articles of association die inneren Angelegenheiten der Gesellschaft. Im Verhältnis zwischen memorandum und articles of association kommt dem memorandum der Vorrang zu: Stehen Bestimmungen der articles of association im Widerspruch zum memorandum, treten sie hinter die Regelungen des memorandum zurück; enthält das memorandum über den gesetzlich vorgeschriebenen Mindestgehalt hinaus weitere Regelungen, kann allerdings zur Auslegung dieser Regelungen auf die Bestimmungen der articles of association zurückgegriffen werden[44]

Mit den sogenannten Model Articles of Association for a Charitable Company[45] besteht auch hier eine Musterformulierung der Charity Commissioners, die die Vorgaben der Table C Articles den besonderen Bedürfnissen von charitable companies anpassen soll. Soweit sie über die Vorgaben der Table C Articles hinausgehende Bestimmungen enthalten, sind die Model Articles ebenso wie das Model Memorandum unverbindlich; insoweit liegt auch deren Berücksichtigung letztlich im Ermessen der Gründer.

c. Ergänzende Erklärung und eidesstattliche Versicherung

Gemeinsam mit dem memorandum und den articles of association ist laut s. 10 (2) Companies Act 1985 eine ergänzende Erklärung mit weiteren Angaben zu der einzutragenden Gesellschaft beim Registrar of Companies einzureichen. Die Erklärung muß insbesondere angeben, welche Personen zu directors bestellt

---

[44] Halsbury's Laws of England, Vol. 7 (1), para. 146 und Vol. 7 (2), para. 1096; *Morse*, Palmer's Company Law, Vol. 1, paras. 2.305 f.

[45] Im folgenden Model Articles; siehe Anhang II.

werden sollen. Zu diesem Zweck muß sie ausweislich s. 10 (2) i.V.m. Schedule 1 Companies Act 1985 unter anderem die Namen und Adressen dieser Personen enthalten und andere Vorstandsämter dieser Personen offenlegen. Des weiteren muß die Erklärung gemäß s. 10 (6) Companies Act 1985 die genaue Adresse des satzungsmäßigen Sitzes der Gesellschaft angeben. Sie muß ausweislich s. 10 (3) Companies Act 1985 von allen Gründern unterschrieben werden und eine Erklärung der als directors benannten Personen enthalten, mit der Übernahme des ihnen angetragenen Amtes einverstanden zu sein.

Ausweislich s. 12 (3) Companies Act 1985 muß zudem ein mit der Gründung betrauter Rechtsanwalt oder eine als director benannte Person an Eides statt versichern, daß alle gesetzlichen Voraussetzungen einer Eintragung der Gesellschaft in das register of companies erfüllt sind.

2. Die Eintragung der Gesellschaft in das register of companies

Sobald die erforderlichen Dokumente eingereicht sind, prüft der Registrar of Companies, ob diese vollständig sind und inhaltlich den gesetzlichen Anforderungen entsprechen. Ist dies der Fall, ist er unter s. 12 (2) Companies Act 1985 verpflichtet, die Eintragung der Gesellschaft in das register of companies vorzunehmen.

Nach der Eintragung erhält die Gesellschaft gemäß s. 13 (1) Companies Act 1985 vom Registrar of Companies eine Bescheinigung darüber, daß sie in das register of companies eingetragen wurde und die Haftung der Gesellschafter beschränkt ist. Ausweislich s. 13 (3) Companies Act 1985 entsteht die Gesellschaft an dem in der Bescheinigung angegebenen Tag der Eintragung als juristische Person und erlangt damit die Rechtsfähigkeit. Diese Rechtswirkung tritt unabhängig von der genauen Uhrzeit der Eintragung mit dem Beginn des Tages der Eintragung ein[46]. Der Umstand der Eintragung ist ausweislich s. 711 (1) (a) Companies Act 1985 im Amtsblatt bekanntzugeben.

---

[46] *Jubilee Cotton Mills Ltd. v. Lewis* [1924] A.C. 958.

Laut s. 13 (7) Companies Act 1985 begründet die Ausstellung der Eintragungsbescheinigung die unwiderlegliche Vermutung, daß die Eintragung rechtswirksam erfolgte. Daher können Dritte in späteren Rechtsstreitigkeiten nicht geltend machen, die Gesellschaft sei nicht wirksam eingetragen worden. Dies gilt auch dann, wenn das erkennende Gericht selbst von der Unrichtigkeit der Eintragung überzeugt ist[47]. Der Sinn dieser Regelung liegt darin, Rechtssicherheit herzustellen und die Schwierigkeiten zu vermeiden, die entstünden, wenn nach Aufnahme der Geschäftstätigkeit durch die Gesellschaft die Unwirksamkeit der Eintragung geltend gemacht und damit der Bestand der Gesellschaft in Frage gestellt werden könnte[48]. Eine Ausnahme besteht nur, sofern eine Gesellschaft eingetragen wurde, obwohl sie einen rechtswidrigen Zweck verfolgt: In derartigen Fällen steht es dem Attorney General ungeachtet der Wirksamkeitsvermutung frei, die Unwirksamkeit der Eintragung gerichtlich feststellen zu lassen und die Löschung der Gesellschaft aus dem register of companies zu veranlassen[49].

Sobald infolge der Eintragung die Gründung der company limited by guarantee als Rechtsträger vollzogen ist, kann sich die Gesellschaft nach dem oben beschriebenen Verfahren um eine Anerkennung als charity bemühen. Die Anerkennung als charity erfolgt wie oben festgestellt in aller Regel durch die Eintragung der Gesellschaft in das register of charities durch die Charity Commissioners. Zur Entstehung einer charitable company ist daher sowohl eine Eintragung in das register of companies als auch eine Eintragung in das register of charities erforderlich.

III. Die Wirkungen der Eintragung

Die Eintragung der Gesellschaft in das register of companies hat zum einen Folgen für das Innenverhältnis zwischen den Gesellschaftern untereinander beziehungsweise zwischen Gesellschaftern und Gesellschaft; zum anderen ergeben sich Auswirkungen für das Außenverhältnis der Gesellschaft gegenüber Dritten.

---

[47] *Cotman v. Brougham* [1918] A.C. 514, 523, per *Lord Wrenbury*.
[48] In diesem Sinne: *Gower/Prentice/Pettet*, Gower's Principles of Modern Company Law, S. 279.
[49] *Bowman v. Secular Society Ltd.* [1917] A.C. 406, 439, per *Lord Parker of Waddington*; *R. v. Registrar of Companies, ex parte Attorney General* [1991] B.C.L.C. 476.

1. Die Wirkungen der Eintragung im Innenverhältnis

Die Wirkungen der Eintragung im Innenverhältnis ergeben sich aus s. 14 (1) Companies Act 1985. Dieser Vorschrift zufolge erlangen mit der Eintragung das memorandum und die articles of association für die Gesellschafter und die Gesellschaft in der gleichen Weise Verbindlichkeit, als würden sie eine vertragliche Verpflichtung jedes einzelnen Gesellschafters enthalten, die Vorschriften des memorandum und der articles of association zu beachten. Die Bedeutung dieser unklar gefaßten Vorschrift ist durch die Rechtsprechung bis heute nicht abschließend geklärt[50]. Klarheit besteht jedoch insoweit, als aufgrund der Eintragung memorandum und articles of association sowohl für die Gesellschafter als auch für die Gesellschaft selbst zur Quelle von Rechten und Pflichten werden können. Zudem steht fest, daß der einzelne Gesellschafter nur aus solchen Bestimmungen des memorandum und der articles of association Rechte herleiten kann, die nicht allgemein die Angelegenheiten der Gesellschaft regeln, sondern gerade den einzelnen Gesellschafter in seiner Eigenschaft als Gesellschafter begünstigen[51]. Unter dieser Voraussetzung kann der einzelne Gesellschafter nach der Rechtsprechung aus dem memorandum und den articles of association Rechte sowohl gegenüber anderen Gesellschaftern[52] als auch gegenüber der Gesellschaft selbst[53] ableiten. Entsprechendes gilt auch für die Gesellschaft: Enthalten memorandum oder articles of association Bestimmungen, die die Gesellschaft als solche begünstigen, kann die Gesellschaft aus diesen Bestimmungen Rechte gegenüber den Gesellschaftern herleiten[54].

---

[50] Halsbury's Laws of England, Vol. 7 (1), para. 141; für einen umfassenden Überblick über die einschlägige Rechtsprechung siehe dort sowie: *Barc/Bowen*, Tolley's Company Law, Vol. 1, paras. A7008 ff. und *Griffin*, Company Law, S. 71 ff.

[51] *Hickman v. Kent or Romney Marsh Sheep Breeders' Association* [1915] 1 Ch. 881; *Beattie v. E. & F. Beattie Ltd.* [1938] Ch. 708, 721, per *Sir Wilfried Greene M.R.*

[52] So etwa im Falle der Pflicht der Gesellschafter, die Anteile eines Mitgesellschafters zu übernehmen, wenn dieser sich zur Ruhe setzt, vgl.: *Rayfield v. Hands* [1960] Ch. 1; siehe auch: *Welton v. Saffery* [1897] A.C. 299, 315, per *Lord Herschell*; *Salmon v. Quin and Axtens Ltd.* [1909] 1 Ch. 311, 318, per *Farwell L.J.*

[53] So etwa im Falle der Pflicht der Gesellschaft, die Dividende in bar an die Gesellschafter auszuzahlen, vgl.: *Wood v. Odessa Waterworks Company* (1889) 42 Ch.D. 636.

[54] So etwa im Falle der Pflicht der Gesellschafter, bei Streitigkeiten mit der Gesellschaft zunächst ein Schiedsgericht anzurufen, vgl.: *Hickman v. Kent or Romney Marsh Sheep-Breeders' Association* [1915] 1 Ch. 881, 900, per *Astbury J.*

2. Die Wirkungen der Eintragung im Außenverhältnis

a. Das Außenverhältnis vor der Eintragung

Da die Gesellschaft erst mit ihrer Eintragung in das register of companies die Rechtsfähigkeit erlangt, können vor diesem Zeitpunkt keine Rechtsgeschäfte mit Wirkung für die Gesellschaft getätigt werden. Werden gleichwohl vor der Eintragung im Namen der Gesellschaft Verträge abgeschlossen, ist gemäß s. 36C (1) Companies Act 1985 derjenige, der für die Gesellschaft zu handeln vorgibt, persönlich aus dem entsprechenden Vertrag berechtigt und verpflichtet. Unabhängig von dessen Willen liegt also ein Eigengeschäft des Handelnden vor. Eine Genehmigung des Vertrages durch die Gesellschaft nach deren Eintragung ist ausgeschlossen[55]. Wäre der Vertrag für die Gesellschaft vorteilhaft, bleibt somit nur die Möglichkeit, nach erfolgter Eintragung für die Gesellschaft einen neuen, inhaltsgleichen Vertrag abzuschließen. Nach der Rechtsprechung wird dadurch der ursprüngliche Vertrag aufgehoben[56], obwohl die Gesellschaft selbst nicht Partei dieses Vertrages gewesen ist und damit keine Novation vorliegt.

Sollen für die noch in Gründung befindliche Gesellschaft Vermögensgegenstände angeschafft, gleichzeitig aber eine persönliche Haftung des Handelnden vermieden werden, besteht die Möglichkeit, einen Vertrag für die Gesellschaft unter der aufschiebenden Bedingung ihrer Eintragung zu schließen und dieses Vorgehen durch eine entsprechende Klausel im memorandum für zulässig zu erklären[57]. Dieses Vorgehen hat allerdings den Nachteil, daß der Vertragspartner erst mit der Eintragung der Gesellschaft verpflichtet wird, seine Leistung zu erbringen. Es ist daher ungeeignet, wenn die vom Vertragspartner geschuldete Leistung bereits vor Eintragung der Gesellschaft erbracht werden soll, etwa um schon im voraus die Geschäftsräume einzurichten.

---

[55] *Kelner v. Baxter* (1866) L.R. 2 C.P. 174; *Bagot Pneumatic Tyre Company v. Clipper Pneumatic Tyre Company* [1901] 1 Ch. 196.

[56] *Howard v. Patent Ivory Manufacturing Company* (1888) 38 Ch.D. 156.

[57] *Morse*, Charlesworth and Morse - Company Law, S. 76 f.

b. Das Außenverhältnis nach der Eintragung

Da die Gesellschaft gemäß s. 13 (3) Companies Act 1985 mit ihrer Eintragung in das register of companies die Rechtsfähigkeit erlangt, können ab diesem Zeitpunkt im Namen der Gesellschaft Rechtsgeschäfte mit Wirkung für und gegen die Gesellschaft getätigt werden. Für nach der Eintragung im Namen der Gesellschaft begründete Verbindlichkeiten haftet die Gesellschaft mit dem Gesellschaftsvermögen. Die Gesellschafter selbst können demgegenüber von den Gläubigern der Gesellschaft nicht in Anspruch genommen werden. Sie haften ausweislich s. 2 (4) Companies Act 1985 nur gegenüber der Gesellschaft und auch dies nur bis zur Höhe des im memorandum angegebenen Garantiebetrages. Wegen der Wirksamkeitsvermutung der Eintragungsbescheinigung ist es den Gläubigern der Gesellschaft auch verwehrt, in späteren Rechtsstreitigkeiten mit der Gesellschaft die Unwirksamkeit der Eintragung geltend zu machen[58], um auf diese Weise eine persönliche Haftung der Gesellschafter auszulösen.

Allerdings ist die Gesellschaft in der Gestaltung ihrer Rechtsbeziehungen gegenüber außenstehenden Dritten nicht völlig frei. Vielmehr unterliegt ihre Befugnis zur Vornahme von Rechtsgeschäften Beschränkungen, die sich aus der in der objects clause enthaltenen Zweckbestimmung ergeben. Dies ist Folge der sogenannten ultra vires Doktrin, die sich in erster Linie auf das Verhältnis der Gesellschaft zu außenstehenden Dritten auswirkt, aber auch auf das Innenverhältnis zwischen Gesellschaft und Gesellschaftern durchschlägt. Dabei sind die Befugnisse von charitable companies ungleich stärker beschränkt als die Befugnisse nicht als charity anerkannter Gesellschaften.

aa. Die ultra vires Doktrin und ihre Einschränkung durch s. 35 Companies Act 1985

Ursprünglich sollte die in der objects clause enthaltene Zweckbestimmung zwei Aufgaben erfüllen: Zum einen sollte sie die Gesellschafter vor einer zweckwidrigen Verwendung des von ihnen eingebrachten Kapitals schützen; zum anderen sollte sie

---

[58] Siehe oben § 3 II.2.

es den Gläubigern der Gesellschaft ermöglichen, sich über den Geschäftsbereich der Gesellschaft zu unterrichten[59]. Mit diesem Ziel hat die Rechtsprechung die ultra vires Doktrin entwickelt[60], derzufolge die Befugnis der Gesellschaft zur Vornahme von Rechtsgeschäften im Außenverhältnis auf die Verwirklichung des in der objects clause vorgegebenen Zwecks beschränkt ist. Alle von der Gesellschaft getätigten Rechtsgeschäfte, die nicht der Verwirklichung ihres Zwecks dienten, waren daher unwirksam. Aufgrund solcher Rechtsgeschäfte bereits erbrachte Leistungen mußten die Empfänger zurückgewähren[61].

Zwar hat die Rechtsprechung versucht, die strengen Auswirkungen der ultra vires Doktrin abzumildern: So sollte eine Gesellschaft auch nicht der Verwirklichung der ausdrücklich genannten Zwecke dienende Rechtsgeschäfte tätigen können, sofern diese vernünftigerweise mit den ausdrücklich genannten Zwecken in Zusammenhang standen[62]. Gleichwohl führte die ultra vires Doktrin zu unerwünschten Nebenfolgen: In dem Bemühen, die Befugnisse der Gesellschaft möglichst weit zu fassen, wurden die objects clauses meist allgemein gehalten und damit die Zielsetzung, den Geschäftsbereich einzugrenzen, unterlaufen[63]. Ferner ließ sich oft nicht eindeutig feststellen, ob ein bestimmtes Rechtsgeschäft noch der Verwirklichung des Gesellschaftszwecks diente oder zumindest mit den ausdrücklich genannten Zwecken vernünftigerweise in Zusammenhang stand oder nicht[64]. Die Geschäfts-

---

59 *Cotman v. Brougham* [1918] A.C. 514, 520, per *Lord Parker of Waddington.*

60 Eingehend dazu etwa: Halsbury's Laws of England, Vol. 7 (2), paras. 1097 ff.; *Morse*, Charlesworth and Morse - Company Law, S. 50 ff.; *Barc/Bowen*, Tolley's Company Law, Vol. 1, paras. U3001 ff.; *Arora* (1991) J.B.L. 582 ff.; *Hicks* (1995) 27 Bracton L.J. 44 ff.

61 Vgl. etwa: *East Anglian Railways Company v. The Eastern Counties Railway Company* (1851) 11 C.B. 775; *Ashbury Railway Carriage and Iron Company Ltd. v. Riche* (1875) L.R. 7 H.L. 653.

62 *Attorney General v. Great Eastern Railway Company* (1880) 5 App. Cas. 473; *Deuchar v. Gas Light and Coke Company* [1925] A.C. 691; *Rolled Steel Products (Holdings) Ltd. v. British Steel Corporation* [1986] Ch. 246, 287, per *Slade L.J.*; siehe auch: *Bell Houses Ltd. v. City Wall Properties Ltd.* [1966] 2 Q.B. 656. Im Hinblick auf charitable companies hat die Rechtsprechung allerdings angedeutet, eine derartige Ausweitung der Befugnisse der Gesellschaft nur eingeschränkt zuzulassen: *Rosemary Simmons Memorial Housing Association Ltd. v. United Dominions Trust Ltd.* [1987] 1 All E.R. 281; siehe dazu auch: *Warburton* (1988) Conv. 275, 277 f.

63 *Warburton* (1988) Conv. 275; *Hicks* (1995) 27 Bracton L.J. 44, 45; *Gower/Prentice/Pettet*, Gower's Principles of Modern Company Law, S. 167; *Morse*, Palmer's Company Law, Vol. 1, para. 2.605.

64 *Morse*, Palmer's Company Law, Vol. 1, para. 2.606; *Morse*, Charlesworth and Morse - Company Law, S. 51.

partner der Gesellschaft mußten sich vor Abschluß eines Rechtsgeschäfts stets vergewissern, ob dieses auch von der objects clause gedeckt war, wollten sie nicht dessen Unwirksamkeit riskieren. Dies führte zu unbilligen Härten gegenüber gutgläubigen Dritten, insbesondere im Falle der Insolvenz der Gesellschaft[65]. Aufgrund dessen sah sich der Gesetzgeber zu verschiedenen korrigierenden Eingriffen veranlaßt, zuletzt in Form von grundlegenden Korrekturen an s. 35 Companies Act 1985 durch den Companies Act 1989[66]. Im Ergebnis ist dadurch die ultra vires Doktrin heute im Außenverhältnis praktisch abgeschafft und auch in ihren Binnenwirkungen stark beschränkt.

So stehen ausweislich s. 35 (1) Companies Act 1985 Beschränkungen der Befugnisse der Gesellschaft, die aus den Bestimmungen des memorandum folgen, der Wirksamkeit eines Rechtsgeschäfts im Außenverhältnis nicht mehr entgegen. Daher führt die Überschreitung der durch die objects clause begrenzten Befugnisse der Gesellschaft nicht länger zur Unwirksamkeit des betreffenden Rechtsgeschäfts im Außenverhältnis. Auch Rechtsgeschäfte, die nicht der Verwirklichung des Gesellschaftszwecks dienen oder mit den ausdrücklich genannten Zwecken vernünftigerweise in Zusammenhang stehen, sind daher im Außenverhältnis rechtswirksam[67]. Gesellschaften, die nicht als charity anerkannt sind, sind somit im Außenverhältnis unbeschränkt handlungsfähig.

Im Innenverhältnis zwischen Gesellschaft und Gesellschaftern ist die ultra vires Doktrin demgegenüber nach wie vor von Bedeutung: So ist die Gesellschaft aufgrund von s. 14 (1) Companies Act 1985 den Gesellschaftern gegenüber verpflichtet, die die Gesellschafter begünstigenden Vorschriften des memorandum zu beachten[68]. Ungeachtet der Aufhebung der ultra vires Doktrin im Außenverhältnis durch s. 35 Companies Act 1985 bleibt daher die Gesellschaft gegenüber den Gesellschaftern verpflichtet, keine Rechtsgeschäfte außerhalb der ihr vorgege-

---

[65] Vgl. dazu etwa: *Re Jon Beauforte Ltd.* [1953] Ch. 131.

[66] Ausführlich zur Geschichte der gesetzlichen Entwicklung etwa: *Gower/Prentice/Pettet*, Gower's Principles of Modern Company Law, S. 171 ff.; *Arora* (1991) J.B.L. 582 ff.

[67] Aufgrund s. 35A Companies Act 1985 ist auch die mit einer Überschreitung der Befugnisse der Gesellschaft zwangsläufig verbundene Überschreitung der Vertretungsmacht desjenigen, der das betreffende Rechtsgeschäft im Namen der Gesellschaft abschließt, im Außenverhältnis unbeachtlich: vgl. im einzelnen unter § 4 I.3.c.

[68] Siehe oben § 3 III.1.

benen Zweckbestimmung zu tätigen. Um die Gesellschaft zur Einhaltung dieser Pflicht anzuhalten, hat jeder Gesellschafter ein aus seiner Rechtsstellung als Gesellschafter folgendes Recht, ein nicht dem Gesellschaftszweck dienendes Rechtsgeschäft durch einstweilige Verfügung abzuwenden[69]. Dieses Recht ist mittlerweile in s. 35 (2) Companies Act 1985 gesetzlich verankert.

Allerdings unterwirft s. 35 (2) Companies Act 1985 dieses Recht zwei bedeutenden Einschränkungen: Zum einen können die Gesellschafter dieser Vorschrift zufolge nicht einschreiten, wenn das betreffende Rechtsgeschäft der Erfüllung einer Verbindlichkeit dient. Auf diese Weise soll die Wirksamkeit der Aufhebung der ultra vires Doktrin im Außenverhältnis durch s. 35 (1) Companies Act 1985 sichergestellt werden: Denn die Rechtswirksamkeit einer ultra vires eingegangenen Verbindlichkeit wäre für den zu schützenden Dritten ohne Wert, wenn im Innenverhältnis jeder Gesellschafter die Gesellschaft an der Erfüllung einer solchen Verbindlichkeit hindern könnte[70]. Die Gesellschafter müssen daher bereits vor Abschluß des Verpflichtungsgeschäfts eingreifen, wenn sie den ultra vires Akt unterbinden wollen. Allerdings sind die Gesellschafter typischerweise nicht in das Tagesgeschäft eingebunden und erlangen meist erst nach dem Abschluß Kenntnis von dem betreffenden Rechtsgeschäft. Daher ist es ihnen in der Regel nicht möglich, entsprechend früh zu reagieren[71].

Zum anderen kann gemäß s. 35 (3) Companies Act 1985 die Gesellschafterversammlung einen ultra vires Akt genehmigen[72]. Da der Erlaß einer einstweiligen Verfügung im Ermessen des zuständigen Gerichts liegt, werden die Gerichte den Erlaß einer einstweiligen Verfügung regelmäßig ablehnen, wenn eine spätere Genehmigung wahrscheinlich ist[73]. Aufgrund der genannten Einschränkungen sind daher auch im Innenverhältnis ultra vires Akte meist nicht zu verhindern.

---

[69] *Ferran* (1992) 13 Co. Law. 124, 127; *Arora* (1991) J.B.L. 582, 586; *Hicks* (1995) 27 Bracton L.J. 44, 47; *Poole* (1991) 12 Co. Law. 43, 46.

[70] *Arora* (1991) J.B.L. 582, 586; *Poole* (1991) 12 Co. Law. 43, 46; *Hicks* (1995) 27 Bracton L.J. 44, 47.

[71] So auch: *Poole* (1991) 12 Co. Law. 43, 46; *Ferran* (1992) 13 Co. Law. 124, 127.

[72] Die Genehmigung kann ausweislich s. 35 (3) Companies Act 1985 nur durch eine sogenannte special resolution erfolgen; in diesem Fall bedarf ein Beschluß der Gesellschafterversammlung einer Mehrheit von drei Vierteln der abgegebenen Stimmen: siehe unten § 4 II.1.a.

[73] *Morse*, Charlesworth and Morse - Company Law, S. 55; in diesem Sinne auch: *Hicks* (1995) 27 Bracton L.J. 44, 47.

bb. Die Sonderstellung von charitable companies unter s. 65 Charities Act 1993

Nach der allgemeinen Regelung des Companies Act 1985 führt somit eine Überschreitung der durch die objects clause begrenzten Befugnisse einer Gesellschaft nicht länger zur Unwirksamkeit des betreffenden Rechtsgeschäfts im Außenverhältnis. Außerhalb der Zweckbestimmung liegende Rechtsgeschäfte können allenfalls im Innenverhältnis von den Gesellschaftern unterbunden werden. Anderes gilt jedoch für charitable companies: Ausweislich s. 65 (1) Charities Act 1993 ist die allgemeine Regelung in s. 35 Companies Act 1985, die für alle sonstigen Gesellschaften die ultra vires Doktrin im Außenverhältnis aufhebt, auf charitable companies grundsätzlich nicht anzuwenden. Deren Handlungsfähigkeit ist damit im Außenverhältnis nach wie vor auf die Verwirklichung ihres gemeinnützigen Zwecks begrenzt. Rechtsgeschäfte, die nicht der Verwirklichung dieses Zwecks dienen oder vernünftigerweise mit diesem Zweck in Zusammenhang stehen, sind unwirksam und gegebenenfalls rückabzuwickeln. Insofern findet in bezug auf charitable companies die ultra vires Doktrin in ihrer ursprünglichen Ausprägung weitgehend unverändert Anwendung.

Dies wird abgesichert durch s. 65 (4) Charities Act 1993, wonach die Genehmigung eines ultra vires abgeschlossenen Rechtsgeschäfts der Genehmigung der Charity Commissioners bedarf. Daher kann auch eine Genehmigung der Gesellschafterversammlung die Unwirksamkeit eines ultra vires abgeschlossenen Rechtsgeschäfts nicht ohne weiteres heilen.

Hintergrund dieser Regelung ist die Gemeinnützigkeit der Gesellschaftszwecke von charitable companies: Anders als bei privatnützig ausgerichteten Gesellschaften liegt bei charitable companies die Einhaltung des Gesellschaftszwecks nicht nur im Interesse der Gesellschafter, sondern darüber hinaus auch im Interesse der Allgemeinheit. Die Regelung in s. 65 Charities Act 1993 soll sicherstellen, daß zweckwidrig verwendetes Vermögen an die Gesellschaft zurückfließt und auf diese Weise noch dem Gemeinwohl zugute kommen kann. Um dieses Ziel zu erreichen, hält es der Gesetzgeber für gerechtfertigt, die Interessen außenstehender Dritter an der Wirksamkeit des Geschäfts grundsätzlich als weniger schutzwürdig hinter das

Interesse der Allgemeinheit an einer zweckentsprechenden Verwendung der Mittel der charitable company zurücktreten zu lassen[74].

Allerdings nennt s. 65 Charities Act 1993 drei Ausnahmen, in denen aufgrund einer besonders erhöhten Schutzwürdigkeit der betroffenen Dritten s. 35 Companies Act 1985 anwendbar bleibt. Sofern eine dieser Ausnahmen eingreift, sind daher auch ultra vires Akte von charitable companies der allgemeinen Regelung in s. 35 Companies Act 1985 entsprechend im Außenverhältnis wirksam[75]. Dann bleibt auch hier den Gesellschaftern nur die allerdings wenig aussichtsreiche Möglichkeit, im Innenverhältnis durch einstweilige Verfügung gegen den ultra vires Akt vorzugehen.

Die erste Ausnahme greift ausweislich s. 65 (1) (a) und (b) Charities Act 1993 dann ein, wenn die Gegenpartei eine der Leistung der Gesellschaft zumindest gleichwertige Gegenleistung erbringt und keine Kenntnis von der Überschreitung der Befugnisse der Gesellschaft hat. Die zweite Ausnahme kommt gemäß s. 65 (1) Charities Act 1993 dann zur Anwendung, wenn die Gegenpartei nicht weiß, daß die Gesellschaft als charity anerkannt ist. Als dritte Ausnahme schützt s. 65 (2) Charities Act 1993 den gutgläubigen Zweiterwerber eines von der Gesellschaft unter Überschreitung ihrer Befugnisse veräußerten Vermögensgegenstandes: Dieser erwirbt auch dann Eigentum an dem betreffenden Vermögensgegenstand, wenn die Übereignung durch die Gesellschaft an den Ersterwerber aufgrund der ultra vires Doktrin unwirksam war.

Die Bedeutung dieser Ausnahmen wird aufgewertet durch die Beweislastregelung in s. 65 (3) Charities Act 1993: Dieser Vorschrift zufolge muß die Gesellschaft beweisen, daß die Gegenpartei von der Überschreitung ihrer Befugnisse wußte beziehungsweise ihr bekannt war, daß es sich bei der Gesellschaft um eine charity handelte. Beruft sich die Gegenpartei auf eine der beiden erstgenannten Ausnahmen, um die Rückabwicklung eines ultra vires abgeschlossenen Vertrages zu

---

[74] In diesem Sinne auch: *Warburton* (1988) Conv. 275, 282 f.; *Warburton* (1990) 4 Trust L. & P. 78, 79; *Warburton* (1992/93) C.L. & P.R. 203, 204.

[75] Unter dem Gesichtspunkt der Vertretungsmacht wird dieses Ergebnis dadurch abgesichert, daß im Falle des Eingreifens einer der in s. 65 Charities Act 1993 genannten Ausnahmen auch s. 35A Companies Act 1985 auf charitable companies Anwendung findet, vgl. im einzelnen unter § 4 I.3.d.

verhindern, muß folglich nicht sie nachweisen, daß die Ausnahme eingreift und daher das Geschäft wirksam ist; vielmehr muß umgekehrt die Gesellschaft nachweisen, daß die behauptete Ausnahme nicht eingreift, wenn sie die Rückabwicklung des Geschäfts erreichen will.

Angesichts dieser Beweislastumkehr entstehen zunächst Zweifel, ob s. 65 Charities Act 1993 einen Rückfluß zweckwidrig verwendeten Vermögens tatsächlich wirksam gewährleisten kann. Zwar ist die Situation der Gesellschaft noch verhältnismäßig aussichtsreich, wenn sich die Gegenpartei auf die zweite Ausnahme beruft: In diesem Fall muß die Gesellschaft lediglich nachweisen, daß die Gegenpartei wußte, daß sie es mit einer charity zu tun hatte. Da wie bereits festgestellt jede charitable company verpflichtet ist, in allen wesentlichen Dokumenten darauf hinzuweisen, daß sie als charity anerkannt ist, wird ihr dieser Beweis verhältnismäßig leicht gelingen[76].

Schwieriger ist die Situation für die Gesellschaft, wenn sich die Gegenpartei auf die erste Ausnahme beruft: Denn hier muß die Gesellschaft der Gegenpartei Kenntnis von der Mißachtung der gemeinnützigen Zweckbestimmung nachweisen. Anders als der Umstand, daß die Gesellschaft als charity anerkannt ist, wird jedoch der genaue Zweck einer Gesellschaft nicht allgemein bekannt gemacht. Er ergibt sich lediglich aus der objects clause im memorandum; und ausweislich s. 35B Companies Act 1985 sind die Geschäftspartner der Gesellschaft nicht verpflichtet, sich über den Inhalt des memorandum zu unterrichten. Somit wird sich der Beweis der Kenntnis der Gegenpartei von der Mißachtung der Zweckbestimmung der Gesellschaft in aller Regel kaum erbringen lassen. Will somit die Gegenpartei die Rückabwicklung eines ultra vires geschlossenen Rechtsgeschäfts verhindern, braucht sie sich nur auf ihre Unkenntnis von der Verletzung der Zweckbestimmung der Gesellschaft zu berufen, um die Gesellschaft vor ein kaum lösbares Beweisproblem zu stellen.

Ausweislich s. 65 (1) (a) Charities Act 1993 greift allerdings die erste Ausnahme nur dann ein, wenn die Gegenpartei eine der Leistung der Gesellschaft zumindest

---

[76] In diesem Sinne auch: *Sinclair/Vogel/Snowden*, Company Directors, Vol. 1, para. 2.141; *Gower/Prentice/Pettet*, Gower's Principles of Modern Company Law, S. 183; *Warburton* (1990) 4 Trust L. & P. 78, 79 f.; *Warburton* (1992/93) C.L. & P.R. 203, 206.

gleichwertige Gegenleistung erbracht hat. Die erste Ausnahme verhindert die Rückabwicklung eines ultra vires Akts also nur in solchen Fällen, in denen sich durch diesen Akt das Vermögen der Gesellschaft betragsmäßig nicht verringert hat. Somit stünde die Gesellschaft im Falle einer Rückabwicklung wirtschaftlich nicht besser als bei einem Festhalten an dem betreffenden Rechtsgeschäft. Ihr Interesse an einer Rückabwicklung beschränkt sich darauf, die ursprüngliche Zusammensetzung ihres Vermögens wiederherzustellen. Da es für die Fähigkeit der Gesellschaft zur Verfolgung ihres gemeinnützigen Zwecks jedoch in erster Linie auf den Umfang ihres Vermögens und weniger auf dessen Zusammensetzung ankommt, ist in diesen Fällen eine Rückabwicklung nicht geboten, um eine bestmögliche Förderung des Gemeinwohls durch die Gesellschaft sicherzustellen. Will die Gesellschaft gleichwohl eine Rückabwicklung herbeiführen, ist es daher interessengerecht, ihr die Beweislast für die Bösgläubigkeit der Gegenpartei aufzuerlegen.

Erbringt dagegen die Gegenpartei keine oder keine gleichwertige Gegenleistung, verringert sich also betragsmäßig das Vermögen der Gesellschaft, greift wegen s. 65 (1) (a) Charities Act 1993 die erste Ausnahme nicht ein. Hier kann sich die Gegenpartei allenfalls auf die zweite Ausnahme berufen. Deren Widerlegung wird der Gesellschaft wie bereits festgestellt jedoch verhältnismäßig leicht gelingen. Sie wird daher meist eine Rückabwicklung des betreffenden ultra vires Akts erreichen können. Hat also das Gesellschaftsvermögen durch einen ultra vires Akt betragsmäßig eine Einbuße erlitten und ist somit eine Rückabwicklung im Interesse einer bestmöglichen Förderung des Gemeinwohls geboten, steht auch die Beweislastumkehr durch s. 65 (3) Charities Act 1993 einer Rückabwicklung regelmäßig nicht entgegen.

Die Beweislastumkehr trägt somit dazu bei, eine Rückabwicklung nur dort zu ermöglichen, wo sie auch im Interesse einer bestmöglichen Verwirklichung des gemeinnützigen Zwecks der Gesellschaft liegt, und sie anderenfalls im Interesse der Gegenpartei zu verhindern.

Anders als bei privatnützig ausgerichteten Gesellschaften führt somit bei charitable companies eine Überschreitung der durch die objects clause begrenzten Befugnisse der Gesellschaft in den Grenzen der ultra vires Doktrin nach wie vor zur Unwirksamkeit des betreffenden Rechtsgeschäfts. Von der Gesellschaft außerhalb ihres gemeinnützigen Zwecks getätigte Rechtsgeschäfte sind insoweit unwirksam, bereits erbrachte Leistungen rückabzuwickeln. Zwar gelten zugunsten besonders schutzwürdiger Dritter Ausnahmen, deren Gewicht durch die Umkehr der Beweislast durch s. 65 (3) Charities Act 1993 erhöht wird. Dennoch wird die Gesellschaft regelmäßig die Rückabwicklung ihres Zwecks nicht förderlicher Rechtsgeschäfte erreichen können, wenn dies im Interesse des Gemeinwohls geboten ist.

IV. Zusammenfassung

Zur Gründung einer charitable company bedarf es zunächst der Errichtung einer Gesellschaft als Rechtsträger nach den Vorschriften des Companies Act 1985. Vor allem aufgrund des geringen Haftungsrisikos und der Möglichkeit einer Befreiung von der Pflicht zur Führung eines die Haftungsbeschränkung kennzeichnenden Namenszusatzes ist die company limited by guarantee von den im Companies Act 1985 vorgesehenen Gesellschaftsformen zu diesem Zweck am besten geeignet. Bei der Gestaltung des memorandum müssen die Gründer im Hinblick auf die Voraussetzungen für eine Anerkennung der Gesellschaft als charity einige Besonderheiten beachten: So muß die in das memorandum aufzunehmende objects clause eine Zweckbestimmung enthalten, die als charitable purpose gilt. Ferner muß in das memorandum eine Bestimmung aufgenommen werden, die Ausschüttungen von Gewinnen an die Gesellschafter und Ausschüttungen an Dritte außerhalb der gemeinnützigen Zweckbestimmung untersagt oder umgekehrt vorschreibt, alle Gewinne ausschließlich zur Förderung des gemeinnützigen Zwecks zu verwenden. Zudem muß das memorandum vorsehen, einen bei Liquidation der Gesellschaft anfallenden Überschuß nicht an die Gesellschafter zu verteilen, sondern einer gemeinnützigen Verwendung zukommen zu lassen.

Nachdem die Gesellschaft durch die Eintragung in das register of companies gemäß s. 13 (3) Companies Act 1985 die Rechtsfähigkeit erlangt hat und damit die Errichtung des Rechtsträgers vollzogen ist, kann sich die Gesellschaft nach dem erörterten Verfahren um eine Anerkennung als charity bemühen. Erst wenn auch diese erfolgt ist, ist die Gründung der charitable company limited by guarantee vollendet.

Im Innenverhältnis erhalten das memorandum und die articles of association gemäß s. 14 (1) Companies Act 1985 durch die Eintragung der Gesellschaft in das register of companies eine vertragsähnliche Bindungswirkung. Sie begründen Rechte und Pflichten sowohl im Verhältnis der Gesellschafter untereinander als auch im Verhältnis zwischen Gesellschaftern und Gesellschaft. Im Außenverhältnis haftet nach der Eintragung nur die Gesellschaft mit dem Gesellschaftsvermögen für in ihrem Namen eingegangene Verbindlichkeiten. Aufgrund von s. 65 Charities Act 1993 findet im Interesse einer bestmöglichen Förderung des Gemeinwohls die ultra vires Doktrin auf charitable companies grundsätzlich unverändert Anwendung. Von wenigen Ausnahmen zugunsten besonders schutzwürdiger Dritter abgesehen sind daher Rechtsgeschäfte einer charitable company, die nicht der Verwirklichung des gemeinnützigen Gesellschaftszwecks dienen oder mit diesem Zweck vernünftigerweise in Zusammenhang stehen, unwirksam; bereits erbrachte Leistungen müssen rückabgewickelt werden.

§ 4 Die Leitung einer charitable company durch den board of directors und die Gesellschafterversammlung

Wie jede nach den Vorschriften des Companies Act 1985 gegründete Gesellschaft verfügt auch eine charitable company limited by guarantee über zwei Organe, denen die Leitung der Gesellschaft obliegt: den board of directors und die Gesellschafterversammlung. Im folgenden sollen die Funktionen dieser Organe sowie ihr Verhältnis zueinander ebenso beleuchtet werden wie die Rechtsstellung der einzelnen Mitglieder dieser Organe, also der directors einerseits und der Gesellschafter andererseits. Auch hinsichtlich der Unternehmensleitung unterliegen charitable companies zahlreichen Sonderregelungen. Dies gilt insbesondere für die im Interesse einer möglichst effektiven Förderung des Gemeinwohls geschaffenen besonderen staatlichen Befugnisse zur Kontrolle und zur Beeinflussung der Verwaltung von charitable companies, die von den Gerichten, dem Attorney General und den Charity Commissioners ausgeübt werden.

I. Die Rechtsstellung des board of directors und des einzelnen directors

Ausweislich s. 1 Table C Articles i.V.m. s. 70 Table A Articles nehmen die directors im Rahmen der Bestimmungen des Companies Act 1985, des memorandum, der articles of association sowie der Weisungen der Gesellschafterversammlung alle Angelegenheiten der Gesellschaft wahr. Die Model Articles enthalten in s. 27 eine entsprechende Vorschrift. Der board of directors ist damit das Hauptverwaltungsorgan der Gesellschaft. Die für die Rechtsstellung des board of directors und des einzelnen directors maßgeblichen Vorschriften finden sich nur zu einem kleinen Teil im Companies Act 1985. Überwiegend ergeben sie sich aus dem memorandum sowie den articles of association und sind damit von deren Gestaltung im Einzelfall abhängig. Soweit sich die Rechtsstellung des board of directors und des einzelnen directors nach dem memorandum oder den articles of association richtet, soll im folgenden auf die Vorschriften des Model Memorandum und der Model Articles der Charity Commissioners zurückgegriffen werden. Die allgemeinen Sorgfalts- und Treuepflichten sowie die Haftung der directors richten sich im wesentlichen nach dem einschlägigen case law. Die directors von charitable companies unterliegen zudem den Regelungen des Charities Act 1993. Dessen Vorschriften betreffen ihrem Wortlaut nach zwar nur trustees. Ausweislich der Definition in s. 97 (1) Charities Act 1993 sind jedoch auch directors einer charitable company "trustees" im Sinne dieses Gesetzes. Auch das Model Memorandum und die Model Articles bezeichnen die directors einer charitable company untechnisch als "trustees" (s. 4 Model Memorandum und s. 1 Model Articles). Dies mag von dem Bestreben getragen sein, den Führungskräften von charitable companies unabhängig von ihrer Funktion als directors eine Bezeichnung zu geben, die in der öffentlichen Meinung nicht mit privatnützig ausgerichteter wirtschaftlicher Betätigung verbunden ist, sondern nach außen hin die gemeinnützige Ausrichtung der von ihnen vertretenen Organisation anzeigt.

1. Die Bestellung der ersten directors

Ausweislich s. 282 Companies Act 1985 müssen public companies limited by shares mindestens zwei, andere Gesellschaftsformen mindestens einen director haben. Es ist den Gründern überlassen, je nach dem Umfang des mit der Leitung der Gesellschaft verbundenen Arbeitsaufwands eine beliebig höhere Zahl von directors zu bestellen. Gegen die Beschränkung auf einen einzigen director spricht unabhängig vom Geschäftsumfang das erhöhte Risiko mißbräuchlichen Verhaltens. Die Charity Commissioners empfehlen in s. 25 Model Articles die Bestellung von drei directors.

Bestimmten Personen ist die Bestellung zum director verwehrt. So können die Gerichte nach den Vorschriften des Company Directors Disqualification Act 1986 einer Person aus bestimmten Gründen durch Beschluß die Eignung für das Amt des directors absprechen (make a disqualification order)[1]. Zu den Gründen, die nach dem Company Directors Disqualification Act 1986 zu einem solchen Beschluß berechtigen, zählen unter anderem die Verurteilung wegen Straftaten im Zusammenhang mit Errichtung, Leitung oder Liquidation einer Gesellschaft (s. 2 (1)) oder Mißachtungen der Publizitätspflichten (s. 3 (1) und 5 (1)). Laut s. 16 (2)

---

[1] Eingehend dazu etwa: *Walters/Davis-White*, Directors' Disqualification: Law and Practice; *Sealy*, Disqualification and Personal Liability of Directors; *Ryan*, Company Directors, S. 43 ff.; *Bruce*, Rights and Duties of Directors, S. 41 ff.

Company Directors Disqualification Act 1986 ist jeder Gesellschafter und jeder Gläubiger der Gesellschaft befugt, einen entsprechenden Antrag zu stellen.

Da im Gegensatz zu privatnützig ausgerichteten Gesellschaften die ordnungsgemäße Verwaltung von charitable companies im unmittelbaren Interesse der Allgemeinheit liegt, gelten für charitable companies über diese allgemeinen Bestimmungen hinaus strengere Regelungen. So nennt s. 72 Charities Act 1993 bestimmte Fälle, in denen eine Person schon von Gesetzes wegen als ungeeignet (disqualified) für das Amt des directors gilt. Allerdings können die Charity Commissioners laut s. 72 (4) Charities Act 1993 im Einzelfall Ausnahmen zulassen. Bei der Entscheidung über die Zulassung einer Ausnahme richten sich die Charity Commissioners unter anderem nach dem Grad des Risikos, dem das Vermögen der Gesellschaft im Falle einer Bestellung der betreffenden Person ausgesetzt wäre und den Ansichten etwaiger anderer directors[2].

Die Tatbestände in s. 72 Charities Act 1993 gehen auch inhaltlich über diejenigen des Company Directors Disqualification Act 1986 hinaus: Insbesondere dehnt s. 72 (1) (a) Charities Act 1993 den Kreis der einer Eignung entgegenstehenden Straftaten auf alle strafbaren Handlungen aus, die in irgendeiner Weise Unehrlichkeit oder Täuschung beinhalten. Ausweislich s. 72 (1) (d) Charities Act 1993 gelten auch all diejenigen als für eine Tätigkeit als director einer charitable company ungeeignet, die zuvor durch den High Court oder die Charity Commissioners in Ausübung ihrer Eingriffsbefugnisse aus einem vergleichbaren Amt abberufen oder entlassen wurden[3].

Wird eine Person zum director bestellt, obwohl ihr auf Grundlage des Company Directors Disqualification Act 1986 die Eignung für das Amt des directors gerichtlich abgesprochen wurde, bleibt gemäß s. 285 Companies Act 1985 die Wirksamkeit der durch diese Person für die Gesellschaft abgeschlossenen Rechtsgeschäfte unberührt. Der Schutz des Rechts- und Geschäftsverkehrs genießt insoweit Vorrang vor dem Schutz der Gesellschaft vor ungeeigneten Führungskräften. In s. 73 (3) enthält der Charities Act 1993 speziell für die Tatbestände der s. 72 eine

---

[2] *Charity Commission*, Decisions of the Charity Commissioners, Vol. 1, S. 26 ff.; *Warburton/Morris*, Tudor on Charities, S. 190.

[3] Zu diesen Eingriffsbefugnissen im einzelnen unter § 4 I.5.b.cc.(1).

entsprechende Vorschrift. Allerdings kann ein Verstoß gegen einen Beschluß auf des Company Directors Disqualification Act 1986 unter s. 13 dieses Gesetzes mit Geldstrafe oder Freiheitsstrafe bis zu zwei Jahren bestraft werden. Ausweislich s. 15 (1) Company Directors Disqualification Act 1986 haftet die betreffende Person zudem persönlich für alle von ihr im Namen der Gesellschaft abgeschlossenen Rechtsgeschäfte. Zuwiderhandlungen gegen s. 72 Charities Act 1993 sind laut s. 73 (1) Charities Act 1993 in gleicher Weise strafbewehrt wie Verstöße gegen eine gerichtliche Feststellung auf Grundlage des Company Directors Disqualification Act 1986, führen jedoch nicht zu einer persönlichen Haftung.

Neben natürlichen können die Gründer auch juristische Personen zum director bestellen[4]. Wie aus s. 14 Company Directors Disqualification Act 1986 folgt, gelten dessen Vorschriften in entsprechender Anwendung auch für juristische Personen. Auch s. 72 Charities Act 1993 findet auf juristische Personen entsprechende Anwendung[5].

Sofern keines der vorgenannten Hindernisse eingreift, kann jede natürliche oder juristische Person zum director bestellt werden. Wegen der fremdorganschaftlichen Struktur der unter dem Companies Act 1985 gegründeten Gesellschaften besteht bei der Auswahl der directors keine Beschränkung auf den Kreis der Gesellschafter[6]. Zwar bedarf es zur Bestellung eines directors grundsätzlich eines entsprechenden Beschlusses der Gesellschafterversammlung[7]; zur Bestellung der ersten directors nach Gründung der Gesellschaft ist jedoch ausweislich s. 13 (5) Companies Act 1985 ein Beschluß der Gesellschafterversammlung entbehrlich: Dieser Vorschrift zufolge wird unwiderleglich vermutet, daß die in der unter s. 10 Companies Act 1985 für die Gründung der Gesellschaft erforderlichen ergänzenden Erklärung als directors benannten Personen ordnungsgemäß bestellt wurden. Die laut s. 10 (3) Companies Act 1985 erforderliche Unterschrift aller Gesellschaf-

---

[4] *Ryan*, Company Directors, S. 8; *Sinclair/Vogel/Snowden*, Company Directors, Vol. 1, para. 4.2; siehe auch: *Warburton/Morris*, Tudor on Charities, S. 215

[5] *Warburton/Morris*, Tudor on Charities, S. 215.

[6] *Gower/Prentice/Pettet*, Gower's Principles of Modern Company Law, S. 142; *Morse*, Charlesworth and Morse - Company Law, S. 235.

[7] Im einzelnen dazu unter § 4 I.6.

ter unter die ergänzende Erklärung ersetzt insofern einen Beschluß der Gesellschafterversammlung.

2. Die Aufgabenverteilung innerhalb des board of directors

Grundsätzlich können die directors ihre Befugnisse nicht einzeln, sondern nur in ihrer Gesamtheit als board wirksam ausüben[8]. Für jede den directors obliegende Rechtshandlung ist daher grundsätzlich ein Beschluß des board of directors erforderlich. In s. 42 bis s. 49 enthalten die Model Articles Vorgaben bezüglich der Beschlußfassung. Abgesehen von diesen Vorgaben sind die directors ausweislich s. 42 Model Articles befugt, sich für das Verfahren innerhalb des board of directors selbst eine Geschäftsordnung zu geben.

Eine Übertragung von Befugnissen durch den board of directors auf einzelne directors ist ohne eine besondere Ermächtigung durch die articles of association unzulässig[9]. Jedoch wird in aller Regel eine Vorschrift in die articles of association aufgenommen, die es dem board of directors erlaubt, bestimmte Aufgabenbereiche auf sogenannte executive directors zu übertragen[10]. Auch die Model Articles enthalten in s. 40 eine dementsprechende Bestimmung. Die executive directors üben in der Regel nach Ressorts getrennte Funktionen aus, wie etwa die des finance oder legal director. In der Praxis wird zudem meist ein sogenannter managing director ernannt, der sich von den übrigen executive directors nur dadurch unterscheidet, daß ihm ressortübergreifend die umfangreichsten Aufgaben zugewiesen sind[11]. Im Gegensatz zu den non-executive directors sind die executive

---

[8] Halsbury's Laws of England, Vol. 7 (1), para. 587; *Bruce*, Rights and Duties of Directors, S. 11; *Pennington*, Company Law, S. 768 f.; *Sinclair/Vogel/Snowden*, Company Directors, Vol. 1, para. 2.16.

[9] *Re County Palatine Loan and Discount Company, Cartmell's Case* (1874) 9 Ch. App. 691; *Boschoek Proprietary Company Ltd. v. Fuke* [1906] 1 Ch. 148, 159, per *Swinfen Eady J.*

[10] Halsbury's Laws of England, Vol. 7 (1), para. 587; *Pennington*, Company Law, S. 154 und 771; *Morse*, Palmer's Company Law, Vol. 2, para. 8.201; *Bruce*, Rights and Duties of Directors, S. 11; vgl. auch s. 72 Table A Articles.

[11] *Bruce*, Rights and Duties of Directors, S. 5; *Barc/Bowen*, Tolley's Company Law, Vol. 1, para. D2018. In Großbritannien weniger gebräuchlich ist die Bezeichnung "chief executive officer".

directors regelmäßig auch durch Dienstverträge an die Gesellschaft gebunden[12]. Sie sind daher nicht nur Organwalter, sondern zugleich auch Angestellte der Gesellschaft[13]. Ob überhaupt und in welchem Umfang executive directors ernannt und mit welchen Befugnissen sie ausgestattet werden, liegt gemäß s. 40 Model Articles im Ermessen des board of directors. Angesichts des mit der Leitung einer Gesellschaft regelmäßig verbundenen Arbeitsaufwands und des erforderlichen Fachwissens dürfte eine Verteilung der Aufgaben auf einzelne directors jedoch in aller Regel vorteilhaft sein. Umgekehrt wäre eine Gesellschaft kaum handlungsfähig, wenn sie für jeden die Geschäftsleitung betreffenden Akt die Beteiligung sämtlicher directors vorsähe.

Sofern die Ernennung zum executive director nicht für eine bestimmte Zeit erfolgt, kann sie der board of directors jederzeit widerrufen[14]. War die Ernennung zum executive director dienstvertraglich vereinbart und verstößt der board of directors durch den Widerruf gegen den mit dem betreffenden director geschlossenen Dienstvertrag, ist die Gesellschaft dem director gegenüber wegen Vertragsverletzung schadensersatzpflichtig[15].

In der Praxis setzt sich der board of directors somit regelmäßig aus dienstvertraglich an die Gesellschaft gebundenen executive directors einerseits, sowie non-executive directors andererseits zusammen. Während erstere das Tagesgeschäft der Gesellschaft abwickeln, erscheinen letztere meist nur zu den Sitzungen des board of directors[16]. Je nach dem Umfang der auf die executive directors übertragenen

---

12 *Sinclair/Vogel/Snowden*, Company Directors, Vol. 1, para. 8.26; *Gower/Prentice/Pettet*, Gower's Principles of Modern Company Law, S. 158 f.; *Morse*, Palmer's Company Law, Vol. 2, paras. 8.202 und 8.203 ff.

13 *Barc/Bowen*, Tolley's Company Law, Vol. 1, para. D2002; *Ryan*, Company Directors, S. 11 f.; *Sinclair/Vogel/Snowden*, Company Directors, Vol. 1, para. 8.26.

14 *Foster v. Foster* [1916] 1 Ch. 532.

15 *Nelson v. James Nelson & Sons Ltd.* [1914] 2 K.B. 770; *Shindler v. Northern Raincoat Company Ltd.* [1960] 2 All E.R. 239.

16 *Sinclair/Vogel/Snowden*, Company Directors, Vol. 1, para. 4.39; *Gower/Prentice/Pettet*, Gower's Principles of Modern Company Law, S. 158; *Pennington*, Company Law, S. 775 f.

Befugnisse beschränkt sich die Rolle des board of directors daher regelmäßig auf die Überwachung der executive directors[17].

3. Die Vertretung der Gesellschaft durch die directors

Für die Vertetung von Gesellschaften gelten die allgemeinen Grundsätze des Rechts der Stellvertretung sowie die von der Rechtsprechung speziell für die Vertretung von Gesellschaften entwickelte sogenannte constructive notice Doktrin. Zum Schutz gutgläubiger Dritter werden deren Auswirkungen durch den Companies Act 1985 erheblich abgeschwächt. Auch hier sind für charitable companies die einschlägigen Regelungen des Companies Act 1985 durch den Charities Act 1993 grundsätzlich abbedungen. Wegen der Vielzahl sich überlagernder Regelungen ergibt das auf charitable companies anwendbare Recht der Stellvertretung ein nur noch schwer überschaubares Bild.

a. Vertretungsmacht

Die directors treten nach außen hin als Vertreter der Gesellschaft in Erscheinung[18]. Allerdings können die Befugnisse des board of directors nicht weiter reichen als die der von ihm vertretenen Gesellschaft. Da die Befugnisse der Gesellschaft durch den in der objects clause festgelegten Gesellschaftszweck begrenzt sind[19], ist folglich auch die Befugnis des board of directors zur Vertretung der Gesellschaft durch den Gesellschaftszweck beschränkt[20]. Eine Mißachtung des in der objects clause vorgegebenen Geselschaftszwecks führt daher in den Grenzen der ultra vires Doktrin nicht nur zu einer Überschreitung der Befugnisse der Gesellschaft, sondern

---

[17] In diesem Sinne auch: *Ryan*, Company Directors, S. 12; *Sinclair/Vogel/Snowden*, Company Directors, Vol. 1, paras. 1.28 und 4.39; *Barc/Bowen*, Tolley's Company Law, Vol. 1, para. D2022.

[18] *Sinclair/Vogel/Snowden*, Company Directors, Vol. 1, para. 2.34; *Morse*, Palmer's Company Law, Vol. 2, para. 8.402; *Barc/Bowen*, Tolley's Company Law, Vol. 1, para. D2004; Halsbury's Laws of England, Vol. 7 (1), para. 582; vgl. auch s. 28 (2) Model Articles.

[19] Siehe oben § 3 III.2.b.aa.

[20] *Rolled Steel Products (Holdings) Ltd. v. British Steel Corporation* [1986] Ch. 246.

zugleich auch zu einer Überschreitung der Vertretungsmacht des board of directors[21].

Innerhalb der ihm zustehenden Vertretungsmacht kann der board of directors Untervollmachten an einzelne directors erteilen. So steht es dem board of directors frei, einzelne directors ausdrücklich zur Vornahme bestimmter Rechtshandlungen zu bevollmächtigen[22]. Auch durch konkludentes Verhalten kann eine Bevollmächtigung erklärt werden[23]. Wurde ein director zum executive director ernannt, hat er zugleich die zur Ausführung der ihm übertragenen Aufgaben erforderliche Vertretungsmacht: Beinhaltet die Ernennung nicht schon eine ausdrückliche Bevollmächtigung, gehen die Gerichte von einer konkludenten Vollmachtserteilung aus[24].

In Ermangelung einer ausdrücklichen oder konkludenten Bevollmächtigung kann sich im Einzelfall auch aus Rechtsscheinsgrundsätzen eine Vollmacht ergeben[25]. Dies setzt zunächst voraus, daß der board of directors oder ein einzelner director oder sonstiger Repräsentant der Gesellschaft mit tatsächlicher Vertretungsmacht durch sein Verhalten den Rechtsschein einer Bevollmächtigung begründet hat; ferner muß die Gegenpartei durch diesen Rechtsschein zum Handeln veranlaßt worden und das in Rede stehende Rechtsgeschäft von der scheinbaren Bevollmächtigung gedeckt sein[26]. Sind der Gegenpartei Umstände bekannt, die eine vernünftige Person zu Nachforschungen veranlaßt hätten, kann sie sich nicht auf den Rechtsschein berufen[27].

---

[21] *Poole* (1991) 12 Co. Law. 43, 44; *Hicks* (1995) 27 Bracton L.J. 44; *Morse*, Palmer's Company Law, Vol. 1, para. 2.603; *Morse*, Charlesworth and Morse - Company Law, S. 53.

[22] *Hely-Hutchinson v. Brayhead Ltd.* [1968] 1 Q.B. 549, 583, per *Lord Denning M.R.*

[23] *Freeman & Lockyer v. Buckhurst Park Properties (Mangal) Ltd.* [1964] 2 Q.B. 480; *Hely-Hutchinson v. Brayhead Ltd.* [1968] 1 Q.B. 549, 583, per *Lord Denning M.R.*

[24] *Biggerstaff v. Rowatt's Wharf Ltd.* [1896] 2 Ch. 93; *Dey v. Pullinger Engineering Company* [1921] 1 K.B. 77; *Hely-Hutchinson v. Brayhead Ltd.* [1968] 1 Q.B. 549, 583, per *Lord Denning M.R.*

[25] Eingehend dazu etwa: *Sinclair/Vogel/Snowden*, Company Directors, Vol. 1, paras. 2.39 ff.

[26] *Ebeed v. Soplex Wholesale Supplies Ltd.* [1985] B.C.L.C. 404; vgl. auch: *Freeman & Lockyer v. Buckhurst Park Properties (Mangal) Ltd.* [1964] 2 Q.B. 480. Allein die Behauptung des Handelnden selbst, über die zur Vornahme des Rechtsgeschäfts erforderliche Vertretungsmacht zu verfügen, kann jedoch keinen Rechtsschein begründen: *Armagas Ltd. v. Mundogas S.A.* [1986] A.C. 717.

[27] *Underwood Ltd. v. Bank of Liverpool and Martins* [1924] 1 K.B. 775; *Houghton and Company v. Nothard, Lowe and Wills Ltd.* [1927] 1 K.B. 246.

Rechtsgeschäfte, welche directors außerhalb der ihnen nach diesen Grundsätzen zustehenden Vertretungsmacht im Namen der Gesellschaft tätigen, entfalten nach den allgemeinen Grundsätzen des Rechts der Stellvertretung vorbehaltlich einer Genehmigung[28] für die Gesellschaft keinerlei Rechtswirkung[29]. Statt dessen kommt es zu einer persönlichen Haftung des Handelnden[30].

b. Die constructive notice Doktrin

Ausweislich s. 27 Model Articles sind die Befugnisse der directors im Innenverhältnis durch das memorandum, die articles of association sowie die Weisungen beschränkt, die ihnen die Gesellschafterversammlung in Form von special resolutions erteilt[31]. Jeder Verstoß gegen das memorandum, die articles of association oder Weisungen der Gesellschafterversammlung stellt somit zugleich eine Überschreitung der Befugnisse im Innenverhältnis dar. Dabei sind sämtliche die Befugnisse der directors im Innenverhältnis begrenzenden Vorschriften der Öffentlichkeit zugänglich. Ausweislich s. 10 (1) i.V.m. s. 709 (1) Companies Act 1985 sind memorandum und articles of association der unter dem Companies Act 1985 gegründeten Gesellschaften beim Registrar of Companies öffentlich einsehbar. Die memoranda und articles of association von charitable companies werden laut s. 3 (8) i.V.m. s. 97 (1) Charities Act 1993 zudem von den Charity Commissioners zur öffentlichen Einsichtnahme vorgehalten. Beschlüsse der

---

[28] Die Genehmigung erfolgt in der Regel durch den board of directors: *Pennington*, Company Law, S. 162; *Sinclair/Vogel/Snowden*, Company Directors, Vol. 1, para. 2.80. An Stelle des board of directors kann stets auch die Gesellschafterversammlung ohne Vertretungsmacht getätigte Rechtsgeschäfte genehmigen: *Grant v. United Kingdom Switchback Railways Company* (1889) 40 Ch.D. 135. Beruht das Fehlen der Vertretungsmacht auf einer Mißachtung des in der objects clause festgelegten Gesellschaftszwecks, muß eine Genehmigung allerdings den Anforderungen entsprechen, die auch für eine Änderung der objects clause gelten: Sie kann daher nur durch die Gesellschafterversammlung und nur in Gestalt einer special resolution erfolgen: *Sinclair/Vogel/Snowden*, Company Directors, Vol. 1, para. 2.80; *Morse*, Charlesworth and Morse - Company Law, S. 81, 82 und 251; zur Änderung der objects clause im einzelnen unter § 4 II.1.b.aa.; zur Beschlußfassung durch special resolution unter § 4 II.1.a.

[29] *Furmston*, Cheshire, Fifoot and Furmston's Law of Contract, S. 504; *Gower/Prentice/Pettet*, Gower's Principles of Modern Company Law, S. 165; *Pennington*, Company Law, S. 162.

[30] *Furmston*, Cheshire, Fifoot and Furmston's Law of Contract, S. 508 ff.; *Ryan*, Company Directors, S. 222.

[31] Zur Beschlußfassung durch special resolution siehe unter § 4 II.1.a.

Gesellschafterversammlung in Form von special resolutions sind gemäß s. 380 (4) (a) i.V.m. s. 709 (1) Companies Act 1985 in Kopie beim Registrar of Companies zu hinterlegen und öffentlich einsehbar.

Angesichts dieser Publizität führen nach der Rechtsprechung neben Überschreitungen der Vertretungsmacht auch Befugnisüberschreitungen im Innenverhältnis zur Unwirksamkeit des betreffenden Rechtsgeschäfts im Außenverhältnis[32]. Dabei unterstellt die Rechtsprechung den Geschäftspartnern der Gesellschaft Kenntnis der die Befugnisse der directors beschränkenden Vorschriften (constructive notice); ihr Vertrauen in die Wirksamkeit eines durch die directors unter Verstoß gegen ihre Befugnisse im Innenverhältnis getätigten Rechtsgeschäfts wird als nicht schutzwürdig betrachtet[33]. Diese Rechtsregel ist allgemein als constructive notice Doktrin bekannt[34].

Jeder Verstoß gegen memorandum, articles of association oder Weisungen der Gesellschafterversammlung kann somit nach der constructive notice Doktrin zur Unwirksamkeit des betreffenden Rechtsgeschäfts führen. Eine Verletzung der in der objects clause enthaltenen Bestimmung des Gesellschaftszwecks führt jedoch in den Grenzen der ultra vires Doktrin bereits wegen Überschreitung der Befugnisse der Gesellschaft sowie wegen Überschreitung der Vertretungsmacht zur Unwirksamkeit des betreffenden Rechtsgeschäfts. Deshalb hat die constructive notice Doktrin nur dann eigenständige Bedeutung, wenn die directors nicht gegen die objects clause, sondern gegen sonstige Vorschriften des memorandum oder gegen die articles of association oder gegen Weisungen der Gesellschafterversammlung verstoßen[35].

---

32 Vgl. etwa: *Royal British Bank v. Turquand* (1856) 6 El. & Bl. 327; *Ernest v. Nicholls* (1857) 6 H.L.C. 401; *Mahony v. East Holyford Mining Company* (1875) L.R. 7 H.L. 869.

33 *Ernest v. Nicholls* (1857) 6 H.L.C. 401, 419, per *Lord Wensleydale*; *Mahony v. East Holyford Mining Company* (1875) L.R. 7 H.L. 869, 893 f., per *Lord Hatherly*.

34 Eingehend zur constructive notice Doktrin etwa: *Gower/Prentice/Pettet*, Gower's Principles of Modern Company Law, S. 170 f. und 185; *Morse*, Palmer's Company Law, Vol. 1, para. 3.302 und 3.312; *Barc/Bowen*, Tolley's Company Law, Vol. 1, paras. C6014 f.; *Sinclair/Vogel/Snowden*, Company Directors, Vol. 1, paras. 2.65 und 2.70 ff.; *Campbell* (1959) 75 L.Q.R. 469 ff.

35 *Campbell* (1959) 75 L.Q.R. 469, 470.

Eine Ausnahme mildert die Auswirkungen der constructive notice Doktrin erheblich ab: Verstöße, die nach außen hin nicht erkennbar waren, stehen der Wirksamkeit des betreffenden Rechtsgeschäfts nicht entgegen[36]. Eine Befugnisüberschreitung im Innenverhältnis führt daher nach der constructive notice Doktrin nur dann zur Unwirksamkeit des betreffenden Rechtsgeschäfts, wenn das die Befugnisüberschreitung begründende Verhalten nach außen hin in Erscheinung tritt[37]. Beruht die Befugnisüberschreitung auf einem rein innergesellschaftlichen Vorgang, bleibt das Rechtsgeschäft im Außenverhältnis wirksam. War der Regelverstoß für Außenstehende erkennbar, kommt es nach der constructive notice Doktrin allerdings auch dann zur Unwirksamkeit des Rechtsgeschäfts, wenn für die Gegenpartei keinerlei Anlaß zu Zweifeln an dessen Rechtmäßigkeit bestand - Fahrlässigkeit seitens der Gegenpartei ist nicht erforderlich.

Diese Ausnahme greift nicht, wenn die Gegenpartei Kenntnis von der Befugnisüberschreitung hatte[38] oder verdächtige äußere Umstände auf eine Befugnisüberschreitung hindeuteten[39]. In diesen Fällen kommt es nach der constructive notice Doktrin auch dann zur Unwirksamkeit des betreffenden Rechtsgeschäfts, wenn das die Befugnisüberschreitung begründende Verhalten nicht nach außen hin in Erscheinung getreten ist.

Abgesehen von Verletzungen der in der objects clause enthaltenen Zweckbestimmung, die in den Grenzen der ultra vires Doktrin bereits wegen Überschreitung der Befugnisse der Gesellschaft sowie wegen Überschreitung der Vertretungsmacht zur Unwirksamkeit des betreffenden Rechtsgeschäfts führen, führen nach der constructive notice Doktrin somit auch Verstöße gegen sonstige Vorschriften des memorandum oder gegen die articles of association oder Weisungen der Gesellschafterversammlung zur Unwirksamkeit des Rechtsgeschäfts. Hatte die Gegenpar-

---

[36] *Royal British Bank v. Turquand* (1856) 6 El. & Bl. 327; *Mahony v. East Holyford Mining Company* (1875) L.R. 7 H.L. 869, 894, per *Lord Hatherly*; siehe auch: *Duck v. Tower Galvanizing Company Limited* [1901] 2 K.B. 314; *Kreditbank Cassel GmbH v. Schenkers Ltd.* [1927] 1 K.B. 826.

[37] Vgl. etwa: *Cowan de Groot Properties Ltd. v. Eagle Trust plc.* [1991] B.C.L.C. 1045; *Morse*, Charlesworth and Morse - Company Law, S. 80; in diesem Sinne auch: *Campbell* (1959) 75 L.Q.R. 482; *Sinclair/Vogel/Snowden*, Company Directors, Vol. 1, para. 2.70.

[38] *Morris v. Kanssen* [1946] A.C. 459.

[39] *Unerwood Ltd. v. Bank of Liverpool and Martins* [1924] 1 K.B. 775; *Kreditbank Cassel GmbH v. Schenkers Ltd.* [1927] 1 K.B. 826.

tei keine Kenntnis von der Befugnisüberschreitung und deuteten auch die äußeren Umsände nicht auf ein Fehlverhalten der directors hin, muß allerdings der Regelverstoß für Außenstehende erkennbar gewesen sein. Ebenso wie Rechtsgeschäfte, die wegen Überschreitung der Vertretungsmacht unwirksam sind, können zudem auch Rechtsgeschäfte, die wegen Überschreitung der Befugnisse im Innenverhältnis nach der constructive notice Doktrin unwirksam sind, genehmigt werden[40].

c. Der Schutz gutgläubiger Dritter durch s. 35A Companies Act 1985

Durch diese von der Rechtsprechung für die Vertretung von Gesellschaften entwickelten Grundsätze sah der Gesetzgeber die Belange gutgläubiger Dritter nicht ausreichend gewahrt. Wie schon bei der ultra vires Doktrin fühlte er sich daher auch hier zu Eingriffen veranlaßt, die insbesondere die Auswirkungen der constructive notice Doktrin weiter abmildern sollten. Zu diesem Zweck hat der Gesetzgeber schließlich durch den Companies Act 1989 eine neue s. 35A in den Companies Act 1985 eingefügt[41]. Ebenso wie die ultra vires Doktrin ist infolge eines gesetzgeberischen Eingriffs auch die constructive notice Doktrin im Außenverhältnis praktisch abgeschafft und auch in ihren Binnenwirkungen stark beschränkt.

aa. Die Rechtswirkungen von s. 35A Companies Act 1985

Ausweislich s. 35A (1) Companies Act 1985 gilt zugunsten gutgläubiger Dritter die Fähigkeit der directors, die Gesellschaft zu verpflichten, als frei von Beschränkungen, die sich aus der Gesellschaftsverfassung ergeben. Laut s. 35A (3) (a)

---

[40] Die Genehmigung muß im Falle eines Verstoßes gegen das memorandum oder die articles of association den für eine Änderung von memorandum beziehungsweise articles of association geltenden Anforderungen entsprechen; sie kann daher nur durch die Gesellschafterversammlung und nur in Form einer special resolution erfolgen: *Morse*, Charlesworth and Morse - Company Law, S. 81, 82 und 251; im einzelnen zur Änderung des memorandum und der articles of association unter § 4 II.1.b.aa. Zur Beschlußfassung durch special resolution unter § 4 II.1.a. Da den directors ausweislich s. 27 Model Articles Weisungen nur durch special resolution erteilt werden können, muß gleiches auch für den Fall weisungswidrigen Handelns gelten.

[41] Ausführlich zur Geschichte der gesetzlichen Entwicklung: *Gower/Prentice/Pettet*, Gower's Principles of Modern Company Law, S. 171 ff.; *Arora* (1991) J.B.L. 582 ff.

Companies Act 1985 gehören zur Gesellschaftsverfassung neben dem memorandum und den articles of association auch Beschlüsse der Gesellschafterversammlung. Verstöße gegen memorandum, articles of association und Weisungen der Gesellschafterversammlung stehen somit der Wirksamkeit von Rechtsgeschäften mit gutgläubigen Dritten nicht länger entgegen.

Im Falle einer Mißachtung des in der objects clause festgelegten Gesellschaftszwecks ist folglich aufgrund von s. 35A (1) Companies Act 1985 auch die damit verbundene Überschreitung der Vertretungsmacht unschädlich. Insoweit stellt s. 35A Companies Act 1985 eine Ergänzung zu s. 35 Companies Act 1985 dar: Denn es wäre sinnlos, eine Überschreitung der Befugnisse der Gesellschaft durch s. 35 Companies Act 1985 für unschädlich zu erklären[42], wenn das betreffende Rechtsgeschäft dann an der damit zwangsläufig verbundenen Überschreitung der Vertretungsmacht der directors scheitern würde[43].

Eine über die bloße Ergänzung von s. 35 Companies Act 1985 hinausgehende Bedeutung kommt s. 35A Companies Act 1985 dann zu, wenn die directors nicht die in der objects clause enthaltene Bestimmung des Gesellschaftszwecks überschreiten, sondern gegen sonstige Vorschriften des memorandum oder gegen die articles of association oder Weisungen der Gesellschafterversammlung verstoßen: In diesen Fällen sind auf Grundlage von s. 35A (1) Companies Act 1985 auch solche Rechtsgeschäfte wirksam, die an sich nach der constructive notice Doktrin unwirksam wären[44].

bb. Die Einschränkungen von s. 35A Companies Act 1985

Allerdings treten diese Rechtswirkungen nur mit zwei Einschränkungen ein: Zum einen werden ausweislich s. 35A (1) Companies Act 1985 nur Gutgläubige durch diese Vorschrift begünstigt; zum anderen bleibt laut s. 35A (4) Companies Act

---

[42] Siehe dazu oben § 3 III.2.b.aa.

[43] *Morse*, Charlesworth and Morse - Company Law, S. 80.

[44] *Griffin*, Company Law, S. 103 f. und 110 f.; *Morse*, Charlesworth and Morse - Company Law, S. 81.

1985 die Befugnis der Gesellschafter, ein unter s. 35A Companies Act 1985 fallendes Rechtsgeschäft im Innenverhältnis zu verhindern, unberührt.

Die praktische Bedeutung dieser Einschränkungen ist jedoch aufgrund ihrer gesetzlichen Ausgestaltung begrenzt[45]: So wird ausweislich s. 35A (2) (c) Companies Act 1985 die Gutgläubigkeit der Gegenpartei zunächst vermutet. Daher liegt die Beweislast für die Bösgläubigkeit der Gegenpartei bei der Gesellschaft. Für den Nachweis der Bösgläubigkeit gelten jedoch äußerst strenge Anforderungen: Gemäß s. 35 (2) (b) Companies Act 1985 soll selbst die positive Kenntnis des Regelverstoßes allein noch nicht zur Bösgläubigkeit der Gegenpartei führen. Auch wenn es der Gesellschaft gelingt, der Gegenpartei Kenntnis des Regelverstoßes nachzuweisen, ist daher der Beweis der Bösgläubigkeit noch nicht erbracht. Welcher Bewußtseinsgrad nachgewiesen sein muß, damit gleichwohl Bösgläubigkeit angenommen werden kann, ist bis heute nicht gerichtlich geklärt. Die Literatur versteht die gesetzgeberische Zielsetzung überwiegend dahingehend, daß der Gegenpartei über schlichtes Wissen hinaus auch ein Element des Verstehens oder Begreifens nachgewiesen werden müsse[46]. Dieses Verstehen oder Begreifen könnte sich nur auf die mit dem Regelverstoß nach den allgemeinen Grundsätzen verbundenen Rechtsfolgen beziehen. Um den Beweis der Bösgläubigkeit zu führen, müßte die Gesellschaft der Gegenpartei dann neben der Kenntnis des Regelverstoßes auch das Bewußtsein nachweisen, daß dieser Regelverstoß nach den allgemeinen Grundsätzen des Stellvertretungsrechts beziehungsweise der constructive notice Doktrin zur Unwirksamkeit des betreffenden Rechtsgeschäfts führen würde.

Zwar sind memorandum, articles of association und Weisungen der Gesellschafterversammlung öffentlich einsehbar[47]. Deshalb würde der Gesellschaft der Beweis fahrlässiger Unkenntnis des Regelverstoßes je nach den Umständen des Einzelfalles noch gelingen können. Für den in jedem Fall erforderlichen Nachweis positiver Kenntnis des Regelverstoßes reicht jedoch ein Verweis auf die öffentliche Zugänglichkeit der maßgeblichen Vorschriften sowie etwaige verdächtige äußere

---

[45] So auch: *Morse*, Palmer's Company Law, Vol. 1, para. 3.304.

[46] *Morse*, Charlesworth and Morse - Company Law, S. 81; *Fox/Bowen*, The Law of Private Companies, S. 89; in diesem Sinne auch: *Barc/Bowen*, Tolley's Company Law, Vol. 2, para. U3019; *Morse*, Palmer's Company Law, Vol. 1, para. 3.304.

[47] Siehe oben § 4 I.3.b.

Umstände nicht aus. Selbst einfache Kenntnis des Regelverstoßes wird die Gesellschaft der Gegenpartei daher nur in Ausnahmefällen nachweisen können. Unabhängig von der noch ausstehenden gerichtlichen Bestimmung des für die Bösgläubigkeit erforderlichen höheren Bewußtseinsgrades dürfte es der Gesellschaft schon deshalb nur selten gelingen, der Gegenpartei Bösgläubigkeit nachzuweisen. Auf diesem Weg wird sie folglich eine Anwendung von s. 35A (1) Companies Act 1985 und damit eine Bindung an das betreffende Rechtsgeschäft kaum vermeiden können[48].

Allerdings bleibt den Gesellschaftern ausweislich s. 35A (4) Companies Act 1985 die Möglichkeit, die directors im Innenverhältnis durch eine einstweilige Verfügung von einem der Gesellschaftsverfassung widersprechenden Rechtsgeschäft abzuhalten. Ebenso wie bei s. 35 Companies Act 1985 können jedoch auch in diesem Zusammenhang die Gesellschafter ausweislich s. 35A (4) Companies Act 1985 nicht einschreiten, wenn das betreffende Rechtsgeschäft der Erfüllung einer Verbindlichkeit dient. Wie bereits festgestellt ist zudem auch hier eine Genehmigung des betreffenden Rechtsgeschäfts durch die Gesellschafterversammlung möglich[49]. Wegen der übereinstimmenden Einschränkungen stößt die praktische Wirksamkeit der Möglichkeit, durch einstweilige Verfügung gegen ein von s. 35A Companies Act 1985 erfaßtes Rechtsgeschäft vorzugehen, auf dieselben Bedenken wie die Möglichkeit, durch einstweilige Verfügung unter s. 35 (2) Companies Act 1985 ein nicht dem Gesellschaftszweck dienendes Rechtsgeschäft abzuwenden[50]. Daher werden die Gesellschafter auch auf diesem Weg den Abschluß des betreffenden Rechtsgeschäfts und damit die durch s. 35A (1) Companies Act 1985 bewirkte Bindung der Gesellschaft meist nicht verhindern können.

---

[48] Sollte die Gesellschaft der Gegenpartei ausnahmsweise dennoch Bösgläubigkeit nachweisen können, kommt s. 35A Companies Act 1985 nicht zur Anwendung. Es gelten die allgemeinen Grundsätze des Stellvertretungsrechts sowie die constructive notice Doktrin. Im Falle einer Mißachtung des in der objects clause festgelegten Gesellschaftszwecks führt dies zu einem widersprüchlichen Ergebnis: Da s. 35 Companies Act 1985 auch zugunsten Bösgläubiger Anwendung findet, ist zwar die mit der Mißachtung des Gesellschaftszwecks verbundene Überschreitung der Befugnisse der Gesellschaft unschädlich; gleichwohl scheitert das Rechtsgeschäft nach den allgemeinen Grundsätzen des Stellvertretungsrechts wegen Überschreitung der Vertretungsmacht der directors.

[49] Siehe oben § 4 I.3.b.

[50] Siehe dazu oben § 3 III.2.aa.

d. Die Sonderstellung von charitable companies unter s. 65 Charities Act 1993

Aufgrund von s. 35A Companies Act 1985 berühren somit abgesehen vom seltenen Fall der Bösgläubigkeit der Gegenpartei Befugnisüberschreitungen im Innenverhältnis nicht länger die Wirksamkeit eines Rechtsgeschäfts im Außenverhältnis. Anderes gilt jedoch wiederum für charitable companies: Denn gemäß s. 65 (1) Charities Act 1993 ist neben s. 35 auch s. 35A Companies Act 1985 auf charitable companies grundsätzlich nicht anwendbar. Insoweit richtet sich die Stellvertretung von charitable companies nach wie vor allein nach den allgemeinen Grundsätzen des Rechts der Stellvertretung sowie der constructive notice Doktrin.

Im Falle der Verletzung der gemeinnützigen Zweckbestimmung hat der Ausschluß von s. 35A Companies Act 1985 keine über den Ausschluß von s. 35 Companies Act 1985 hinausgehenden Auswirkungen: In diesen Fällen folgt nämlich die Unwirksamkeit des betreffenden Rechtsgeschäfts schon aus der durch den Ausschluß von s. 35 Companies Act 1985 bewirkten Anwendbarkeit der ultra vires Doktrin[51]. Der zusätzliche Ausschluß von s. 35A Companies Act 1985 bewirkt in diesen Fällen nur, daß mit der Überschreitung der Vertretungsmacht ein zweiter Unwirksamkeitsgrund hinzutritt.

Von Bedeutung ist der zusätzliche Ausschluß von s. 35A Companies Act 1985 aber dann, wenn die directors gegen sonstige Vorschriften des memorandum oder gegen die articles of association oder Weisungen der Gesellschafterversammlung verstoßen: Denn in diesen Fällen kommt wegen des Ausschlusses von s. 35A Companies Act 1985 die constructive notice Doktrin unverändert zur Anwendung, so daß das betreffende Rechtsgeschäft in deren Grenzen unwirksam ist.

Folglich sind bei charitable companies in den Grenzen der ultra vires Doktrin nicht nur solche Rechtsgeschäfte unwirksam und gegebenenfalls rückabzuwickeln, die unter Mißachtung des in der objects clause bestimmten gemeinnützigen Gesellschaftszwecks abgeschlossen werden. Vielmehr sind in den Grenzen der constructive notice Doktrin auch solche Rechtsgeschäfte unwirksam und gegebe-

---

[51] Siehe oben § 3 III.2.b.bb.

nenfalls rückabzuwickeln, durch oder bei deren Abschluß die directors gegen sonstige Vorschriften des memorandum oder gegen die articles of association oder Weisungen der Gesellschafterversammlung verstoßen haben. Nach dem Willen des Gesetzgebers soll das Vermögen von charitable companies daher nicht nur vor einer zweckwidrigen, sondern auch vor einer in sonstiger Weise gegen die Gesellschaftsverfassung verstoßenden Verwendung geschützt werden.

Auch hier gelten ausweislich s. 65 (1) (a) und (b) und s. 65 (2) Charities Act 1993 jedoch die bereits im Zusammenhang mit der ultra vires Doktrin dargestellten Ausnahmen zugunsten besonders schutzwürdiger Dritter. Greift eine solche Ausnahme ein, bleibt daher neben s. 35 auch s. 35A Companies Act 1985 anwendbar. Bei einer Mißachtung des in der objects clause festgelegten Gesellschaftszwecks wird dadurch gewährleistet, daß das betreffende Rechtsgeschäft nicht an der Überschreitung der Vertretungsmacht der directors scheitert, obwohl s. 65 Charities Act 1993 bei Eingreifen einer der Ausnahmen s. 35 Companies Act 1985 für anwendbar erklärt und damit die Überschreitung der Befugnisse der Gesellschaft unschädlich ist. Darüber hinaus sind bei Eingreifen einer solchen Ausnahme auch unter sonstigen Verstößen gegen die Gesellschaftsverfassung abgeschlossene Rechtsgeschäfte wirksam, die nach der constructive notice Doktrin unwirksam wären. Greift eine der in s. 65 Charities Act 1993 genannten Ausnahmen ein, bleibt daher auch charitable companies nur die wenig aussichtsreiche Möglichkeit, der Gegenpartei Bösgläubigkeit nachzuweisen oder das betreffende Rechtsgeschäft schon im Vorfeld auf Antrag der Gesellschafter mit einer einstweiligen Verfügung zu unterbinden.

Bezüglich des Inhalts und der praktischen Bedeutung dieser Ausnahmen kann auf die obigen Ausführungen verwiesen werden[52]. Dementsprechend wird die Gesellschaft trotz der Beweislastumkehr in s. 65 (3) Charities Act 1993 auch hier regelmäßig dann eine Anwendung der Ausnahmen verhindern und damit in den Grenzen der constructive notice Doktrin eine Rückabwicklung erreichen können, wenn sich das Gesellschaftsvermögen durch das betreffende Rechtsgeschäft betragsmäßig verringert hat und daher ein besonderes Interesse an der Rückabwicklung besteht.

---

[52] Siehe oben § 3 III.2.b.bb.

4. Die Rechte und Pflichten der directors im Innenverhältnis

a. Die Geschäftsführung

Während die directors im Außenverhältnis als Vertreter der Gesellschaft in Erscheinung treten, obliegt ihnen im Innenverhältnis die Geschäftsführung. Dabei unterliegen sie nicht nur den einschlägigen gesetzlichen Regelungen; vielmehr haben sie wie bereits festgestellt ausweislich s. 27 Model Articles zudem die Bestimmungen des memorandum, der articles of association sowie die Weisungen der Gesellschafterversammlung zu beachten. Sofern nicht bestimmte Geschäftsführungsaufgaben ausdrücklich dem board of directors vorbehalten sind[53], richtet sich die Wahrnehmung der Geschäftsführungsaufgaben nach der auf Grundlage von s. 40 Model Articles gewählten Aufgabenverteilung innerhalb des board of directors.

Im Rahmen ihrer Geschäftsführungsaufgaben obliegt den directors laut s. 4 Model Articles i.V.m. s. 368 Companies Act 1985 unter anderem die Einberufung und laut s. 9 Model Articles auch die Leitung der Gesellschafterversammlungen[54]. Ausweislich s. 61 Model Articles sind sie berechtigt, Vorschriften bezüglich der Aufnahme neuer Mitglieder, des bei Gesellschafterversammlungen einzuhaltenden Verfahrens und ähnlicher innerer Angelegenheiten der Gesellschaft zu erlassen. Auf Grundlage von s. 61 (2) Model Articles kann die Gesellschafterversammlung derartige Vorschriften jederzeit ändern, ergänzen oder aufheben. Besondere gesetzliche Vorgaben haben die directors von charitable companies bei der Sammlung von Spenden (fund-raising) sowie bei der Anlage von Gesellschaftsvermögen (investment) zu beachten[55].

---

[53] Vgl. etwa s. 233 (1) und s. 234A (1) Companies Act 1985, wonach der board of directors den Jahresabschluß und den jährlichen Lagebericht bestätigen muß.

[54] Im einzelnen dazu unter § 4 II.1.a.

[55] Im einzelnen dazu unter § 5 I. und § 5 II.2.

aa. Die Pflicht zur Buchführung und Rechnungslegung sowie Publizität nach den Vorschriften des Companies Act 1985

Eine durch Part VII Companies Act 1985 gesetzlich besonders hervorgehobene Geschäftsführungsaufgabe ist die Gewährleistung einer ordnungsgemäßen Buchführung sowie die Aufstellung von Jahresabschlüssen[56]. Die Pflicht zur Aufstellung von Jahresabschlüssen ergibt sich aus s. 226 Companies Act 1985. Ausweislich s. 226 (1) Companies Act 1985 müssen die Jahresabschlüsse aus Bilanz und Gewinn- und Verlustrechnung bestehen. Diese müssen im einzelnen den in s. 226 (3) i.V.m. Schedule 4 Part I Companies Act 1985 genannten formellen Anforderungen entsprechen. Dabei stehen für die Bilanz zwei und für die Gewinn- und Verlustrechnung vier verschiedene Gestaltungsmöglichkeiten zur Wahl.

Laut s. 226 (2) Companies Act 1985 sollen Bilanz und Gewinn- und Verlustrechnung gemeinsam ein wahres und unverfälschtes Bild (true and fair view) der wirtschaftlichen Lage der Gesellschaft bieten[57]. Zu diesem Zweck sind bei der Buchführung bestimmte Grundsätze zu beachten. Diese ergeben sich aus s. 226 (3) i.V.m. Schedule 4 Part II Companies Act 1985. Den Kern bilden vier Prinzipien: going-concern principle, consistency principle, accruals principle und prudence doctrine. Diese sind in Schedule 4 ss. 10 bis 14 Companies Act 1985 gesetzlich verankert. Sie lassen sich vereinfacht wie folgt beschreiben: Nach dem going-concern principle dürfen Vermögensgegenstände nur dann mit dem Marktwert bewertet werden, wenn die Liquidation der Gesellschaft unmittelbar bevorsteht. Das consistency principle verpflichtet die Gesellschaft, einmal gewählte Buchführungsgrundsätze beizubehalten und nur aus sachlichem Grund von ihnen abzuweichen. Dem accruals principle zufolge sind Ausgaben in dem Jahr zu bilanzieren, in dem die zugrundeliegende Verpflichtung begründet wird, auch wenn der Vermögensabfluß erst später erfolgt. Die prudence doctrine schließlich verlangt, absehbare Verbindlichkeiten schon dann zu bilanzieren, wenn ihre Entstehung sicher vorauszusehen ist; Gewinne dürfen erst bilanziert werden, wenn sie in Form

---

[56] Ausführlich dazu etwa: *Bruce*, Rights and Duties of Directors, S. 91 ff; *Thorne/Walmsley*, Butterworths Company Law Guide, S. 399 ff.; Halsbury's Laws of England, Vol. 7 (2), paras. 801 ff.; *Sinclair/Vogel/Snowden*, Company Directors, Vol. 1, paras. 13.1 ff.; *Morse*, Palmer's Company Law, Vol. 2, paras. 9.001 ff.; *Ryan*, Company Directors, S. 175 ff.

[57] Zur Auslegung dieses Erfordernisses siehe: *Morse*, Palmer's Company Law, Vol. 2, para. 9.204; *Gower/Prentice/Pettet*, Gower's Principles of Modern Company Law, S. 457 ff.

verwertbarer Vermögenswerte tatsächlich realisiert wurden[58]. Weitere Einzelheiten bezüglich der Buchführungsgrundsätze ergeben sich aus Schedule 4 ss. 15 bis 34 Companies Act 1985.

Laut s. 226 (3) i.V.m. Schedule 4 Part III Companies Act 1985 ist der Jahresabschluß um einen Anhang zu ergänzen, der die Bilanz und die Gewinn- und Verlustrechnung erläutert. Ausweislich s. 234 Companies Act 1985 haben die directors zudem für jedes Geschäftsjahr einen Lagebericht zu erstellen, in dem sie zur Geschäftsentwicklung Stellung nehmen. Die Vorgaben bezüglich des Inhalts des Lageberichts ergeben sich im einzelnen aus s. 234 (3) i.V.m. Schedule 7 Companies Act 1985. Gemäß s. 233 (1) und s. 234A (1) Companies Act 1985 müssen die Jahresabschlüsse und Lageberichte durch den board of directors genehmigt und für den board of directors durch einen einzelnen director unterzeichnet werden.

Ausweislich s. 238 Companies Act 1985 muß jedem Gesellschafter sowie jedem Inhaber von Schuldverschreibungen der Gesellschaft eine Kopie des ordnungsgemäß geprüften Jahresabschlusses sowie des Lageberichts zugesandt werden. Nach s. 241 und s. 242 Companies Act 1985 sind die directors zudem verpflichtet, den ordnungsgemäß geprüften Jahresabschluß sowie ihren Lagebericht der Gesellschafterversammlung vorzulegen und dem Registrar of Companies zu übersenden. Der Registrar of Companies hat gemäß. s. 711 (1) (k) Companies Act 1985 den Empfang des Jahresabschlusses sowie des Lageberichts im Amtsblatt bekanntzugeben. Ausweislich s. 709 (1) Companies Act 1985 sind Jahresabschluß und Lagebericht beim Registrar of Companies öffentlich einsehbar.

Allerdings gelten für Gesellschaften, die nach den Anforderungen von s. 246 und s. 247 Companies Act 1985 als klein oder mittelgroß einzustufen sind, neben besonderen Erleichterungen bei der Buchführung und Rechnungslegung[59] auch abgeschwächte Publizitätspflichten: So müssen sie die nach den Vorschriften des Companies Act 1985 erstellten Bilanzen, Gewinn- und Verlustrechnungen sowie

---

[58] Eingehend zur Auslegung dieser Grundsätze: *Morse*, Palmer's Company Law, Vol. 2, para. 9.241; *Morse*, Charlesworth and Morse - Company Law, S. 383; *Goldenberg*, A Guide to Company Law, S. 206 f.

[59] Vgl. bereits oben § 3 I.3.

Anhänge und Lageberichte teils nur in vereinfachter Form, teils überhaupt nicht dem Registrar of Companies zuleiten und veröffentlichen. Mittelgroße Gesellschaften können ausweislich s. 246 (1) (b) i.V.m. Schedule 8 s. 21 Companies Act 1985 ihre Gewinn- und Verlustrechnung in vereinfachter Form beim Registrar of Companies einreichen. Kleine Gesellschaften müssen ausweislich s. 246 (1) (b) i.V.m. Schedule 8 s. 17 bis s. 20 Companies Act 1985 ihre Gewinn- und Verlustrechnung und ihren Lagebericht überhaupt nicht, ihre Bilanz und den Anhang nur in vereinfachter Form beim Registrar of Companies einreichen. Soweit kleine und mittelgroße Gesellschaften von diesen Erleichterungen Gebrauch machen, sind daher deren Jahresabschlüsse und Lageberichte auch nur unvollständig beim Registrar of Companies einsehbar. Entscheidend für die Einstufung der Größe einer Gesellschaft sind gemäß s. 247 (3) Companies Act 1985 Umsatz, Bilanzsumme und Zahl der Beschäftigten[60].

Neben dem Lagebericht ist dem Registrar of Companies ausweislich s. 363 und s. 364 Companies Act 1985 ein ergänzender Bericht mit näheren Angaben unter anderem zu Namen und Anschriften der directors und den Betätigungen der Gesellschaft zu übermitteln.

bb. Erweiterte Berichts- und Publizitätspflichten nach den Vorschriften des Charities Act 1993

Die directors von charitable companies sind nach den Vorschriften des Charities Act 1993 darüber hinaus auch den Charity Commissioners gegenüber berichtspflichtig: Ausweislich s. 45 (1) Charities Act 1993 müssen die directors von

---

[60] Um als klein beziehungsweise mittelgroß zu gelten, muß eine Gesellschaft gemäß s. 247 (3) Companies Act 1985 mindestens zwei der folgenden drei Voraussetzungen erfüllen:

Kleine Gesellschaften

1.	Umsatz (Turnover)	nicht mehr als 2,8 Mio. Pfund
2.	Bilanzsumme (Balance sheet total)	nicht mehr als 1,4 Mio. Pfund
3.	Zahl der Beschäftigten (Number of employees)	nicht mehr als 50

Mittelgroße Gesellschaften

1.	Umsatz (Turnover)	nicht mehr als 11,2 Mio. Pfund
2.	Bilanzsumme (Balance sheet total)	nicht mehr als 5,6 Mio. Pfund
3.	Zahl der Beschäftigten (Number of employees)	nicht mehr als 250.

charitable companies die Charity Commissioners durch Jahresberichte über die Tätigkeit ihrer Gesellschaft unterrichten sowie weitere Angaben zu der Gesellschaft und den Personalien der directors sowie der Beschäftigten machen. Genauere Vorgaben bezüglich des Inhalts dieser Jahresberichte enthalten die auf Grundlage von s. 45 (1) (b) und (2) Charities Act 1993 erlassenen Charities (Accounts and Reports) Regulations 1995[61]. Ausweislich s. 45 (5) Charities Act 1993 ist jedem Jahresbericht der nach den Vorschriften den Companies Act 1985 aufgestellte Jahresabschluß der Gesellschaft beizufügen. Da bereits der Jahresbericht selbst über die Tätigkeit der Gesellschaft berichtet, muß der nach den Vorschriften des Companies Act 1985 ebenfalls zu erstellende Lagebericht den Charity Commissioners nicht zugeleitet werden.

Zusammen mit dem Jahresbericht müssen die directors von charitable companies den Charity Commissioners laut s. 48 Charities Act 1993 eine ergänzende Mitteilung zuleiten. Deren Inhalt können die Charity Commissioners im Gegensatz zum Jahresbericht selbst festlegen. Die ergänzende Mitteilung ist daher vor allem dann von Bedeutung, wenn sich die Charity Commissioners durch den durch Charities Act 1993 und Charities (Accounts and Reports) Regulations 1995 vorgegebenen Inhalt des Jahresberichts nicht ausreichend über die Angelegenheiten einer charity unterrichtet fühlen. Halten die Charity Commissioners dagegen eine ergänzende Mitteilung für nicht erforderlich, können sie unter s. 48 (3) Charities Act 1993 gegenüber einzelnen charities oder bestimmten Gruppen von charities auf eine solche Mitteilung verzichten.

Diese Berichtspflichten dienen zunächst der Information der Charity Commissioners: Diese sollen zum einen in die Lage versetzt werden, die Einträge im register of charities ständig zu aktualisieren[62]; zum anderen sollen die Berichtspflichten den Charity Commissioners das Maß an Übersicht über die Angelegenheiten der charities vermitteln, das sie zur Ausübung ihrer Kontroll- und Eingriffsbe-

---

[61] S.I. 1995/2724. Eingehend dazu: *Warburton/Morris*, Tudor on Charities - First Supplement, S. 2 ff.; *Cairns*, Charities: Law and Practice, S. 160 ff. Hilfestellung bei der Erstellung der Jahresberichte bieten zudem die unverbindlichen Leitlinien der Charity Commissioners: *Charity Commission*, Accounting and Reporting by Charities: Exposure Draft of Recommended Practice.

[62] *Warburton*, Charities Act 1993, S. 10-70; *Warburton/Morris*, Tudor on Charities, S. 313; *Middleton/Lloyd*, The Charities Acts Handbook, S. 17; *Cairns*, Charities: Law and Practice, S. 159; vgl. auch schon oben § 2 II.1.c.

fugnisse benötigen[63]. Zudem werden ausweislich s. 47 Charities Act 1993 die Jahresberichte und die beigefügten Jahresabschlüsse der charities von den Charity Commissioners zur öffentlichen Einsichtnahme vorgehalten. Damit unterliegen charitable companies einer weitreichenderen Publizität als privatnützig ausgerichtete Gesellschaften. Wie schon bei der Publizität des register of charities[64] und der Pflicht jeder charity zur Führung eines ihren gemeinnützigen Status anzeigenden Namenszusatzes[65] zeigt sich auch hier das Bestreben des Gesetzgebers, der Öffentlichkeit Einblick in die Arbeit der charities zu gewähren und diese der öffentlichen Kontrolle zu unterwerfen[66]. Während das register of charities nur oberflächliche Angaben zu den einzelnen charities enthält, ermöglicht die Einsichtnahme der Jahresberichte und der beigefügten Jahresabschlüsse genauere Einblicke in die Tätigkeit und die wirtschaftliche Lage einer charity.

Wie bereits festgestellt sind allerdings die Lageberichte und Jahresabschlüsse von charitable companies auch beim Registrar of Companies öffentlich einsehbar. Bedeutung hat die Publizität der Jahresberichte und der beigefügten Jahresabschüsse unter s. 47 Charities Act 1993 daher vor allem für als trust verfaßte charities, die nicht schon nach den Vorschriften des Companies Act 1985 Lageberichte und Jahresabschlüsse erstellen und der Öffentlichkeit zugänglich machen müssen. Aber auch für charitable companies ist die durch s. 47 Charities Act 1993 gewährleistete zusätzliche Publizität nicht bedeutungslos: Denn zum einen steht der interessierten Öffentlichkeit mit den Charity Commissioners neben dem Registrar of Companies eine zweite Anlaufstelle zur Einsichtnahme von Jahresabschlüssen und Tätigkeitsberichten einer charitable company zur Verfügung. Zum anderen kommt der zusätzlichen Publizität dann besondere Bedeutung zu, wenn eine charitable company nach den Vorschriften des Companies Act 1985 als kleine oder mittelgroße Gesellschaft teilweise von ihren gesellschaftsrechtlichen

---

[63] Annual Report of the Charity Commissioners for 1998, S. 11; Annual Report of the Charity Commissioners for 1997, para. 41; *Warburton/Morris*, Tudor on Charities, S. 313 und 318; *Middleton/Lloyd*, The Charities Acts Handbook, S. 17. Zu den Kontroll- und Eingriffsbefugnissen der Charity Commissioners im einzelnen unter § 4 I.5.b.cc.(1).

[64] Siehe oben § 2 II.1.a.

[65] Siehe oben § 3 II.1.a.aa.(2).

[66] *Cairns*, Charities: Law and Practice, S. 161; *Warburton/Morris*, Tudor on Charities - First Supplement, S. 1; Halsbury's Statutes, Vol. 5, S. 1011, Anmerkung zu s. 47 Charities Act 1993 i.V.m. S. 1002, Anmerkung zu s. 41 Charities Act 1993.

Publizitätspflichten befreit ist und daher ihre Lageberichte und Jahresabschlüsse beim Registrar of Companies nur unvollständig einsehbar sind: Denn bei den Charity Commissioners müssen nach s. 45 Charities Act 1993 unabhängig von der Größe einer Gesellschaft die Jahresberichte und die nach den Vorschriften des Companies Act 1985 erstellten Jahresabschlüsse stets vollständig eingereicht werden. Daher ermöglicht s. 47 Charities Act 1993 der Öffentlichkeit einen umfassenden Einblick in die Tätigkeit und die wirtschaftliche Lage auch solcher charitable companies, deren Lageberichte und Jahresabschlüsse beim Registrar of Companies nur unvollständig eingesehen werden können.

b. Die allgemeinen Sorgfalts- und Treuepflichten der directors

Bei der Wahrnehmung ihrer Aufgaben unterliegen die directors allgemeinen Sorfalts- und Treuepflichten. Diese richten sich im wesentlichen nach dem einschlägigen case law. Der Companies Act 1985 gestaltet die Treuepflichten der directors näher aus.

aa. Sorgfaltspflichten

Die Sorgfaltspflichten der directors bestehen allein gegenüber der Gesellschaft als solcher[67]. Der Inhalt dieser Sorgfaltspflichten bestimmt sich im Grundsatz nach der Leitentscheidung in *Re City Equitable Fire Insurance Company Ltd.*[68]. Diese Entscheidung hat in erster Linie Bedeutung für die Bestimmung des Sorgfaltsmaßstabs, dem die Handlungen der directors genügen müssen. So hat dieser Entscheidung zufolge jeder director bei der Wahrnehmung seiner Aufgaben das Maß an Sorgfalt aufzuwenden, das von einer Person mit seinem Wissen und seiner

---

[67] *Pennington*, Company Law, S. 778; *Ryan*, Company Directors, S. 125; *Bruce*, Rights and Duties of Directors, S. 27.

[68] *Re City Equitable Fire Insurance Company Ltd.* [1925] Ch. 407; eingehend zu den Sorgfaltspflichten der directors etwa: *Hartlieb*, Die Haftung des "directors" einer englischen Kapitalgesellschaft, S. 109 ff.; *Sinclair/Vogel/Snowden*, Company Directors, Vol. 1, paras. 3.63 ff.; *Barc/Bowen*, Tolley's Company Law, Vol. 1, para. D3028; *Bruce*, Rights and Duties of Directors, S. 31 ff.; *Morse*, Palmer's Company Law, Vol. 2, paras. 8.406 ff.; *Gower/Prentice/Pettet*, Gower's Principles of Modern Company Law, S. 586 ff.; *Pennington*, Company Law, S. 801 ff.

Erfahrung vernünftigerweise erwartet werden kann[69]. Somit richtet sich das Maß der aufzuwendenden Sorgfalt allein nach dem persönlichen Leistungsvermögen eines jeden directors.

Dies ist für die Gesellschaft von Vorteil, wenn ein director über ein überdurchschnittliches Maß an Wissen und Erfahrung verfügt. Im umgekehrten Fall kann die Gesellschaft einen director jedoch selbst dann nicht wegen sorgfaltswidrigen Verhaltens in Anspruch nehmen, wenn sein Verhalten auch durchschnittlichen Sorgfaltsanforderungen nicht genügt. Gerade Gesellschaften, deren directors schlecht befähigt sind, und die deshalb mit größerer Wahrscheinlichkeit durch ihre directors geschädigt werden, haben vergleichsweise schlechte Aussichten, einen director wegen sorgfaltswidrigen Verhaltens belangen zu können. Deshalb wäre das Gesellschaftsvermögen meist besser geschützt, wenn die Handlungen der directors nicht einem subjektiven, sondern unabhängig von den Fähigkeiten des einzelnen directors einem objektiven Sorgfaltsmaßstab genügen müßten. Bei charitable companies ist dieses Bedürfnis nach einem objektiven Sorgfaltsmaßstab noch verstärkt: Denn wegen der gemeinnützigen Ausrichtung von charitable companies liegt der Schutz des Vermögens solcher Gesellschaften in besonderer Weise auch im Interesse der Allgemeinheit.

Ein objektiver Sorgfaltsmaßstab gilt im englischen Recht für die Handlungen von trustees: So hat jeder trustee bei der Wahrnehmung seiner Aufgaben diejenige Sorgfalt walten zu lassen, die von einem ordentlichen Geschäftsmann erwartet werden kann[70]. Vor diesem Hintergrund hat die Literatur wiederholt die Forderung erhoben, den für die Handlungen von trustees geltenden objektiven Sorgfaltsmaßstab analog auf Handlungen der directors von charitable companies anzuwenden[71]. Auch die Charity Commissioners befürworten eine solche Analogie[72]. Die Rechtsprechung hat zwar in anderen Zusammenhängen zugunsten einer analogen Anwendung von trust-Recht entschieden[73], jedoch zu einer analogen Anwendung

---

69 *Re City Equitable Fire Insurance Company Ltd.* [1925] Ch. 407, 428, per *Romer J.*

70 *Speight v. Gaunt* (1883) 9 App. Cas. 1, 19, per *Lord Blackburn*; *Re Lucking's Will Trusts* [1967] 3 All E.R. 726, 733, per *Cross J.*; *Bartlett v. Barclays Bank Trust Ltd.* [1980] Ch. 525.

71 *Warburton* (1988) Conv. 275, 281 und 283; *Westebbe*, Die Stiftungstreuhand, S. 25; *Warburton/Morris*, Tudor on Charities, S. 261.

72 *Charity Commission*, Responsibilities of Charity Trustees, para. 28 i.V.m. para. 6.

73 Vgl. dazu unter § 4 I.4.d. und § 7 I.1.

des für die Handlungen von trustees geltenden Sorgfaltsmaßstabs bislang noch nicht Stellung bezogen.

Allerdings hat die Rechtsprechung in jüngerer Zeit den allgemein für die Handlungen von directors geltenden Sorgfaltsmaßstab erheblich verschärft: Demnach haben die directors bei der Wahrnehmung ihrer Aufgaben das Maß an Sorgfalt aufzuwenden, das vernünftigerweise von einer Person erwartet werden kann, die über das Wissen, die Fähigkeiten und die Erfahrung sowohl eines durchschnittlichen directors in der betreffenden Position, als auch des betroffenen directors selbst verfügt[74]. Der subjektive Sorgfaltsmaßstab aus *Re City Equitable Fire Insurance Company Ltd.* wurde somit um einen objektiven Sorgfaltsmaßstab ergänzt[75]. Aus Sicht der Gesellschaft verbinden sich somit die Vorteile eines objektiven mit denen eines subjektiven Sorgfaltsmaßstabs: Läßt ein director die von einem durchschnittlichen director zu erwartende Sorgfalt außer acht, so kann die Gesellschaft ihn unabhängig von seinem persönlichen Leistungsvermögen in Anspruch nehmen. Dabei berücksichtigt die Rechtsprechung zur Bestimmung des objektiv einzuhaltenden Mindestmaßes an Sorgfalt auch die Position des betreffenden directors. Dies deutet darauf hin, daß für executive directors ein strengerer Sorgfaltsmaßstab gelten kann als für non-executive directors[76]. Kann dagegen von einem director aufgrund überdurchschnittlicher Befähigung auch ein überdurchschnittliches Maß an Sorgfalt erwartet werden, schuldet er der Gesellschaft auch diese gesteigerte Sorgfalt.

Aufgrund dieser Rechtsänderung wäre eine analoge Anwendung des für die Handlungen von trustees geltenden Sorgfaltsmaßstabs auf die Handlungen der directors von charitable companies eher von Nachteil als von Vorteil. Denn durch eine Anwendung des rein objektiven Sorgfaltsmaßstabs des trust-Rechts würde den charitable companies die Möglichkeit genommen, von überdurchschnittlich

---

[74] *Norman v. Theodore Goddard* [1991] B.C.L.C. 1028; *Re D'Jan of London Ltd.* [1994] 1 B.C.L.C. 561.

[75] Vgl. dazu auch: *Barc/Bowen*, Tolley's Company Law, Vol. 1, para. D3028; *Morse*, Charlesworth and Morse - Company Law, S. 278; *Griffin*, Company Law, S. 255.

[76] Executive directors schulden der Gesellschaft in jedem Fall aus Vertrag ein gesteigertes Maß an Sorgfalt: *Lister v. Romford Ice and Cold Storage Company Ltd.* [1957] A.C. 555; vgl. dazu: *Morse*, Palmer's Company Law, Vol. 2, paras. 8.208 und 8.416; *Sinclair/Vogel/Snowden*, Company Directors, Vol. 1, para. 3.68.

befähigten directors auch ein entsprechend höheres Maß an Sorgfalt einzufordern. Auch im Falle durchschnittlich oder unterdurchschnittlich befähigter directors würde das Vermögen von charitable companies durch eine analoge Anwendung des Sorgfaltsmaßstabs des trust-Rechts nicht besser geschützt als bei Anwendung des verschärften Sorgfaltsmaßstabs für die Handlungen von directors: Denn eine solche Analogie hätte lediglich zur Folge, daß charitable companies von ihren directors an Stelle der Sorgfalt, die vernünftigerweise von einem durchschnittlichen director erwartet werden kann, diejenige Sorgfalt einfordern könnten, die von einem ordentlichen Geschäftsmann erwartet werden kann. Geht man jedoch davon aus, daß die directors englischer Gesellschaften im Durchschnitt über die in einer solch hervorgehobenen Stellung im Wirtschaftsleben erforderlichen Fähigkeiten verfügen, wird man von einem durchschnittlichen director kaum ein geringeres Maß an Sorgfalt erwarten können als von einem ordentlichen Geschäftsmann. Insgesamt ist daher das Vermögen von charitable companies bei einer Anwendung des verschärften Sorgfaltsmaßstabs für die Handlungen von directors besser geschützt als bei einer analogen Anwendung des Sorgfaltsmaßstabs des trust-Rechts. Daher ist aus heutiger Sicht eine solche Analogie abzulehnen.

Die Leitentscheidung *Re City Equitable Fire Insurance Company Ltd.* ist nicht nur als Ausgangspunkt für die Bestimmung des für die Handlungen der directors geltenden Sorgfaltsmaßstabs von Bedeutung: Vielmehr macht sie auch Aussagen zu dem Maß an Aufmerksamkeit, das die directors den Angelegenheiten ihrer Gesellschaft schenken müssen, sowie zur Haftung der directors für das Fehlverhalten der von ihnen Bevollmächtigten.

So sind die directors nicht verpflichtet, den Angelegenheiten der Gesellschaft ständige Aufmerksamkeit zu widmen[77]. Allerdings müssen sie zumindest zu den Sitzungen des board of directors erscheinen[78]. Zudem schulden executive directors der Gesellschaft regelmäßig schon aufgrund ihrer Dienstverträge ihre volle

[77] *Re City Equitable Fire Insurance Company Ltd.* [1925] Ch. 407, 429, per *Romer J.*
[78] *Dorchester Finance Company Ltd. v. Stebbing* [1989] B.C.L.C. 498.

Arbeitskraft und haften daher jedenfalls aus Vertragsverletzung, wenn sie den Angelegenheiten der Gesellschaft nicht beständige Aufmerksamkeit widmen[79].

Für Fehlverhalten der von ihnen zulässigerweise Bevollmächtigen haften die directors nur dann, wenn besondere Verdachtsmomente auf ein Fehlverhalten hindeuteten[80]. Allerdings dürfen die directors keine für die betreffende Aufgabe offenkundig völlig ungeeignete Person bevollmächtigen[81].

bb. Treuepflichten

Nach der Rechtsprechung haben die directors einer Gesellschaft eine mit der Rechtsstellung des trustee vergleichbare persönliche Vertrauensstellung inne[82]. Sie schulden der Gesellschaft daher nicht nur allgemeine Sorgfaltspflichten, sondern darüber hinaus auch besondere Treuepflichten[83]. Ebenso wie die Sorgfaltspflichten bestehen auch diese Treuepflichten nur gegenüber der Gesellschaft als solcher[84]. Unter dem Oberbegriff der Treuepflichten hat die Rechtsprechung drei verschiedene Pflichten herausgebildet.

---

[79] *Hartlieb*, Die Haftung des "directors" einer englischen Kapitalgesellschaft, S. 115; *Morse*, Palmer's Company Law, Vol. 2, para. 8.416; *Pennington*, Company Law, S. 804; *Sinclair/Vogel/Snowden*, Company Directors, Vol. 1, para. 3.70.

[80] *Re City Equitable Fire Insurance Company Ltd.* [1925] Ch. 407, 429, per *Romer J.*

[81] *Gower/Prentice/Pettet*, Gower's Principles of Modern Company Law, S. 588.

[82] *Re City Equitable Fire Insurance Company Ltd.* [1925] Ch. 407, 426, per *Romer J.*; für charitable companies vgl.: *Charitable Corporation v. Sutton* (1742) 2 Atk. 400; *Re French Protestant Hospital* [1951] Ch. 567.

[83] Vgl. etwa: *Lee v. Chou When Hsien* [1985] B.C.L.C. 45; *Howard Smith Ltd. v. Ampol Petroleum Ltd.* [1974] A.C. 821; *Guinness plc. v. Saunders* [1990] 2 W.L.R. 324; eingehend zu den Treuepflichten der directors: *Hartlieb*, Die Haftung des "directors" einer englischen Kapitalgesellschaft, S. 59 ff.; *Ryan*, Company Directors, S. 124 ff.; *Morse*, Palmer's Company Law, Vol. 2, paras. 8.501 ff.; *Pennington*, Company Law, S. 778 ff.; *Bruce*, Rights and Duties of Directors, S. 28 ff.; *Sinclair/Vogel/Snowden*, Company Directors, Vol. 1, paras. 3.1 ff.; *Gower/Prentice/Pettet*, Gower's Principles of Modern Company Law, S. 551 ff.

[84] *Aberdeen Railway Company v. Blaikie Brothers* (1854) 1 Macq. 461, 471, per *Lord Cranworth L.C.*; vgl. auch s. 309 (2) Companies Act 1985.

Zunächst müssen die directors ihre Befugnisse nach bestem Wissen und Gewissen (bona fide) im Interesse der Gesellschaft ausüben[85]. Die Interessen der Gesellschaft sind dabei weit zu verstehen: Sie umfassen nicht nur die Belange der Gesellschaft als solcher, sondern ausweislich s. 309 (1) Companies Act 1985 auch die Interessen der Gesellschafter sowie der Beschäftigten der Gesellschaft. Droht der Gesellschaft die Insolvenz, müssen die directors auch die Interessen der Gläubiger berücksichtigen[86]. Ob eine bestimmte Handlung im in dieser Weise definierten Interesse der Gesellschaft liegt, richtet sich allein nach der Einschätzung der directors und nicht nach der der Gerichte[87]. Die directors haben insoweit eine Einschätzungsprärogative. Sie verletzen ihre Pflicht zur interessengerechten Ausübung ihrer Befugnisse daher grundsätzlich nur dann, wenn sie nach eigener Einschätzung bewußt nicht im Interesse der Gesellschaft handeln.

Eine weitere Ausformung der Treuepflichten der directors ist die Pflicht, ihre Befugnisse zweckentsprechend auszuüben: Auch wenn die directors nach bestem Wissen und Gewissen im Interesse der Gesellschaft handeln, verletzen sie ihre Treuepflichten, wenn sie ihre Befugnisse zweckwidrig einsetzen[88]. Zur Klärung der Frage, welche Zwecke mit einer bestimmten Maßnahme verfolgt wurden, stellen die Gerichte nicht auf den Willen der directors, sondern vielmehr auf die objektive Wirkung der Maßnahme im Einzelfall ab[89].

Schließlich haben die directors grundsätzlich Konflikte zwischen ihren Pflichten gegenüber der Gesellschaft und ihren persönlichen Interessen zu vermeiden[90]. Hat

---

[85] *Re Smith and Fawcett Ltd.* [1942] Ch. 304; *Charterbridge Corporation Ltd. v. Lloyd's Bank Ltd.* [1970] Ch. 62; *Lee v. Chou When Hsien* [1985] B.C.L.C. 45.

[86] *Re Horsley & Weight Ltd.* [1982] 3 All E.R. 1045, 1056, per *Templeman L.J.*; *Liquidator of West Mercia Safetywear Ltd. v. Dodd & Anor* (1988) 4 B.C.C. 30.

[87] *Re Smith and Fawcett* [1942] Ch. 304, 306, per *Greene M.R.*; *Runciman v. Walter Runciman plc.* [1992] B.C.L.C. 1084.

[88] *Piercy v. S. Mills & Company Ltd.* [1920] 1 Ch. 77; *Hogg v. Clamphorn* [1967] Ch. 254; *Howard Smith Ltd. v. Ampol Petroleum Ltd.* [1974] A.C. 821.

[89] *Hogg v. Cramphorn Ltd.* [1967] Ch. 254, 268, per *Buckley J.*; *Howard Smith Ltd. v. Ampol Petroleum Ltd.* [1974] A.C. 821, 832, per *Lord Wilberforce*.

[90] Grundlegend dazu etwa: *Morse*, Palmer's Company Law, Vol. 2, paras. 8.516 ff.; *Bruce*, Rights and Duties of Directors, S. 29 ff.; *Hartlieb*, Die Haftung des "directors" einer englischen Kapitalgesellschaft, S. 70 ff.; *Ryan*, Company Directors, S. 134 ff.; *Sinclair/Vogel/Snowden*, Company Directors, Vol. 1, paras. 3.23 ff.; *Luxton*, in: The Voluntary Sector, the State and the Law, S. 227 ff.

ein director an einem Vertrag, dessen Partei die Gesellschaft ist, ein unmittelbares oder mittelbares Interesse, muß er daher sein Interesse an dem Vertrag gegenüber der Gesellschaft offenlegen und die Einwilligung der Gesellschafterversammlung einholen[91]. Auch jeder Vorteil, den ein director persönlich aufgrund seiner Rechtsstellung erlangt, muß der Gesellschaft gegenüber offengelegt und durch die Gesellschafterversammlung für zulässig erklärt werden[92]. Schreitet die Gesellschafterversammlung trotz Kenntnis des Sachverhalts nicht ein, kann dies als konkludente Einwilligung gewertet werden[93]. Ferner dürfen die directors ihre Entscheidungsfreiheit nicht durch Vereinbarungen mit dritter Seite einschränken[94]. Vertrauliche Informationen haben sie geheim zu halten[95]. Allerdings begründet die besondere persönliche Vertrauensstellung der directors kein allgemeines Wettbewerbsverbot: So soll ein director dem board of directors eines Wettbewerbers angehören[96] und auch auf eigene Rechnung mit seiner Gesellschaft in Wettbewerb treten können[97], ohne dadurch seine Treuepflichten zu verletzen. Allerdings unterliegen executive directors häufig einem aus ihren Dienstverträgen folgenden vertraglichen Wettbewerbsverbot[98]. Zudem setzen sich directors, die mit ihrer Gesellschaft in Wettbewerb treten, in besonderer Weise der Gefahr aus, ihre Befugnisse nicht nach bestem Wissen und Gewissen im Interesse ihrer Gesellschaft auszuüben und auf diese Weise letzlich doch ihre Treuepflichten gegenüber der Gesellschaft zu verletzen[99].

---

[91] *Aberdeen Railway Company v. Blaikie Brothers* (1854) 1 Macq. 461; *Hely-Hutchinson v. Brayhead Ltd.* [1968] 1 Q.B. 549; *Guinness plc. v. Saunders* [1990] 2 W.L.R. 324; ein indirektes Interesse besteht etwa dann, wenn ein director Gesellschafter der anderen Vertragspartei ist, vgl.: *Transvaal Lands Company v. New Belgium (Transvaal) Land Company* [1914] 2 Ch. 488.

[92] *Boston Deep Sea Fishing and Ice Company v. Ansell* (1888) 39 Ch.D. 339; *Regal (Hastings) Ltd. v. Gulliver* [1967] 2 A.C. 134; siehe auch: *Boardman v. Phipps* [1967] 2 A.C. 46.

[93] *Lindgren v. L. & P. Estates Ltd.* [1968] Ch. 572.

[94] *Re Englefield Colliery Company* (1878) 8 Ch.D. 388.

[95] *Printers & Finishers Ltd. v. Holloway* [1964] 3 All E.R. 54; *Baker v. Gibbons* [1972] 2 All E.R. 759.

[96] *London & Mashonaland Exploration Company v. New Mashonaland Exploration Company* [1891] W.N. 165.

[97] *Bell v. Lever Brothers Ltd.* [1932] A.C. 161, 195, per *Lord Blanesburgh*; kritisch dazu: *Gower/Prentice/Pettet*, Gower's Principles of Modern Company Law, S. 571.

[98] *Morse*, Palmer's Company Law, Vol. 2, para. 8.208; in diesem Sinne auch: *Sinclair/Vogel/Snowden*, Company Directors, Vol. 1, para. 3.56.

[99] In diesem Sinne auch: *Hartlieb*, Die Haftung des "directors" einer englischen Kapitalgesellschaft, S. 78; *Ryan*, Company Directors, S. 138; *Gower/Prentice/Pettet*, Gower's Principles of Modern Company Law, S. 572.

In s. 311 bis s. 348 enthält der Companies Act 1985 Vorschriften, mit denen der Gesetzgeber die Treuepflichten der directors in den von der Rechtsprechung vorgegebenen Leitlinien näher ausgestaltet und den directors zu diesem Zweck besondere Offenbarungspflichten auferlegt sowie bestimmte Verhaltensweisen verbietet[100]. So sind die directors ausweislich s. 317 Companies Act 1985 verpflichtet, ein persönliches Interesse an Verträgen, deren Partei die Gesellschaft ist, auch den anderen directors gegenüber offenzulegen. S. 320 bis s. 322 Companies Act 1985 beschränken Vermögensübertragungen zwischen Gesellschaft und directors. Laut s. 323 Companies Act 1985 sind den directors bestimmte Spekulationen mit Anteilen und Schuldverschreibungen der eigenen Gesellschaft untersagt. Ausweislich s. 324 Companies Act 1985 müssen die directors die Gesellschaft zudem unterrichten, wenn sie Anteile oder Schuldverschreibungen der Gesellschaft halten oder erwerben. S. 330 bis s. 342 Companies Act 1985 schränken die Möglichkeiten zur Vergabe von Darlehen der Gesellschaft an die directors ein.

c. Die Haftung der directors; Haftungsfreistellung

Verletzen die directors bei der Ausübung ihrer Befugnisse ihre Sorgfaltspflichten und entsteht der Gesellschaft dadurch ein Schaden, haften die directors der Gesellschaft auf Schadensersatz[101].

Verletzen die directors ihre Treuepflichten, sind sie der Gesellschaft gegenüber nicht nur zum Ersatz etwaiger Schäden, sondern unabhängig von der Entstehung eines Schadens auch zur Herausgabe etwaiger aus der pflichtverletzenden Handlung erwachsener Vermögensvorteile verpflichtet[102]. Verstoßen die directors gegen

---

[100] Eingehend dazu etwa: *Barc/Bowen*, Tolley's Company Law, Vol. 1, paras. D3013 ff.; Halsbury's Laws of England, Vol. 7 (2), paras. 593 ff.; *Morse*, Palmer's Company Law, Vol. 2, paras. 8.520 ff.; *Bruce*, Rights and Duties of Directors, S. 70 ff.

[101] *Land Credit Company of Ireland v. Lord Fermoy* (1869) L.R. 8 Eq. 7; *Selangor United Rubber Estates Ltd. v. Cradock (No. 3)* [1968] 2 All E.R. 1073, 1141, per *Ungoed-Thomas J.*; *Bruce*, Rights and Duties of Directors, S. 37; *Goldenberg*, A Guide to Company Law, S. 49; *Hartlieb*, Die Haftung des "directors" einer englischen Kapitalgesellschaft, S. 115.

[102] *Regal (Hastings) Ltd. v. Gulliver* [1967] 2 A.C. 134; *Guinness plc. v. Saunders* [1990] 2 W.L.R. 324; vgl. auch: *Ryan*, Company Directors, S. 141; *Bruce*, Rights and Duties of Directors, S. 38; *Goldenberg*, A Guide to Company Law, S. 54 f.

ihre Pflicht, ein persönliches Intersse an Verträgen offenzulegen, deren Partei die Gesellschaft ist, kann die Gesellschaft statt dessen den betreffenden Vertrag für nichtig erklären lassen und dadurch dessen Rückabwicklung herbeiführen[103]. Dies gilt allerdings nicht, wenn die Wiederherstellung des ursprünglichen Zustandes inzwischen unmöglich geworden ist[104]. Beruht die Pflichtverletzung auf einem Verstoß gegen die gesetzlichen Ausgestaltungen der allgemeinen Treuepflichten, ergeben sich die Haftungsfolgen aus den einschlägigen Vorschriften des Companies Act 1985[105].

Überschreiten die directors ihre durch memorandum, articles of association und Weisungen der Gesellschafterversammlung begrenzten Befugnisse, sind sie der Gesellschaft gegenüber auch dann zum Schadensersatz verpflichtet, wenn sie weder sorgfalts- noch treuwidrig gehandelt haben[106]. Dies gilt allerdings nur, wenn die Befugnisüberschreitung auf einer Fehleinschätzung der Rechtslage beruht[107]. Verkennen dagegen die directors bei richtiger Einschätzung der Rechtslage lediglich die Sachlage, haften sie nur, wenn sie die Sachlage sorgfaltswidrig verkannt und dadurch ihre Sorgfaltspflichten verletzt haben[108].

Daneben finden sich über verschiedene Gesetze verstreut weitere Tatbestände zivilrechtlicher Haftung der directors, die teils auch eine Haftung gegenüber Gesellschaftern oder außenstehenden Dritten auslösen. Diese sind jedoch von den

---

103 *Aberdeen Railway Company v. Blaikie Brothers* (1854) 1 Macq. 461; *Transvaal Lands Company v. New Belgium (Transvaal) Land and Development Company* [1914] 2 Ch. 488; *Hely-Hutchinson v. Brayhead Ltd.* [1968] 1 Q.B. 549; *Guinnes plc. v. Saunders* [1990] 2 W.L.R. 324.

104 *Hely-Hutchinson v. Brayhead Ltd.* [1968] 1 Q.B. 549; *Guinnes plc. v. Saunders* [1990] 2 W.L.R. 324.

105 Siehe insbesondere s. 317 (7), s. 322 (1) und (3), s. 323, s. 324 (7), s. 341 (1) und (2) sowie s. 342 Companies Act 1985.

106 *Re Exchange Banking Company, Flitcroft's Case* (1882) 21 Ch.D. 519; *Firbank's Executors v. Humphreys* (1887) 18 Q.B.D. 54; *Re Sharpe* [1892] 1 Ch. 154.

107 Wie etwa im Falle einer falschen Auslegung des memorandum oder der articles of association, vgl.: *Re Claridge's Patent Asphalte Company Ltd.* [1921] 1 Ch. 543.

108 *Re Kingston Cotton Mill Company* (No. 2) [1896] 1 Ch. 331; *Lucas v. Fitzgerald* (1903) 20 T.L.R. 16.

allgemeinen Haftungsgrundsätzen losgelöst und ergeben in sich kein geschlossenes Bild[109].

Da die Pflichten der directors grundsätzlich nur gegenüber der Gesellschaft als solcher bestehen, kann auch nur die Gesellschaft die aus einer Pflichtverletzung der directors folgenden Ansprüche durchsetzen[110]. Insoweit müssen der board of directors oder entsprechend bevollmächtigte einzelne directors für die Gesellschaft Klage erheben. Demgegenüber kann die Gesellschafterversammlung die Gesellschaft nicht nach außen hin vertreten und daher grundsätzlich auch nicht für die Gesellschaft klagen[111]. Nach einem allgemeinen gesellschaftsrechtlichen Rechtsgrundsatz kann jedoch die Gesellschafterversammlung die Befugnisse des board of directors ausüben, wenn der board of directors handlungsunfähig ist[112]. In diesem Fall kann daher auch die Gesellschafterversammlung für die Gesellschaft Klage erheben, um deren Rechte durchzusetzen[113]. Über diesen allgemeinen Grundsatz hinaus soll die Gesellschafterversammlung zur Durchsetzung der Rechte der Gesellschaft auch dann für die Gesellschaft klagen können, wenn der board of directors ausdrücklich gegen eine Klage entschieden hat[114]. Demgegenüber ist eine Klage einer Minderheit von Gesellschaftern oder einzelner Gesellschafter nach der sogenannten Rule in *Foss v. Harbottle* grundsätzlich ausgeschlossen, wenn wie hier nur Rechte der Gesellschaft, nicht aber Rechte der betreffenden Gesellschafter selbst verletzt wurden[115]. Dies gilt ausweislich s. 309 (2) Companies Act 1985 auch in den Fällen, in denen die directors Interessen der Gesellschafter oder der Beschäftigten sorgfaltswidrig vernachlässigt haben.

---

109 Vgl. insbesondere s. 15 Company Directors Disqualification Act 1986 und s. 212 bis s. 214 Insolvency Act 1986. Für eine ausführliche Auflistung der einschlägigen Normen vgl.: *Hartlieb*, Die Haftung des "directors" einer englischen Kapitalgesellschaft, S. 150 ff.

110 *Hartlieb*, Die Haftung des "directors" einer englischen Kapitalgesellschaft, S. 61; *Morse*, Palmer's Company Law, Vol. 2, para. 8.801.

111 *Breckland Group Holdings v. London & Suffolk Properties* [1989] B.C.L.C. 100; vgl. auch: *John Shaw and Sons (Salford) Ltd. v. Shaw* [1935] 2 K.B. 113.

112 Siehe dazu unter § 4 II.1.b.bb.

113 *Alexander Ward & Co. Ltd. v. Samyang Navigation Company Ltd.* [1975] 1 W.L.R. 673, 679, per *Lord Hailsham of St. Marylebone*.

114 *Marshall's Valve Gear Company Ltd. v. Manning, Wardle & Co. Ltd.* [1909] 1 Ch. 267.

115 Einzig im Falle einer Haftung der directors wegen Befugnisüberschreitung kommt auch eine Klage einer Minderheit von Gesellschaftern oder einzelner Gesellschafter in Betracht: im einzelnen zur Rule in *Foss v. Harbottle* sowie zu den Ausnahmen zu dieser Rechtsregel siehe unter § 4 II.2.b.bb.

Haben die directors ihre Sorgfalts- oder Treuepflichten verletzt, kann die Gesellschafterversammlung sie durch Beschluß von ihrer Haftung gegenüber der Gesellschaft freistellen[116]. Wie bereits festgestellt kann die Gesellschafterversammlung auch Verletzungen von memorandum, articles of association und Weisungen der Gesellschafterversammlung genehmigen[117] und dadurch die directors auch von einer Haftung wegen Überschreitung ihrer Befugnisse freistellen. Bei einer Mißachtung des in der objects clause festgelegten Gesellschaftszwecks reicht für eine Haftungsfreistellung jedoch die Genehmigung des betreffenden Rechtsgeschäfts nicht aus: Vielmehr ist in diesen Fällen für eine Haftungsfreistellung laut s. 35 (3) Companies Act 1985 ein zusätzlicher Beschluß der Gesellschafterversammlung erforderlich. In charitable companies ist ausweislich s. 65 (4) Charities Act 1993 ein solcher Beschluß allerdings nur mit Genehmigung der Charity Commissioners wirksam. Verstöße der directors gegen etwaige dienstvertragliche Verpflichtungen kann die Gesellschaft durch die Gesellschafterversammlung nach allgemeinen Grundsätzen des Vertragsrechts ebenfalls genehmigen[118] und die directors auf diese Weise auch von einer vertraglichen Haftung befreien. Abgesehen von dem Sonderfall der Mißachtung des in der objects clause festgelegten Gesellschaftszwecks kann die Gesellschaft ihre directors nachträglich somit unbeschränkt von einer Haftung freistellen. Zudem haben ausweislich s. 727 Companies Act 1985 die Gerichte die Möglichkeit, die directors nach eigenem Ermessen unabhängig von der Rechtslage aus Billigkeitsgründen von einer Haftung gegenüber der Gesellschaft zu befreien.

Demgegenüber ist eine Haftungsfreistellung im voraus grundsätzlich ausgeschlossen: Laut s. 310 (2) Companies Act 1985 sind Vorschriften in memorandum und articles of association sowie besondere Vereinbarungen oder Beschlüsse, die eine Haftung der directors gegenüber der Gesellschaft aufgrund von zukünftigen Handlungen ausschließen, nichtig. Unter s. 310 (3) (a) Companies Act 1985 ist es

---

[116] Für Verletzungen der Sorgfaltspflichten: *Multinational Gas and Petrochemical Company v. Multinational Gas and Petrochemical Services Ltd.* [1983] Ch. 258; für Verletzungen der Treuepflichten: *Hogg v. Cramphorn Ltd.* [1967] Ch. 254; *Bamford v. Bamford* [1970] Ch. 212.

[117] Für die Genehmigung von Verletzungen der gemeinnützigen Zweckbestimmung siehe oben § 4 I.3.a.; für die Genehmigung sonstiger Verstöße gegen die Gesellschaftsverfassung siehe oben § 4 I.3.b.

[118] *Alan & Co. Ltd. v. El Nasr Export and Import Company* [1972] 2 W.L.R. 800; *European Grain & Shipping Ltd. v. Peter Cremer* [1983] 1 Lloyd's Rep. 211.

der Gesellschaft allerdings gestattet, für ihre directors auf eigene Kosten eine Haftpflichtversicherung abzuschließen. Zudem kann die Gesellschaft einen director für seine Verteidigungskosten entschädigen, sofern in dem betreffenden Verfahren zu seinen Gunsten entschieden oder er auf Grundlage von s. 727 Companies Act 1985 aus Billigkeitsgründen durch das erkennende Gericht von einer Haftung befreit wird. Die Model Articles sehen in s. 60 nur eine solche Entschädigung, nicht aber den Abschluß einer Haftpflichtversicherung auf Kosten der Gesellschaft vor. Auch charitable companies können jedoch nach Ansicht der Charity Commissioners unter bestimmten Voraussetzungen eine Haftpflichtversicherung für ihre directors abschließen, ohne ihren gemeinnützigen Status zu gefährden: Dies setzt zum einen voraus, daß der Abschluß einer solchen Haftpflichtversicherung unter Berücksichtigung sämtlicher Umstände im Interesse der Gesellschaft selbst liegt; zum anderen dürfen die directors nur gegen eine Haftung aus in guter Absicht vorgenommenen Handlungen versichert werden[119].

d. Die Ansprüche der directors auf Vergütung ihrer Tätigkeit, Aufwendungsersatz und sonstige Leistungen der Gesellschaft

Nach der Rechtsprechung können die directors aus ihrer Rechtsstellung als solcher keinen Anspruch auf Vergütung ihrer Tätigkeit oder auf sonstige Leistungen der Gesellschaft herleiten. Solche Ansprüche bestehen nur, soweit im memorandum oder in den articles of association ausdrücklich Leistungen an die directors vorgesehen sind[120]. Nach s. 1 Table C Articles i.V.m. s. 82 Table A Articles hängen Art und Höhe der Vergütung der Tätigkeit der directors von einem Beschluß der Gesellschafterversammlung ab. Unabhängig von einem Beschluß der Gesellschafterversammlung können die directors ausweislich s. 1 Table C Articles i.V.m. s. 83 Table A Articles in jedem Fall den Ersatz von Aufwendungen beanspruchen, welche sie im Zusammenhang mit der Erfüllung ihrer Aufgaben tätigen. Soweit die directors über Dienstverträge verfügen, sind die Einzelheiten

---

119 *Charity Commission*, Responsibilities of Charity Trustees, para. 39; siehe auch: *Charity Commission*, Decisions of the Charity Commissioners, Vol. 2, S. 24 ff.; *Charity Commission*, Decisions of the Charity Commissioners, Vol. 4, S. 28 f.

120 *Hutton v. West Cork Railway Company* (1883) 23 Ch. 654; *Moriarty v. Regent's Garage and Engineering Company Ltd.* [1921] 1 K.B. 423, 446, per *McCardie J.*

der Vergütung und des Aufwendungsersatzes regelmäßig in diesen Verträgen geregelt[121]. Die Gesellschafter sind in der Entscheidung, in welchem Umfang sie durch memorandum, articles of association oder Beschluß der Gesellschafterversammlung den directors eine Vergütung, Aufwendungsersatz oder sonstige Leistungen gewähren, grundsätzlich frei[122].

Für Leistungen von charitable companies an ihre directors gelten demgegenüber strengere Regelungen: So dürfen als trust verfaßte charities aufgrund ihrer gemeinnützigen Ausrichtung nur bestimmte Leistungen an ihre trustees zulassen[123]. Insbesondere ist eine Vergütung der Tätigkeit der trustees nur in einem vernünftigen Umfang zulässig, wobei unter anderem der mit der Verwaltung des trust verbundene Aufwand sowie der Schwierigkeitsgrad der zu erledigenden Aufgaben zu berücksichtigen sind[124]. Erbringen die trustees besondere, über die normale Tätigkeit eines trustee hinausgehende, professionelle Dienstleistungen etwa rechtsberatender Art, darf jedoch unabhängig von diesen Einschränkungen die für die betreffende Dienstleistung übliche Vergütung entrichtet werden[125]. Wegen der vergleichbaren Interessenlage wendet die Rechtsprechung diese für charitable trusts entwickelten Grundsätze auf charitable companies analog an[126]. Insoweit sind daher die Gesellschafter von charitable companies bei der Entscheidung über die Gewährung von Leistungen an die directors eingeschränkt, wollen sie den gemeinnützigen Status ihrer Gesellschaft nicht in Frage stellen.

---

121 *Sinclair/Vogel/Snowden*, Company Directors, Vol. 1, para. 8.61; *Ryan*, Company Directors, S. 150; *Morse*, Charlesworth and Morse - Company Law, S. 253 ff.

122 *Morse*, Palmer's Company Law, Vol. 2, para. 8.038; *Pennington*, Company Law, S. 747. Einschränkungen ergeben sich lediglich aus den Vorschriften in s. 311 bis s. 348 Companies Act 1985, die in Ausgestaltung der Treuepflichten der directors bestimmte Leistungen der Gesellschaft an die directors verbieten: vgl. dazu bereits kurz unter § 4 I.4.b.bb.

123 Vgl. dazu etwa: *Cairns*, Charities: Law and Practice, S. 69 f.; *Picarda*, The Law and Practice Relating to Charities, S. 465 ff.; *Warburton/Morris*, Tudor on Charities, S. 255 f.; *Luxton*, in: The Voluntary Sector, the State and the Law, S. 227, 234 ff.

124 *Smallpiece v. Attorney General*, Annual Report of the Charity Commissioners for 1990, Appendix D.

125 *Cradock v. Piper* (1850) 1 Mac. & G. 664; diese Regel ist jedoch als Ausnahme zur grundsätzlichen Unzulässigkeit von Leistungen der Gesellschaft an die directors eng auszulegen, vgl.: *Re Worthington* [1954] 1 All E.R. 677, 679, per *Upjohn J.*

126 *Re French Protestant Hospital* [1951] Ch. 567; *Smallpiece v. Attorney General*, Annual Report of the Charity Commissioners for 1990, Appendix D.

Auf Grundlage der einschlägigen Rechtsprechung haben die Charity Commissioners Leitlinien dafür entwickelt, in welchem Umfang charitable trusts und charitable companies Leistungen an ihre trustees beziehungsweise directors erbringen dürfen, ohne dadurch ihre gemeinnützige Ausrichtung zu verlieren[127]. Nach diesen Leitlinien soll eine Vergütung der Tätigkeit der directors einer charitable company soweit zulässig sein, wie es nach der Größe der Gesellschaft, der Art ihrer Aktivitäten, dem mit der Leitung verbundenen Arbeitsumfang und dem Grad des für die Leitung erforderlichen Fachwissens angemessen erscheint[128]. Unabhängig davon lassen auch die Charity Commissioners die Vergütung besonderer, über die normale Tätigkeit eines directors hinausgehender, professioneller Dienstleistungen zu[129]. Zulässig ist darüber hinaus der Ersatz tatsächlich getätigter und sachlich angemessener Aufwendungen[130].

Auch nach diesen Maßstäben strenge Bestimmungen enthalten das Model Memorandum und die Model Articles: So soll ausweislich s. 5 (6) Model Memorandum und s. 39 Model Articles zwar der Ersatz von Aufwendungen sowie ausweislich s. 5 (1) Model Memorandum die Vergütung besonderer Dienstleistungen zulässig sein; die Tätigkeit der directors als solche darf dagegen laut s. 5 Model Memorandum und s. 39 Model Articles nicht vergütet werden. Gemäß s. 40 Model Articles soll dies nicht nur für non-executive directors, sondern ohne Einschränkung auch für executive directors gelten. Damit gehen Model Memorandum und Model Articles über die Leitlinien der Charity Commissioners hinaus: Denn erfordern die Größe der Gesellschaft, die Art ihrer Aktivitäten, der mit der Leitung verbundene Arbeitsumfang und der Grad des für die Leitung erforderlichen Fachwissens die Ernennung eines oder mehrerer executive directors, könnten memorandum oder articles of association nach diesen Leitlinien auch eine unter Berücksichtigung dieser Kriterien angemessene Vergütung für diese directors vorsehen. In der Praxis dürfte eine angemessene Vergütung regelmäßig auch erforderlich sein, um entsprechend befähigte Personen für eine Tätigkeit als

---

[127] Vgl.: *Charity Commission*, Remuneration of Charity Trustees; kritisch zu den Leitlinien der Charity Commissioners: *McCall Q.C.* (1992/93) C.L. & P.R. 191, 196 ff.; *Picarda* (1987) 137 N.L.J. Annual Charities Review 24 ff.

[128] *Charity Commission*, Remuneration of Charity Trustees, para. 20.

[129] *Charity Commission*, Remuneration of Charity Trustees, para. 21.

[130] *Charity Commission*, Remuneration of Charity Trustees, para. 38.

executive director einer charitable company zu gewinnen[131]. Insoweit empfiehlt es sich, von den Empfehlungen des Model Memorandum und der Model Articles abzuweichen.

Die Leitlinien der Charity Commissioners können in verschiedenen Situationen Bedeutung erlangen: Sind bereits bei Gründung der Gesellschaft im memorandum oder in den articles of association Leistungen an die directors vorgesehen, müssen die einschlägigen Bestimmungen den Leitlinien der Charity Commissioners entsprechen, damit diese die Gesellschaft als charity anerkennen[132]. Sollen dagegen erst nach Gründung und Anerkennung der Gesellschaft entsprechende Bestimmungen in das memorandum oder in die articles of association aufgenommen werden, ist ausweislich s. 64 (2) Charities Act 1993 die dazu erforderliche Änderung des memorandum beziehungsweise der articles of association nur mit Genehmigung der Charity Commissioners wirksam[133]. Verstoßen die angestrebten Änderungen gegen die Leitlinien der Charity Commissioners, werden diese die Genehmigung verweigern. Gewährt eine charitable company ihren directors Leistungen, unterliegen die betreffenden Vorschriften des memorandum und der articles of association somit in jedem Fall der Kontrolle der Charity Commissioners.

Erhalten die directors offen oder verdeckt[134] Leistungen, die über das nach dem memorandum und den articles of association und den Leitlinien der Charity Commissioners zulässige Maß hinausgehen, so stellt dies unabhängig von möglichen Herausgabe- oder Ersatzansprüchen der Gesellschaft gegen die betreffenden directors ein Fehlverhalten dar, das Gerichte, Attorney General und Charity Commissioners zum Anlaß nehmen können, in die Verwaltung der Gesellschaft einzugreifen[135]; die dabei möglichen Maßnahmen reichen bis hin zur Abberufung einzelner oder sämtlicher directors[136]. Gelangen die Charity Commissioners zu der

---

[131] In diesem Sinne auch: *McCall Q.C.* (1992/93) C.L. & P.R. 191, 198.

[132] Vgl. dazu: *Charity Commission*, Remuneration of Charity Trustees, paras. 8 ff.

[133] Im einzelnen zum Erfordernis der Zustimmung der Charity Commissioners zu Änderungen des memorandum und der articles of association gemäß s. 64 (2) Charities Act 1993 unter § 4 II.1.b.aa.(2)(a).

[134] Das Model Memorandum und die Model Articles enthalten in s. 5 (4) beziehungsweise s. 41 Vorschriften zum Schutz gegen bestimmte verdeckte Leistungen der Gesellschaft an die directors.

[135] So ausdrücklich s. 18 (3) Charities Act 1993.

[136] Dazu sogleich unter § 4 I.5.b.cc.(1)(b).

Überzeugung, daß eine charitable company durch derartiges Fehlverhalten ihre gemeinnützige Ausrichtung verloren hat, müssen sie die betreffende Gesellschaft unter s. 3 (4) Charities Act 1993 aus dem register of charities löschen und ihr dadurch ihren gemeinnützigen Status aberkennen.

5. Staatliche Kontrolle und Beeinflussung der Verwaltung von charitable companies

Die directors einer charitable company sind bei der Wahrnehmung ihrer Aufgaben in zweifacher Hinsicht staatlicher Kontrolle und Einflußnahme ausgesetzt: So unterliegen charitable companies in ihrer Eigenschaft als Gesellschaft zunächst den allgemeinen Kontrollbefugnissen des Wirtschaftsministers (Secretary of State for Trade and Industry), die diesem nach den Bestimmungen des Companies Act 1985 zustehen. In ihrer Eigenschaft als charity unterliegen sie zudem besonderen Befugnissen der Gerichte, des Attorney General und der Charity Commissioners zur Kontrolle und zur Beeinflussung der Verwaltung von charities.

a. Die allgemeinen Befugnisse des Wirtschaftsministers auf Grundlage des Companies Act 1985

Nach den Bestimmungen des Companies Act 1985 verfügt der Wirtschaftsminister über weitreichende Kontrollbefugnisse, um Unregelmäßigkeiten in der Verwaltung der dem Companies Act 1985 unterliegenden Gesellschaften nachzugehen[137].

So kann der Wirtschaftsminister auf Grundlage von s. 431 (1) Companies Act 1985 Inspektoren ernennen, um Untersuchungen hinsichtlich der inneren Angelegenheiten einer Gesellschaft durchzuführen. Bei den Inspektoren handelt es

[137] Eingehend zu diesen Befugnissen: *Barc/Bowen*, Tolley's Company Law, Vol. 2, paras. I8001 ff.; Halsbury's Laws of England, Vol. 7 (2), paras. 1376 ff.; *Gower/Prentice/Pettet*, Gower's Principles of Modern Company Law, S. 673 ff; *Thorne/Walmsley*, Butterworths Company Law Guide, S. 235 ff.; *Marks/Rees* (1990) 11 Co. Law. 107 ff.

sich regelmäßig nicht um Angehörige des Wirtschaftsministeriums, sondern um außenstehende Anwälte oder vereidigte Buchprüfer[138].

Eine solche Untersuchung kann der Wirtschaftsminister auf Antrag einer Gruppe von mindestens einem Fünftel der Gesellschafter oder auf Antrag der Gesellschaft selbst einleiten (s. 431 (2) (b) und (c) Companies Act 1985). Die Antragsteller müssen ihren Antrag begründen und zudem auf Verlangen des Wirtschaftsministers Sicherheit für die Kosten des Verfahrens leisten (s. 431 (3) und (4) Companies Act 1985). Ausweislich s. 432 (1) Companies Act 1985 kann auch gerichtlich eine Untersuchung angeordnet werden. Aus eigenem Antrieb kann der Wirtschaftsminister nur tätig werden, wenn er den Verdacht hat, daß die Gesellschaft mit der Absicht des Betrugs der Gläubiger oder anderer Außenstehender oder sonst mit betrügerischer oder ungesetzlicher Absicht geführt wird; des weiteren kann er einschreiten, wenn die Interessen eines Teils der Gesellschafter ungerechtfertigt beeinträchtigt werden oder die Gesellschaft für betrügerische oder sonst ungesetzliche Zwecke gegründet oder den Gesellschaftern Informationen vorenthalten wurden (s. 432 (2) Companies Act 1985)[139].

Wollen die Gesellschafter eine Untersuchung des Wirtschaftsministers veranlassen, stellen sie in der Praxis nur selten einen förmlichen Antrag unter s. 431 (2) (b) Companies Act 1985; statt dessen versuchen sie üblicherweise, den Wirtschaftsminister dazu zu bewegen, auf Grundlage von s. 432 (2) Companies Act 1985 aus eigenem Antrieb tätig zu werden[140]. Dies hat für die Gesellschafter den Vorteil, keine Sicherheit leisten zu müssen. Zudem können auf diese Weise auch Minderheiten von weniger als einem Fünftel der Gesellschafter sowie einzelne Gesellschafter eine Untersuchung veranlassen.

Die Befugnisse der Inspektoren sind in s. 434 Companies Act 1985 geregelt. Demnach sind alle mit der Verwaltung der Gesellschaft befaßten Personen verpflichtet, auf Verlangen die Gesellschaft betreffende Dokumente an die Inspektoren

---

138 *Marks/Rees* (1990) 11 Co. Law. 107, 109; *Gower/Prentice/Pettet*, Gower's Principles of Modern Company Law, S. 673 und 677; *Goldenberg*, A Guide to Company Law, S. 190.

139 In der Praxis leitet der Wirtschaftsminister die meisten Untersuchungen in Ausübung dieser Befugnis ein, vgl.: *Barc/Bowen*, Tolley's Company Law, Vol. 2, para. I8006.

140 *Gower/Prentice/Pettet*, Gower's Principles of Modern Company Law, S. 678.

herauszugeben, vor den Inspektoren zu erscheinen und ihnen die sonst zur Erfüllung ihrer Aufgaben erforderliche Unterstützung zu gewähren (s. 434 (1) Companies Act 1985). Entsprechendes gilt ausweislich s. 434 (2) Companies Act 1985 auch für außenstehende Dritte, die über für die Untersuchung bedeutende Informationen verfügen. Auf Grundlage von s. 434 (3) Companies Act 1985 können die Inspektoren die befragten Personen nach Bedarf vereidigen[141].

Nach Abschluß der Untersuchung erstellen die Inspektoren laut s. 437 Companies Act 1985 einen Abschlußbericht, den der Wirtschaftsminister nach seinem Ermessen den jeweiligen Betroffenen zugänglich machen und auch veröffentlichen kann[142].

Neben der Befugnis, unter s. 431 bis s. 437 Companies Act 1985 durch Inspektoren eine Untersuchung durchführen zu lassen, verfügt der Wirtschaftsminister unter s. 447 Companies Act 1985 über die Befugnis, aus eigenem Antrieb und ohne besondere Verdachtsmomente von der Gesellschaft oder außenstehenden Dritten die Herausgabe beliebiger Dokumente an sich selbst oder an entsprechend bevollmächtigte Angehörige seines Ministeriums zu verlangen. Die mit der Verwaltung betrauten Personen sowie herausgabepflichtige Dritte sind verpflichtet, auf Verlangen den Inhalt der Dokumente zu erläutern und bei Unauffindbarkeit eine Erklärung über deren wahrscheinlichen Verbleib abzugeben (s. 447 (5) Companies Act 1985).

Gelangt der Wirtschaftsminister nach Ausübung seiner Kontrollbefugnisse unter s. 431 bis s. 437 oder s. 447 Companies Act 1985 zu der Überzeugung, die Gesellschaft werde in einer Weise verwaltet, die die Interessen der Gesellschafter insgesamt oder einer Minderheit von Gesellschaftern ungerechtfertigt beeinträch-

---

[141] Weiterführend zur Rechtsstellung der Inspektoren siehe: *Morse*, Palmer's Company Law, Vol. 2, paras. 10.010 f.; *Thorne/Walmsley*, Butterworths Company Law Guide, S. 236 ff.; *Marks/Rees* (1990) 11 Co. Law. 107, 108 f.

[142] Die Abschlußberichte sind lediglich Meinungsäußerungen und keine rechtsverbindlichen Tatsachenfeststellungen, vgl.: *Re SBA Properties Ltd.* [1967] 1 W.L.R. 799, 806, per *Pennycuick J.* Gemäß s. 441 (1) Companies Act 1985 können sie jedoch in einem der Untersuchung folgenden Gerichtsverfahren als Beweismittel verwendet werden. Dabei betrachten die Gerichte die in den Abschlußberichten enthaltenen Aussagen allerdings lediglich als prima facie Beweis, vgl.: *Re SBA Properties Ltd.* [1967] 1 W.L.R. 799, 806, per *Pennycuick J.*; *Re St. Piran Ltd.* [1981] 1 W.L.R. 1300.

tigt, kann er unter s. 460 Companies Act 1985 die Gerichte um den Erlaß einer Verfügung ersuchen, die geeignet ist, dem aufgedeckten Mißstand abzuhelfen. Zudem kann er unter s. 124 (4) (b) i.V.m. s. 124A Insolvency Act 1986 eine gerichtliche Auflösung der Gesellschaft beantragen, sofern er dies im Interesse der Allgemeinheit für geboten hält. Nach Durchführung einer Untersuchung auf Grundlage von s. 431 bis 437 Companies Act 1985 kann er schließlich auf Grundlage von s. 438 Companies Act 1985 im Namen der betroffenen Gesellschaft Zivilklage erheben, um Ansprüche durchzusetzen, die der Gesellschaft aus dem aufgedeckten Fehlverhalten erwachsen sind. Tritt im Rahmen einer Untersuchung des Wirtschaftsminsters strafbares Verhalten zutage, schaltet er die zuständigen Strafverfolgungsbehörden ein[143].

Somit kann der Wirtschaftsminister zwar in weitem Umfang Untersuchungen durchführen, nicht aber selbst steuernd in die Verwaltung einer Gesellschaft eingreifen: Diese Befugnis ist den Gerichten vorbehalten. Abgesehen vom Sonderfall der Auflösung der Gesellschaft, die nur im Falle besonders schwerwiegender Mängel bei der Verwaltung in Frage kommen dürfte, kann der Wirtschaftsminister ausweislich s. 460 Companies Act 1985 auch gerichtliche Eingriffe nur dann veranlassen, wenn er von einer Beeinträchtigung der Gesellschafterinteressen überzeugt ist. Aufgrund dessen dienen die Befugnisse des Wirtschaftsministers in der Praxis in erster Linie dem Schutz der Gesellschafterinteressen vor einem Fehlverhalten der directors, insbesondere zum Schutz von Minderheiten als kostengünstige Alternative zu einer Klage[144].

---

[143] *Gower/Prentice/Pettet*, Gower's Principles of Modern Company Law, S. 684; *Ryan*, Company Directors, S. 242; siehe auch s. 451A Companies Act 1985. Allgemein zum Verhältnis der Untersuchungsbefugnisse des Wirtschaftsministers zu den Befugnissen der Strafverfolgungsbehörden vgl.: *R. v. Saunders* [1996] 1 Cr. App. R. 463.

[144] So ausdrücklich: *Gower/Prentice/Pettet*, Gower's Principles of Modern Company Law, S. 686 und *Pennington*, Company Law, S. 918; auch die übrige Literatur ordnet die Befugnisse des Wirtschaftsministers überwiegend als Bestandteil des Minderheitenschutzes ein, vgl.: *Morse*, Charlesworth and Morse - Company Law, S. 333 ff.; *Goldenberg*, A Guide to Company Law, S. 189 ff.; *Hollington*, Minority Shareholders' Rights, S. 162; *Griffin*, Company Law, S. 334; siehe auch: *Barc/Bowen*, Tolley's Company Law, Vol. 2, para. S4058.

b. Die besonderen Befugnisse der Gerichte, des Attorney General und der Charity Commissioners

Aufgrund der gemeinnützigen Ausrichtung der charities besteht ein gesteigertes öffentliches Interesse daran, daß diese ordnungsgemäß verwaltet und ihre Mittel möglichst effektiv zur Verfolgung des jeweiligen gemeinnützigen Zwecks eingesetzt werden. Um dies sicherstellen zu können, verfügen die Gerichte, der Attorney General und die Charity Commissioners über besondere Befugnisse, auf die Verwaltung von charities Einfluß zu nehmen. Den Charity Commissioners stehen zudem weitreichende Kontrollbefugnisse zu. Die Befugnisse der Gerichte, des Attorney General und der Charity Commissioners beruhen zum Teil auf richterrechtlichen Rechtsgrundsätzen, sind zum Teil aber auch im Charities Act 1993 gesetzlich geregelt.

aa. Die Befugnisse der Gerichte

Wie bereits festgestellt werden die Befugnisse der Gerichte zur Beeinflussung der Verwaltung von charities von der Chancery Division des High Court of Justice wahrgenommen und erstrecken sich, obwohl die einschlägigen Entscheidungen beinahe ausschließlich als trust verfaßte charities betreffen, auch auf charitable companies[145]. Über die Ausübung seiner Befugnisse entscheidet der High Court in einem förmlichen Verfahren. Für die Einleitung eines solchen Verfahrens enthalten s. 32 und s. 33 Charities Act 1993 genaue Vorgaben.

(1) Die Befugnisse im einzelnen

Zunächst stehen dem High Court zum Schutz des Vermögens der charities vor einem Fehlverhalten der mit der Verwaltung betrauten Personen verschiedene

---

[145] Siehe oben § 2 II.3. Ausführlich zu den Eingriffsbefugnissen des High Court: *Picarda*, The Law and Practice Relating to Charities, S. 347 ff., S. 445 ff., S. 507 ff. und 647 ff.; *Cairns*, Charities: Law and Practice, S. 95 ff.; *Warburton/Morris*, Tudor on Charities, S. 210 ff. und S. 324 ff..

Eingriffsbefugnisse zur Verfügung. Diese ermächtigen ihn teils zu vorläufigen, teils zu endgültigen Maßnahmen.

Zu den vorläufigen Maßnahmen gehört die in s. 21 Charities Act 1993 gesetzlich geregelte vollständige oder teilweise Übertragung des Grundvermögens (land)[146] einer charity auf den sogenannten official custodian for charities. Der official custodian for charities ist laut s. 2 Charities Act 1993 ein Angestellter der Charity Commissioners, der als solcher den Weisungen der Charity Commissioners untersteht und in den im Charities Act 1993 vorgesehenen Fällen Vermögen von charities treuhänderisch verwaltet. Wurde dem official custodian unter s. 21 Charities Act 1993 durch den High Court Grundvermögen übertragen, kann die betroffene charity ausweislich s. 22 (2) und (4) Charities Act 1993 gleichwohl noch unbeschränkt über das übertragene Grundvermögen verfügen. Dem official custodian kommt daher in diesem Zusammenhang lediglich eine unterstützende, beratende Funktion zu[147]. Allerdings kann der High Court kraft einer ungeschriebenen Befugnis auch einen Zwangsverwalter einsetzen und mit beliebigen Befugnissen ausstatten[148]. Bei charitable companies leitet dieser dann im Rahmen seiner Befugnisse an Stelle des board of directors die Verwaltung der Gesellschaft.

Endgültige Maßnahmen kann der High Court zunächst aufgrund seiner ungeschriebenen Befugnis zur Aufstellung verbindlicher Pläne (schemes) für die Verwaltung einer charity ergreifen[149]. Auf diesem Weg kann der High Court den directors einer charitable company genaue Vorgaben bezüglich der Verwaltung ihrer Gesellschaft machen. Die Pläne werden Bestandteil des memorandum der betroffenen Gesellschaft[150]. In der Regel beschränkt sich der High Court auf die Vorgabe grober Leitlinien[151] und überträgt die nähere Ausgestaltung des Plans unter s. 16 (2) i.V.m. s. 16 (4) (b) Charities Act 1993 den Charity Commissioners[152]. Außerdem hat der High Court eine ungeschriebene Befugnis, die mit der Verwaltung einer

---

[146] Zum Begriff des Grundeigentums im einzelnen unter § 5 III.
[147] In diesem Sinne auch: *Warburton/Morris*, Tudor on Charities, S. 200.
[148] *Attorney General v. Schonfeld* [1980] 1 W.L.R. 1182.
[149] *Attorney General v. Coopers' Company* (1812) 19 Ves. 186; *Re J.W. Laing Trust* [1984] 1 All E.R. 50.
[150] *Sheridan*, Keeton & Sheridan's Modern Law of Charities, S. 201.
[151] *Picarda*, The Law and Practice Relating to Charities, S. 665.
[152] *Warburton/Morris*, Tudor on Charities, S. 334.

charity betrauten Personen aus ihrem Amt abzuberufen und gegebenenfalls durch andere zu ersetzen[153]. Von dieser Befugnis macht der High Court insbesondere in Fällen vorsätzlicher Pflichtverletzung Gebrauch[154]. Fehlt es an einer vorsätzlichen Pflichtverletzung, übt er diese Befugnis nur zurückhaltend aus: Insbesondere sollen Gründe, die der Bestellung einer bestimmten Person entgegenstehen, für sich allein noch nicht zwangsläufig deren Abberufung rechtfertigen[155].

Neben diesen Eingriffsbefugnissen verfügt der High Court auch über die Befugnis, auf Antrag einer charity sogenannte ex gratia payments zu genehmigen: Dies sind Leistungen, die von der Zweckbestimmung der betreffenden charity nicht gedeckt sind, zu deren Erbringung sich die charity aber moralisch verpflichtet fühlt[156].

(2) Die Einleitung des Verfahrens zur Ausübung der Befugnisse

Der High Court entscheidet über die Ausübung seiner Eingriffs- und Genehmigungsbefugnisse in einem förmlichen Verfahren[157]. Einen entsprechenden Antrag können zunächst der Attorney General sowie die Charity Commissioners stellen. Die Antragsbefugnis des Attorney General wurzelt in seiner Eigenschaft als Hüter und Beschützer der charities[158]. Demgegenüber sind die Charity Commissioners ausweislich s. 32 (1) (a) Charities Act 1993 von Gesetzes wegen antragsbefugt. Laut s. 32 (5) Charities Act 1993 bedürfen sie zur Anrufung des High Court der Genehmigung des Attorney General.

---

[153] *Re Burnham National Schools* (1873) L.R. 17 Eq. 241, 246, per *Sir G. Jessel M.R.*; *Re Barker's Trusts* (1875) 1 Ch.D. 43.

[154] Vgl. etwa: *Newsome v. Flowers* (1861) 30 Beav. 461.

[155] *Attorney General v. Clapham* (1853) 10 Ha. 540; *Attorney General v. Clifton* (1863) 32 Beav. 596.

[156] *Re Snowden* [1970] Ch. 700; *Re Henderson* [1970] Ch. 700.

[157] Für eine eingehende Behandlung von Verfahrensfragen vgl.: Halsbury's Laws of England, Vol. 5 (2), paras. 465 ff.; *Picarda*, The Law and Practice Relating to Charities, S. 647 ff.; *Warburton/Morris*, Tudor on Charities, S. 344 ff.

[158] *Wellbeloved v. Jones* (1822) 1 Sim. & St. 40; *Attorney General v. Dean and Canons of Windsor* (1860) 8 H.L.C. 369.

Ausweislich s. 33 (1) Charities Act 1993 ist zudem die charity selbst antragsbefugt. Bei charitable companies können also der board of directors sowie entsprechend bevollmächtigte einzelne directors in Vertretung der Gesellschaft den High Court anrufen. Dies ist insofern sinnvoll, als ein Einschreiten des High Court aus Sicht des board of directors durchaus erwünscht sein kann. Dies gilt nicht nur für die Genehmigung von ex gratia payments. Auch die Aufstellung eines Verwaltungsplans oder die Übertragung von Grundvermögen auf den official custodian können aus Sicht des board of directors wünschenswert sein, um ihm Verantwortung abzunehmen und die Arbeit zu erleichtern. Ist der board of directors handlungsunfähig, kann nach allgemeinen gesellschaftsrechtlichen Rechtsgrundsätzen[159] auch die Gesellschafterversammlung für die Gesellschaft den High Court anrufen.

Antragsbefugt sind ausweislich s. 33 (1) Charities Act 1993 ferner die mit der Verwaltung betrauten Personen, bei charitable companies also die directors. Auf dieser Grundlage können auch solche directors den High Court um die Ausübung seiner Befugnisse ersuchen, die nicht über die nötigen Vollmachten verfügen, um dies im Namen der Gesellschaft zu tun. Die Rechtsstellung des einzelnen directors wird dadurch aufgewertet und der Druck, innerhalb des board of directors Einvernehmen herzustellen, erhöht.

Dritte sind ausweislich s. 33 (1) Charities Act 1993 nur dann antragsbefugt, wenn sie ein hinreichendes Interesse an der betreffenden charity haben. Wann ein Dritter ein solches Interesse haben soll, läßt der Charities Act 1993 offen. Auch der High Court hat es ausdrücklich abgelehnt, den Begriff des Interesses zu definieren[160]. Bloßes Spenden oder die Zugehörigkeit zum Kreis der durch die charity potentiell Begünstigten soll jedenfalls nicht ausreichen, um ein hinreichendes Interesse zu begründen[161]. Anderes soll dagegen für solche Personen gelten, die die Arbeit der charity ganz oder zu einem wesentlichen Teil alleine finanzieren[162] oder denen besondere Mitbestimmungsrechte zustehen[163]. Bei charitable companies dürften

---

[159] Siehe dazu unter § 4 II.1.b.bb.

[160] *Haslemere Estates Ltd. v. Baker* [1982] 1 W.L.R. 1109, 1122, per *Megarry V.C.*; *Richmond upon Thames London Borough Council v. Rogers* [1988] 2 All E.R. 761, 767, per *Nicholls L.J.*

[161] *Richmond London Borough Council v. Rogers* [1988] 2 All E.R. 761, 766 f., per *Nicholls L.J.*

[162] *Richmond London Borough Council v. Rogers* [1988] 2 All E.R. 761, 766, per *Nicholls L.J.*

[163] *Brooks v. Richardson* [1986] 1 W.L.R. 385.

nach diesen Kriterien vor allem die Gesellschafter über ein hinreichendes Interesse verfügen: Zwar sind sie vor Auflösung der Gesellschaft grundsätzlich nicht verpflichtet, eine Einlage zu erbringen[164] und tragen somit nicht zwangsläufig zur Finanzierung der Gesellschaft bei; jedoch verfügen die Gesellschafter kraft ihrer Rechtsstellung über Mitbestimmungsrechte und fallen daher in jedem Fall in die zweite Gruppe von Antragsbefugten[165]. Unabhängig von gesellschaftsrechtlichen Einschränkungen kann somit in jedem Fall die Gesellschafterversammlung den High Court anrufen und auf diese Weise mittelbar auf die Verwaltung der Gesellschaft Einfluß nehmen. Durch s. 33 (1) Charities Act 1993 erhält daher die Gesellschafterversammlung von charitable companies über ihre allgemeinen gesellschaftsrechtlichen Befugnisse hinaus eine zusätzliche Möglichkeit der Einflußnahme. Zudem können auch Minderheiten von Gesellschaftern oder einzelne Gesellschafter den High Court um die Ausübung seiner Befugnisse ersuchen. Insofern führt s. 33 (1) Charities Act 1993 in charitable companies auch zu einer Ausweitung der Minderheitenrechte.

Nach *Picarda* und *Sheridan* sollen darüber hinaus auch die Empfänger von Leistungen einer charity ein hinreichendes Interesse an der charity haben[166]. Der High Court spricht nur potentiellen, nicht aber tatsächlichen Empfängern ausdrücklich ein hinreichendes Interesse an der betreffenden charity ab. Die Rechtsprechung läßt daher für die Ansicht *Picardas* und *Sheridans* Raum. Da der High Court auf der Seite der Geldgeber ein hinreichendes Interesse bejaht, erscheint es zudem schlüssig, auch der Seite der Nehmer die Anrufung des High Court zu gestatten[167]. Angesichts der Unterscheidung, die der High Court auf der Seite der Geber zwischen Kleinspendern und bedeutenden Geldgebern trifft, liegt es allerdings nahe, daß der High Court auch auf der Seite der Nehmer eine entsprechende Grenze ziehen und Personen, die nur geringfügige oder unbedeutende Leistungen

---

164 Siehe oben § 3 I.1.

165 So auch: *Sheridan*, Keeton & Sheridan's Modern Law of Charities, S. 378 f.; ohne nähere Begründung ablehnend aber: *Warburton* (1997) Conv. 106, 107.

166 *Picarda*, The Law and Practice Relating to Charities, S. 648; *Sheridan*, Keeton & Sheridan's Modern Law of Charities, S. 378.

167 Einen möglichen Anhaltspunkt für eine solche Rechtsprechung bietet die Entscheidung *Gunning v. Buckfast Abbey Trustees Registered*, The Times, 9.6.1994, in der den Eltern von Kindern, die eine von einer charity betriebene Schule besuchten, ein hinreichendes Interesse an dieser charity zugesprochen wurde.

erhalten, das erforderliche Interesse absprechen würde. In diesen Grenzen erscheint jedoch die Einschätzung gerechtfertigt, daß der High Court in Fortentwicklung seiner bisherigen Rechtsprechung auch den Empfängern von Leistungen einer charity ein hinreichendes Interesse zusprechen würde. Es ist davon auszugehen, daß oberhalb einer gewissen Bagatellgrenze auch die Empfänger der Leistungen einer charity den High Court anrufen und so dessen Eingriffsbefugnisse nutzen können, um mittelbar auf die Verwaltung der charity Einfluß zu nehmen.

Ausweislich s. 33 (2) Charities Act 1993 ist eine Anrufung des High Court auf Grundlage von s. 33 (1) Charities Act 1993 nur mit Genehmigung der Charity Commissioners möglich. Diese sind gehalten, die Genehmigung nur dann zu erteilen, wenn die Angelegenheit nicht schon durch Ausübung der ihnen selbst zustehenden Befugnisse geregelt werden kann (s. 33 (3) Charities Act 1993). Verweigern die Charity Commissioners die Genehmigung, kann laut s. 33 (5) Charities Act 1993 auch jeder einzelne Richter der Chancery Division die Anrufung des High Court zulassen.

bb. Die Befugnisse des Attorney General

Neben dem Recht, den High Court um die Ausübung seiner Befugnisse zu ersuchen, verfügt der Attorney General kraft seiner Rechtsstellung als Hüter und Beschützer der charities über weitere Befugnisse im Zusammenhang mit der Verwaltung von charities[168]. So kann an Stelle des High Court auch der Attorney General selbst ex gratia payments genehmigen[169]. Bei Klagen Dritter gegen charities kann der Attorney General mit verklagt werden oder der charity zu deren Verteidigung beitreten[170]. Ausweislich s. 92 (2) Charities Act 1993 hat er zudem das Recht, zu Klagen gegen Entscheidungen der Charity Commissioners gehört zu werden. Auch ist er befugt, bei Zweifeln über die Auslegung der Gründungsdoku-

---

[168] Ausführlich zu den Befugnissen des Attorney General: *Warburton/Morris*, Tudor on Charities, S. 338 ff.; *Picarda*, The Law and Practice Relating to Charities, S. 508 ff., 513 ff., 652 ff. und 662 f.

[169] *Re Snowden* [1970] Ch. 700; *Re Henderson* [1970] Ch. 700.

[170] *Re Magdalen Land Charity, Hastings* (1852) 9 Ha. 624; vgl. auch: *Strickland v. Weldon* (1885) 28 Ch.D. 426, 430, per *Pearson J.*; *Hauxwell v. Barton upon-Humber Urban District Council* [1974] Ch. 432.

mente verbindlich über die Auslegung zu entscheiden[171]. Schließlich kann der Attorney General die gerichtliche Auflösung einer charitable company veranlassen (s. 63 (1) Charities Act 1993).

cc. Die Befugnisse der Charity Commissioners

Die Befugnisse der Charity Commissioners zur Beeinflussung der Verwaltung von charities sind im Gegensatz zu den Befugnissen des High Court und des Attorney General im Charities Act 1993 vollständig gesetzlich geregelt. Allerdings nimmt der Charities Act 1993 zur Bestimmung der Befugnisse der Charity Commissioners vielfach auf die ungeschriebenen Befugnisse des High Court und des Attorney General Bezug. Daher sind die Befugnisse der Charity Commissioners in weiten Teilen deckungsgleich mit denen des High Court und des Attorney General. Anders als der High Court und der Attorney General verfügen die Charity Commissioners auch über weitreichende Befugnisse zur Kontrolle der Tätigkeit von charities, die ebenfalls im Charities Act 1993 geregelt sind[172]. Da der Charities Act 1993 ausweislich s. 96 (1) unabhängig von der Rechtsform für jede charity gilt, unterliegen auch charitable companies diesen Befugnissen der Charity Commissioners.

(1) Kontroll- und Eingriffsbefugnisse zum Schutz des Gesellschaftsvermögens

(a) Kontrollbefugnisse

Das register of charities gewährt den Charity Commissioners einen Überblick über den Bestand der charities. Einen gewissen Einblick in die Tätigkeit von charitable companies erhalten die Charity Commissioners bereits aufgrund der Informationen,

---

[171] *Picarda*, The Law and Practice Relating to Charities, S. 228 ff.; *Warburton/Morris*, Tudor on Charities, S. 341.

[172] Ausführlich zu den Kontroll- und Eingriffsbefugnissen der Charity Commissioners: Halsbury's Laws of England, Vol. 5 (2), paras. 443 ff.; *Cairns*, Charities: Law and Practice, S. 44 ff. und 95 ff.; *Cairns* (1992/93) C.L. & P.R. 127 ff.; *Warburton/Morris*, Tudor on Charities, S. 307 ff.; *Picarda*, The Law and Practice Relating to Charities, S. 357 ff., 446 ff., 449 ff. und 540 ff.; *Middleton/Lloyd*, The Charities Acts Handbook, S. 29 ff.

die ihnen die directors der charitable companies in Erfüllung ihrer Berichtspflichten zuleiten[173]. Reichen den Charity Commissioners diese Informationen nicht aus, können sie sich aufgrund ihrer Kontrollbefugnisse tiefere Einblicke in die Verhältnisse einer charity verschaffen: So können die Charity Commissioners unter s. 8 Charities Act 1993 jederzeit genauere Untersuchungen bezüglich einer bestimmten charity oder einer Gruppe von charities durchführen. Gegenüber charitable companies machen die Charity Commissioners von dieser Befugnis nur dann Gebrauch, wenn nach Einholung erster Informationen ein hinreichender Anfangsverdacht für ein Fehlverhalten seitens der directors besteht[174]. Im Rahmen einer solchen Untersuchung können sie von jeder beliebigen Person schriftliche Auskunft zum Gegenstand der Untersuchung sowie Kopien von für die Untersuchung wichtigen Schriftstücken verlangen (s. 8 (3) (a) und (b) Charities Act 1993). Ausweislich s. 8 (3) (c) Charities Act 1993 können sie zudem beliebige Personen zur Aussage vorladen und gemäß s. 8 (4) Charities Act 1993 bei Bedarf vereidigen. S. 8 (6) Charities Act 1993 ermächtigt die Charity Commissioners, ihre Untersuchungsergebnisse zu veröffentlichen, um der Öffentlichkeit Gelegenheit zu Vorschlägen über die weitere Verfahrensweise zu geben. Das Ziel des Charities Act 1993, die Öffentlichkeit in die Kontrolle der charities einzubeziehen, ist somit nicht auf die Unterrichtung der Öffentlichkeit begrenzt[175]; vielmehr soll der Öffentlichkeit auch die Möglichkeit gegeben werden, über die Charity Commissioners auf die Arbeit der charities Einfluß zu nehmen.

Ausweislich s. 9 (3) Charities Act 1993 haben die Charity Commissioners Zugang zu Gerichtsakten sowie zu behördlichen Verzeichnissen. Vorbehaltlich etwaiger datenschutzrechtlicher Regelungen darf gemäß s. 10 (1) i.V.m. s. 10 (6) Charities Act 1993 jede staatliche Stelle beliebige Informationen an die Charity Commissioners weitergeben. Die Finanzbehörden sind laut s. 10 (2) Charities Act 1993 allerdings nur zur Weitergabe gesetzlich genau bestimmter Informationen befugt.

---

173 Siehe dazu oben § 4 I.4.a.bb.

174 Annual Report of the Charity Commissioners for 1998, S. 19; Annual Report of the Charity Commissioners for 1997, para. 106.

175 Siehe dazu oben § 2 II.1.a. (Publizität des register of charities), § 3 II.1.a.aa.(2) (Pflicht, durch einen entsprechenden Namenszusatz auf den gemeinnützigen Status der Gesellschaft hinzuweisen) und § 4 I.4.a.bb. (Publizität der Jahresberichte und -abschlüsse).

Weigert sich eine Person, den von den Charity Commissioners in Ausübung ihrer Kontrollbefugnisse getroffenen Anordnungen Folge zu leisten, können die Charity Commissioners unter s. 87 (1) Charities Act 1993 geeignete Maßnahmen zur Wiedergutmachung anordnen. Leistet die betreffende Person auch einer solchen Anordnung nicht Folge, kann sie der High Court auf Antrag der Charity Commissioners wegen Mißachtung des Gerichts belangen (s. 88 (c) Charities Act 1993)[176]. Laut s. 11 Charities Act 1993 kann zudem die vorsätzliche oder grob fahrlässige Weitergabe unrichtiger oder täuschender Informationen oder die vorsätzliche Veränderung, Unterdrückung, Verheimlichung oder Zerstörung bedeutender Dokumente mit Geldstrafe oder Freiheitsstrafe bis zu zwei Jahren geahndet werden.

Zudem ermächtigt s. 69 Charities Act 1993 die Charity Commissioners, charitable companies nach ihrem Ermessen jederzeit einer außerordentlichen Buchprüfung zu unterziehen.

(b) Eingriffsbefugnisse

Gelangen die Charity Commissioners aufgrund einer Untersuchung oder auf andere Weise zu der Überzeugung, daß sie korrigierend in die Verwaltung einer charity eingreifen müssen, stehen ihnen dazu vielfältige Befugnisse zur Verfügung. Ebenso wie der High Court können auch die Charity Commissioners sowohl vorläufige als auch endgültige Maßnahmen ergreifen.

(aa) Vorläufige Maßnahmen

Unter s. 16 (1) (c) Charities Act 1993 können die Charity Commissioners im selben Umfang Grundvermögen einer charitable company auf den official custodian übertragen, wie dies dem High Court auf Grundlage von s. 21 und s. 22 Charities Act 1993 möglich ist. Ausweislich s. 16 (4) Charities Act 1993 können die Charity

---

[176] Zu den möglichen Folgen siehe oben § 2 Fußnote 185.

Commissioners diese Befugnis allerdings nicht aus eigenem Antrieb, sondern nur auf Antrag der charitable company selbst oder des Attorney General ausüben.

S. 18 (1) Charities Act 1993 eröffnet den Charity Commissioners zahlreiche weitere Eingriffsbefugnisse. Diese können im Gegensatz zu den Befugnissen in s. 16 Charities Act 1993 von den Charity Commissioners aus eigenem Antrieb ausgeübt werden, sind jedoch an enge Voraussetzungen geknüpft. So müssen die Charity Commissioners vor Ausübung dieser Befugnisse eine Untersuchung unter s. 8 Charities Act 1993 durchgeführt haben; auf Grundlage dieser Untersuchung müssen sie zu der Überzeugung gelangt sein, ein Fehlverhalten in der Verwaltung aufgedeckt zu haben oder aus anderen Gründen zum Schutz des Gesellschaftsvermögens oder zur Gewährleistung einer zweckentsprechenden Verwendung der Mittel der Gesellschaft einschreiten zu müssen (s. 18 (1) Charities Act 1993). Allerdings steht den Charity Commissioners bei der Prüfung dieser Tatbestandsvoraussetzungen ein gerichtlich nicht nachprüfbarer Beurteilungsspielraum zu: Die Gerichte prüfen lediglich, ob die Charity Commissioners nach bestem Wissen und Gewissen (bona fide) gehandelt haben[177].

Liegen die in s. 18 (1) Charities Act 1993 genannten Voraussetzungen vor, können die Charity Commissioners zunächst einzelne oder mehrere directors vorübergehend ihres Amtes entheben (s. 18 (1) (i) Charities Act 1993). Unter s. 18 (1) (ii) Charities Act 1993 können sie zudem nach Bedarf zusätzliche directors bestellen.

Auf Grundlage von s. 18 (1) (iii) Charities Act 1993 können sie ferner Vermögen der Gesellschaft auf den official custodian übertragen. Im Gegensatz zu s. 16 (1) (c) Charities Act 1993 erlaubt s. 18 (1) (iii) Charities Act 1993 den Charity Commissioners nicht nur die Übertragung von Grundvermögen, sondern auch die Übertragung sonstiger Vermögenswerte. Zudem kann die Gesellschaft über gemäß s. 18 (1) (iii) Charities Act 1993 übertragenes Grundvermögen nur mit

---

[177] Dies folgt aus dem Gesetzeswortlaut, der die Formulierung "are satisfied" verwendet. Bei Verwendung dieser Formulierung gehen die Gerichte stets von einem Beurteilungsspielraum aus, vgl. etwa: *Re City of Plymouth (City Centre) Declaratory Order, 1946* [1947] K.B. 702; *Re Beck and Pollitzer's Application* [1948] 2 K.B. 339; *Ross-Clunis v. Papadopoullos* [1958] 1 W.L.R. 546.

Genehmigung des High Court oder der Charity Commissioners verfügen (s. 22 (3) Charities Act 1993).

S. 18 (1) (iv) Charities Act 1993 ermächtigt die Charity Commissioners, Dritten, die Vermögen einer charitable company treuhänderisch verwalten, hinsichtlich dieses Vermögens ein Verfügungsverbot aufzuerlegen. Ausweislich s. 18 (1) (v) Charities Act 1993 können die Charity Commissioners ferner den Schuldnern einer charitable company verbieten, ohne besondere Genehmigung an diese zu leisten. Unter s. 18 (1) (vi) Charities Act 1993 können sie zudem einer charitable company untersagen, bestimmte Rechtsgeschäfte vorzunehmen oder einen bestimmten Betrag übersteigende Zahlungen zu leisten.

Auf Grundlage von s. 18 (1) (vii) Charities Act 1993 können an Stelle des High Court auch die Charity Commissioners einen Zwangsverwalter einsetzen. In s. 19 Charities Act 1993 ist die Übertragung von Befugnissen auf den Zwangsverwalter sowie dessen Verhältnis zu den Charity Commissioners näher geregelt. Ausweislich s. 19 (4) (b) i.V.m. s. 19 (5) Charities Act 1993 können die Charity Commissioners zu Fragen, die die Ausübung von Befugnissen eines Zwangsverwalters betreffen, Weisungen des High Court einholen. Einzelheiten zur Bestellung und Abberufung von Zwangsverwaltern sowie zu deren Berichtspflichten gegenüber den Charity Commissioners finden sich in den Charities (Receiver and Manager) Regulations 1992[178].

Indem sie derartige vorübergehende Maßnahmen ergreifen, können die Charity Commissioners einem Fehlverhalten der directors Einhalt gebieten. Auf diese Weise können sie sich Zeit verschaffen, um zu entscheiden, ob sie endgültige Maßnahmen ergreifen wollen[179].

---

178 S.I. 1992/2355.

179 *Middleton/Lloyd*, The Charities Acts Handbook, S. 33.

(bb) Endgültige Maßnahmen

Ausweislich s. 16 (1) (a) Charities Act 1993 können die Charity Commissioners im selben Umfang Pläne (schemes) für die Verwaltung einer charitable company aufstellen wie der High Court auf Grundlage seiner ungeschriebenen Befugnis. Auch diese Befugnis können sie laut s. 16 (4) Charities Act 1993 jedoch nur auf Antrag der charitable company selbst oder des Attorney General ausüben. Verweigern oder unterlassen die directors die Stellung eines entsprechenden Antrags, obwohl die Beantragung eines Verwaltungsplans nach Ansicht der Charity Commissioners im Interesse der Gesellschaft vernünftigerweise geboten wäre, können die Charity Commissioners nach s. 16 (6) Charities Act 1993 allerdings auch ohne einen entsprechenden Antrag einen Verwaltungsplan aufstellen. Wie bereits festgestellt können die Charity Commissioners auf Grundlage von s. 16 (2) i.V.m. s. 16 (4) (b) Charities Act 1993 zudem auf Anordnung des High Court Verwaltungspläne aufstellen[180].

In s. 18 (2) (ii) enthält der Charities Act 1993 eine zweite Ermächtigungsgrundlage, auf deren Grundlage die Charity Commissioners Pläne für die Verwaltung aufstellen können. Auch diese Befugnis können die Charity Commissioners aus eigenem Antrieb ausüben, müssen dabei aber dieselben einschränkenden Voraussetzungen beachten, wie bei Ausübung der Befugnisse unter s. 18 (1) Charities Act 1993: Auch hier müssen sie zuvor eine Untersuchung unter s. 8 Charities Act 1993 durchgeführt haben und auf Grundlage der Untersuchung müssen sie zu der Überzeugung gelangt sein, ein Fehlverhalten in der Verwaltung aufgedeckt zu haben und zum Schutz des Gesellschaftsvermögens oder zur Gewährleistung einer zweckentsprechenden Verwendung der Mittel der Gesellschaft einschreiten zu müssen (s. 18 (2) Charities Act 1993). Auch hier steht den Charity Commissioners ein Beurteilungsspielraum zu[181].

Laut s. 16 (1) (b) Charities Act 1993 können die Charity Commissioners im selben Umfang wie der High Court aufgrund seiner ungeschriebenen Befugnisse directors von charitable companies abberufen und neue directors bestellen. Auch diese

[180] Siehe oben § 4 I.5.b.aa.(1).

[181] Dies folgt wiederum aus dem Gesetzeswortlaut: vgl. dazu oben Fußnote 177.

Befugnis können sie laut s. 16 (4) Charities Act 1993 nur auf Antrag der charitable company selbst oder des Attorney General ausüben. Auf Grundlage von s. 18 (2) (i) Charities Act 1993 können die Charity Commissioners directors von charitable companies auch aus eigenem Antrieb abberufen; allerdings gelten auch für diese Befugnis die einschränkenden Voraussetzungen der s. 18 (2) Charities Act 1993. In s. 18 (4) Charities Act 1993 sind bestimmte Tatbestände aufgeführt, die die Abberufung von directors rechtfertigen, ohne daß zuvor eine Untersuchung unter s. 8 Charities Act 1993 durchgeführt worden sein muß.

Schlußendlich können in besonders schwerwiegenden Fällen an Stelle des Attorney General mit dessen Genehmigung auch die Charity Commissioners die gerichtliche Auflösung der Gesellschaft veranlassen (s. 63 (2) i.V.m. s. 63 (5) Charities Act 1993).

(cc) Vorherige Unterrichtung, Öffentlichkeit, Ahndung von Verstößen und Rechtsschutz

Bevor die Charity Commissioners auf Grundlage von s. 16 Charities Act 1993 vorläufige oder endgültige Maßnahmen ergreifen, müssen sie die directors der betroffenen Gesellschaft von ihrer Absicht unterrichten; eine Ausnahme gilt nur, wenn diese selbst die betreffende Maßnahme beantragt haben (s. 16 (6) Charities Act 1993). Ausweislich s. 18 (12) Charities Act 1993 sind die directors auch zu unterrichten, bevor die Charity Commissioners Maßnahmen auf Grundlage von s. 18 (2), (4) oder (5) Charities Act 1993 ergreifen. Bevor die Charity Commissioners von ihren Befugnissen zur Abberufung von directors Gebrauch machen, müssen sie die Betroffenen zudem gesondert um Stellungnahme bitten (s. 20 (3) Charities Act 1993). Nur die Eingriffsbefugnisse unter s. 18 (1) Charities Act 1993 können sie daher ohne vorherige Unterrichtung ausüben.

Ausweislich s. 20 (1) und (2) Charities Act 1993 ist zudem vor Ausübung bestimmter Befugnisse die Öffentlichkeit zu beteiligen: Beabsichtigen die Charity Commissioners die Aufstellung eines Verwaltungsplans auf Grundlage von s. 16 (1) (a) oder s. 18 (2) (ii) Charities Act 1993, müssen sie ihre diesbezüglichen Vorschläge mindestens einen Monat zuvor öffentlich bekanntmachen und die

Öffentlichkeit um Stellungnahmen bitten (s. 20 (1) Charities Act 1993). Gleiches gilt laut s. 20 (2) Charities Act 1993 für die Abberufung oder Bestellung von directors. Ausweislich s. 20 (2) (a) und (b) Charities Act 1993 können die Charity Commissioners allerdings von einer Beteiligung der Öffentlichkeit absehen, wenn sie eine Beteiligung der Öffentlichkeit weder für erforderlich noch im Interesse der betroffenen directors für geboten halten. Laut s. 20 (5) und (6) Charities Act 1993 müssen die Charity Commissioners in bestimmten Fällen zudem auch die tatsächlich ergriffenen Maßnahmen veröffentlichen. Auch auf diesem Weg kann daher die Öffentlichkeit auf die Arbeit von charitable companies Einfluß nehmen.

Zuwiderhandlungen gegen Maßnahmen, die die Charity Commissioners in Ausübung ihrer Eingriffsbefugnisse unter s. 16 oder s. 18 Charities Act 1993 ergriffen haben, können ausweislich s. 88 (b) Charities Act 1993 auf Antrag der Charity Commissioners vom High Court als Mißachtung des Gerichts geahndet werden[182]. Verstöße gegen auf Grundlage von s. 18 (1) (iv), (v) und (vi) Charities Act 1993 getroffene Anordnungen können zudem eine Verurteilung zu einer Geldstrafe zur Folge haben (s. 18 (14) Charities Act 1993).

Gegen auf Grundlage von s. 16 Charities Act 1993 ergriffene Maßnahmen ist der Rechtsweg zum High Court eröffnet (s. 16 (11) bis (14) Charities Act 1993). Klagebefugt sind der Attorney General, die Gesellschaft selbst sowie jeder einzelne director (s. 16 (11) und (12) Charities Act 1993). Im Falle der Abberufung eines directors kann zudem die abberufene Person selbst klagen (s. 16 (12) Charities Act 1993). Gegen die Aufstellung eines Verwaltungsplans auf Gundlage von s. 16 (1) (a) Charities Act 1993 können gemäß s. 16 (14) Charities Act 1993 auch Dritte klagen, sofern sie ein Interesse an der betroffenen charitable company haben. Wegen des übereinstimmenden Gesetzeswortlauts kann für die Bestimmung des von s. 16 (14) Charities Act 1993 erfaßten Personenkreises auf die Ausführungen zu s. 33 (1) Charities Act 1993 verwiesen werden[183].

Anders als bei Klagen gegen Entscheidungen der Charity Commissioners im Zusammenhang mit der Führung des register of charities ist hier kein Vorverfahren

---

[182] Zu den möglichen Folgen siehe oben § 2 Fußnote 185.

[183] Siehe dazu oben § 4 I.5.b.aa.(2).

erforderlich. Mit Ausnahme von Klagen des Attorney General bedürfen Klagen gegen auf s. 16 Charities Act 1993 gestützte Maßnahmen der Charity Commissioners allerdings der Genehmigung der Charity Commissioners oder - im Falle einer Weigerung der Charity Commissioners - der Zulassung durch einen der Richter der Chancery Division des High Court (s. 16 (13) Charities Act 1993). Die Klagefrist für derartige Klagen beträgt laut s. 16 (12) Charities Act 1993 drei Monate ab Bekanntwerden der angegriffenen Maßnahme. Klagen des Attorney General unterliegen keiner Klagefrist.

Gegen auf Grundlage von s. 18 Charities Act 1993 ergriffene Maßnahmen bestehen ausweislich s. 18 (8) bis (10) Charities Act 1993 im wesentlichen dieselben Rechtsschutzmöglichkeiten. Laut s. 18 (9) Charities Act 1993 ist hier allerdings in bestimmten Fällen die Genehmigung der Klage durch die Charity Commissioners beziehungsweise die Zulassung durch einen Richter der Chancery Division entbehrlich.

Wie bereits festgestellt verfügen die Charity Commissioners bei der Prüfung der Tatbestandvoraussetzungen von s. 18 (1) und (2) Charities Act 1993 über einen Beurteilungsspielraum. Bei der Aufstellung von Verwaltungsplänen gesteht der High Court den Charity Commissioners zudem einen weiten Ermessensspielraum zu[184]. Insoweit ist die gerichtliche Kontrolldichte sowohl auf der Tatbestands- als auch auf der Rechtsfolgenseite eingeschränkt.

(2) Genehmigungs-, Beratungs- und Schlichtungsbefugnisse

Neben ihren Kontroll- und Eingriffsbefugnissen verfügen die Charity Commissioners auch über Befugnisse zur Genehmigung an sich unzulässiger Rechtshandlungen, zur Beratung der Verwaltungsorgane der charities sowie zur Schlichtung von Rechtsstreitigkeiten, an denen charities beteiligt sind.

---

184 *Re Burnham National Schools* (1873) L.R. 17 Eq. 241, 248 ff., per *Sir George Jessel M.R.*; *Re Campden Charities* (1881) 18 Ch.D. 310, 330 f., per *Sir George Jessel M.R.*

Auf Grundlage von s. 26 (1) Charities Act 1993 können die Charity Commissioners außerhalb der Befugnisse der directors einer charitable company liegende Rechtshandlungen genehmigen, sofern dies im Interesse der Gesellschaft liegt. Insbesondere können die Charity Commissioners damit im Einzelfall auch Überschreitungen der gemeinnützigen Zweckbestimmung zulassen und dadurch ultra vires Akten einer charitable company Wirksamkeit verleihen. Bei der Genehmigung von ex gratia payments unterliegen die Charity Commissioners laut s. 27 Charities Act 1993 allerdings der Aufsicht und den Weisungen des Attorney General.

Ausweislich s. 29 (1) Charities Act 1993 können die Charity Commissioners die directors einer charitable company auf schriftlichen Antrag hin bei der Wahrnehmung ihrer Aufgaben beraten. In der Praxis werden entsprechende Anträge vor allem bei innergesellschaftlichen Streitigkeiten gestellt, um mit Hilfe der Charity Commissioners eine außergerichtliche Einigung herbeizuführen[185]. Zu diesem Zweck haben die Charity Commissioners im Jahr 1998 eine eigene Schlichtungsabteilung eingerichtet[186]. Soweit die directors in Übereinstimmung mit Empfehlungen der Charity Commissioners handeln, wird gemäß s. 29 (2) Charities Act 1993 grundsätzlich vermutet, daß sie pflichtgemäß gehandelt haben.

Ausweislich s. 32 (1) (b) i.V.m. s. 32 (5) Charities Act 1993 können die Charity Commissioners zudem mit Genehmigung des Attorney General im selben Umfang über die Auslegung der Gründungsdokumente entscheiden, wie der Attorney General kraft seiner ungeschriebenen Befugnis.

(3) Veranlassung der Charity Commissioners zur Ausübung ihrer Befugnisse

Im Gegensatz zum High Court können die Charity Commissioners einen Großteil ihrer Befugnisse zur Beeinflussung der Verwaltung von charitable companies aus eigenem Antrieb ausüben. Dies gilt insbesondere für die Eingriffsbefugnisse unter s. 18 Charities Act 1993. Gleichwohl ist es denkbar, daß die Charity

---

185 *Cairns*, Charities: Law and Practice, S. 41.

186 Annual Report of the Charity Commissioners for 1998, S. 16.

Commissioners den Anstoß für die Ausübung ihrer Befugnisse von außen erhalten. Ebenso wie ein Einschreiten des High Court kann zunächst aus Sicht des board of directors selbst auch ein Einschreiten der Charity Commissioners wünschenswert sein. Der board of directors sowie entsprechend vertretungsberechtigte einzelne directors können ausweislich s. 16 (4) (a) Charities Act 1993 in Vertretung der Gesellschaft die Charity Commissioners auch zu solchen Maßnahmen veranlassen, über deren Ergreifung nur auf Antrag entschieden wird.

Wie bereits festgestellt können jedoch auch nicht entsprechend vertretungsberechtigte directors den High Court um die Ausübung seiner Eingriffsbefugnisse ersuchen, wodurch der einzelne director mittelbar erhöhten Einfluß auf die Verwaltung seiner Gesellschaft erhält. Entsprechendes gilt für die Gesellschafterversammlung, Minderheiten von Gesellschaftern und einzelne Gesellschafter sowie in gewissen Grenzen auch für die Empfänger von Leistungen einer charitable company[187]. Damit stellt sich die Frage, inwieweit diese an Stelle der Eingriffsbefugnisse des High Court auch die Eingriffsbefugnisse der Charity Commissioners nutzen können, um mittelbar Einfluß auf die Verwaltung ihrer Gesellschaft zu nehmen.

Die Eingriffsbefugnisse unter s. 16 Charities Act 1993 können nur auf Antrag ausgeübt werden. Dabei ist gemäß s. 16 (4) Charities Act 1993 neben dem Attorney General und dem High Court nur die charitable company selbst antragsbefugt. Die Ausübung dieser Befugnisse kann daher nur durch den board of directors oder entsprechend bevollmächtigte einzelne directors in Vertretung der Gesellschaft veranlaßt werden. Lediglich im Fall der Handlungsunfähigkeit des board of directors kann nach allgemeinen gesellschaftsrechtlichen Rechtsgrundsätzen[188] auch die Gesellschafterversammlung die Charity Commissioners für die Gesellschaft um die Ausübung dieser Eingriffsbefugnisse ersuchen. Demgegenüber ist der Kreis derjenigen, die die Charity Commissioners um die Ausübung ihrer Eingriffsbefugnisse unter s. 18 Charities Act 1993 ersuchen können, nicht beschränkt. Insoweit können sich daher nicht vertretungsberechtigte directors, die Gesellschafterversammlung sowie Minderheiten von Gesellschaftern und einzelne

---

[187] Siehe oben § 4 I.5.b.aa.(2).

[188] Siehe dazu unter § 4 II.1.b.bb.

Gesellschafter anstatt an den High Court auch an die Charity Commisioners wenden, um so in einer Weise Einfluß auf die Verwaltung ihrer Gesellschaft zu nehmen, die ihnen nach den allgemeinen gesellschaftsrechtlichen Regelungen verwehrt wäre[189]. Den Empfängern von Leistungen einer charitable company steht damit gleichfalls eine zusätzliche Möglichkeit mittelbarer Einflußnahme offen[190]. Und anders als der High Court können die Charity Commissioners insoweit auch von Dritten angerufen werden, die kein besonderes Interesse an der betreffenden Gesellschaft haben. Somit sind nicht nur die Charity Commissioners verpflichtet, die Öffentlichkeit an einem bereits angelaufenen Verfahren zur Ausübung ihrer Kontroll- und Eingriffsbefugnisse zu beteiligen; vielmehr ist auch die Öffentlichkeit in der Lage, von sich aus ein solches Verfahren anzustoßen[191]. Damit ist ein weiterer Weg eröffnet, auf dem die Öffentlichkeit in die Kontrolle der charities eingebunden wird.

dd. Das Verhältnis zwischen den Befugnissen der Gerichte, des Attorney General und der Charity Commissioners

Soweit sich die Befugnisse der Charity Commissioners mit denen des High Court überschneiden, werden in der Praxis in der überwiegenden Zahl der Fälle die Charity Commissioners tätig[192]: Denn zum einen können diese im Gegensatz zum High Court einen Großteil ihrer Befugnisse auch aus eigenem Antrieb ausüben und sind daher nicht auf einen Anstoß von außen angewiesen. Zum anderen können sie sachnäher und ohne zeit- und kostenaufwendiges Gerichtsverfahren entscheiden[193]. Sie sind daher in der Regel auch dann die zu bevorzugende Anlaufstelle, wenn der Anstoß zur Ausübung der Befugnisse von außen kommt. Ebenso wie bei der Anerkennung von charities beschränkt sich daher die Rolle des High Court auch bei der Beeinflussung der Verwaltung von charitable companies im wesentlichen

[189] *Warburton* (1997) Conv. 106, 107.

[190] *Cairns*, Charities: Law and Practice, S. 42.

[191] Tatsächlich beruht ein Großteil der Eingriffe in die Verwaltung von charities durch die Charity Commissioners auf Eingaben der Öffentlichkeit: Annual Report of the Charity Commissioners for 1998, S. 19.

[192] *Cairns*, Charities: Law and Practice, S. 96.

[193] *Warburton/Morris*, Tudor on Charities, S. 334 und 340; *Picarda*, The Law and Practice Relating to Charities, S. 352 f. und 448.

auf die Kontrolle der Entscheidungen der Charity Commissioners. Eine Erstentscheidung trifft der High Court regelmäßig nur in besonders bedeutenden oder schwierigen Fällen. Dies entspricht auch der in s. 33 (3) und s. 16 (10) Charities Act 1993 zum Ausdruck kommenden gesetzlichen Wertung.

Entsprechendes gilt, soweit sich die Befugnisse der Charity Commissioners mit denen des Attorney General überschneiden: Denn aufgrund ihres begrenzten Aufgabenkreises können die Charity Commissioners auch im Vergleich zum Attorney General meist sachnäher entscheiden[194]. Könnte an Stelle der Charity Commissioners auch der Attorney General tätig werden, können die Charity Commissioners ihre Befugnisse allerdings nur mit dessen Genehmigung (s. 32 (5) und s. 63 (5) Charities Act 1993) oder unter dessen Aufsicht (s. 27 (2) Charities Act 1993) ausüben. Damit behält der Attorney General in Überschneidungsfällen in jedem Fall die Möglichkeit, die Entscheidung an sich zu ziehen.

c. Das Verhältnis zwischen den allgemeinen Befugnissen des Wirtschaftsministers und den besonderen Befugnissen der Gerichte, des Attorney General und der Charity Commissioners

Die allgemeinen gesellschaftsrechtlichen Befugnisse des Wirtschaftsministers und die besonderen, an die gemeinnützige Ausrichtung von charitable companies anknüpfenden Befugnisse des High Court, des Attorney General sowie der Charity Commissioners lassen sich wegen ihrer tatbestandlichen Weite nicht klar voneinander abgrenzen. Dies kann zu Unsicherheiten und schlimmstenfalls zu widersprüchlichen Bewertungen ein und desselben Verhaltens führen[195]. Um derartige Schwierigkeiten zu vermeiden, müssen sich die verschiedenen beteiligten Stellen in Zweifelsfällen miteinander ins Benehmen setzen, um Überschneidungen ihrer Maßnahmen zu vermeiden oder gegebenenfalls ein gemeinsames, aber einheitliches Vorgehen zu gewährleisten. Obwohl auch die Regierung diese Befugnisüber-

---

[194] *Warburton/Morris*, Tudor on Charities, S. 340 ff.

[195] So auch: *Warburton* (1990) Conv. 95, 96 und 99; *Warburton* (1992/93) C.L. & P.R. 203, 208; *Leatherdale* (1993/94) C.L. & P.R. 83, 84.

schneidung als Problem erkannt hat[196], sind bislang keine grundlegenden Schritte zur Lösung dieser unbefriedigenden Lage unternommen worden.

6. Amtsverlust und Bestellung neuer directors

Wie gezeigt können auf Grundlage der erörterten Eingriffsbefugnisse zunächst der High Court und die Charity Commissioners die personelle Zusammensetzung des board of directors einer charitable company beeinflussen. Nicht auf charitable companies beschränkt ist demgegenüber die Befugnis der Gerichte, bestimmten Personen auf Grundlage des Company Directors Disqualification Act 1986 die Eignung für das Amt des directors abzusprechen. Zudem führen bestimmte Ereignisse oder Verhaltensweisen gemäß s. 72 Charities Act 1993 von Gesetzes wegen zu einem Wegfall der Eignung der betreffenden Person als director einer charitable company[197]. Der kraft Gesetzes eintretende Wegfall der Eignung hat gemäß s. 38 (1) Model Articles ohne weiteres den Amtsverlust zur Folge. Ein gerichtlicher Beschluß auf Grundlage des Company Directors Disqualification Act 1986 führt demgegenüber nicht zwangsläufig zum Amtsverlust; statt dessen treten bei Zuwiderhandlung aber die genannten Haftungsfolgen ein[198]. Der betroffene director ist daher gezwungen, von sich aus von der Ausübung seines Amtes Abstand zu nehmen: Laut s. 38 (3) Model Articles kann ein director jederzeit von seinem Amt zurücktreten. Ausweislich s. 38 (2) und (4) Model Articles führen zudem eine infolge geistiger oder körperlicher Gesundheitsschäden eintretende Unfähigkeit zur Wahrnehmung der eigenen Angelegenheiten sowie beständiges und unentschuldigtes Fernbleiben von den Sitzungen des board of directors zum Amtsverlust.

Soweit nicht von außen in die personelle Zusammensetzung des board of directors eingegriffen wird oder auf Grundlage der articles of association ein Amtsverlust eintritt, obliegt die Bestellung und die Abberufung der directors der Gesellschafterversammlung: Diese verfügt ausweislich s. 303 (1) Companies Act 1985 über ein

---

[196] *Home Office*, Charities: A Framework for the Future, para. 5.22.

[197] Zu den Bestimmungen des Company Directors Disqualification Act 1986 und s. 72 Charities Act 1993 siehe bereits oben § 4 I.1.

[198] Siehe auch dazu oben § 4 I.1.

Recht zur Abberufung der directors, das weder das memorandum oder die articles of association, noch vertragliche Vereinbarungen beschränken können. Kraft ihrer Rechtsstellung verfügt die Gesellschafterversammlung auch über die Befugnis zur Bestellung neuer directors[199]. Allerdings sind bei der Bestellung neuer directors wiederum die Beschränkungen hinsichtlich der Eignung zu beachten, die bereits im Zusammenhang mit der Bestellung der ersten directors erörtert wurden[200]. Zur Schließung von Lücken innerhalb des board of directors können ausweislich s. 36 Model Articles auch die directors einer charitable company selbst neue directors bestellen; diese müssen allerdings von der nächsten Gesellschafterversammlung bestätigt werden und verlieren ansonsten ihr Amt.

Zudem sehen die Model Articles in s. 29 bis s. 32 und s. 37 ein Rotationssystem vor, von dem ausweislich s. 40 Model Articles allerdings nur die non-executive directors betroffen sind: Laut s. 29 Model Articles verliert bei jeder ordentlichen Gesellschafterversammlung ein Drittel der non-executive directors ihr Amt. Gemäß s. 30 Model Articles sind dies jeweils diejenigen directors, die am längsten im Amt sind. Eine erneute Bestellung dieser directors ist ausweislich s. 37 Model Articles zulässig. Wird an Stelle eines directors, der aufgrund der Rotation sein Amt verloren hat, keine andere Person zum director bestellt, gilt der betroffene director nach s. 31 Model Articles als erneut bestellt, sofern die Gesellschafterversammlung nicht ausdrücklich gegen eine Neubesetzung der freigewordenen Stelle oder gegen eine erneute Bestellung dieses directors entschieden hat. Dieses Rotationssystem ist vor dem Hintergrund des im wesentlichen auf die Überwachung der executive directors beschränkten Aufgabenkreises der non-executive directors zu sehen. Es veranlaßt die Gesellschafterversammlung zur regelmäßigen Neubewertung der Tätigkeit der non-executive directors und erhöht dadurch den Druck auf die non-executive directors, sich um eine effektive Wahrnehmug ihrer Kontrollaufgaben zu bemühen.

Ausweislich s. 288 (2) (a) Companies Act 1985 muß jede Änderung der personellen Zusammensetzung des board of directors dem Registrar of Companies mitgeteilt werden. Dieser gibt daraufhin den Umstand der Änderung gemäß

---

199 *Worcester Corsetry Ltd. v. Witting* [1936] Ch. 640, 650, per *Lawrence L.J.*; vgl. auch s. 292 Companies Act 1985.

200 Siehe oben § 4 I.1.

s. 711 (1) (c) Companies Act 1985 im Amtsblatt bekannt. Unterbleibt die Mitteilung an den Registrar of Companies, kann dies ausweislich s. 42 (1) Companies Act 1985 dazu führen, daß sich die Gesellschaft Dritten gegenüber nicht auf den Wechsel berufen kann und insoweit abberufene directors noch handlungsfähig bleiben und umgekehrt neu bestellte directors die Gesellschaft nicht wirksam vertreten können[201].

Ist ein director dienstvertraglich an die Gesellschaft gebunden und verstößt dessen Abberufung gegen den Dienstvertrag, ist die Gesellschaft dem director gegenüber aus Vertragsverletzung schadensersatzpflichtig[202]. S. 318 Companies Act 1985 ermöglicht es den Gesellschaftern, die Dienstverträge der directors einzusehen. Dies soll sie in die Lage versetzen, die möglichen Kosten einer Abberufung einschätzen zu können[203]. Ausweislich s. 319 Companies Act 1985 bedürfen zudem Dienstverträge mit einer Dauer von mehr als fünf Jahren der Zustimmung der Gesellschafterversammlung. Dadurch wird verhindert, daß die directors überlange Diensverträge mit der Gesellschaft abschließen, um so im Falle einer Abberufung hohe Entschädigungen beanspruchen zu können[204].

7. Zusammenfassung

Der board of directors ist das Hauptverwaltungsorgan einer charitable company. Er besteht in der Regel aus executive directors, die innerhalb der ihnen durch den board übertragenen Befugnisse das Tagesgeschäft abwickeln, und non-executive directors, deren Aufgabenkreis im wesentlichen auf die Überwachung der executive directors beschränkt ist.

---

[201] *Sinclair/Vogel/Snowden*, Company Directors, Vol. 1, para. 4.86; allgemein zu den Rechtswirkungen von s. 42 Companies Act 1985 vgl. etwa: Halsbury's Laws of England, Vol. 7 (1), para. 7; *Thorne/Walmsley*, Butterworths Company Law Guide, S. 218.

[202] *Southern Foundries (1926) Ltd. v. Shirlaw* [1940] A.C. 701; *Carrier Australasia Ltd. v. Hunt* (1939) 61 C.L.R. 534; vgl. auch s. 303 (5) Companies Act 1985.

[203] *Bruce*, Rights and Duties of Directors, S. 84; *Gower/Prentice/Pettet*, Gower's Principles of Modern Company Law, S. 155; *Morse*, Charlesworth and Morse - Company Law, S. 247.

[204] Vgl. dazu: *Ryan*, Company Directors, S. 80; *Morse*, Palmer's Company Law, Vol. 2, para. 8.206; *Bruce*, Rights and Duties of Directors, S. 84; *Sinclair/Vogel/Snowden*, Company Directors, Vol. 1, para. 3.32.

Nach außen hin treten die directors als Vertreter der Gesellschaft in Erscheinung. Die Vertretungsmacht des board of directors ist durch den in der objects clause festgelegten Gesellschaftszweck beschränkt. Einzelne directors sind vertretungsbefugt, soweit sie durch den board of directors bevollmächtigt wurden oder sich aus Rechtsscheinsgrundsätzen eine Vollmacht ergibt. Rechtsgeschäfte, die ohne Vertretungsmacht für die Gesellschaft geschlossen wurden, haben vorbehaltlich einer Genehmigung für die Gesellschaft keinerlei Rechtswirkung.

Neben Überschreitungen der Vertretungsmacht führen nach der Rechtsprechung in den Grenzen der constructive notice Doktrin auch Überschreitungen der Befugnisse im Innenverhältnis zur Unwirksamkeit des betreffenden Rechtsgeschäfts. Zwar entfaltet diese Rechtsprechung aufgrund von s. 35A Companies Act 1985 gutgläubigen Dritten gegenüber grundsätzlich keine Wirkung mehr; laut s. 65 (1) Charities Act 1993 findet jedoch s. 35A Companies Act 1985 auf charitable companies ebensowenig Anwendung wie s. 35 Companies Act 1985, welche im Außenverhältnis die ultra vires Doktrin aufhebt. Von wenigen Ausnahmen zugunsten besonders schutzwürdiger Dritter abgesehen sind daher neben nicht der Verwirklichung der gemeinnützigen Zweckbestimmung dienenden Rechtsgeschäften auch in sonstiger Weise gegen das memorandum oder gegen die articles of association oder Weisungen der Gesellschafterversammlung verstoßende Rechtsgeschäfte unwirksam und gegebenenfalls rückabzuwickeln.

Im Innenverhältnis obliegt den directors die Geschäftsführung. Der Charities Act 1993 erlegt den directors von charitable companies zusätzliche Berichtspflichten auf und unterwirft charitable companies einer erweiterten Publizität. Hinsichtlich der allgemeinen Sorgfalts- und Treuepflichten sowie der Haftung ergeben sich demgegenüber keine Besonderheiten gegenüber directors privatnützig ausgerichteter Gesellschaften. Auch die Haftungsfreistellung richtet sich im wesentlichen nach den allgemeinen Regelungen. Von einer Haftung wegen Mißachtung der in der objects clause enthaltenen Zweckbestimmung können directors einer charitable company ausweislich s. 65 (4) Charities Act 1993 allerdings nur mit Genehmigung der Charity Commissioners freigestellt werden. Privatnützig ausgerichtete Gesellschaften unterliegen keinen Beschränkungen, wenn sie ihren directors Vergütungen, Aufwendungsersatz oder sonstige Leistungen gewähren. Charitable companies können dies jedoch nur in begrenztem Umfang, sofern sie nicht ihren gemeinnützigen Status gefährden wollen.

Die directors einer charitable company sind bei der Wahrnehmung ihrer Aufgaben in weitem Umfang staatlicher Kontrolle und Einflußnahme ausgesetzt: Zum einen unterliegen charitable companies den allgemeinen Kontrollbefugnissen des Wirtschaftsministers nach den Bestimmungen der Companies Act 1985. Diese dienen in der Praxis vor allem dem Schutz der Gesellschafterinteressen. Aufgrund ihrer gemeinnützigen Ausrichtung unterliegen charitable companies darüber hinaus besonderen Befugnissen des High Court, des Attorney General und der Charity Commissioners. Diese können dabei sowohl zum Schutz des Gesellschaftsvermögens vor einem Fehlverhalten der directors als auch zu deren Unterstützung oder Beratung tätig werden. Da jeder einzelne director den High Court und in bestimmten Grenzen auch die Charity Commissioners um die Ausübung ihrer Eingriffsbefugnisse ersuchen kann, erhöht dies den Druck auf die directors, innerhalb des board of directors Einvernehmen herzustellen. Auch die Gesellschafterversammlung, Minderheiten von Gesellschaftern und einzelne Gesellschafter können die Eingriffsbefugnisse des High Court und der Charity Commissioners nutzen, um mittelbar Einfluß auf die Verwaltung der Gesellschaft zu nehmen. Dadurch erhalten sie über ihre allgemeinen gesellschaftsrechtlichen Befugnisse hinaus eine zusätzliche Einflußmöglichkeit. In bestimmten Grenzen können auch die Empfänger von Leistungen der betreffenden Gesellschaft die Eingriffsbefugnisse des High Court und der Charity Commissioners nutzen, um mittelbar Einfluß auf die Verwaltung der Gesellschaft auszuüben.

Die Charity Commissioners müssen zudem die Öffentlichkeit in gewissem Umfang an der Ausübung ihrer Kontroll- und Eingriffsbefugnisse beteiligen. Diese hat umgekehrt auch die Möglichkeit, von sich aus die Charity Commissioners zur Ausübung ihrer Kontroll- und Eingriffsbefugnisse zu veranlassen.

Im Vergleich zu directors privatnützig ausgerichteter Gesellschaften können damit die directors einer charitable company bei der Wahrnehmung ihrer Aufgaben einerseits in größerem Umfang staatliche Hilfe in Anspruch nehmen; andererseits sind sie aber auch einem erhöhten Druck zur ordnungsgemäßen und gewissenhaften Wahrnehmung ihrer Aufgaben ausgesetzt.

II. Die Rechtsstellung der Gesellschafterversammlung und des einzelnen Gesellschafters

Mit der Gesellschafterversammlung ist neben dem board of directors ein zweites Organ an der Leitung der auf Grundlage des Companies Act 1985 gegründeten Gesellschaften beteiligt. Auch die für die Rechtsstellung der Gesellschafterversammlung und des einzelnen Gesellschafters maßgeblichen Vorschriften finden sich nur zum Teil im Companies Act 1985 und ergeben sich im übrigen aus dem memorandum und den articles of association. Insoweit soll auch hier von den Vorschriften des Model Memorandum und der Model Articles der Charity Commissioners ausgegangen werden. Zudem unterliegen auch die Gesellschafter bestimmten Treuepflichten, die sich ebenso wie die Treuepflichten der directors nach richterrechtlichen Rechtsgrundsätzen richten. In charitable companies wird schließlich auch die Rechtsstellung der Gesellschafterversammlung und des einzelnen Gesellschafters durch Sonderregelungen gegenüber dem allgemeinen Gesellschaftsrecht beeinflußt, die sich aus dem Charities Act 1993 sowie dem Model Memorandum und den Model Articles ergeben.

1. Die Rechtsstellung der Gesellschafterversammlung

a. Einberufung, Durchführung und Beschlußfassung

Laut s. 366 Companies Act 1985 muß mindestens einmal jährlich eine ordentliche Gesellschafterversammlung stattfinden. Dabei darf der Abstand zwischen den Gesellschafterversammlungen höchstens 15 Monate betragen. Die Model Articles enthalten in s. 3 eine entsprechende Regelung. Die Einberufung der ordentlichen Gesellschafterversammlungen obliegt ausweislich s. 3 Model Articles den directors. Zusätzlich zu den ordentlichen Gesellschafterversammlungen können außerordentliche Gesellschafterversammlungen anberaumt werden. Dies kann sowohl auf Veranlassung der directors als auch auf Veranlassung der Gesellschafter geschehen: So können die directors ausweislich s. 4 Model Articles jederzeit nach ihrem Ermessen eine außerordentliche Gesellschafterversammlung einberufen. Nach s. 4 Model Articles i.V.m. s. 368 (1) und (2) (b) Companies Act 1985 sind die directors auf Antrag eines oder mehrerer Gesellschafter, die allein beziehungsweise gemeinsam über mindestens ein Zehntel der Stimmen verfügen, verpflichtet, eine außerordentliche Gesellschafterversammlung einzuberufen. Auf Grundlage von s. 370 (3) Companies Act 1985 kann unabhängig vom Stimmrecht außerdem eine Gruppe von mindestens 5 % der Gesellschafter eine außerordentliche Gesellschafterversammlung einberufen. Einzelheiten bezüglich der Ladungsfristen, des Inhalts der Ladung sowie bezüglich der formellen Anforderungen an die Ladung finden sich in s. 5, s. 56 und s. 57 Model Articles sowie in s. 378 (1) und (2) und s. 379A (2) (a) Companies Act 1985.

Ausweislich s. 9 Model Articles führt grundsätzlich einer der directors den Vorsitz über die Gesellschafterversammlung. Diese ist gemäß s. 7 Model Articles nur beschlußfähig, wenn ein Quorum von mindestens zehn stimmberechtigten Gesellschaftern oder Bevollmächtigten oder, sofern diese Zahl größer als zehn ist, ein Zehntel aller stimmberechtigten Gesellschafter oder Bevollmächtigten anwesend ist[205]. Anderenfalls muß die Gesellschafterversammlung laut s. 8 Model Articles vertagt werden. Die Abstimmung erfolgt ausweislich s. 13 Model Articles mittels Handzeichen, sofern nicht vor der Abstimmung oder unmittelbar nach Verkündung des Ergebnisses eine schriftliche Abstimmung beantragt wird. Antragsberechtigt sind laut s. 13 (1) bis (3) Model Articles der Vorsitzende, eine Gruppe von mindestens zwei stimmberechtigten Gesellschaftern sowie einzelne Gesellschafter, die über mindestens ein Zehntel der Stimmen verfügen. Einzelheiten zum Abstimmungsverfahren finden sich in s. 14 bis s. 16 sowie in s. 18 und s. 19 Model Articles. Ausweislich s. 381A Companies Act 1985 können die Gesellschafter auch ohne vorherige Einberufung einer Gesellschafterversammlung in einem schriftlichen Verfahren Beschlüsse fassen.

Laut s. 20 Model Articles hat jeder Gesellschafter eine Stimme. In Gesellschaften, die - wie bei companies limited by guarantee regelmäßig der Fall[206] - nicht über ein share capital verfügen, müssen die Gesellschafter ausweislich s. 372 (2) (a)

---

[205] Ein solches Quorum ist offenkundig ungeeignet für Gesellschaften, die nicht über deutlich mehr als zehn Gesellschafter verfügen. Für solche Gesellschaften müßten die Vorgaben der Model Articles den tatsächlichen Verhältnissen entsprechend angepaßt werden. Enthalten die articles of association keine Bestimmungen hinsichtlich der Beschlußfähigkeit, gilt die Gesellschafterversammlung ausweislich s. 370 (2) Companies Act 1985 als beschlußfähig, wenn mindestens zwei Gesellschafter persönlich anwesend sind.

[206] Siehe oben § 3 I.1.

Companies Act 1985 persönlich erscheinen und können sich bei der Ausübung ihres Stimmrechts sowie ihrer sonstigen Rechte nicht vertreten lassen. Zwar erlaubt s. 372 (2) Companies Act 1985 eine abweichende Regelung; jedoch machen die Model Articles von dieser Möglichkeit keinen Gebrauch. Gehören der Gesellschaft juristische Personen als Gesellschafter an, die naturgemäß ohnehin durch das jeweils vertretungsberechtigte Organ vertreten werden müssen, können diese allerdings an Stelle des vertretungsberechtigten Organs auch durch Unterbevollmächtigte vertreten werden (s. 375 Companies Act 1985). Die Model Articles enthalten in s. 28 eine entsprechende Bestimmung.

Grundsätzlich faßt die Gesellschafterversammlung ihre Beschlüsse mit einfacher Mehrheit der abgegebenen Stimmen (sogenannte ordinary resolution)[207]. Bei Stimmengleichheit entscheidet laut s. 17 Model Articles der Vorsitzende. Zahlreiche ihrer Befugnisse kann die Gesellschafterversammlung jedoch nicht durch ordinary resolution, sondern nur durch sogenannte special[208] oder extraordinary resolution[209] ausüben. In diesen Fällen bedarf ein Beschluß der Gesellschafterversammlung gemäß s. 378 (1) beziehungsweise s. 378 (2) Companies Act 1985 einer Mehrheit von drei Vierteln der abgegebenen Stimmen[210]. Special und extraordinary resolution unterscheiden sich ausweislich s. 378 (1) und (2) Companies Act 1985 nur hinsichtlich der Ladungsfrist. Sollen im schriftlichen Verfahren Beschlüsse gefaßt werden, müssen dazu laut s. 381A (1) Companies Act 1985 sämtliche Gesellschafter ein Schriftstück unterzeichnen, welches den Wortlaut des Beschlusses wiedergibt[211]. Unabhängig davon, welche Mehrheit zur Fassung des betreffenden Beschlusses im Rahmen einer Gesellschafterversammlung erforderlich wäre, ist

---

207 *Bushell v. Faith* [1970] A.C. 1099; *Morse*, Palmer's Company Law, Vol. 2, para. 7.704; *Barc/Bowen*, Tolley's Company Law, Vol. 1, para. G2038; Halsbury's Laws of England, Vol. 7 (1), para. 681; *Thorne/Walmsley*, Butterworths Company Law Guide, S. 207 f.

208 Siehe etwa oben Fußnoten 28 und 40 sowie § 3 Fußnote 72.

209 Extraordinary resolutions sind lediglich im Zusammenhang mit der Auflösung der Gesellschaft in einigen Fällen erforderlich, vgl. insbesondere s. 84 (1) (c) Insolvency Act 1986.

210 Enthaltungen gelten dabei gemäß s. 378 (5) Companies Act 1985 als nicht abgegebene Stimmen; wenngleich sich s. 378 (5) Companies Act 1985 nur auf special und extraordinary resolutions bezieht, gilt gleiches auch bei Abstimmungen über ordinary resolutions: *Gower/Prentice/Pettet*, Gower's Principles of Modern Company Law, S. 519; *Morse*, Palmer's Company Law, Vol. 2, para. 7.704; in diesem Sinne auch: *Barc/Bowen*, Tolley's Company Law, Vol. 1, para. G2038.

211 Dabei muß es sich ausweislich s. 381A (2) Companies Act 1985 nicht um ein und dasselbe Schriftstück handeln, solange jedes Schriftstück den Wortlaut des Beschlusses richtig wiedergibt.

somit zur schriftlichen Beschlußfassung außerhalb einer Gesellschafterversammlung stets Einstimmigkeit erforderlich.

Im Interesse der Rechtssicherheit kann gemäß s. 22 Model Articles die Gültigkeit von Stimmen nach Abschluß der Gesellschafterversammlung nicht mehr in Frage gestellt werden. Laut s. 6 Model Articles steht auch die irrtümliche Versäumnis, Gesellschafter zu laden, der Wirksamkeit der auf der Gesellschafterversammlung gefaßten Beschlüsse nicht entgegen; dabei begründet ausweislich s. 59 Model Articles schon der Nachweis, daß die Ladung richtig adressiert, frankiert und abgeschickt wurde, den unwiderleglichen Beweis einer ordnungsgemäßen Ladung - der Zugang der Ladung muß nicht nachgewiesen werden. Zudem gelten laut s. 58 Model Articles die auf der Gesellschafterversamlung anwesenden Gesellschafter in jedem Fall als ordnungsgemäß geladen.

b. Die Befugnisse der Gesellschafterversammlung

Ausweislich s. 27 Model Articles nehmen grundsätzlich die directors alle Angelegenheiten der Gesellschaft wahr. Die Gesellschafterversammlung kann nur tätig werden, soweit ihr in Ausnahme zu diesem Grundsatz Befugnisse durch den Companies Act 1985, das memorandum, die articles of association oder richterrechtliche Rechtsgrundsätze besonders zugewiesen sind[212]. Einzelne dieser Befugnisse wurden bereits in verschiedenen Zusammenhängen genannt[213]. Einfluß auf die Verwaltung der Gesellschaft erlangt die Gesellschafterversammlung vor allem durch ihre Befugnis zur Änderung des memorandum und der articles of association sowie durch ihre Weisungsbefugnis gegenüber den directors. Darüber

---

[212] *Barc/Bowen*, Tolley's Company Law, Vol. 1, para. G2045; *Griffin*, Company Law, S. 287 f.; in diesem Sinne auch: *Sinclair/Vogel/Snowden*, Company Directors, Vol. 1, paras. 2.09 ff.; *Pennington*, Company Law, S. 765.

[213] Siehe insbesondere oben § 3 III.2.b.aa. (Genehmigung von ultra vires Akten), § 4 I.3.a. (Genehmigung von Überschreitungen der Vertretungsmacht), § 4 I.3.b. (Genehmigung von Verstößen gegen das memorandum, die articles of association und Weisungen der Gesellschafterversammlung), § 4 I.4.c. (Haftungsfreistellung), § 4 I.5.b.aa.(2) (Anrufung des High Court auf Grundlage von s. 33 (1) Charities Act 1993), § 4 I.5.b.cc.(3) (Anrufung der Charity Commissioners) und § 4 I.6. (Abberufung und Bestellung von directors).

hinaus kann sie auf verschiedenen Wegen mittelbar auf die Verwaltung der Gesellschaft Einfluß nehmen.

aa. Die Befugnis zur Änderung des memorandum und der articles of association

Die Befugnis der Gesellschafterversammlung, die articles of association zu ändern, folgt aus s. 9 Companies Act 1985. Ausweislich s. 9 (1) Companies Act 1985 bedarf eine Änderung der articles of association eines Beschlusses in Form einer special resolution.

Das memorandum kann laut s. 2 (7) Companies Act 1985 nur in den im Companies Act 1985 ausdrücklich vorgesehenen Fällen geändert werden. Ausdrücklich zulässig ist zunächst die Änderung der objects clause: Auch hierfür ist gemäß s. 4 (1) Companies Act 1985 eine special resolution erforderlich. Auf Grundlage von s. 28 (1) Companies Act 1985 kann auch der Name der Gesellschaft durch special resolution geändert werden[214]. Zudem können laut s. 17 (1) Companies Act 1985 alle Vorschriften des memorandum, die auch in die articles of association hätten aufgenommen werden können, durch special resolution geändert werden. Damit sind alle Vorschriften des memorandum, die über den in s. 2 Companies Act 1985 vorgegebenen Mindestgehalt hinausgehen, einer Änderung zugänglich. Abgesehen von der objects clause und dem Namen der Gesellschaft, deren Änderung der Comanies Act 1985 ausdrücklich zuläßt, gehören laut s. 2 Companies Act 1985 zufolge nur die Angabe, daß der satzungsmäßige Sitz der Gesellschaft im Gebiet Englands und Wales' liegt, sowie die in s. 2 (3) Companies Act 1985 genannten Angaben zur Haftungsbeschränkung der Gesellschafter zum Mindestgehalt des memorandum. Daher sind auch nur diese einer Änderung entzogen[215]. Vor diesem Hintergrund hat die Einschränkung der Abänderbarkeit

---

[214] Dabei sind die oben unter § 3 II.1.a.aa. im Zusammenhang mit der Namensgebung bei Gründung der Gesellschaft erörterten Beschränkungen auch bei einer nachträglichen Änderung des Namens zu beachten: *Morse*, Charlesworth and Morse - Company Law, S. 45; *Barc/Bowen*, Tolley's Company Law, Vol. 2, para. N1012.

[215] Für die Angabe, daß der satzungsmäßige Sitz im englisch-walisischen Rechtsraum liegt, folgt dies daraus, daß eine Verlegung des satzungsmäßigen Sitzes aus dem englisch-walisischen Rechtsraum hinaus die Auflösung der Gesellschaft und eine Neugründung nach dem Recht des

des memorandum durch s. 2 (7) Companies Act 1985 nur begrenzte praktische Bedeutung.

Während bei privatnützig ausgerichteten Gesellschaften wegen s. 35 beziehungsweise s. 35A Companies Act 1985 Verstöße gegen das memorandum und die articles of association der Wirksamkeit des betreffenden Rechtsgeschäfts nicht entgegenstehen, führen bei charitable companies derartige Verstöße aufgrund des Ausschlusses von s. 35 und s. 35A Companies Act 1985 durch s. 65 (1) Charities Act 1993 im Rahmen der ultra vires und der constructive notice Doktrin grundsätzlich zur Unwirksamkeit des betreffenden Rechtsgeschäfts[216]. Anders als in privatnützig ausgerichteten Gesellschaften wirken sich somit in charitable companies Änderungen des memorandum und der articles of association nicht nur im Innenverhältnis, sondern auch im Außenverhältnis aus. In charitable companies kommt insofern der Befugnis der Gesellschafterversammlung, das memorandum und die articles of association zu ändern, eine gesteigerte Bedeutung zu.

Die Änderungsbeschlüsse müssen in Kopie dem Registrar of Companies zugesandt werden (s. 380 (1) i.v.m. s. 380 (4) (a) Companies Act 1985). Bei Änderung der objects clause muß dem Registrar of Companies ausweislich s. 6 (1) (a) Companies Act 1985 ferner eine Kopie des vollständigen, geänderten memorandum übermittelt werden. Gleiches gilt laut s. 17 (3) Companies Act 1985 für sämtliche Änderungen des memorandum, die Vorschriften betreffen, die über den in s. 2 Companies Act 1985 vorgegebenen Mindestgehalt hinausgehen. Der Registrar of Companies gibt den Umstand der Änderung gemäß s. 711 (1) (b) Companies Act 1985 im Amtsblatt bekannt. Kommt die Gesellschaft diesen Pflichten nicht nach, kann dies

---

Zielortes erfordert, siehe oben § 3 II.1.a.bb. Für die Angaben zur Haftungsbeschränkung der Gesellschafter läßt sich dies damit erklären, daß die Art der Haftungsbeteiligung der Gesellschafter durch die gewählte Gesellschaftsform vorgegeben ist; die Art der Haftungsbeteiligung kann daher nur durch Umwandlung in eine andere Gesellschaftsform in Übereinstimmung mit den in Part II Companies Act 1985 enthaltenen Vorschriften geändert werden, vgl.: *Thorne/Walmsley*, Butterworths Company Law Guide, S. 26; *Pennington*, Company Law, S. 77; *Barc/Bowen*, Tolley's Company Law, Vol. 2, para. M2023; weiterführend zur Umwandlung etwa: *Morse*, Palmer's Company Law, Vol. 2, paras. 2.205 ff.; Halsbury's Laws of England, Vol. 7 (1), paras. 118 ff. Der Ausschluß der Abänderbarkeit der Angaben zur Haftungsbeschränkung hat allerdings auch zur Folge, daß lediglich die Höhe der Garantiesumme betreffende Änderungen ausgeschlossen sind: *Pennington*, Company Law, S. 1030 f.; *Rice* (1964) 28 Conv. (N.S.) 214, 217.

[216] Siehe oben § 3 III.2.b.bb. und § 4 I.3.d.

ausweislich s. 42 (1) Companies Act 1985 dazu führen, daß sich die Gesellschaft Dritten gegenüber nicht auf die betreffende Änderung berufen kann: Für die Frage der Unwirksamkeit eines Rechtsgeschäfts auf Grundlage der ultra vires beziehungsweise der constructive notice Doktrin ist dann nach wie vor der ursprüngliche Inhalt des memorandum und der articles of association maßgeblich[217]. Schließlich erlangt eine Namensänderung ausweislich s. 28 (6) Companies Act 1985 erst dann Wirksamkeit, wenn die Eintragung der Gesellschaft im register of companies entsprechend geändert und eine neue Eintragungsbescheinigung ausgestellt wurde.

Charitable companies müssen Änderungen ihres memorandum und ihrer articles of association laut s. 3 (7) (b) Charities Act 1993 zudem den Charity Commissioners melden und ihnen die geänderte Fassung in Kopie zusenden. Sind die Charity Commissioners der Ansicht, daß die Gesellschaft infolge der betreffenden Änderung die Voraussetzungen für eine Anerkennung als charity nicht länger erfüllt, sind sie unter s. 3 (4) Charities Act 1993 verpflichtet, die Gesellschaft aus dem register of charities zu löschen.

(1) Allgemeine Beschränkungen nach den Vorschriften des Companies Act 1985

Eine Beschränkung der Befugnis der Gesellschafterversammlung zur Änderung des memorandum und der articles of association folgt daraus, daß charitable companies in der Regel auf Grundlage von s. 30 Companies Act 1985 von der Führung eines die Haftungsbeschränkung kennzeichnenden Namenszusatzes befreit sind[218]: Gesellschaften, die von dieser Befreiung Gebrauch machen, dürfen ausweislich s. 30 (1) Companies Act 1985 keine Änderungen des memorandum und der articles of association vornehmen, soweit die Gesellschaft dadurch den Anforderungen einer Befreiung nicht mehr genügen würde. Zuwiderhandlungen führen zwar nicht zur Unwirksamkeit der betreffenden Änderung, können jedoch laut s. 31 (5)

---

217 Allgemein zu den Rechtswirkungen von s. 42 Companies Act 1985 vgl. etwa: *Thorne/Walmsley*, Butterworths Company Law Guide, S. 218; Halsbury's Laws of England, Vol. 7 (1), para. 7.

218 Siehe oben § 3 II.1.a.aa.(1).

Companies Act 1985 mit Geldstrafe geahndet werden. Allerdings decken sich die Voraussetzungen einer Befreiung von der Pflicht zur Führung eines die Haftungsbeschränkung kennzeichnenden Namenszusatzes weitgehend mit den Voraussetzungen für eine Anerkennung als charity[219]. Daher würde eine charitable company durch laut s. 31 (1) Companies Act 1985 unzulässige Änderungen regelmäßig zugleich ihren gemeinnützigen Status verlieren. Deshalb verbieten sich derartige Änderungen für charitable companies ohnehin.

(2) Besondere Beschränkungen für charitable companies

Aufgrund ihrer gemeinnützigen Ausrichtung unterliegen charitable companies weitergehenden gesetzlichen Beschränkungen in Bezug auf Änderungen des memorandum und der articles of association. Diese Beschränkungen betreffen zum einen die Wirksamkeitsvoraussetzungen und begrenzen zum anderen die Auswirkungen bestimmter Änderungen. Besondere Beschränkungen ergeben sich darüber hinaus dann, wenn die Gesellschaft Spenden auf Grundlage eines gesonderten trust erhalten hat.

(a) Das Zustimmungserfordernis gemäß s. 64 (2) Charities Act 1993

Zunächst sind laut s. 64 (2) (a) Charities Act 1993 Änderungen der objects clause nur mit schriftlicher Genehmigung der Charity Commissioners wirksam. Nach dem in der objects clause festgelegten Gesellschaftszweck richtet sich, wie die Gesellschaft nach außen hin in Erscheinung tritt, insbesondere welche Art von gemeinnützigen Leistungen sie erbringt und welchen Personenkreis sie begünstigt. Eine Änderung des in der objects clause festgelegten Gesellschaftszwecks berührt somit unmittelbar die Allgemeinheit. Mit Hilfe des Zustimmungserfordernisses können die Charity Commissioners sicherstellen, daß eine Änderung der objects clause nicht zu einer Beeinträchtigung schutzwürdiger Interessen außenstehender Dritter führt. Dementsprechend verweigern die Charity Commissioners ihre Zustimmung regelmäßig etwa dann, wenn der Gesellschaft im Hinblick auf ihren ursprünglichen

---

[219] Siehe oben § 3 II.1.a.aa.(1).

Zweck in großem Umfang Spenden zugeflossen sind und nach der Änderung des Gesellschaftszwecks diese Spenden nicht mehr in Übereinstimmung mit den Beweggründen der Spender verwendet werden könnten[220].

Laut s. 64 (2) (b) Charities Act 1993 gilt das Zustimmungserfordernis auch dann, wenn an Stelle der objects clause andere Vorschriften des memorandum oder Vorschriften der articles of association geändert werden, die die Art und Weise der Vermögensverwendung betreffen[221].

Ausweislich s. 64 (3) Charities Act 1993 muß die Gesellschaft dem Registrar of Companies zusammen mit den infolge der Änderung nach den Vorschriften des Companies Act 1985 beizubringenden Unterlagen auch eine Kopie der Genehmigung der Charity Commissioners übersenden.

(b) Die Begrenzung der Wirkungen von Änderungen bei Aufgabe des gemeinnützigen Gesellschaftszwecks durch s. 64 (1) Charities Act 1993

Eine besondere Beschränkung gilt für Änderungen des memorandum oder der articles of association, durch die die Gesellschaft ihre gemeinnützige Ausrichtung verliert: Gemäß s. 64 (1) Charities Act 1993 haben derartige Änderungen keine Wirkung für die Verwendung von Vermögenswerten, die vor der Änderung ohne objektiv gleichwertige Gegenleistung erlangt wurden (s. 64 (1) (a) Charities Act 1993), für die Verwendung jeder Art von Einkommen, das die Gesellschaft vor der Änderung erzielt hat (s. 64 (1) (b) Charities Act 1993) sowie für die Verwendung

---

220 Annual Report of the Charity Commissioners for 1998, S. 6; *Warburton* (1984) Conv. 112, 117; *Warburton* (1990) 4 Trust L. & P. 78, 80; *Warburton*, The Charities Act 1993, S. 10-80; *Cracknell*, Law Relating to Charities, S. 164 f.; *Cairns*, Charities: Law and Practice, S. 60. Der Schutz der Spenderinteressen kann jedoch nur dann eine Verweigerung der Zustimmung rechtfertigen, wenn der ursprüngliche gemeinnützige Zweck zugunsten eines anderen, aber ebenfalls gemeinnützigen Zwecks geändert wird: Denn eine Aufgabe des gemeinnützigen zugunsten eines privatnützigen Gesellschaftszwecks ist gemäß s. 64 (1) Charities Act 1993 im Hinblick auf Altspenden ohnehin unwirksam, siehe dazu sogleich unter § 4 II.1.b.aa.(2)(b).

221 Dies gilt zum Beispiel für Vorschriften, welche die Vergütung der Tätigkeit der directors regeln oder für bestimmte Vermögensgegenstände eine besondere Verwendung innerhalb der gemeinnützigen Zweckbestimmung vorschreiben: *Warburton*, The Charities Act 1993, S. 10-81; *Middleton/Lloyd*, The Charities Acts Handbook, S. 60; *Warburton/Morris*, Tudor on Charities, S. 449.

von Erträgen, die aus den von s. 64 (1) (a) und (b) Charities Act 1993 erfaßten Vermögenswerten stammen (s. 64 (1) (c) Charities Act 1993). Im Unterschied zu s. 64 (2) Charities Act 1993 betrifft somit s. 64 (1) Charities Act 1993 nicht die Wirksamkeitsvoraussetzungen, sondern begrenzt die Auswirkungen von Änderungen des memorandum und der articles of association. Zudem betrifft s. 64 (1) Charities Act 1993 nicht jede Änderung, die sich auf die Art und Weise der Vermögensverwendung auswirkt, sondern nur Änderungen, die den Verlust der gemeinnützigen Ausrichtung zur Folge haben.

Während s. 64 (1) (a) Charities Act 1993 auf vor der Änderung erhaltene Spenden abzielt, erfaßt s. 64 (1) (b) Charities Act 1993 aus sonstigen Quellen stammendes Einkommen. Da die betreffende Änderung für die Verwendung der von s. 64 (1) (a) bis (c) erfaßten Vermögenswerte keine Wirkung hat, kann die Gesellschaft diese Vermögenswerte auch nach der Änderung nur im Rahmen der ursprünglichen Bestimmungen des memorandum und der articles of association verwenden. Verwendet die Gesellschaft solche Vermögenswerte gleichwohl nach den geänderten Bestimmungen, führt dies im Rahmen der ultra vires und der constructive notice Doktrin zur Unwirksamkeit des betreffenden Rechtsgeschäfts, soweit nicht eine der in s. 65 Charities Act 1993 genannten Ausnahmen eingreift.

Dies soll verhindern, daß die Gesellschaft Spenden, die sie von Dritten im Hinblick auf ihren gemeinnützigen Zweck erhalten hat, nach entsprechender Änderung des memorandum oder der articles of association für privatnützige Zwecke verwendet. Entsprechendes gilt für Vermögen, bei dessen Entstehung sie von steuerlichen Vorteilen profitiert hat, die ihr nur aufgrund ihrer gemeinnützigen Ausrichtung zustanden. Ebenso wie die Pflicht zur gemeinnützigen Verwendung eines Liquidationsüberschusses dient somit auch s. 64 (1) Charities Act 1993 dem Schutz vor einer Umgehung des Ausschlusses von Gewinnausschüttungen außerhalb der gemeinnützigen Zweckbestimmung[222]: Während die Pflicht zur gemeinnützigen Verwendung des Liquidationsüberschuses Umgehungen des Gewinnausschüttungsverbots infolge der Auflösung der Gesellschaft verhindert, schließt s. 64 (1)

[222] *Picarda*, The Law and Practice Relating to Charities, S. 384; *Chesterman*, Charities, Trusts and Social Welfare, S. 178.

Charities Act 1993 Umgehungen des Gewinnausschüttungsverbots durch Aufgabe des gemeinnützigen Zwecks zugunsten eines privatnützigen Zwecks aus[223].

(c) Wirkungslosigkeit von Änderungen des Gesellschaftszwecks in Bezug auf Spenden, die der Gesellschaft in trust gegeben wurden

Eine weitere Beschränkung der Wirkungen einer Änderung speziell des in der objects clause festgelegten Gesellschaftszwecks ergibt sich immer dann, wenn die Gesellschaft Spenden erhalten hat, die der Spender der Gesellschaft ausdrücklich oder konkludent in trust gegeben hat[224]. Solche Spenden sind Gegenstand eines gesonderten trust. Sie können daher nur im Rahmen des durch den Spender vorgegebenen Zwecks des trust verwendet werden[225]. Da eine Änderung des in der objects clause festgelegten Gesellschaftszwecks den Zweck des trust unberührt läßt, reicht die Änderung des Gesellschaftszwecks allein nicht aus, um die Spenden abweichend vom Willen des Spenders verwenden zu können. Verwendet die Gesellschaft die Spenden gleichwohl nach ihrer geänderten Zweckbestimmung, verletzt sie ihre Pflichten als trustee (breach of trust)[226]. Um auch solche Spenden einem anderen Zweck zuführen zu können, muß daher neben dem Gesellschaftszweck auch der Zweck des trust geändert werden[227]. Dies kann allerdings nicht

---

[223] Den Bedarf nach einem solchen Umgehungsschutz hat die Rechtsprechung schon in der Entscheidung *IRC v. Yorkshire Agricultural Society* festgestellt: *IRC v. Yorkshire Agricultural Society* [1928] 1 K.B. 611, 633, per *Atkin L.J.*; siehe auch: *Baldry v. Feintuck* [1972] 2 All E.R. 81.

[224] Dazu kommt es in jedem Fall dann, wenn die Spende auf einen Aufruf der charity hin erfolgt, in welchem sie die Verwendung der Spende für eine genau bestimmte Maßnahme in Aussicht stellt: *Warburton/Morris*, Tudor on Charities, S. 277; *Cairns*, Charities: Law and Practice, S. 191. Spendet dagegen der Spender unaufgefordert, nimmt die Rechtsprechung nur bei besonderen Anhaltspunkten die Entstehung eines gesonderten trust an: *Re Finger's Will Trusts* [1972] Ch. 286, 298, per *Goff J.*; vgl. auch: *Re Meyers* [1951] Ch. 534.

[225] *Sheridan*, Keeton & Sheridan's Modern Law of Charities, S. 355; *Ray/Stary/Costello/de Voil*, Charities: Practical Tax Planning, para. 3-04.

[226] *Warburton/Morris*, Tudor on Charities, S. 159. Allgemein zu den Rechtsfolgen einer zweckwidrigen Verwendung des in den trust eingebrachten Vermögens etwa: *Hayton*, Underhill and Hayton - Law Relating to Trusts and Trustees, S. 470 und 825 ff.; *Oakley*, Parker and Mellows - The Modern Law of Trusts, S. 577 ff.

[227] Annual Report of the Charity Commissioners for 1971, para. 27; *Warburton/Morris*, Tudor on Charities, S. 449.

durch die Gesellschaft selbst, sondern nur durch den High Court oder die Charity Commissioners mit Hilfe der cy-près Doktrin geschehen[228].

bb. Die Weisungsbefugnis gegenüber den directors

Einfluß auf die Verwaltung der Gesellschaft erlangen die Gesellschafter zudem durch ihre in s. 27 Model Articles festgeschriebene Befugnis, den directors durch special resolution Weisungen zu erteilen. Ausweislich s. 380 (1) i.V.m. s. 380 (4) (a) Companies Act 1985 müssen auch Weisungsbeschlüsse in Kopie dem Registrar of Companies zugesandt werden. Wegen des Ausschlusses von s. 35A Companies Act 1985 durch s. 65 (1) Charities Act 1993 führt auch weisungswidriges Verhalten der directors im Außenverhältnis in den Grenzen der constructive notice Doktrin grundsätzlich zur Unwirksamkeit des betreffenden Rechtsgeschäfts[229]. Anders als in privatnützig ausgerichteten Gesellschaften kommt damit in charitable companies auch der Weisungsbefugnis der Gesellschafterversammlung nicht nur im Innenverhältnis, sondern auch im Außenverhältnis Bedeutung zu. Auch die Weisungsbefugnis der Gesellschafterversammlung wird dadurch im Vergleich zu privatnützig ausgerichteten Gesellschaften aufgewertet.

Demgegenüber kann die Gesellschafterversammlung die Befugnisse des board of directors grundsätzlich nicht selbst ausüben; ein Selbsteintrittsrecht steht ihr mithin nicht zu[230]. Eine Ausnahme besteht lediglich dann, wenn der board of directors handlungsunfähig ist. In diesem Fall kann die Gesellschafterversammlung unmittelbar die Befugnisse des board of directors wahrnehmen[231].

---

[228] Im einzelnen dazu unter § 7 I.

[229] Siehe oben § 4 I.3.d.

[230] *Automatic Self-Cleansing Filter Syndicate Company Ltd. v. Cuninghame* [1906] 2 Ch. 34, 44, per *Cozens-Hardy L.J.*; *Salmon v. Quin & Axtens* [1909] 1 Ch. 311; *Shaw & Sons (Salford) Ltd. v. Shaw* [1935] 2 K.B. 113, 134, per *Greer L.J.*

[231] *Barron v. Potter* [1914] 1 Ch. 895; *Foster v. Foster* [1916] 1 Ch. 532; *Alexander Ward & Co. Ltd. v. Samyang Navigation Company Ltd.* [1975] 1 W.L.R. 673, 679, per *Lord Hailsham of St. Marylebone*; siehe auch: *Fox/Bowen*, The Law of Private Companies, S. 102 f.; *Goldenberg*, A Guide to Company Law, S. 67 f.; *Sinclair/Vogel/Snowden*, Company Directors, Vol. 1, para. 2.13; *Sealy* (1989) 48 C.L.J. 26, 28; zurückhaltend aber: *Gower/Prentice/Pettet*, Gower's Principles of Modern Company Law, S. 152 f.

cc. Möglichkeiten der mittelbaren Einflußnahme

Wie sich bereits in unterschiedlichen Zusammenhängen gezeigt hat, verfügt die Gesellschafterversammlung über verschiedene Befugnisse, die ihr eine mittelbare Beeinflussung der Verwaltung erlauben. Dies gilt etwa für die in s. 303 (1) beziehungsweise s. 431 (2) Companies Act 1985 festgeschriebenen Befugnisse zur Abberufung von directors und zur Beantragung einer Untersuchung durch den Wirtschaftsminister. Neben diese allgemeinen gesellschaftsrechtlichen Möglichkeiten der mittelbaren Einflußnahme tritt in charitable companies die Befugnis der Gesellschafterversammlung, den High Court auf Grundlage von s. 33 (1) Charities Act 1993 um die Ausübung seiner Eingriffsbefugnisse gegenüber charities zu ersuchen[232] oder die Charity Commissioners zur Ausübung ihrer Eingriffsbefugnisse unter s. 18 Charities Act 1993 zu veranlassen[233]. Damit verfügt die Gesellschafterversammlung in charitable companies über weitreichendere Möglichkeiten der mittelbaren Einflußnahme als in privatnützig ausgerichteten Gesellschaften.

Während Änderungen des memorandum und der articles of association sowie die Erteilung von Weisungen nur durch special resolution erfolgen können und somit laut s. 378 (1) i.V.m. s. 378 (2) Companies Act 1985 stets einer Mehrheit von drei Vierteln der abgegebenen Stimmen bedürfen, kann die Gesellschafterversammlung die Befugnisse, die ihr eine mittelbare Beeinflussung der Verwaltung ermöglichen, durch ordinary resolution ausüben. Diese Befugnisse ermöglichen es demzufolge auch einer einfachen Mehrheit von Gesellschaftern, auf die Verwaltung der Gesellschaft Einfluß zu nehmen.

---

[232] Siehe oben § 4 I.5.b.aa.(2).

[233] Siehe oben § 4 I.5.b.cc.(3).

2. Die Rechtsstellung des einzelnen Gesellschafters

a. Erwerb und Verlust der Gesellschafterstellung

Neben natürlichen können der Gesellschaft auch juristische Personen als Gesellschafter angehören[234]. Laut s. 22 (2) Companies Act 1985 setzt der Erwerb der Gesellschafterstellung eine diesbezügliche Willenserklärung sowie die Eintragung der betreffenden Person in das Gesellschafterverzeichnis voraus[235].

aa. Der Erwerb der Gesellschafterstellung durch die Gründer

Ausweislich s. 22 (1) Companies Act 1985 begründet die Unterzeichnung des memorandum durch die Gründer eine gesetzliche Vermutung für die Abgabe einer auf den Erwerb der Gesellschafterstellung gerichteten Willenserklärung. Der Eintragung der Gründer in das Gesellschafterverzeichnis kommt lediglich deklaratorische Bedeutung zu[236]. Somit erwerben die Gründer ihre Gesellschafterstellung von Gesetzes wegen mit der Entstehung der Gesellschaft durch deren Eintragung in das register of companies[237].

bb. Übertragbarkeit der Gesellschafterstellung

In Gesellschaften, die über ein share capital, also ein in Anteile aufgeteiltes Grund- oder Stammkapital verfügen, wird die Gesellschafterstellung durch Übertragung der Anteile übertragen[238]. Mit dem Erwerb des Anteils gibt der Erwerber konkludent die laut s. 22 (2) Companies Act 1985 erforderliche Willenserklärung zum

---

[234] *Barc/Bowen*, Tolley's Company Law, Vol. 2, para. S4005; *Morse*, Palmer's Company Law, Vol. 2, para. 7.012; Halsbury's Laws of England, Vol. 7 (1), para. 358.

[235] Genaue Vorgaben bezüglich der Führung des Gesellschafterverzeichnisses finden sich in s. 352 bis 363 Companies Act 1985.

[236] *Baytrust Holdings Ltd. v. IRC* [1971] 3 All E.R. 76, 96, per *Plowman J.*

[237] Halsbury's Laws of England, Vol. 7 (1), para. 359; *Morse*, Palmer's Company Law, Vol. 2, para. 7.003; vgl. auch s. 2 (1) Model Articles.

[238] Vgl. dazu etwa: Halsbury's Laws of England, Vol. 7 (1), paras. 490 ff.; *Griffin*, Company Law, S. 118 f.; *Thorne/Walmsley*, Butterworths Company Law Guide, S. 132 ff.; *Barc/Bowen*, Tolley's Company Law, Vol. 2, paras. S5062 ff.

Erwerb der Gesellschafterstellung ab[239]. Der Eintragung des Erwerbers in das Gesellschafterverzeichnis kommt konstitutive Bedeutung zu[240]. In Gesellschaften, die über ein share capital verfügen, ist daher die Gesellschafterstellung an den Anteil geknüpft.

Die Übertragung der Anteile ist gesetzlich nicht beschränkt: Ausweislich s. 182 (1) (b) Companies Act 1985 unterliegen die Gesellschafter bei der Übertragung ihrer Anteile nur den Beschränkungen, die memorandum und articles of association vorsehen. Nach den Table A Articles bestehen Beschränkungen nur dann, wenn die auf die zu übertragenden Anteile entfallende Einlage nicht voll geleistet wurde, der Gesellschaft ein Zurückbehaltungsrecht (lien) an diesen Anteilen zusteht[241] oder der Veräußerer bestimmten formellen Anforderungen nicht genügt: In diesen Fällen können die directors ausweislich s. 24 Table A Articles die Eintragung des Erwerbers in das Gesellschafterverzeichnis verweigern und so eine wirksame Übertragung verhindern. Über diese Beschränkungen hinaus enthalten die articles of association kleinerer Gesellschaften regelmäßig bestimmte Vorkaufsrechte zugunsten der Altgesellschafter[242]. Im übrigen sind die Gesellschafter bei der Übertragung ihrer Anteile frei[243].

Demgegenüber verfügen companies limited by guarantee regelmäßig nicht über ein share capital[244]. Dementsprechend verfügen deren Gesellschafter auch nicht über Anteile, durch deren Übertragung sie ihre Gesellschafterstellung übertragen könnten. Vielmehr ist die Gesellschafterstellung an die Person geknüpft und kann deshalb grundsätzlich nicht übertragen werden[245]. Ein Wechsel unter den Gesell-

---

239 *Barc/Bowen*, Tolley's Company Law, Vol. 2, para. S4004; *Pennington*, Company Law, S. 413.

240 *Nicol's Case* (1885) 29 Ch.D. 421, 447, per Fry L.J.

241 Siehe dazu ss. 8 ff. Table A Articles.

242 *Thorne/Walmsley*, Butterworths Company Law Guide, S. 133; *Pennington*, Company Law, S. 1002; *Griffin*, Company Law, S. 118.

243 Börsennotierte public companies limited by shares dürfen aus börsenrechtlichen Gründen die Übertragung ihrer Anteile grundsätzlich überhaupt nicht beschränken, vgl.: *Thorne/Walmsley*, Butterworths Company Law Guide, S. 132; *Morse*, Palmer's Company Law, Vol. 2, para. 7.609; *Barc/Bowen*, Tolley's Company Law, Vol. 2, para. S5066.

244 Siehe oben § 3 I.1.

245 *Company Law Review Steering Group*, Modern Company Law, para. 9.5; so ausdrücklich s. 4 Table C Articles; siehe auch: *Pennington*, Company Law, S. 1031.

schaftern kann daher nur durch Austritt und Aufnahme neuer Gesellschafter herbeigeführt werden.

Nach den Bestimmungen der Model Articles unterliegen Austritt und Aufnahme neuer Gesellschafter weitreichenden Beschränkungen: Laut s. 2 (2) Model Articles bedarf ein Austritt der Einwilligung der directors, wobei die Erteilung der Einwilligung in deren Ermessen liegt. Würde nach dem Austritt nur noch ein einzelner Gesellschafter in der Gesellschaft verbleiben, ist ein Austritt ausweislich s. 2 (2) Model Articles von vornherein ausgeschlossen. Auch zur Aufnahme eines neuen Gesellschafters ist laut s. 2 (1) Model Articles die Einwilligung der directors erforderlich[246].

Das Zustimmungserfordernis für die Aufnahme neuer Gesellschafter stimmt mit den Vorgaben der Table C Articles überein[247]. Es ist daher ausweislich s. 8 (4) Companies Act 1985 zwingend, soweit nicht aufgrund der Umstände des Einzelfalles eine abweichende Regelung geboten ist. Gerade in charitable companies entspricht eine solche Aufnahmebeschränkung allerdings meist ohnehin den Interessen der Gesellschafter. Denn charitable companies sind in besonderer Weise von der Persönlichkeit ihrer Gesellschafter geprägt. Schließlich entscheiden diese über den gemeinnützigen Zweck der Gesellschaft, dessen Auswahl von persönlichen Beweggründen abhängt und somit aus Sicht der Gesellschafter nicht ohne weiteres durch einen anderen Zweck ersetzt werden kann, selbst wenn dieser objektiv gleichwertig erscheinen mag. Es würde den Interessen der Gesellschafter zuwiderlaufen, wenn der Gesellschaft unkontrolliert Personen mit abweichenden Wertvorstellungen beitreten und den Zweck der Gesellschaft ihren abweichenden Vorstellungen anpassen könnten. Zwar obliegt die Auswahl neuer Gesellschafter laut s. 2 (1) Model Articles nicht den Gesellschaftern, sondern den directors. Mit Hilfe entsprechender Weisungen können die Gesellschafter jedoch auch selbst auf die Auswahl neuer Gesellschafter Einfluß nehmen.

---

[246] Dabei müssen die directors stets jeden Einzelfall gesondert prüfen - eine generelle Einwilligung ohne Prüfung im Einzelfall ist unwirksam: *POW Services Ltd. v. Clare* [1995] B.C.L.C. 435, 447, per *Jacob J.*

[247] Siehe s. 3 Table C Articles.

Ein Austritt soll demgegenüber ausweislich s. 4 Table C Articles unbeschränkt möglich sein. Im Gegensatz zu der in s. 2 (1) Model Articles enthaltenen Aufnahmebeschränkung geht die in s. 2 (2) Model Articles vorgesehene Austrittsbeschränkung über die Vorgaben der Table C Articles hinaus und ist somit dispositiv. Auch eine Austrittsbeschränkung kann jedoch aus Sicht der Gesellschafter wünschenswert sein: Denn da die Gesellschafter erst bei Auflösung der Gesellschaft zur Zahlung der von ihnen übernommenen Garantiesumme verpflichtet sind und zuvor grundsätzlich keinerlei Einlagepflicht besteht[248], könnten sich die Gesellschafter bei unbeschränkter Austrittsmöglichkeit bei schlechter wirtschaftlicher Lage durch schlichten Austritt ihrer Haftung im Falle einer Insolvenz entziehen[249]. Die Garantie und damit die den Gläubigern im Falle einer Insolvenz zustehende Haftsumme könnte auf diese Weise beliebig ausgehöhlt werden. Daher würde es der Kreditwürdigkeit der Gesellschaft schaden, wenn memorandum und articles of association keine Schutzbestimmungen gegen einen unkontrollierten Austritt von Gesellschaftern enthielten[250]. Aufgrund dessen können die Gesellschafter daran interessiert sein, über die Vorgaben der Table C Articles hinaus nicht nur die Aufnahme, sondern auch den Austritt von Gesellschaftern zu beschränken. Zu diesem Zweck können sie an Stelle des in den Model Articles vorgesehenen Zustimmungserfordernisses auch eine Bestimmung in die articles of association aufnehmen, die einen Austritt von der Aufnahme eines neuen Gesellschafters abhängig macht[251].

---

[248] Siehe oben § 3 I.1.

[249] *Rice* (1964) 28 Conv. (N.S.) 214, 218 f.; *Berkowitz/Cockain*, Companies Limited by Guarantee and Unlimited Companies, S. 13. Allerdings muß der Austritt mindestens ein Jahr vor Auflösung der Gesellschaft erfolgen, um einer Haftung zu entgehen: siehe dazu unter § 4 II.2.c.aa. Da in Gesellschaften, die über ein share capital verfügen, die Gesellschafterstellung nur durch die Übertragung der Anteile übertragen werden kann, besteht in solchen Gesellschaften eine vergleichbare Gefährdung der Gläubigerinteressen nicht: Denn in diesen Gesellschaften kann sich ein Gesellschafter nur dann aus seiner Gesellschafterstellung und damit aus seiner Verpflichtung zur Erbringung einer gegebenenfalls noch ausstehenden Einlage lösen, wenn er einen Erwerber für seine Anteile findet, der mit dem Erwerb der Anteile an seiner Stelle auf die noch ausstehende Einlage haftet.

[250] In diesem Sinne auch: *Rice* (1964) 28 Conv. (N.S.) 214, 218.

[251] *Rice* (1964) 28 Conv. (N.S.) 214, 218.

b. Die Rechte des einzelnen Gesellschafters

aa. Vermögensrechte

Wie bereits festgestellt wird eine Gesellschaft nur dann als charity anerkannt, wenn die Ausschüttung von Gewinnen an die Gesellschafter und an Dritte außerhalb der gemeinnützigen Zweckbestimmung durch das memorandum ausdrücklich ausgeschlossen ist[252]. Daher haben die Gesellschafter einer charitable company keinen Anspruch auf Gewinnbeteiligung.

Zum Schutz vor einer Umgehung des Gewinnausschüttungsverbots setzt die Anerkennung als charity zudem einen Ausschluß der Gesellschafter vom Liquidationsüberschuß sowie die Festlegung einer gemeinnützigen Verwendung für den Liquidationsüberschuß voraus[253]. Dementsprechend haben die Gesellschafter einer charitable company entgegen der allgemeinen Regelung in s. 154 und s. 107 Insolvency Act 1986 auch keinen Anspruch auf eine Beteiligung an einem etwaigen Liquidationsüberschuß. Ihre Rechtsstellung ist somit auf Mitverwaltungsrechte beschränkt.

bb. Mitverwaltungsrechte und Minderheitenschutz

Neben dem aus der Gesellschafterstellung folgenden Stimm- und Rederecht[254] stehen dem einzelnen Gesellschafter nach den Bestimmungen des Companies Act 1985 zahlreiche Auskunfts- und Einsichtsrechte zu[255].

---

[252] Siehe oben § 2 I.6.a.

[253] Siehe oben § 3 II.1.a.ff.

[254] Vgl. dazu: *Griffin*, Company Law, S. 112; *Thorne/Walmsley*, Butterworths Company Law Guide, S. 145 f.

[255] Siehe insbesondere ss. 19 f. (Anspruch auf Erhalt einer Kopie der jeweils aktuellen Fassung des memorandum und der articles of association), s. 318 (Recht zur Einsicht der Dienstverträge der directors), s. 356 (Recht zur Einsicht des Gesellschafterverzeichnisses) und s. 383 (Recht zur Einsicht der Protokolle der Gesellschafterversammlungen).

Darüber hinaus begründet der Companies Act 1985 zahlreiche Mitverwaltungsrechte, die einen wirksamen Minderheitenschutz gewährleisten sollen[256]. Dazu gehören zunächst die bereits behandelten, in s. 368 und s. 370 (3) beziehungsweise s. 431 (2) (b) Companies Act 1985 festgeschriebenen Minderheitenrechte zur Einberufung einer Gesellschafterversammlung und zur Beantragung einer Untersuchung des Wirtschaftsministers. Zudem hat jeder Gesellschafter das Recht, auf Grundlage von s. 459 Companies Act 1985 im Falle ungerechtfertigter Beeinträchtigungen von Minderheitsinteressen bei Gericht den Erlaß einer die Beeinträchtigung abstellenden Verfügung zu beantragen[257] oder auf Grundlage von s. 124 i.V.m. s. 122 (1) (g) Insolvency Act 1986 die Auflösung der Gesellschaft zu veranlassen[258]. Neben diese allgemeinen gesellschaftsrechtlichen Minderheitenrechte tritt in charitable companies die Befugnis des einzelnen Gesellschafters, den High Court auf Grundlage von s. 33 (1) Charities Act 1993 um die Ausübung seiner Eingriffsbefugnisse gegenüber charities zu ersuchen[259] oder die Charity Commissioners zur Ausübung ihrer Eingriffsbefugnisse unter s. 18 Charities Act 1993 zu veranlassen[260]. Ebenso wie die Gesellschafterversammlung verfügt damit auch der einzelne Gesellschafter in charitable companies über weitreichendere Möglichkeiten der Einflußnahme als in privatnützig ausgerichteten Gesellschaften.

Auch die Rechtsprechung hat Regelungen zugunsten eines wirksamen Minderheitenschutzes entwickelt: Zwar können die Gesellschafter unproblematisch ihre eigenen Rechte durchsetzen[261]; demgegenüber können die Rechte der Gesellschaft nach der sogenannten Rule in *Foss v. Harbottle* grundsätzlich nur durch die Gesellschaft selbst, vertreten durch die directors oder in bestimmten Fällen auch

---

[256] Allgemein zum Minderheitenschutz etwa: *Hollington*, Minority Shareholders' Rights; *Morse*, Palmer's Company Law, Vol. 2, paras. 8.801 ff.; *Griffin*, Company Law, S. 309 ff.; *Sinclair/Vogel/Snowden*, Company Directors, Vol. 2, paras. 12.1 ff.

[257] Eingehend dazu: *Warburton* (1997) Conv. 106, 115 ff.; *Hollington*, Minority Shareholders' Rights, S. 57 ff.; *Morse*, Palmer's Company Law, Vol. 2, paras. 8.901 ff.; *Griffin*, Company Law, S.310 ff.

[258] Eingehend dazu: *Hollington*, Minority Shareholders' Rights, S. 38 ff.; *Morse*, Palmer's Company Law, Vol. 2, paras. 8.1001 ff.; *Thorne/Walmsley*, Butterworths Company Law Guide, S. 189 ff.; dazu auch noch kurz unter § 7 II.1.a.

[259] Siehe oben § 4 I.5.b.aa.(2).

[260] Siehe oben 3 4 I.5.b.cc.(3).

[261] So ausdrücklich etwa: *Edwards v. Halliwell* [1950] 2 All E.R. 1064, 1067, per *Jenkins L.J.*

durch die Gesellschafterversammlung[262], nicht aber durch Minderheiten von Gesellschaftern oder einzelne Gesellschafter durchgesetzt werden[263]. In Ausnahme zu diesem Grundsatz können in bestimmten Fällen jedoch auch Minderheiten von Gesellschaftern oder einzelne Gesellschafter zur Durchsetzung der Rechte der Gesellschaft die Gerichte anrufen[264]: Dies gilt zunächst für Fälle, in denen die Mehrheit der Gesellschafter ihre Stellung zum Nachteil der Minderheit mißbraucht[265]. Eine weitere Ausnahme greift ein, wenn die Gesellschafterversammlung das die Rechte der Gesellschaft verletzende Fehlverhalten genehmigen, eine Genehmigung aber nicht mit einfacher Mehrheit durch ordinary resolution, sondern nur mit Dreiviertelmehrheit durch special resolution erfolgen kann und noch keine Genehmigung erfolgt ist[266]. Dadurch soll verhindert werden, daß eine einfache Mehrheit praktisch die Durchsetzung der Rechte der Gesellschaft blockieren kann,

---

262 Siehe dazu oben § 4 I.4.c.

263 *Foss v. Harbottle* (1843) 2 Ha. 461; *Burland v. Earle* [1902] A.C. 83, 93 f., per *Lord Davey*; *Stein v. Blake (No. 2)* [1998] 1 B.C.L.C. 573; ausführlich dazu etwa: *Morse*, Palmer's Company Law, Vol. 2, paras. 8.806 ff.; *Barc/Bowen*, Tolley's Company Law, Vol. 2, paras. S4027 ff.; *Hollington*, Minority Shareholders' Rights, S. 15 ff.; *Sullivan* (1985) 44 C.L.J. 236 ff. Dadurch soll zum einen vermieden werden, daß wegen ein und derselben Rechtsverletzung mehrere Prozesse geführt werden; zum anderen soll verhindert werden, daß einzelne Gesellschafter oder eine Minderheit von Gesellschaftern Klage erheben, der Rechtsstreit aber später seinen Sinn verliert, weil die in Rede stehende Rechtsverletzung durch die Mehrheit der Gesellschafter genehmigt wird: *Morse*, Charlesworth and Morse - Company Law, S. 307 f.; *Griffin*, Company Law, S. 300.

264 Erheben aufgrund einer solchen Ausnahme einzelne Gesellschafter oder Minderheiten von Gesellschaftern Klage, klagen sie nicht im Namen der Gesellschaft, sondern im eigenen Namen sowie im Namen aller anderen Gesellschafter, soweit diese nicht an dem angegriffenen Verhalten beteiligt sind. Das Recht zur Klage leiten die klagenden Gesellschafter von der Gesellschaft ab. Die Klage wird dementsprechend als derivative action (abgeleitete Klage) bezeichnet: *Wallersteiner v. Moir (No. 2)* [1975] Q.B. 373, 390 f., per *Lord Denning M.R.*; siehe dazu auch: *Sullivan* (1985) 44 C.L.J. 236 ff.; *Hollington*, Minority Shareholders' Rights, S. 15 und 29 ff.; *Pennington*, Company Law, S. 867 ff.

265 *Menier v. Hooper's Telegraph Works* (1874) L.R. 9 Ch.App. 350; *Cook v. Deeks* [1916] 1 A.C. 554; *Brown v. British Abrasive Wheel Company Ltd.* [1919] 1 Ch. 290; *Edwards v. Halliwell* [1950] 2 All E.R. 1064, 1067, per *Jenkins L.J.* Nach *Vinelott J.* soll für eine Mehrheit im Sinne dieser Ausnahme keine rechnerische Stimmenmehrheit erforderlich sein, sondern die Ausübung faktischer Kontrolle ausreichen, vgl.: *Prudential Assurance Company Ltd. v. Newman Industries Ltd. (No. 2)* [1981] Ch. 257, 320 per *Vinelott J.*; allerdings wurde dieses dictum durch den Court of Appeal ausdrücklich abgelehnt und dürfte daher nur geringes Gewicht haben, vgl.: *Prudential Assurance Company Ltd. v. Newman Industries Ltd. (No. 2)* [1982] Ch. 204, 217 und 219; ablehnend auch: *Griffin*, Company Law, S. 305.

266 *Quin & Axtens Ltd. v. Salmon* [1909] A.C. 442; *Baillie v. Oriental Telephone Company Ltd.* [1915] 1 Ch. 503; *Edwards v. Halliwell* [1950] 2 All E.R. 1064, 1067, per *Jenkins L.J.*

obwohl für eine Genehmigung des Fehlverhaltens eine Dreiviertelmehrheit erforderlich wäre[267]. Diese Ausnahme greift insbesondere dann ein, wenn die directors gegen das memorandum oder die articles of association verstoßen oder weisungswidrig handeln: Denn eine Genehmigung solcher Verstöße setzt stets eine special resolution voraus[268]. Solange eine solche Genehmigung nicht erfolgt ist, können daher auch einzelne Gesellschafter oder Minderheiten von Gesellschaftern die Gerichte zur Durchsetzung der Schadensersatzansprüche anrufen, die der Gesellschaft gegenüber den directors aufgrund der Befugnisüberschreitung zustehen. Da in charitable companies Verstöße der directors gegen memorandum, articles of association oder Weisungen der Gesellschafterversammlung grundsätzlich auch zur Unwirksamkeit des betreffenden Rechtsgeschäfts im Außenverhältnis führen[269], können in charitable companies Minderheiten von Gesellschaftern oder einzelne Gesellschafter vorbehaltlich einer Genehmigung zudem auch die Rückabwicklung des betreffenden Rechtsgeschäfts durchsetzen[270]. Ansätze der Rechtsprechung, über diese anerkannten Ausnahmen hinaus Klagen einzelner Gesellschafter im Einzelfall auch aus Billigkeitsgründen zuzulassen[271], hat der Court of Appeal ausdrücklich zurückgewiesen[272].

cc. Sonstige Rechte

Über diese allgemeinen Rechte hinaus kann der einzelne Gesellschafter auf Grundlage von s. 14 (1) Companies Act 1985 weitere Rechte gegenüber anderen Gesellschaftern oder gegenüber der Gesellschaft selbst aus dem memorandum oder den articles of association herleiten, soweit deren Bestimmungen nicht allgemein

---

[267] *Sinclair/Vogel/Snowden*, Company Directors, Vol. 2, para. 12.8; *Barc/Bowen*, Tolley's Company Law, Vol. 2, para. S4028; *Morse*, Charlesworth and Morse - Company Law, S. 312.

[268] Siehe oben Fußnoten 28 und 40 sowie § 3 Fußnote 72.

[269] Siehe oben § 3 III.2.b.bb. und § 4 I.3.d.

[270] *Warburton* (1997) Conv. 106, 114 f.; *Pennington*, Company Law, S. 872. Davon zu trennen ist das Recht eines jeden Gesellschafters, ein solches Rechtsgeschäft bereits im Vorfeld mit einer einstweiligen Verfügung zu verhindern: Siehe dazu oben § 3 III.2.b.aa. und § 4 I.3.c.bb.

[271] *Heyting v. Dupont* [1964] 1 W.L.R. 843, 851 per *Russell L.J.* und 854, per *Harman L.J.*; *Prudential Assurance Company Ltd. v. Newman Industries Ltd. (No. 2)* [1981] Ch. 257, 327 per *Vinelott J.*

[272] *Prudential Assurance Company Ltd. v. Newman Industries Ltd. (No. 2)* [1982] Ch. 204, 221 f.

die Angelegenheiten der Gesellschaft regeln, sondern gerade den einzelnen Gesellschafter in seiner Eigenschaft als Gesellschafter begünstigen[273].

c. Die Pflichten des einzelnen Gesellschafters

aa. Haftung

Ausweislich s. 2 (4) Companies Act 1985 muß das memorandum einer company limited by guarantee vorsehen, daß die Gesellschafter erst bei Auflösung der Gesellschaft und nur bis zur Höhe der im memorandum zu bestimmenden Garantiesumme haften. Diese beläuft sich in der Praxis meist auf einen eher symbolischen Betrag[274]. Im Fall eines Austritts darf ausweislich s. 2 (4) Companies Act 1985 der austretende Gesellschafter nach den Bestimmungen des memorandum nur haften, wenn die Gesellschaft innerhalb eines Jahres nach seinem Austritt aufgelöst wird. Zudem muß seine Haftung auf vor seinem Austritt begründete Verbindlichkeiten beschränkt werden.

Wie bereits festgestellt sind sämtliche die Haftung der Gesellschafter betreffenden Bestimmungen des memorandum einer Änderung durch die Gesellschafterversammlung entzogen. Dies gilt auch für die Höhe der Garantiesumme[275]. Zudem beschränkt der Companies Act 1985 die Wirksamkeit von Änderungen des memorandum und der articles of association, durch die den Gesellschaftern neben der Garantie eine gesonderte Zahlungspflicht auferlegt wird: Solche Änderungen sind ausweislich s. 16 Companies Act 1985 für den einzelnen Gesellschafter nur insoweit verbindlich, als dieser der Gesellschaft erst nach der betreffenden Änderung beitritt oder schriftlich erklärt, durch die Änderung gebunden zu sein. Dies verhindert, daß einer Minderheit von Gesellschaftern Zahlungspflichten aufgezwungen werden, die im Zeitpunkt des Beitritts zur Gesellschaft noch nicht

---

273 Siehe oben § 3 III.1.

274 Siehe oben § 3 II.1.a.dd.

275 Siehe oben Fußnote 215.

absehbar waren[276]. Der einzelne Gesellschafter hat damit Gewißheit über die auf ihn zukommenden Belastungen.

bb. Treuepflichten

Nach der Rechtsprechung unterliegen auch die Gesellschafter bestimmten Treuepflichten[277]. Diese sind im Vergleich zu den Treuepflichten der directors jedoch weniger weitreichend: Insbesondere müssen die Gesellschafter im Gegensatz zu den directors ihre Befugnisse nicht stets zum Wohle der Gesellschaft ausüben, sondern können grundsätzlich eigennützige Motive verfolgen[278]. Allerdings ist es ihnen verwehrt, ihr Stimmrecht zur Benachteiligung einer Minderheit von Gesellschaftern zu mißbrauchen[279]: Wirken sich Beschlüsse der Gesellschafterversammlung zum Nachteil einer Minderheit von Gesellschaftern aus, muß diese Benachteiligung im Interesse der Gesellschaft als Ganzes geboten sein und darf nicht lediglich im persönlichen Interesse der Mehrheitsgesellschafter liegen[280]. Insoweit müssen daher auch die Gesellschafter ihre Befugnisse zum Wohle der Gesellschaft ausüben. Ob eine bestimmte Handlung dem Wohl der Gesellschaft dient, richtet sich grundsätzlich nach der Einschätzung der Gesellschafter und nicht nach der der Gerichte[281]. Ebenso wie die directors haben daher auch die Gesellschafter insoweit eine Einschätzungsprärogative.

---

[276] *Morse*, Palmer's Company Law, Vol. 1, para. 2.702; *Barc/Bowen*, Tolley's Company Law, Vol. 2, para. M2014; *Morse*, Charlesworth and Morse - Company Law, S. 58.

[277] Ausführlich dazu: *Hollington*, Minority Shareholders' Rights, S. 11 ff.; *Barc/Bowen*, Tolley's Company Law, Vol. 1, para. A7013 und Vol. 2, paras. S4031 ff.; *Pennington*, Company Law, S. 92 ff.; siehe auch: Halsbury's Laws of England, Vol. 7 (1), para. 670.

[278] *Northern Counties Securities Ltd. v. Jackson & Steeple Ltd.* [1974] 1 W.L.R. 1133, 1144, per *Walton J.*; *Estmanco (Kilner House) Ltd. v. Greater London Council* [1982] 1 All E.R. 437, 444, per *Megarry V.C.*; *Re Swindon Town Football Company Ltd.* [1990] B.C.L.C. 467, 469, per *Harman J.*

[279] *Menier v. Hooper's Telegraph Works* (1874) L.R. 9 Ch.App. 350; *Cook v. Deeks* [1916] 1 A.C. 554; *Brown v. British Abrasive Wheel Company Ltd.* [1919] 1 Ch. 290.

[280] *Allen v. Gold Reefs of West Africa Ltd.* [1900] 1 Ch. 656, 671, per *Lord Lindley M.R.*; *Brown v. British Abrasive Wheel Company Ltd.* [1919] 1 Ch. 290; *Sidebottom v. Kershaw, Leese & Co. Ltd.* [1920] 1 Ch. 154.

[281] *Shuttleworth v. Cox Brothers & Co. (Maidenhead) Ltd.* [1927] 2 K.B. 9, 18, per *Bankes L.J.*

Die Gesellschafter schulden ihre Treuepflichten nicht ihren Mitgesellschaftern, sondern allein der Gesellschaft als solcher[282]. Da bei mißbräuchlichem Verhalten der Mehrheitsgesellschafter zu Lasten der Minderheit eine Ausnahme zur Rule in *Foss v. Harbottle* eingreift, können bei treuwidrigem Verhalten der Mehrheitsgesellschafter gleichwohl auch Minderheiten von Gesellschaftern oder einzelne Gesellschafter die Gerichte anrufen[283]. Dabei können sie den betreffenden Beschluß der Gesellschafterversammlung entweder im Vorfeld mit einer einstweiligen Verfügung verhindern[284] oder im Nachhinein für nichtig erklären lassen[285].

cc. Sonstige Pflichten

Soweit sich im Einzelfall auf Grundlage von s. 14 (1) Companies Act 1985 aus dem memorandum oder den articles of association besondere Rechte der Gesellschaft als solcher oder der Gesellschafter gegenüber ihren Mitgesellschaftern ergeben[286], folgen daraus umgekehrt entsprechende Pflichten der durch die einschlägige Norm gebundenen Gesellschafter, die neben deren allgemeine gesellschaftsrechtliche Pflichten treten.

3. Zusammenfassung

Während der board of directors als Hauptverwaltungsorgan die Gesellschaft nach außen hin vertritt und im Innenverhältnis die Geschäftsführungsaufgaben wahrnimmt, gibt die Gesellschafterversammlung durch ihre Befugnis zur Änderung des

---

282 *Morse*, Palmer's Company Law, Vol. 2, para. 8.813; *Barc/Bowen*, Tolley's Company Law, Vol. 2, para. S4031; *Morse*, Charlesworth and Morse - Company Law, S. 304.

283 Siehe oben § 4 II.2.b.bb.

284 So etwa im Falle *Brown v. British Abrasive Wheel Company Ltd.* [1919] 1 Ch. 290 mit Erfolg geschehen.

285 So etwa im Falle *Menier v. Hooper's Telegraph Works* (1874) L.R. 9 Ch.App. 350 mit Erfolg geschehen. Vereinzelt hat die Rechtsprechung auch die Bereitschaft gezeigt, Beschlüsse der Gesellschafterversammlung zu Lasten einer Minderheit von Gesellschaftern trotz Beachtung der Treuepflichten durch die Mehrheitsgesellschafter aus Billigkeitsgründen für nichtig zu erklären, vgl.: *Clemens v. Clemens Brothers Ltd.* [1976] 2 All E.R. 268; *Estmanco (Kilner House) Ltd. v. Greater London Council* [1982] 1 All E.R. 437, 444, per *Megarry V.C.*

286 Siehe dazu oben § 3 III.1.

memorandum und der articles of association sowie durch ihre Weisungsbefugnis die Leitlinien für die Verwaltung der Gesellschaft vor.

Da ausweislich s. 65 Charities Act 1993 ultra vires und constructive notice Doktrin auf charitable companies grundsätzlich unverändert Anwendung finden und sich Änderungen des memorandum und der articles of association daher auch im Außenverhältnis auswirken, kommt der Befugnis der Gesellschafterversammlung zur Änderung des memorandum und der articles of association im Vergleich zu privatnützig ausgerichteten Gesellschaften eine gesteigerte Bedeutung zu. Entsprechendes gilt für die Weisungsbefugnis der Gesellschafterversammlung.

Allerdings unterliegt die Befugnis der Gesellschafterversammlung zur Änderung des memorandum und der articles of association in charitable companies auch weitreichenderen Beschränkungen als in privatnützig ausgerichteten Gesellschaften: So macht s. 64 (2) Charities Act 1993 Änderungen des in der objects clause festgelegten Gesellschaftszwecks und sonstiger die Art und Weise der Verwendung des Gesellschaftsvermögens betreffender Vorschriften von der Zustimmung der Charity Commissioners abhängig. Auf diese Weise sollen die Charity Commissioners in die Lage versetzt werden, Änderungen zu verhindern, durch die schutzwürdige Interessen außenstehender Dritter verletzt würden. Um eine Umgehung des Verbots von Gewinnausschüttungen außerhalb der gemeinnützigen Zweckbestimmung zu verhindern, begrenzt zudem s. 64 (1) Charities Act 1993 die Auswirkungen von Änderungen, die den Verlust der gemeinnützigen Ausrichtung der Gesellschaft zur Folge haben. Sollen Spenden, die der Gesellschaft in trust gegeben wurden, zugunsten eines anderen Zwecks verwendet werden, bedarf es dazu neben einer Änderung des Gesellschaftszwecks einer gesonderten Änderung des Zwecks des trust durch den High Court oder die Charity Commissioners.

Neben die allgemeinen gesellschaftsrechtlichen Möglichkeiten der Gesellschafterversammlung zur mittelbaren Beeinflussung der Verwaltung ihrer Gesellschaft tritt in charitable companies die Befugnis, den High Court und die Charity Commissioners um die Ausübung ihrer Befugnisse zu Eingriffen in die Verwaltung von charities zu ersuchen.

Wechsel unter den Gesellschaftern können nur durch Austritt und Aufnahme neuer Gesellschafter erfolgen und sind von der Zustimmung der directors abhängig. Da die Ausschüttung von Gewinnen an die Gesellschafter und an Dritte außerhalb der gemeinnützigen Zweckbestimmung durch das memorandum ausdrücklich ausgeschlossen werden muß, damit die Gesellschaft als charity anerkannt wird, haben die Gesellschafter keinen Anspruch auf Gewinnbeteiligung. Soll eine Anerkennung als charity sichergestellt sein, muß zudem auch eine Beteiligung der Gesellschafter am Liquidationsüberschuß ausgeschlossen und für den Liquidationsüberschuß eine gemeinnützige Verwendung vorgegeben werden. Somit ist die Rechtsstellung des einzelnen Gesellschafters auf Mitverwaltungsrechte beschränkt.

Der einzelne Gesellschafter haftet erst bei Auflösung der Gesellschaft und nur bis zur Höhe der in der Praxis meist eher symbolischen Garantiesumme. Tritt ein Gesellschafter vor Auflösung der Gesellschaft aus, haftet er lediglich für vor seinem Ausscheiden begründete Verbindlichkeiten und nur, wenn die Gesellschaft innerhalb eines Jahres nach seinem Austritt aufgelöst wird.

Einfluß auf die Verwaltung der Gesellschaft erlangt der einzelne Gesellschafter vor allem durch sein auf der Gesellschafterversammlung auszuübendes Stimmrecht. Neben der Gesellschafterversammlung können auch einzelne Gesellschafter den High Court und die Charity Commissioners um die Ausübung ihrer Eingriffsbefugnisse ersuchen. Dadurch werden auch die Möglichkeiten des einzelnen Gesellschafters zur mittelbaren Beeinflussung der Verwaltung der Gesellschaft im Vergleich zu privatnützig ausgerichteten Gesellschaften ausgeweitet. Als Folge der Anwendbarkeit der ultra vires und der constructive notice Doktrin sowie der allgemeinen Ausnahmen zur Rule in *Foss v. Harbottle* kann zudem auch der einzelne Gesellschafter gerichtlich die Rückabwicklung eines unter Verstoß gegen das memorandum, die articles of association oder Weisungen der Gesellschafterversammlung getätigten Rechtsgeschäfts durchsetzen, sofern noch keine Genehmigung durch die Gesellschafterversammlung erfolgt ist.

§ 5 Rechtsfragen der Finanzierung einer charitable company

Charitable companies verfügen über vielfältige Möglichkeiten der Kapitalbeschaffung: Typische Einnahmequellen für charities sind Spenden sowie staatliche Zuschüsse. Zudem steht es den charities frei, für ihre gemeinnützigen Leistungen eine Gegenleistung von den Begünstigten zu verlangen[1]. Von zunehmender Bedeutung ist die entgeltliche Übertragung staatlicher Fürsorgeleistungen auf private charities[2]. Ferner kann sich eine charity in gewissen Grenzen auch abseits ihres gemeinnützigen Zwecks selbst oder durch ein zu diesem Zweck errichtetes Tochterunternehmen unternehmerisch betätigen[3]. Vermögen, welches die charity nicht unmittelbar zur Förderung ihres gemeinnützigen Zwecks verwendet, kann sie anlegen. Schließlich können das memorandum oder die articles of association die Gesellschafter einer charitable company limited by guarantee dazu verpflichten, besondere Eigenkapitalbeiträge zu erbringen[4]. Daneben bleibt auch charities die Möglichkeit, Fremdkapital aufzunehmen.

Welche dieser Finanzierungsmöglichkeiten eine charitable company nutzt und wie sich die Gesamtfinanzierung zusammensetzt, hängt vom Einzelfall ab. Hier sollen lediglich die besonderen rechtlichen Vorgaben untersucht werden, die für charitable companies aufgrund ihrer gemeinnützigen Ausrichtung bei der Finanzierung ihrer Tätigkeit gelten. Solche Vorgaben bestehen zum einen hinsichtlich der Sammlung von Spenden (fund-raising) und zum anderen hinsichtlich der Anlage von Gesellschaftsvermögen (investment). Besonderen Beschränkungen unterliegen charitable companies zudem bei der Bewirtschaftung ihres Grundvermögens.

I. Die Sammlung von Spenden (fund-raising)

Die gesetzlichen Vorgaben für die Sammlung von Spenden sind über verschiedene Gesetze verteilt[5]: Bestimmungen für Sammlungen mit Hilfe eines gewerblichen

---

[1] Siehe oben § 2 I.6.a.
[2] Siehe oben § 1 I.
[3] Siehe oben § 2 I.7.
[4] Siehe oben § 3 I.2.
[5] Für umfassende Bestandsaufnahmen der einschlägigen gesetzlichen Bestimmungen siehe etwa: *Warburton/Morris*, Tudor on Charities, S. 262 ff.; *Picarda*, The Law and Practice Relating to

Spendensammlers (professional fund-raiser) finden sich in Part II des Charities Act 1992. Gesetzliche Vorgaben bestehen auch für öffentliche Sammlungen (public charitable collections). Diese finden sich im House to House Collections Act 1939 sowie im Police, Factories, etc. (Miscellaneous Provisions) Act 1916. Zwar sieht Part III des Charities Act 1992 eine Vereinheitlichung der Vorschriften für öffentliche Sammlungen vor; jedoch ist Part III des Charities Act 1992 bis heute nicht in Kraft getreten. Anstatt direkt um Spenden zu bitten, veranstalten charities vielfach Lotterien, deren Überschüsse dem gemeinnützigen Zweck zugeführt werden. Solche Veranstaltungen unterliegen den Bestimmungen des Lotteries and Amusements Act 1976.

1. Sammlungen mit Hilfe eines gewerblichen Spendensammlers (professional fund-raiser)

Bei der Werbung um Spenden bedienen sich charities in zunehmendem Maße der Hilfe eines gewerblichen Spendensammlers (professional fund-raiser)[6]. Dies hat für die charity den Vorteil, den mit der Sammlung von Spenden verbundenen Arbeitsaufwand weitgehend abwälzen und zudem die besondere Erfahrung und das Geschick des Spendensammlers in Anspruch nehmen zu können. Allerdings setzt sich die charity durch die Einschaltung eines außenstehenden Spendensammlers auch der Gefahr aus, die Kontrolle über die Durchführung der Sammlung zu verlieren und durch den Spendensammler in einer Weise nach außen hin in Erscheinung zu treten, die sie ablehnt und die schlimmstenfalls ihr Ansehen in der Öffentlichkeit beschädigt. Daher hat die charity ein schutzwürdiges Interesse daran, die Tätigkeit des Spendensammlers steuern zu können. Neben der charity selbst sind auch die Spender schutzbedürftig: Denn diese sehen sich besonders geschulten und erfahrenen Spendensammlern gegenüber; sie müssen daher vor manipulativen

---

Charities, S. 580 ff.; Halsbury's Laws of England, Vol. 5 (2), paras. 378 ff.; *Middleton/Lloyd*, The Charities Acts Handbook, S. 75 ff.; *Cairns*, Charities: Law and Practice, S. 197 ff.; *McEvoy/Bowles* (1994) 144 N.L.J. Annual Charities Review 24 ff.

[6] *Home Office*, Charitable Fund-Raising, S. 1; *Warburton/Morris*, Tudor on Charities, S. 263; *McEvoy/Bowles* (1994) 144 N.L.J. Annual Charities Review 25; *Luxton* (1992) 142 N.L.J. Annual Charities Review 14, 16. Im Jahr 1984 wurde das sogenannte Institute of Charity Fund-Raising Managers gegründet, welches unter anderem gewerbliche Spendensammler ausbildet: *Warburton/Morris*, Tudor on Charities, S. 263.

Sammelmethoden und den Folgen übereilter Entschlüsse geschützt werden. Diesen Schutzbedürfnissen versucht Part II des Charities Act 1992 Rechnung zu tragen[7].

Gewerblicher Spendensammler (professional fund-raiser) im Sinne des Charities Act 1992 ist jede Person, die sich gewerbsmäßig ausschließlich oder überwiegend oder sonst gegen Entgelt mit der Beschaffung von Geld oder sonstigen Vermögenswerten für gemeinnützige Zwecke befaßt (s. 58 (1) Charities Act 1992)[8]. Ausweislich s. 58 (2) und (3) Charities Act 1992 gelten allerdings verschiedene Ausnahmen: Ausgenommen von dieser Definition sind zunächst Organisationen, die selbst als charity anerkannt sind (s. 58 (2) (a) Charities Act 1992). Somit können sich charities untereinander gegen Entgelt bei der Sammlung von Spenden unterstützen, ohne daß Part II Charities Act 1992 eingreift. Auch die Angestellten und Verwaltungsorgane von charities sind ausgenommen, sofern sie für ihre charity Spenden sammeln (s. 58 (2) (b) Charities Act 1992). Aufgrund dessen kann etwa eine charitable company einen ihrer directors ausschließlich mit der Sammlung von Spenden befassen, ohne die Vorgaben in Part II Charities Act 1992 beachten zu müssen. Weitere Ausnahmen gelten für Sammler bei öffentlichen Sammlungen[9] sowie für Personen, die im Rahmen einer Fernseh- oder Radiosendung von der charity selbst getätigte Spendenaufrufe unterstützen[10] (s. 58 (2) (c) und (d) Charities Act 1992). Keine Anwendung findet Part II des Charities Act 1992

---

[7] *Picarda*, The Law and Practice Relating to Charities, S. 581; *Warburton/Morris*, Tudor on Charities, S. 262 f.; *Luxton* (1992) 142 N.L.J. Annual Charities Review 14, 16. Auch das Institute of Charity Fund-Raising Managers tritt für die Durchsetzung und den Erhalt ethischer Maßstäbe im Bereich des gewerblichen fund-raising ein. Zu diesem Zweck hat es Leitlinien (Codes of Practice) aufgestellt, zu deren Einhaltung sich die Mitglieder des Instituts verpflichten müssen; siehe dazu: *Cairns*, Charities: Law and Practice, S. 205; *Warburton/Morris*, Tudor on Charities, S. 263.

[8] Ein typisches Beispiel sind etwa Telefonagenturen, die im Auftrag einer charity versuchen, abgesprungene Spender zurück- oder neue hinzuzugewinnen: *Middleton/Lloyd*, The Charities Acts Handbook, S. 83; *Picarda*, The Law and Practice Relating to Charities, S. 586.

[9] Demgegenüber werden die Veranstalter (promoter) einer öffentlichen Sammlung nicht von diesem Ausnahmetatbestand erfaßt; zudem gilt ein Sammler zugleich als Veranstalter, sofern es an einem besonderen Veranstalter fehlt (s. 58 (2) (c) i.V.m. s. 65 (3) Charities Act 1992).

[10] Dieser Ausnahmetatbestand soll verhindern, daß die Unterstützung von Spendenaufrufen in Fernseh- oder Hörfunksendungen durch Auftritte prominenter Gäste durch Part II Charities Act 1992 erschwert wird: *Middleton/Lloyd*, The Charities Acts Handbook, S. 80; *Picarda*, The Law and Practice Relating to Charities, S. 585.

schließlich dann, wenn das Entgelt des Spendensammlers bestimmte Grenzen nicht übersteigt (s. 58 (3) Charities Act 1993)[11].

a. Schutz der charity

Ausweislich s. 59 (1) Charities Act 1992 dürfen gewerbliche Spendensammler nur im Rahmen einer zuvor mit der charity getroffenen Vereinbarung tätig werden. Genaue Vorgaben bezüglich des Inhalts und der äußeren Form der Vereinbarung ergeben sich aus s. 2 der Charitable Institutions (Fund-Raising) Regulations 1994[12], einer auf Grundlage von s. 64 (2) Charities Act 1992 erlassenen Rechtsverordnung. Demzufolge bedarf eine Vereinbarung zwischen charity und gewerblichem Spendensammler der Schriftform; zudem muß sie neben den Namen und Adressen der Parteien insbesondere Angaben zu den bei der Sammlung von Spenden anzuwendenden Methoden enthalten. Werden diese Vorgaben nicht eingehalten, ist die Vereinbarung unwirksam (s. 59 (4) Charities Act 1992). Werden Spenden ohne eine entsprechende Vereinbarung oder nicht in Übereinstimmung mit der getroffenen Vereinbarung gesammelt, kann die charity gegen den Spendensammler eine Unterlassungsverfügung erwirken (s. 59 (3) Charities Act 1992). Auf diese Weise wird es der charity ermöglicht, die Tätigkeit des Spendensammlers zu steuern[13].

---

[11] Dadurch sollen solche Spendensammler von der Definition ausgeschlossen werden, die lediglich ein geringes Entgelt oder eine geringe Aufwandsentschädigung erhalten und deren Tätigkeit daher ehrenamtlichen Charakter hat: *Middleton/Lloyd*, The Charities Acts Handbook, S. 80.

[12] S.I. 1994/3024.

[13] Auf Grundlage von s. 62 Charities Act 1992 kann eine charity unter bestimmten Umständen auch gegen solche Personen eine Unterlassungsverfügung erwirken, die als Spendensammler für die charity auftreten, ohne gewerbsmäßiger Spendensammler im Sinne von s. 58 Charities Act 1992 zu sein. Dadurch soll die charity auch in den Fällen geschützt werden, in denen ein außenstehender Sammler unentgeltlich für sie tätig wird oder einem der genannten Ausnahmetatbestände unterfällt; denn auch dann wird die charity von der Öffentlichkeit mit der Sammlung in Verbindung gebracht und hat daher ein schutzwürdiges Interesse daran, auf das Auftreten des Spendensammlers Einfluß nehmen zu können. Daher gibt s. 62 Charities Act 1992 der charity das Recht, die Sammlung zu unterbinden, wenn sie die vom Spendensammler angewandten Methoden ablehnt, die Person des Spendensammlers nicht für geeignet (fit and proper) zur Sammlung von Spenden hält, oder der Spendenaufruf bei Gelegenheit einer Veranstaltung erfolgt, mit der die charity nicht in Verbindung gebracht werden will (s. 62 (2) (a) bis (c) Charities Act 1992). Allerdings muß die charity den Spendensammler mindestens 28 Tage vor Anrufung des Gerichts schriftlich auffordern, das Sammeln von Spenden einzustellen (s. 62 (3)

Einen Anspruch auf Vergütung hat der Spendensammler nur, soweit dies in der Vereinbarung mit der charity ausdrücklich vorgesehen ist (s. 59 (5) Charities Act 1992). Aufgrund dessen ist es nicht möglich, eine Vergütung unter Umgehung der Vorgaben der Charitable Institutions (Fund-Raising) Regulations 1994 durch gesonderte Nebenabrede zu vereinbaren. Dies schützt die charity vor unüberlegten Honorarzusagen.

b. Schutz der Spender

Werben gewerbliche Spendensammler um Spenden für eine bestimmte charity, müssen sie in ihrem Spendenaufruf den Namen der begünstigten charity angeben sowie offenlegen, auf welche Weise sich ihre Vergütung berechnet; betrifft der Spendenaufruf mehrere charities, müssen sie darüber hinaus den Anteil jeder einzelnen charity am gesamten Spendenaufkommen offenlegen (s. 60 (1) Charities Act 1992). Erfolgt der Spendenaufruf nicht zugunsten einer oder mehrerer bestimmter charities, sondern lediglich allgemein zugunsten eines bestimmten gemeinnützigen Zwecks, muß der Spendensammler auch dies in seinem Spendenaufruf deutlich machen; darüber hinaus muß er angeben, auf welche Weise das Spendenaufkommen später zwischen den als Empfängern in Betracht kommenden charities verteilt werden soll (s. 60 (2) Charities Act 1992). Die Spender sollen auf diese Weise alle für die Entschlußfassung bedeutsamen Informationen erhalten und so davor bewahrt werden, durch - möglicherweise gezielt geweckte - falsche Erwartungen über die Verwendung ihrer Spenden zum Spenden veranlaßt zu werden.

Um Spender, die durch gewerbliche Spendensammler zum Spenden veranlaßt werden, vor den Folgen übereilter Entschlüsse zu bewahren, steht ihnen in bestimmten Fällen ein Rückerstattungsanspruch zu. Dies gilt zunächst für Spenden, die in Reaktion auf einen durch Hörfunk oder Fernsehen übertragenen Spendenaufruf eines gewerblichen Spendensammlers mittels Kreditkarte (credit card) oder Geldkarte (debit card) getätigt werden: Solche Spenden kann sich der Spender laut s. 61 (1) Charities Act 1992 innerhalb von sieben Tagen vom Spendensammler

---

Charities Act 1992). Im Unterschied zu s. 59 bietet s. 62 Charities Act 1992 daher keinen Schutz bei zeitlich eng begrenzten Sammelaktionen.

zurückerstatten lassen. Dabei gilt gemäß s. 61 (1) (b) Charities Act 1992 allerdings eine Bagatellgrenze von 50 Pfund. Oberhalb dieser Bagatellgrenze können auch fernmündlich mit einem gewerblichen Spendensammler geschlossene Spendenvereinbarungen innerhalb von sieben Tagen widerrufen und bereits geleistete Zahlungen zurückverlangt werden (s. 61 (2) und (3) Charities Act 1992). Dies gilt auch dann, wenn die Zahlung nicht mittels Kredit- oder Geldkarte erfolgte.

Um die praktische Wirksamkeit dieser Rechte zu gewährleisten, muß ein gewerblicher Spendensammler Spendenaufrufe in Fernsehen und Hörfunk mit dem Hinweis auf den Rückerstattungsanspruch aus s. 61 (1) Charities Act 1992 verbinden (s. 60 (4) Charities Act 1992). Im Falle eines fernmündlichen Spendenaufrufs muß der Spender innerhalb von sieben Tagen nach dem Gespräch schriftlich über seine Rechte unter s. 61 (2) und (3) Charities Act 1992 unterrichtet werden; die Frist für die Ausübung dieser Rechte beginnt erst mit Zugang der Benachrichtigung (s. 60 (5) Charities Act 1992).

c. Exkurs: Schutz bei Nutzung des Namens einer charity zu Werbezwecken

Anstatt einen gewerblichen Spendensammler einzuschalten, arbeiten charities vielfach mit Unternehmen zusammen, um Mittel zur Finanzierung ihrer Tätigkeit aufzubringen: Dabei wirbt das Unternehmen damit, einen Teil seiner Einnahmen der beteiligten charity zukommen zu lassen[14]. Gegenüber der Einschaltung eines gewerblichen Spendensammlers hat dies für die charity den Vorteil, kein Entgelt entrichten zu müssen. Das Unternehmen kann mit einer solchen Werbeaussage seinen Absatz fördern und sein Erscheinungsbild in der Öffentlichkeit pflegen. Allerdings wird der Name der begünstigten charity mit einem bestimmten Wirtschaftsunternehmen in Verbindung gebracht. Auch in diesem Fall hat daher die charity ein schutzwürdiges Interesse daran, die Art und Weise, in der das Unternehmen ihren Namen verwendet, steuern zu können. Sind bei Sammlungen gewerblicher Spendensammler neben der charity selbst die Spender schutzbedürf-

---

[14] *Home Office*, Charitable Fund-Raising, S. 1; *Middleton/Lloyd*, The Charities Acts Handbook, S. 98; *McEvoy/Bowles* (1994) 144 N.L.J. Annual Charities Review 24, 28.

tig, müsssen bei der Nutzung des Namens einer charity zu Werbezwecken die Verbraucher vor manipulativen Werbemethoden geschützt werden.

Um auch diesen Schutzbedürfnissen Rechnung zu tragen, gelten die Bestimmungen in Part II des Charities Act 1992 überwiegend entsprechend gegenüber sogenannten commercial participators. Dies sind Personen, die ein anderes Gewerbe als das des Spendensammlers betreiben, aber damit werben, einen Teil ihrer Einnahmen bestimmten charities zuzuführen (s. 58 (1) Charities Act 1992). Die Definition erfaßt damit all diejenigen Fälle, in denen Unternehmen den Namen einer charity in der beschriebenen Weise zu Werbezwecken nutzen. Zum Schutz der begünstigten charities darf auch ein commercial participator nur im Rahmen einer zuvor mit der charity getroffenen Vereinbarung mit deren Namen werben und kann gegebenenfalls durch Unterlassungsverfügung an Zuwiderhandlungen gehindert werden (s. 59 (2) Charities Act 1992)[15]. Zum Schutz der Verbraucher muß auch ein commercial participator stets den Namen der begünstigten charity nennen sowie angeben, welcher Anteil des Preises des beworbenen Produkts oder der beworbenen Dienstleistung der genannten charity zufließen soll; bei mehreren begünstigten charities ist offenzulegen, nach welchem Verhältnis die Verteilung auf die begünstigten charities erfolgt (s. 60 (3) Charities Act 1992). Auch die Rückerstattungsansprüche aus s. 61 Charities Act 1992 finden entsprechende Anwendung[16].

Wirbt ein Unternehmen nicht mit der Unterstützung einer bestimmten charity, sondern nur allgemein mit der Förderung gemeinnütziger Zwecke, ist es kein commercial participator im Sinne von s. 58 (1) Charities Act 1992. Die Vorgaben in Part II Charities Act 1992 finden insoweit keine Anwendung. Aus Sicht der begünstigten charities ist dies nicht zu beanstanden: Da keine charity namentlich genannt wird, fehlt es seitens der begünstigten charities an einem Schutzbedürfnis. Unter dem Gesichtspunkt der Schutzbedürftigkeit der Verbraucher macht es demgegenüber keinen grundsätzlichen Unterschied, ob mit der Unterstützung einer bestimmten charity oder der Förderung eines bestimmten gemeinnützigen Zwecks

---

[15] In s. 3 enthalten die Charitable Institutions (Fund-Raising) Regulations 1994 auch bezüglich einer Vereinbarung zwischen charity und commercial participator genaue Vorgaben.

[16] Vgl. s. 61 (1) (a) i.V.m. s. 60 (3), s. 61 (2) (a) i.V.m. s. 60 (5) und s. 60 (3) sowie s. 61 (3) i.V.m. s. 60 (5) und s. 60 (3) Charities Act 1992.

geworben wird. Der Charities Act 1992 weist insoweit eine Schutzlücke auf. Diese Schutzlücke wird durch s. 7 der Charitable Institutions (Fund-Raising) Regulations 1994 geschlossen: Auch wenn nicht mit der Unterstützung einer bestimmten charity, sondern allgemein mit der Förderung eines gemeinnützigen Zwecks geworben wird, muß dieser Bestimmung zufolge angegeben werden, welcher Anteil des Preises des beworbenen Produkts oder der beworbenen Dienstleistung diesen Zwecken zugute kommen und auf welche Weise die Verteilung zwischen den als Empfängern in Betracht kommenden charities erfolgen soll.

2. Öffentliche Sammlungen (public charitable collections)

Gesonderte Vorgaben gelten für Sammlungen, die in der Literatur unter dem Begriff der öffentlichen Sammlungen (public charitable collections) behandelt werden[17]. Unter diesem Oberbegriff lassen sich Sammlungen zusammenfassen, die sich nicht an bestimmte Personen, sondern an die Allgemeinheit richten. Dazu gehören Sammlungen im öffentlichen Raum, Spendensammlungen von Haus zu Haus sowie Sammlungen mit Hilfe der Massenmedien. Die Vorgaben für solche Sammlungen greifen unabhängig davon, ob die charity selbst oder ein gewerblicher Spendensammler die Sammlung durchführt.

a. Sammlungen von Haus zu Haus

Bei Sammlungen von Haus zu Haus drohen den Bewohnern Verletzungen der Privatsphäre. Dieser Gefahr versucht der Gesetzgeber durch den House to House Collections Act 1939 zu begegnen. Demnach sind Sammlungen von Haus zu Haus genehmigungspflichtig (s. 1 (1) House to House Collections Act 1939). Dabei gilt neben dem Sammeln von Spenden auch der Verkauf von Gütern zu gemeinnützigen Zwecken als Sammlung im Sinne des House to House Collections Act 1939[18].

---

[17] Vgl. etwa: *Warburton/Morris*, Tudor on Charities, S. 273; *Picarda*, The Law and Practice Relating to Charities, S. 597; *Middleton/Lloyd*, The Charities Acts Handbook, S. 113; *Cairns*, Charities: Law and Practice, S. 197; *McEvoy/Bowles* (1994) 144 N.L.J. Annual Charities Review 24.

[18] *Carasu Ltd. v. Smith* [1968] 2 Q.B. 383; *Cooper v. Coles* [1987] 1 All E.R. 91.

Zudem sind neben Wohnräumen auch Geschäftsräume geschützt (s. 11 (1) House to House Collections Act 1939).

Die Gründe, welche die zuständige Behörde zur Verweigerung der Genehmigung berechtigen, sind in s. 2 (3) House to House Collections Act 1939 abschließend aufgezählt. Demnach kann die Behörde die Erteilung einer Genehmigung etwa dann verweigern, wenn der Veranstalter (promoter) der Sammlung wegen eines Delikts verurteilt wurde, welches betrügerisches oder unehrliches Verhalten beinhaltet, oder wenn Anhaltspunkte dafür bestehen, daß der Veranstalter bei der Auswahl und Überwachung der Sammler nicht die gebotene Sorgfalt (due diligence) anwenden wird (s. 2 (3) (d) und (e) House to House Collections Act 1939). Erfährt die zuständige Behörde später, daß bei Erteilung der Genehmigung ein Verweigerungsgrund vorgelegen hat, kann eine bereits erteilte Genehmigung aufgehoben werden; gleiches gilt, wenn ein Verweigerungsgrund erst nach Erteilung der Genehmigung eingreift (s. 2 (3) House to House Collections Act 1939).

Vorgaben bezüglich der Durchführung genehmigter Sammlungen finden sich in den House to House Collections Regulations 1947[19], einer auf Grundlage von s. 4 House to House Collections Act 1939 erlassenen Rechtsverordnung. So muß etwa jeder Sammler mindestens 16 Jahre alt sein und einen Nachweis seiner Ermächtigung zur Sammlung von Spenden mitführen (s. 8 und s. 6 (1) House to House Collections Regulations 1947). Zudem sind die Veranstalter der Sammlung der Genehmigungsbehörde gegenüber rechenschaftspflichtig (s. 14 House to House Collections Regulations 1947).

b. Sammlungen im öffentlichen Raum

Sammlungen im öffentlichen Raum sind mit der Gefahr von Verkehrsbehinderungen sowie Belästigungen von Passanten verbunden. Dem will s. 5 (1) Police, Factories, etc. (Miscellaneous Provisions) Act 1916 entgegentreten. Diese Bestimmung ermächtigt die örtlichen Verwaltungsbehörden, durch Verordnung Vorgaben bezüglich des Ortes und der Durchführung solcher Sammlungen zu

[19] S.R. & O. 1947/2662; geändert durch S.I. 1963/684 und S.I. 1974/595.

machen. Entsprechende Verordnungen bedürfen der Zustimmung des zuständigen Ministers[20] (s. 5 (1) (a) Police, Factories, etc. (Miscellaneous Provisions) Act 1916). Das für die Zulässigkeit von Sammlungen im öffentlichen Raum maßgebliche Recht richtet sich somit nach den am jeweiligen Ort geltenden Verordnungen.

c. Spendenwerbung mit Hilfe der Massenmedien

Möchte eine charity mit Zeitungsanzeigen, Fernseh- oder Radiospots um Spenden werben, sind - neben den gesetzlichen Vorgaben in Part II Charities Act 1992 beim Einsatz eines gewerblichen Spendensammlers - besondere Verhaltensmaßregeln zu beachten. Diese ergeben sich indirekt aus Selbstverpflichtungen der Presseverlage und Rundfunktanstalten auf bestimmte ethische Maßstäbe bei der Ausstrahlung von Werbespots für charities[21] sowie aus Verwaltungsvorschriften der zuständigen Aufsichtsbehörden[22].

3. Lotterien

Beliebtes Mittel zur Finanzierung gemeinnütziger Betätigungen ist die Veranstaltung von Lotterien. Die Veranstaltung einer Lotterie hat für die charity gegenüber der unmittelbaren Bitte um Spenden den Vorteil, die Aussicht auf einen Gewinn als Anreiz zur Teilnahme nutzen zu können. Als Glücksspiel unterliegt die Veranstaltung von Lotterien allerdings den Beschränkungen des Lotteries and Amusements Act 1976[23].

---

[20] Dabei handelt es sich um den Innenminister (Secretary of State for the Home Department): Halsbury's Statutes, Vol. 33, S. 1104, Anmerkung zu s. 5 Police, Factories, etc. (Miscellaneous Provisions) Act 1916.

[21] Vgl. etwa: The Broadcasting Appeals Consortium: Recommendations for the Conduct of Broadcast Appeals, abgedruckt in: *Picarda*, The Law and Practice Relating to Charities, Appendix 10, S. 1069 ff. Diese Selbstverpflichtung verbietet etwa entwürdigende Darstellungen der Begünstigten der werbenden charity (s. 3.1). Insbesondere sollen die Begünstigten nicht als hilflos oder passiv dargestellt werden; die Werbung darf nicht ausschließlich darauf abzielen, das Mitleid der Zuschauer beziehungsweise Zuhörer zu wecken (s. 3.2).

[22] Eingehend dazu: *Picarda*, The Law and Practice Relating to Charities, S. 635 ff.

[23] Eingehend dazu: *Fitton/Stallard/Edwardes-Evans* (1994) 138 S.J. Charity Supplement 28; *Picarda*, The Law and Practice Relating to Charities, S. 604 ff.

Laut s. 1 (1) Lotteries and Amusements Act 1976 ist die Veranstaltung von Lotterien grundätzlich verboten und nur in den ausdrücklich genannten Fällen zulässig. Unter dem Lotteries and Amusements Act 1976 bestehen verschiedene Arten von Lotterien, für die unterschiedlich strenge Zulässigkeitsvoraussetzungen gelten.

a. Societies' lotteries

Wird eine Lotterie zugunsten eines gemeinnützigen Zwecks veranstaltet, handelt es sich grundsätzlich um eine sogenannte societies' lottery (s. 5 (1) Lotteries and Amusements Act 1976). Eine societies' lottery ist zulässig, wenn die veranstaltende Organisation zuvor in ein Register eingetragen wurde, in dem zur Veranstaltung solcher Lotterien berechtigte Organisationen geführt werden (s. 5 (3) Lotteries and Amusements Act 1976). Zudem müssen sämtliche Gewinne der Lotterie dem gemeinnützigen Zweck der charity zugeführt werden (s. 5 (4) Lotteries and Amusements Act 1976).

Übersteigt die Summe der Lospreise der betreffenden Lotterie 20.000 Pfund oder übersteigt die Summe der Lospreise aller von der charity innerhalb des angebrochenen Jahres veranstalteten Lotterien 250.000 Pfund, ist der sogenannte Gaming Board[24] für die Eintragung zuständig (s. 5 (3A) bis (3D) i.V.m. Schedule 1A Lotteries and Amusements Act 1976). Unterhalb dieser Grenzen ist die örtliche Ordnungsbehörde (local authority) zuständig (s. 5 (3A) bis (3D) i.V.m. Schedule 1 Lotteries and Amusements Act 1976). Die Gründe, welche die zuständige Behörde zur Verweigerung der Eintragung berechtigen, sind in s. 4 (1) Schedule 1 beziehungsweise s. 3 (2) Schedule 1A Lotteries and Amusements Act 1976 abschließend aufgezählt[25]. Demnach kann die Eintragung etwa dann verweigert werden, wenn eine an der Veranstaltung der Lotterie beteiligte Person bereits

[24] Der Gaming Board wurde durch den Gaming Act 1968 ins Leben gerufen. Er besteht aus einem Vorsitzenden sowie weiteren durch die Regierung ernannten Mitgliedern (s. 10 (1) Gaming Act 1968). Er hat die Aufgabe, im Rahmen der ihm durch Gesetz zugewiesenen Befugnisse die hoheitliche Aufsicht über das Glücksspiel in Großbritannien wahrzunehmen (s. 10 (3) Gaming Act 1968).

[25] Eingehend zum Eintragungsverfahren: *Fitton/Stallard/Edwardes-Evans* (1994) 138 S.J. Charity Supplement 28, 30.

wegen eines Delikts im Zusammenhang mit der Veranstaltung von Lotterien[26] oder allgemein wegen eines Delikts, welches betrügerisches oder unehrliches Verhalten beinhaltet, verurteilt wurde (s. 4 (1) (a) Schedule 1 beziehungsweise s. 3 (2) (a) Schedule 1A Lotteries and Amusements Act 1976). Hat eine charity einmal die Berechtigung zur Veranstaltung von societies' lotteries erworben, bestehen keine Beschränkungen hinsichtlich der Anzahl und Häufigkeit, mit der sie solche Lotterien durchführen kann[27].

Vorgaben bezüglich der Art und Weise der Durchführung von societies' lotteries enthält s. 11 Lotteries and Amusements Act 1976. Dort finden sich etwa Obergrenzen für die Preise der Lose und für die Höchstgewinne (s. 11 (2) und (5) Lotteries and Amusements Act 1976). Vorgegeben ist auch der Anteil der Einnahmen, der zulässigerweise insgesamt als Gewinn ausgeschüttet werden darf und daher nicht zugunsten des gemeinnützigen Zwecks der charity verwendet werden muß (s. 11 (11) Lotteries and Amusements Act 1976). Zudem muß die veranstaltende charity der zuständigen Behörde gegenüber nach jeder Lotterie Rechenschaft ablegen (s. 11 Schedule 1 beziehungsweise s. 9 Schedule 1A Lotteries and Amusements Act 1976).

b. Small und private lotteries

Ohne weiteres zulässig sind dagegen sogenannte small lotteries (s. 3 (2) Lotteries and Amusements Act 1976). Um als small lottery zu gelten muß eine Lotterie zunächst mit einer bestimmten gemeinnützigen Unterhaltungsveranstaltung wie etwa einem Basar, einem Ball oder einer Sportveranstaltung in Zusammenhang stehen (s. 3 (2) i.V.m. s. 3 (1) Lotteries and Amusements Act 1976). Der Losver-

---

[26] Siehe dazu insbesondere die in s. 2 und s. 13 Lotteries and Amusements Act 1976 genannten Delikte.

[27] Zwar können auf Grundlage von s. 10 Lotteries and Amusements Act 1976 durch Rechtsverordnung Obergrenzen für Anzahl und Häufigkeit festgelegt werden; dies ist allerdings bis heute nicht geschehen. Reicht zunächst die Eintragung durch die örtliche Ordnungsbehörde aus, veranstaltet die charity jedoch später eine Lotterie mit einem Losvolumen von mehr als 20.000 Pfund, wird entsprechend den obigen Ausführungen allerdings eine erneute Eintragung durch den Gaming Board erforderlich; gleiches gilt, wenn die charity innerhalb eines Jahres mehrere Lotterien mit einem Losvolumen von jeweils weniger als 20.000 Pfund veranstaltet, sobald sie dadurch die Obergrenze von 250.000 Pfund im Jahr überschreitet.

kauf darf nur während der Veranstaltung erfolgen und nicht der einzige oder überwiegende Anreiz zum Besuch der Veranstaltung sein (s. 3 (3) (c) und (d) Lotteries and Amusements Act 1976). Die Gewinne der Lotterie müssen dem jeweiligen gemeinnützigen Zweck zugute kommen (s. 3 (3) (a) Lotteries and Amusements Act 1976). Schließlich dürfen nur Sachpreise verteilt werden (s. 3 (3) (b) Lotteries and Amusements Act 1976).

Unbeschränkt zulässig sind auch sogenannte private lotteries (s. 4 (3) Lotteries and Amusements Act 1976). Als private lottery gelten allerdings nur solche Lotterien, die sich ausschließlich an Personen richten, die der veranstaltenden Organisation als Mitglieder angehören oder die in einem bestimmten Gebäude wohnen oder arbeiten (s. 4 (1) Lotteries and Amusements Act 1976). Angesichts des begrenzten Teilnehmerkreises ist die Veranstaltung einer solchen Lotterie als Einnahmequelle für charities vergleichsweise wenig geeignet[28].

II. Die Anlage von Gesellschaftsvermögen (investment)

Durch ihre gemeinnützige Ausrichtung tragen charities zur Förderung des Gemeinwohls bei. Dabei können sie das Gemeinwohl umso stärker fördern, je mehr Mittel ihnen zur Verfolgung ihres gemeinnützigen Zwecks zur Verfügung stehen. Deshalb liegt es im Interesse der Allgemeinheit, die charities bei der Anlage ihres Vermögens zu unterstützen. Aufgrund dessen enthält der Charities Act 1993 verschiedene Bestimmungen, die den charities eine Anlage ihres Vermögens erleichtern sollen. Zugleich liegt es allerdings auch im Allgemeininteresse, das Vermögen der charities vor Verlusten zu schützen. In Ermangelung besonderer gesetzlicher Schutzvorschriften sind deshalb die Charity Commissioners bemüht, die mit der Verwaltung einer charity betrauten Personen von allzu riskanten Anlagegeschäften abzuhalten.

---

[28] *Picarda*, The Law and Practice Relating to Charities, S. 629; zudem sind Gewinne der veranstaltenden charity aus societies' und small lotteries steuerfrei, Gewinne aus private lotteries hingegen nicht: siehe dazu unter § 6 I.2.

1. Förderung der Anlage von Gesellschaftsvermögen durch den Charities Act 1993

Um den charities eine sinnvolle Anlage ihres Vermögens zu erleichtern, ermächtigt der Charities Act 1993 die Charity Commissioners und den High Court, besondere Anlagemöglichkeiten für charities zu schaffen; zudem eröffnet der Charities Act 1993 den charities verschiedene Möglichkeiten, die Charity Commissioners bei der Anlage ihres Vermögens um Unterstützung und Beratung zu ersuchen.

a. Common investment funds und common deposit funds

Ausweislich s. 24 Charities Act 1993 kann sich eine Gruppe von charities zusammenschließen und sich an einem sogenannten common investment fund beteiligen. Ein common investment fund ist ein besonderer trust, der durch die Charity Commissioners oder den High Court zugunsten der beteiligten charities errichtet wird; das Vermögen des trust setzt sich aus den Einlagen der beteiligten charities zusammen und wird durch einen zu diesem Zweck ernannten trustee nach Maßgabe des trust instrument für die beteiligten charities angelegt (s. 24 (1) (a) Charities Act 1993). Die charities sind im Verhältnis ihrer Einlagen am Kapital des fund beteiligt und haben Anspruch auf die erwirtschafteten Überschüsse (s. 24 (1) (b) Charities Act 1993). Die Beteiligungen sind nicht übertragbar (s. 24 (6) Charities Act 1993).

Zur Errichtung eines common investment fund bedarf es eines Antrags von mindestens zwei charities (s. 24 (2) Charities Act 1993). Je nach Gestaltung des trust instrument kann ein common investment fund zugunsten einer begrenzten Gruppe von charities errichtet werden oder jeder interessierten charity offenstehen[29]. Ausweislich s. 24 (7) Charities Act 1993 gilt jede charity als befugt, sich an einem common investment fund zu beteiligen. Für charitable companies wird

---

[29] Der bedeutendste und größte common investment fund ist der sogenannte Charities Official Investment Fund. Diesen haben die Charity Commissioners noch auf Grundlage des Charities Act 1960 im Jahre 1962 errichtet; er steht jeder charity offen und ermächtigt die trustees zu Investitionen in jeder beliebigen Form: *Chesterman*, Charities, Trusts and Social Welfare, S. 289 f.; *Warburton/Morris*, Tudor on Charities, S. 252.

dadurch sichergestellt, daß eine Beteiligung an einem solche fund unabhängig von der Gestaltung der objects clause nicht an der ultra vires Doktrin scheitert.

In s. 25 enthält der Charities Act 1993 eine entsprechende Befugnis zur Errichtung besonderer trusts zur Anlage von Vermögen in Spareinlagen (deposits). Für diese sogenannten common deposit funds gelten die Bestimmungen für common investment funds entsprechend (s. 25 (2) Charities Act 1993).

Die Anlage von Vermögen in einem common investment oder common deposit fund hat für die beteiligten charities verschiedene Vorteile: Zunächst können sie den mit der Anlage und Verwaltung ihres Vermögens verbundenen Aufwand vermindern und von der besonderen Sachkunde des trustee profitieren. Durch die Verbindung ihrer Vermögen können sie zudem Größenvorteile wie etwa günstigere Zinssätze besser ausnutzen. Schließlich haben sie die Gewähr, in eine auf ihre Bedürfnisse als charity zugeschnittene Anlage zu investieren. Andererseits können sie ausweislich s. 24 (4) (b) Charities Act 1993 das eingebrachte Vermögen dem fund nur im Rahmen der Bestimmungen des trust instrument wieder entziehen. Je nach Gestaltung des trust instrument geben sie damit die Verwaltung eines Teils ihres Vermögens für einen langen Zeitraum aus der Hand und werden dadurch finanziell unbeweglich. Die Beteiligung an einem common investment oder common deposit fund eignet sich daher in erster Linie für kleinere charities, die nur über ein geringes Vermögen und wenig sachkundiges Personal verfügen[30].

b. Unterstützung durch die Charity Commissioners

Wie bereits festgestellt verfügen die Charity Commissioners unter s. 26 und s. 29 Charities Act 1993 über die Befugnis, an sich unzulässige Rechtshandlungen zu genehmigen und die mit der Verwaltung einer charity betrauten Personen bei der Wahrnehmung ihrer Aufgaben zu beraten[31]. Diese Befugnisse sollen die Charity Commissioners unter anderem auch in die Lage versetzen, charities bei der Anlage

[30] Annual Report of the Charity Commissioners for 1989, para. 111; *Cairns*, Charities: Law and Practice, S. 157; *Chesterman*, Charities, Trusts and Social Welfare, S. 105 und 290; in diesem Sinne auch: *Charity Commission*, Responsibilities of Charity Trustees, para. 51.
[31] Siehe dazu oben § 4 I.5.b.cc.(2).

ihres Vermögens zu unterstützen: So sieht s. 26 (2) Charities Act 1993 ausdrücklich die Genehmigung einer an sich unzulässigen Vermögensverwendung vor. Wollen die directors einer charitable company ein Anlagegeschäft tätigen, welches nicht von dem in der objects clause festgelegten Gesellschaftszweck gedeckt ist oder sonst gegen das memorandum oder die articles of association verstoßen würde, können sie daher die Charity Commissioners unter s. 26 Charities Act 1993 um eine Genehmigung dieses Geschäfts ersuchen. Dadurch können sie zum einen verhindern, daß das Geschäft an der ultra vires oder constructive notice Doktrin scheitert; zum anderen können sie einer Haftung auf Schadensersatz bei Fehlschlagen des Anlagegeschäfts vorbeugen. Sind sich die directors uneinig über die zu verfolgende Anlagepolitik oder haben sie Zweifel über die Vereinbarkeit eines Anlagegeschäfts mit der gemeinnützigen Ausrichtung ihrer Gesellschaft, können sie sich mit der Bitte um Vermittlung oder Rat unter s. 29 Charities Act 1993 an die Charity Commissioners wenden.

Zudem können die Charity Commissioners unter s. 16 (1) (c) i.V.m. s. 21 und 22 Charities Act 1993 auf Antrag einer charity Grundvermögen auf den official custodian übertragen, der dieses dann treuhänderisch für die charity verwaltet[32]. Die charity kann auf diese Weise den Verwaltungsaufwand abwälzen, bleibt aber uneingeschränkt verfügungsbefugt (s. 16 (1) (c) i.V.m. s. 21 und s. 22 (3) Charities Act 1993). Eine Übertragung des Grundvermögens auf den official custodian kann daher wünschenswert sein, wenn die charity zwar über umfangreiches Grundvermögen, nicht aber über das zur Verwaltung notwendige Personal verfügt[33].

---

[32] Siehe dazu oben § 4 I.5.b.cc.(1)(b)(aa).

[33] Zwar können die Charity Commissioners statt unter s. 16 (1) (c) Charities Act 1993 auch unter s. 18 (1) (iii) Charities Act 1993 Vermögen einer charity auf den official custodian übertragen: siehe dazu oben § 4 I.5.b.cc.(1)(b)(aa). Soweit Grundvermögen übertragen wird, führt allerdings eine Übertragung unter s. 18 (1) (iii) Charities Act 1993 zu einer Einschränkung der Verfügungsbefugnis (s. 22 (3) Charities Act 1993). Daher dürfte eine Übertragung unter s. 18 (1) (iii) Charities Act 1993 aus Sicht der charity selbst kaum wünschenswert sein.

2. Beschränkungen der Anlage von Gesellschaftsvermögen durch Vorgaben der Charity Commissioners

Nach Auffassung der Charity Commissioners sind bestimmte Anlagegeschäfte aufgrund des mit ihnen verbundenen Verlustrisikos ungeeignet für charities. Dazu gehören insbesondere Geschäfte mit Optionsscheinen und anderen Derivaten[34]. Die Zeichnung neuer Aktien eignet sich nach Ansicht der Charity Commissioners nur dann, wenn die charity in großem Maßstab an den Kapitalmärkten investiert und vor Zeichnung der Aktien besonderen Rat von ausgewiesenen Fachleuten eingeholt hat[35]. Zudem betrachten die Charity Commissioners die mit der Verwaltung der charities betrauten Personen als verpflichtet, auf eine hinreichend breite Risikostreuung zu achten[36]. Zwar sind dies lediglich Meinungsäußerungen der Charity Commissioners, die für die charities keine unmittelbare Bindungswirkung entfalten; jedoch können Zuwiderhandlungen von den Charity Commissioners als Fehlverhalten gedeutet und zum Anlaß für die Ausübung ihrer Eingriffsbefugnisse genommen werden.

III. Beschränkungen von Grundstücksgeschäften

Vermögensgegenstände, die zum Grundvermögen zählen, sind regelmäßig von beträchtlichem Wert. Darüber hinaus zeichnet sich Grundvermögen erfahrungsgemäß durch eine im Vergleich zu anderen Anlageformen hohe Wertbeständigkeit aus. Verfügt eine charity über Grundvermögen, wird dieses oftmals die Substanz ihres Vermögens und damit die Grundlage ihrer Existenz darstellen. Der Erhalt des Grundvermögens ist daher Voraussetzung für den Erhalt der Arbeitsfähigkeit zahlreicher charities. Deshalb liegt der Schutz des charities zustehenden Grundvermögens im gesteigerten Interesse der Allgemeinheit. Aus diesem Grund unterliegen charities bei Grundstücksgeschäften besonderen gesetzlichen Beschränkungen. Diese ergeben sich aus s. 36 bis s. 40 Charities Act 1993[37]. Sie

---

[34] Annual Report of the Charity Commissioners for 1985, paras. 65 ff.

[35] Annual Report of the Charity Commissioners for 1986, para. 80.

[36] *Charity Commission*, Responsibilities of Charity Trustees, para. 45.

[37] Eingehend dazu etwa: *Warburton/Morris*, Tudor on Charities, S. 241 ff.; *Picarda*, The Law and Practice Relating to Charities, S. 490 ff.; *Middleton/Lloyd*, The Charities Acts Handbook,

betreffen sämtliches, charities zustehendes Grundvermögen (land). Erfaßt werden dabei neben unbebauten Grundstücken auch Gebäude und beschränkte dingliche Rechte[38]. Die in diesen Bestimmungen enthaltenen Beschränkungen sollen das Grundvermögen der charities vor einer Aushöhlung schützen und dadurch gewährleisten, daß dieses Vermögen zur Förderung gemeinnütziger Zwecke erhalten bleibt. Diesen Beschränkungen sieht sich eine charity immer dann ausgesetzt, wenn sie Grundvermögen veräußern, belasten, vermieten oder verpachten will. Insoweit sind die charities in ihrer Finanzierungsfreiheit eingeschränkt.

1. Die Beschränkung von Veräußerung, Vermietung und Verpachtung durch s. 36 Charities Act 1993

Gesetzlichen Beschränkungen unterliegen charities zunächst bei Veräußerung, Vermietung und Verpachtung ihrer Immobilien. Diese ergeben sich aus s. 36 Charities Act 1993. Zum einen soll dabei das Grundvermögen der charities vor wirtschaftlich unvorteilhaften Gefälligkeitsgeschäften geschützt werden. Daher bedürfen Veräußerung, Vermietung und Verpachtung einer Immobilie an eine der charity nahestehende Person (connected person) der Genehmigung der Charity Commissioners oder des High Court (s. 36 (1) i.V.m. s. 36 (2) (a) (i) Charities Act 1993). Als nahestehend im Sinne von s. 36 Charities Act 1993 gelten die in Schedule 5 Charities Act 1993 genannten Personen. Bei charitable companies zählen dazu insbesondere die directors der Gesellschaft, deren Verwandte gerader Linie und Geschwister, die Angestellten der Gesellschaft sowie die Ehegatten sämtlicher vorgenannter Personen; erfaßt werden zudem juristische Personen, die von den vorgenannten Personen oder deren Ehegatten kontrolliert werden oder an denen diese einen erheblichen Anteil halten (s. 1 Schedule 5 Charities Act 1993). Um Umgehungen zu erschweren gilt das Genehmigungserfordernis auch dann, wenn ein trustee oder Strohmann (nominee) einer der charity nahestehenden Person die Immobilie erwirbt, mietet oder pachtet (s. 36 (2) (a) (ii) Charities Act 1993).

S. 37 ff.; *Cairns*, Charities: Law and Practice, S. 149 ff.; *Samuels* (1996) 140 S.J. Charity Supplement 36 ff.; vgl. auch: *Charity Commission*, Disposing of Charity Land.

[38] *Charity Commission*, Disposing of Charity Land, para. 2.

Zum anderen soll s. 36 Charities Act 1993 sicherstellen, daß die charity auch bei Veräußerung, Vermietung oder Verpachtung an eine ihr nicht nahestehende Person stets den größtmöglichen Erlös erzielt. Deshalb muß die charity vor Veräußerung, Vermietung oder Verpachtung an eine ihr nicht nahestehende Person zunächst ein Gutachten eines anerkannten Sachverständigen[39] einholen und die Immobilie öffentlich anbieten (s. 36 (3) (a) und (b) Charities Act 1993). Die charity darf nur solche Angebote in Betracht ziehen, die unter Berücksichtigung der Bewertung des Sachverständigen angemessen sind; von den danach verbleibenden Angeboten darf sie nur das für sie günstigste annehmen (s. 36 (4) (c) Charities Act 1993). Abgeschwächte Vorgaben gelten für Miet- und Pachtverträge mit einer Laufzeit von weniger als sieben Jahren: Zwar muß die charity auch vor Abschluß eines solchen Vertrages sachkundigen Rat einholen und bei Vertragsschluß berücksichtigen; ein öffentliches Angebot ist jedoch entbehrlich (s. 36 (2) i.V.m. s. 36 (5) Charities Act 1993).

Dient die Immobilie der charity nicht nur als Wertanlage, sondern auch als Mittel zur Verfolgung ihres gemeinnützigen Zwecks, ist neben den genannten Vorgaben eine weitere Vorgabe zu beachten: Bevor die charity eine solche Immobilie veräußert, vermietet oder verpachtet muß sie ihre Absicht mindestens einen Monat zuvor öffentlich bekanntmachen und der Öffentlichkeit Gelegenheit zu Vorschlägen über die Verwendung der Immobilie geben (s. 36 (6) Charities Act 1993). Die Bekanntmachung muß möglichst alle Personen erreichen, die von der Verwendung der Immobilie betroffen sind[40]. Die Charity Commissioners können die charity von dieser Verpflichtung befreien (s. 36 (8) Charities Act 1993).

Die Rechtsfolgen von Verstößen gegen die Vorgaben in s. 36 Charities Act 1993 ergeben sich aus s. 37 Charities Act 1993: War die Gegenpartei gutgläubig, erwirbt sie grundsätzlich auch bei Verstößen gegen die Vorgaben in s. 36 Charities Act 1993 das Eigentum beziehungsweise die Nutzungsberechtigung an der Immobilie; eine Ausnahme gilt lediglich für unentgeltliche Geschäfte (s. 37 (3) und (4)

---

[39] Der Sachverständige muß einem anerkannten Sachverständigenverband angehören (s. 36 (4) Charities Act 1993). Zudem müssen die Sachverständigengutachten bestimmten inhaltlichen Anforderungen genügen; diese ergeben sich aus den Charities (Qualified Surveyors' Reports) Regulations 1992, S.I. 1992/2980.

[40] *Charity Commission*, Disposing of Charity Land, para. 39.

Charities Act 1993). Der Schutz des Rechts- und Geschäftsverkehrs genießt insoweit Vorrang vor dem Schutz des Grundvermögens der charities.

S. 36 (9) Charities Act 1993 nimmt bestimmte Arten von Grundstücksgeschäften vom Anwendungsbereich der s. 36 Charities Act 1993 aus. Solche Geschäfte können daher ohne Beachtung der oben genannten Vorgaben abgeschlossen werden. Dies gilt ausweislich s. 36 (9) (b) Charities Act 1993 insbesondere für Grundstücksgeschäfte zwischen charities: Denn bei solchen Grundstücksgeschäften ist der wirtschaftliche Nachteil der einen charity der Vorteil der anderen - das anläßlich des Geschäfts bewegte Vermögen bleibt wertmäßig in jedem Fall für gemeinnützige Zwecke erhalten.

2. Die Beschränkung der Belastung von Grundvermögen mit Grundpfandrechten durch s. 38 Charities Act 1993

Auch bei der Bestellung von Grundpfandrechten unterliegen charities bestimmten Beschränkungen. Diese ergeben sich aus s. 38 Charities Act 1993. So bedarf laut s. 38 (1) Charities Act 1993 grundsätzlich auch die Belastung eines Grundstücks mit einer Hypothek (mortgage) oder Grundschuld (charge) der Genehmigung der Charity Commissioners oder des High Court. Nicht genehmigungsbedürftig ist die Bestellung von Hypotheken und Grundschulden, die zur Sicherung eines von der charity aufgenommenen Darlehens dienen. Statt dessen muß aber vor Bestellung eines solchen Grundpfandrechts der Rat eines unabhängigen Sachverständigen eingeholt werden (s. 38 (2) Charities Act 1993). Dieser muß untersuchen, ob die Aufnahme des Darlehens und damit die Bestellung des Grundpfandrechts überhaupt erforderlich ist, ob die Bedingungen des Darlehensvertrages angemessen sind und ob die charity die Rückzahlung des Darlehens wirtschaftlich bewältigen kann (s. 38 (3) Charities Act 1993). Dies soll das Grundvermögen der charities zum einen vor unnötigen oder wirtschaftlich unvorteilhaften Belastungen schützen; zum anderen soll die Bestellung eines Grundpfandrechts verhindert werden, wenn die Gefahr einer Verwertung des Grundstücks zu groß ist.

Die Rechtsfolgen eines Verstoßes gegen diese Vorgaben entsprechen den Rechtsfolgen eines Verstoßes gegen die Vorgaben für Veräußerung, Vermietung und

Verpachtung: Erfolgt die Bestellung des Grundpfandrechts nicht unentgeltlich, stehen Verstöße gegen Vorgaben in s. 38 Charities Act 1993 der Wirksamkeit der Bestellung nicht entgegen, sofern die Gegenpartei in gutem Glauben handelte (s. 39 (3) und (4) Charities Act 1993). Auch die Schutzwirkung der Vorgaben in s. 38 Charities Act 1993 ist insoweit im Interesse des Schutzes des Rechts- und Geschäftsverkehrs eingeschränkt.

IV. Zusammenfassung

Aufgrund ihrer gemeinnützigen Ausrichtung unterliegen charitable companies bei der Finanzierung ihrer Tätigkeit besonderen gesetzlichen Vorgaben. Diese betreffen die Sammlung von Spenden (fund-raising), die Anlage von Gesellschaftsvermögen (investment) und die Bewirtschaftung des Grundvermögens.

Gesetzliche Regelungen hinsichtlich der Sammlung von Spenden finden sich in Part II des Charities Act 1992, im House to House Collections Act 1939 sowie im Police, Factories, etc. (Miscellaneous Provisions) Act 1916. Dabei betreffen die Bestimmungen in Part II des Charities Act 1992 Sammlungen mit Hilfe eines gewerblichen Spendensammlers (professional fund-raiser). Sie sollen zum einen der charity die nötige Kontrolle über die Tätigkeit des Spendensammlers geben und zum anderen dem erhöhten Schutzbedürfnis der Spender Rechnung tragen. Gesetzliche Vorgaben für öffentliche Sammlungen enthalten der House to House Collections Act 1939 und der Police, Factories, etc. (Miscellaneous Provisions) Act 1916. Dabei dient der House to House Collections Act 1939 dem Schutz der Bewohner bei Spendensammlungen von Haus zu Haus, während der Police, Factories, etc. (Miscellaneous Provisions) Act 1916 Sammlungen im öffentlichen Raum regelt. Bei Spendenaufrufen mit Hilfe der Massenmedien sind bestimmte Verhaltensmaßregeln zu beachten, die sich indirekt aus Selbstverpflichtungen der Presseverlage und Runfkunkanstalten sowie aus Verwaltungsvorschriften der zuständigen Aufsichtsbehörden ergeben. Die Veranstaltung von Lotterien ist nur im Rahmen des Lotteries and Amusements Act 1976 zulässig.

Durch den Charities Act 1993 versucht der Gesetzgeber auf verschiedenen Wegen, den charities eine Anlage ihres Vermögens zu erleichtern. So ermächtigt der

Charities Act 1993 die Charity Commissioners und den High Court, in Gestalt von common investment und common deposit funds besondere Anlagemöglichkeiten für charities zu schaffen; zudem überträgt er den Charity Commissioners veschiedene Befugnisse, mit deren Hilfe sie charities bei der Anlage ihres Vermögens unterstützen können. Zugleich sind die Charity Commissioners bemüht, charities von allzu riskanten Anlagegeschäften abzuhalten.

Bei der Bewirtschaftung ihres Grundvermögens unterwirft der Charities Act 1993 die charities besonderen gesetzlichen Beschränkungen. Diese sollen im Interesse der bestmöglichen Förderung des Gemeinwohls das Grundvermögen der charities vor einer Aushöhlung schützen und schränken die charities in ihrer Finanzierungsfreiheit entsprechend ein.

§ 6 Die Besteuerung einer charitable company

Aufgrund ihrer gemeinnützigen Ausrichtung genießen charities zahlreiche steuerliche Vorteile. Angesichts der durch s. 4 (1) Charities Act 1993 ausgelösten Vermutung muß die Finanzverwaltung diese Vorteile jeder in das register of charities eingetragenen charity zugestehen[1]. Nicht in das register of charities eingetragene Organisationen kann die Finanzverwaltung gesondert zum Zwecke der steuerlichen Behandlung als charity anerkennen[2]. Die steuerlichen Sonderregelungen für charities sind unzusammenhängend über die verschiedenen Steuergesetze verteilt. Entsprechend der unterschiedlichen rechtlichen Gestaltung gelten dabei für charitable trusts und charitable companies zum Teil unterschiedliche Regelungen. Im folgenden sollen die charitable companies zustehenden Vorteile dargestellt werden[3].

I. Körperschaftsteuer (corporation tax)

1. Grundzüge der Besteuerung

Der Income and Corporation Taxes Act 1988[4] regelt sowohl die Einkommensteuer (income tax) als auch die Körperschaftsteuer (corporation tax). Die Gewinne einer charitable company unterliegen ausweislich s. 6 (1) I.C.T.A. 1988 der Körperschaftsteuer. Der Steuersatz beträgt zur Zeit 30 %[5]. Zur Ermittlung der von der Körperschaftsteuer erfaßten Gewinne gelten laut s. 9 (1) und (3) I.C.T.A. 1988 die Bestimmungen zur Ermittlung der von der Einkommensteuer erfaßten Einkünfte entsprechend. Die der Einkommensteuer unterliegenden Einkünfte ergeben sich gemäß s. 1 (1) I.C.T.A. 1988 aus den Schedules A, D, E und F I.C.T.A. 1988. Auch die der Körperschaftsteuer unterliegenden Gewinne werden daher auf Grundlage dieser Schedules ermittelt.

---

[1] Siehe dazu oben § 2 II.1.a.

[2] Siehe dazu oben § 2 II.2.

[3] Eingehend dazu etwa: *Saunders*, Tolley's Tax Planning, S. 151 ff.; *Warburton/Morris*, Tudor on Charities, S. 282 ff.; *Picarda*, The Law and Practice Relating to Charities, S. 691 ff.; *Cairns*, Charities: Law and Practice, S. 117 ff.

[4] Im folgenden I.C.T.A. 1988.

[5] *Saunders/Antczak*, Tolley's Corporation Tax 1999-2000, S. 2.

Demnach unterliegen ausweislich Schedule A I.C.T.A. 1988 zunächst Gewinne aus Miet- und Pachtzinsen sowie sonstige Gewinne aus Grundvermögen der Körperschaftsteuer. Dies gilt allerdings nicht für Veräußerungsgewinne: Diese unterliegen der Kapitalzuwachssteuer (capital gains tax)[6].

Nach Schedule D unterliegen zudem Gewinne aus unternehmerischer Tätigkeit (trade) der Körperschaftsteuer: Case I Schedule D I.C.T.A. 1988. Der Begriff "trade" ist im Gesetz nicht definiert[7]. Auch die Gerichte haben bislang keine Definition entwickelt. Der Rechtsprechung lassen sich allenfalls gewisse Leitlinien entnehmen: So soll unternehmerische Tätigkeit kein besonderes Maß an Dauerhaftigkeit oder Regelmäßigkeit erfordern[8]. Auch eine Gewinnerzielungsabsicht ist nicht erforderlich[9]. Lediglich unentgeltliche Tätigkeiten unterfallen nicht dem Begriff "trade"[10]. Dies versteht sich allerdings von selbst, denn in Ermangelung einer Gegenleistung kann ohnehin kein zu versteuernder Gewinn entstehen. Der Begriff "trade" ist somit weit zu verstehen und geeignet, jede selbständige[11], gegen Entgelt erbrachte Tätigkeit zu erfassen[12] Innerhalb dieser Grenzen besteht allerdings nach wie vor eine erhebliche Rechtsunsicherheit, die im Einzelfall gegebenenfalls durch die Gerichte beseitigt werden muß. Im Zusammenhang mit charities haben die Gerichte unter anderem den Betrieb eines Restaurants[13], eines Buchladens[14], einer Schulgeld erhebenden Schule[15] und die Veranstaltung von

---

[6] Dazu sogleich unter § 6 II.

[7] Die Auslegungsvorschrift in s. 832 (1) I.C.T.A. 1988 ist als Definition unbrauchbar, da sie den zu definierenden Begriff selbst enthält. Diese Vorschrift wird daher überwiegend als mißglückt betrachtet, vgl. etwa: *Framjee* (1991) 141 N.L.J. Annual Charities Review 12; siehe auch: *Dawson*, in: The Voluntary Sector, the State and the Law, S. 177, 178.

[8] *Barry (Inspector of Taxes) v. Cordy* [1946] 2 All E.R. 396, 400, per *Scott L.J.*; *Johnston (Inspector of Taxes) v. Heath* [1970] 1 W.L.R. 1567.

[9] *Re Duty on Estate of Incorporated Council of Law Reporting for England and Wales* (1889) 22 Q.B.D. 279, 293, per *Lord Coleridge*.

[10] *BBC v. Johns (Inspector of Taxes)* [1964] 1 All E.R. 923, 939, per *Danckwerts L.J.*

[11] Unselbständige Betätigungen werden von Schedule E I.C.T.A. 1988 erfaßt: dazu sogleich in diesem Gliederungspunkt.

[12] *Kessler* (1994) 133 Tax. 465; in diesem Sinne auch: *Dawson*, in: The Voluntary Sector, the State and the Law, S. 177, 178 ff.; *Picarda*, The Law and Practice Relating to Charities, S. 699.

[13] *Grove v. Young Men's Christian Association* (1903) 88 L.T. 696.

[14] *Psalms and Hymns Trustees v. Whitwell* (1890) 3 T.C. 7; *Religious Tract and Book Society of Scotland v. Forbes* (1896) 3 T.C. 415.

[15] *Brighton College v. Marriott* [1926] A.C. 192.

Konzerten, für deren Besuch ein Entgelt zu entrichten ist[16], steuerrechtlich als unternehmerische Betätigung eingestuft.

Der Körperschaftsteuer unterliegen zudem Gewinne aus den in Part IV Chapter II Finance Act 1996 näher bezeichnteten Zinserträgen sowie Gewinne aus Rentenzahlungen (annuities) und sonstigen regelmäßigen Zahlungen: Case III Schedule D I.C.T.A. 1988. Auch die Begriffe der Rentenzahlung und sonstigen regelmäßigen Zahlung sind gesetzlich nicht definiert. Die Rechtsprechung faßt darunter solche regelmäßigen Einkünfte zusammen, die im Gegensatz zu Gewinnen aus unternehmerischer Betätigung keine eigenen Aufwendungen seitens des Empfängers voraussetzen[17]. Beispiele aus dem Einkommensteuerrecht sind Unterhaltszahlungen nach Scheidung[18] oder Rentenzahlungen aus einer Erbschaft[19]. Demnach müßten charitable companies unter Case III Schedule D I.C.T.A. 1988 auch Spenden versteuern, soweit diese in Gestalt regelmäßiger Zahlungen eingehen.

Schedule E I.C.T.A. 1988 betrifft Einkünfte aus nichtselbständiger Tätigkeit und hat damit für die Ermittlung der zu versteuernden Gewinne einer körperschaftsteuerpflichtigen Gesellschaft keine Bedeutung. Ausweislich Schedule F I.C.T.A. 1988 unterliegen schließlich Gewinne aus Dividenden und sonstigen Ausschüttungen anderer Gesellschaften der Körperschaftsteuer.

2. Steuerbefreiungen für charitable companies

S. 505 (1) I.C.T.A. 1988 befreit einkommensteuerpflichtige charities in weitem Umfang von der Einkommensteuer. Diese Befreiungen gelten ausweislich s. 9 (4) I.C.T.A. 1988 entsprechend auch für körperschaftsteuerpflichtige charitable companies.

Demnach sind charitable companies zunächst von der Versteuerung der von Schedule A I.C.T.A. 1988 erfaßten Gewinne aus Grundvermögen befreit

[16] *IRC v. Glasgow Musical Festival Association* (1926) 11 T.C. 154.

[17] *Earl Howe v. IRC* [1919] 2 K.B. 336; *Campbell (Trustees of Davies's Educational Trust) v. IRC* [1968] 3 All E.R. 588, 606 f., per *Lord Donovan*.

[18] *Smith v. Smith* [1923] All E.R. 362.

[19] *Baxendale v. Murphy* [1924] 2 K.B. 494.

(s. 505 (1) (a) I.C.T.A. 1988). Gleiches gilt für die Case III Schedule D I.C.T.A. 1998 unterfallenden Gewinne aus Zinserträgen, Rentenzahlungen und sonstigen regelmäßigen Zahlungen (s. 505 (1) (c) (ii) I.C.T.A. 1988). Steuerbefreit sind somit insbesondere Spenden, die in Gestalt regelmäßiger Zahlungen eingehen und daher an sich unter Case III Schedule D I.C.T.A. 1988 zu versteuern wären. Die Steuerbefreiung für regelmäßige Spenden entfällt jedoch, wenn dem Spender im Zusammenhang mit seiner Spende ein mehr als nur unbedeutender Vorteil gewährt wird[20]. Die Finanzbehörden betrachten einen Vorteil als unbedeutend, wenn dessen Wert 25 % der Spendensumme nicht übersteigt[21]. In s. 59 Finance Act 1989 findet sich eine Sonderregelung für charities, die sich dem Erhalt von Bau- oder Naturdenkmälern widmen: Gewähren solche charities regelmäßigen Spendern freien Einrtitt zu den von ihnen gepflegten Denkmälern, beeinträchtigt dies unabhängig vom Wert dieses Vorteils und der Höhe der Spenden die Steuerbefreiung nicht[22]. Vollständig steuerfrei sind schließlich die Schedule F I.C.T.A. 1988 unterfallenden Gewinne aus Dividendenzahlungen und sonstigen Ausschüttungen anderer Gesellschaften (s. 505 (1) (c) (iii) I.C.T.A. 1988).

Demgegenüber sind die unter Case I Schedule D I.C.T.A. 1988 zu versteuernden Gewinne aus unternehmerischer Tätigkeit nur insoweit steuerbefreit, als die unternehmerische Betätigung entweder unmittelbar mit der Verfolgung des gemeinnützigen Zwecks verbunden ist oder durch die Begünstigten der Gesellschaft selbst ausgeübt wird (s. 505 (1) (e) I.C.T.A. 1988). Eine unmittelbare Verbindung zwischen unternehmerischer Betätigung und gemeinnützigem Zweck besteht zunächst dann, wenn die charitable company ihre gemeinnützigen Leistungen selbst gegen Entgelt erbringt und sich deshalb gemeinnützige und unternehmerische Tätigkeit decken. Gewinne, die eine charitable company aus ihrer gemeinnützigen Tätigkeit erwirtschaftet, sind daher stets steuerfrei[23]. Beispiele wären hier der Betrieb eines Alten- oder Pflegeheims oder einer Schulgeld erhebenden Schule

---

[20] *IRC v. National Book League* [1957] Ch. 488; *Taw and Torridge Festival Society Ltd. v. IRC* [1959] T.R. 291.

[21] *Ghosh/Robson* (1993) B.T.R. 496, 499; *Dyson* (1991) 5 Trust L. & P. 7, 8; *Morris* (1989) Conv. 321, 325 f.

[22] Kritisch zu dieser Ungleichbehandlung: *Ghosh/Robson* (1993) B.T.R. 496.

[23] *Inland Revenue*, Trading by Charities, para. 4.2.

durch eine charity mit entsprechender Zweckbestimmung[24]. Aber auch wenn die unternehmerische Betätigung neben der eigentlichen gemeinnützigen Tätigkeit ausgeübt wird, kann die erforderliche Unmittelbarkeit gegeben sein: Dazu muß jedoch die unternehmerische Tätigkeit sachlich noch mit dem gemeinnützigen Zweck in Zusammenhang stehen[25]. Dies gilt etwa für den Betrieb eines alkoholfreien Cafés durch eine charity zur Bekämpfung des Alkoholmißbrauchs[26] und für den Betrieb eines Ladens für religiöse Bücher durch eine charity zur religiösen Erziehung[27]. Werden dagegen Güter verkauft oder Dienstleistungen erbracht, die sachlich nichts mit dem gemeinnützigen Zweck der charity zu tun haben, fehlt es an der erforderlichen Unmittelbarkeit[28]. Ein Beispiel für eine unternehmerische Betätigung durch die Begünstigten einer charity ist etwa der Betrieb einer Behindertenwerkstatt durch eine charity zur Unterstützung behinderter Menschen - die Gewinne aus dem Verkauf der in einer solchen Werkstatt erzeugten Güter sind steuerfrei[29].

Außerhalb dieser Grenzen sind die durch unternehmerische Betätigungen erwirtschafteten Gewinne grundsätzlich unter Case I Schedule D I.C.T.A. 1988 zu versteuern. Eine besondere Behandlung erfahren jedoch Gewinne aus bestimmten Wohltätigkeitsveranstaltungen wie etwa Basaren, Filmvorführungen oder Feuerwerken: Derartige Gewinne behandelt die Finanzverwaltung über die gesetzlich vorgegebenen Befreiungen hinaus auch dann als steuerbefreit, wenn die veräußerten Güter oder erbrachten Dienstleistungen sachlich nichts mit dem Zweck der veranstaltenden charity zu tun haben[30]. Dies gilt allerdings nur, wenn sich die

---

24 *Warburton/Morris*, Tudor on Charities, S. 287; für weitere Beispiele siehe: *Kessler* (1994) 133 Tax. 465; *Hill*, in: Stiftungen in Europa, S. 219, 239; *Cairns*, Charities: Law and Practice, S. 125.

25 *Inland Revenue*, Trading by Charities, para. 4.4.

26 *IRC v. Falkirk Temperance Café Trust* [1927] 11 T.C. 395; *Dean Leigh Temperance Canteen (Trustees) v. IRC* [1958] T.R. 385.

27 *Framjee* (1991) 141 N.L.J. Annual Charities Review 12; *Kessler* (1994) 133 Tax. 465.

28 *Framjee* (1991) 141 N.L.J. Annual Charities Review 12; *Kessler* (1994) 133 Tax. 465.

29 *Warburton/Morris*, Tudor on Charities, S. 287; *Hill*, in: Stiftungen in Europa, S. 219, 239; *Cairns*, Charities: Law and Practice, S. 125; für weitere Beispiele siehe: *Inland Revenue*, Trading by Charities, para. 5.5.

30 *Inland Revenue*, Trading by Charities, paras. 6.1. ff. Diese Verwaltungspraxis wurde ausgelöst durch eine gerichtliche Aufforderung zu einer großzügigeren steuerlichen Behandlung von Wohltätigkeitsveranstaltungen: *British Legion, Peterhead Branch, Remebrance and Welcome Home Fund v. IRC* (1953) 35 T.C. 509, 514, per *Lord President Cooper*.

veranstaltende charity nicht regelmäßig unternehmerisch betätigt, nicht in Wettbewerb mit steuerpflichtigen Gewerbetreibenden tritt, der gemeinnützige Zweck der Veranstaltung äußerlich deutlich erkennbar ist und die erzielten Gewinne tatsächlich für gemeinnützige Zwecke verwendet werden[31]. Gewinne aus dem Verkauf gespendeter Gegenstände behandeln die Finanzbehörden unabhängig von diesen Einschränkungen stets als steuerbefreit[32]. Gesetzlich vorgegeben ist darüber hinaus eine Steuerbefreiung für Gewinne aus der Veranstaltung von Lotterien, die als societies' oder small lotteries im Sinne des Lotteries and Amusements Act 1976 gelten[33] (s. 505 (1) (f) I.C.T.A. 1988).

Möchte sich eine charitable company jenseits dieser gesetzlichen und behördlichen Steuerbefreiungen unternehmerisch betätigen, ist es steuerlich vorteilhaft, die unternehmerische Betätigung durch eine gesonderte Tochtergesellschaft durchzuführen: Denn diese kann die erwirtschafteten Erträge unter einem sogenannten covenant steuerfrei an die charitable company abführen. Auch die Finanzbehörden und die Charity Commissioners empfehlen diese Gestaltungsmöglichkeit[34].

Alle in s. 505 (1) I.C.T.A. 1988 enthaltenen Steuerbefreiungen setzen voraus, daß die charitable company die Gewinne für gemeinnützige Zwecke verwendet (s. 505 (1) (a) (ii), (1) (c), (1) (e) und (1) (f) (ii) I.C.T.A. 1988). Dabei ist keine sofortige Verwendung für gemeinnützige Zwecke erforderlich; vielmehr kann die charity auch Rücklagen bilden, soweit sie diese später zugunsten des gemeinnützigen Gesellschaftszwecks auflöst[35]. Investiert sie die Rücklagen, entfällt allerdings die Steuerbefreiung, soweit sie in andere als ausdrücklich zugelassene Anlagen (qualifying investments) investiert (s. 505 (3) i.V.m. s. 506 (1) und (4) I.C.T.A. 1988). Die zugelassenen Anlagen sind gemäß s. 506 (4) (a) I.C.T.A. 1988 in

---

[31] *Inland Revenue*, Trading by Charities, para. 6.2.

[32] *Inland Revenue*, Trading by Charities, paras. 6.4. und 7.3.

[33] Siehe dazu oben § 5 I.3.

[34] *Inland Revenue*, Trading by Charities, para. 11.1.; *Charity Commission*, Charities and Trading, para. 39. Zur steuerlichen Behandlung von covenants siehe unter § 6 I.3.a.aa und § 6 I.3.b.aa. Zur Begünstigung dieses Modells im Rahmen der Umsatzsteuer siehe unter § 6 III.1.b. Weiterführend zur unternehmerischen Betätigung durch gesonderte Gesellschaften etwa: *Inland Revenue*, Trading by Charities, paras. 11.1. ff.; *Randall* (1998) 148 N.L.J. Annual Charities Review 21, 22 f.; *Hill/de Souza* (1989) 3 Trust L. & P. 98, 99 ff.; *Kessler* (1994) 133 Tax. 465, 467 ff.

[35] *IRC v. Helen Slater Charitable Trust Ltd.* [1982] Ch. 49, 59, per *Oliver L.J.*

Schedule 20 I.C.T.A. 1988 bestimmt. Dazu gehören unter anderem Beteiligungen an common investment und common deposit funds[36], Spareinlagen (deposits) sowie Investitionen in Grundvermögen oder Aktien, die an einer anerkannten Börse notiert sind (ss. 3, 3A, 4, 5 und 7 Schedule 20 I.C.T.A. 1988).

3. Die steuerliche Behandlung von Spenden

Bei der steuerlichen Behandlung von Spenden ist zwischen Spenden, die regelmäßig auf Grundlage eines sogenannten covenant erbracht werden, und Einzelspenden zu unterscheiden. Abhängig davon, ob eine einkommensteuerpflichtige Einzelperson oder eine körperschaftsteuerpflichtige Gesellschaft spendet, gelten hierbei jeweils unterschiedliche Bestimmungen. Einkommensteuerpflichtige Einzelpersonen haben zudem die Möglichkeit, unter dem sogenannten payroll deduction scheme zu spenden.

a. Spenden einkommensteuerpflichtiger Einzelpersonen

aa. Spenden auf Grundlage von covenants

Möchte ein Spender einer charity in regelmäßigen Abständen Spenden zukommen lassen, geschieht dies vielfach auf Grundlage eines sogenannten covenant. Ein covenant ist eine vertragliche Verpflichtung zur jährlichen Zahlung einer bestimmten Geldsumme[37]. Der Spender muß den unter dem covenant geschuldeten Betrag mit dem Eingangssteuersatz der Einkommensteuer von zur Zeit 23 %[38] versteuern und zahlt lediglich den versteuerten Betrag an die charity aus (s. 348 (1) i.V.m. s. 4 (1) I.C.T.A. 1988). Wie soeben festgestellt muß die charity selbst den Betrag gemäß s. 505 (1) (c) (ii) I.C.T.A. 1988 nicht versteuern, sofern der Spender im Zusammenhang mit der Spende keinen mehr als unbedeutenden Vorteil erhält. Darüber hinaus kann sie sich die vom Spender auf den ausgezahlten Betrag

---

[36] Siehe dazu oben § 5 II.1.a.

[37] *Ray/Stary/Costello/de Voil*, Charities: Practical Tax Planning, para. 7-03; *Cairns*, Charities: Law and Practice, S. 131.

[38] *Saunders/Smailes/Antczak*, Tolley's Income Tax 1999-2000, S. 1.

entrichtete Einkommensteuer erstatten lassen. Dieser Rückerstattungsanspruch hat keine eindeutige gesetzliche Grundlage, sondern ergibt sich mittelbar aus der Steuerbefreiung der begünstigten charity: Ausweislich s. 348 (1) (d) I.C.T.A. 1988 ist die vom Spender auf die Spende entrichtete Steuer so zu behandeln, als sei sie nicht vom Spender, sondern von der begünstigten charity entrichtet worden. Da die charity steuerbefreit ist, gilt die Steuer als ohne Rechtsgrund durch die charity gezahlt - der entsprechende Betrag ist der charity zurückzugewähren[39]. Um der charity die Durchsetzung ihres Rückerstattungsanspruchs zu erleichtern, muß der Spender der charity auf Verlangen eine Bescheinigung ausstellen, die den auf die Spende als Steuer abgeführten Betrag erkennen läßt (s. 352 (1) I.C.T.A. 1988)[40].

Damit eine Steuerrückerstattung möglich ist, muß der covenant allerdings bestimmten Anforderungen genügen: So muß er eine Laufzeit von mindestens drei Jahren haben, ohne dem Spender eine vorherige Kündigung zu erlauben; zudem darf er dem Spender keine Gegenleistung für seine Zuwendung versprechen (s. 347A (1) i.V.m. s. 347A (7) I.C.T.A. 1988). Wird eine dieser Vorgaben nicht eingehalten, entfällt der Rückerstattungsanspruch. Die Steuerbefreiung der begünstigten charity bleibt demgegenüber grundsätzlich unberührt. Anderes gilt jedoch, wenn die charity eine Gegenleistung gewährt, deren Wert 25 % der Zuwendung übersteigt und die daher zugleich einen mehr als unbedeutenden Vorteil darstellt: In diesem Fall entfällt nach den oben beschriebenen Grundsätzen zudem die Steuerbefreiung der begünstigten charity[41].

Ein covenant kann entweder als Brutto-covenant (gross covenant) oder als Netto-covenant (net covenant) gestaltet werden[42]. Beim Brutto-covenant schuldet der Spender einen Bruttobetrag: Seine Schuld wird auf eine Summe vor Abzug der

---

[39] *Ghosh/Robson* (1993) B.T.R. 496, 497; *Dyson* (1991) 5 Trust L. & P. 7; *Morris* (1989) Conv. 321; *Warburton/Morris*, Tudor on Charities, S. 299; siehe auch: *Saunders/Smailes/Antczak*, Tolley's Income Tax 1999-2000, S. 234.

[40] Eingehend zum Rückerstattungsverfahren: *Ray/Stary/Costello/de Voil,* Charities: Practical Tax Planning, paras. 7-10 ff. und 7-49 f.

[41] Da sich der Rückerstattungsanspruch aus dem Bestehen einer Steuerbefreiung herleitet, bedarf es in diesem Fall auch nicht der Bestimmung der s. 347A I.C.T.A. 1988, um einen Rückerstattungsanspruch auszuschließen.

[42] Siehe dazu: *Saunders*, Tolley's Tax Planning, S. 155; *Picarda*, The Law and Practice Relating to Charities, S. 703; *Cairns*, Charities: Law and Practice, S. 133; *Ray/Stary/Costello/de Voil,* Charities: Practical Tax Planning, para. 7-16.

Steuern festgelegt. Zum Beispiel verpflichtet sich der Spender zur Zahlung von jährlich 1.000 Pfund abzüglich Steuer. Bei einem Eingangssteuersatz von 25 % erhält die charity 750 Pfund vom Spender und 250 Pfund Erstattung. Bei einem Netto-covenant schuldet der Spender dagegen einen Nettobetrag: Seine Schuld wird auf eine Summe nach Abzug der Steuern festgelegt. Soll für die charity dasselbe Ergebnis wie im obigen Beispiel erreicht werden, muß sich hier der Spender zur Zahlung von 750 Pfund nach Abzug der Steuern verpflichten. Bei einem Eingangssteuersatz von 25 % erhält die charity auch hier 750 Pfund vom Spender und 250 Pfund Erstattung.

Der Unterscheidung zwischen Brutto- und Netto-covenant kommt insofern Bedeutung zu, als sich Änderungen des Eingangssteuersatzes je nach Gestaltung unterschiedlich auswirken. Steigt etwa der Eingangssteuersatz auf 30 %, erhält die charity im oben genannten Beispiel unter einem Brutto-covenant nur noch 700 Pfund vom Spender, statt dessen aber eine auf 300 Pfund erhöhte Erstattung; insgesamt beträgt die Begünstigung somit unverändert 1.000 Pfund. Beim Netto-covenant hingegen erhält die charity auch bei gestiegenem Eingangssteuersatz 750 Pfund vom Spender und zudem eine auf 321,43 Pfund erhöhte Erstattung[43]; die Begünstigung steigt mithin von 1.000 Pfund auf 1.071,43 Pfund. Sinkt dagegen der Steuersatz auf 20 %, erhält die charity im oben genannten Beispiel unter einem Brutto-covenant 800 Pfund vom Spender, statt dessen aber eine auf 200 Pfund reduzierte Erstattung; auch bei einer Senkung des Eingangssteuersatzes beläuft sich somit die Begünstigung der charity insgesamt unverändert auf 1.000 Pfund. Beim Netto-covenant hingegen erhält die charity auch bei reduziertem Eingangssteuersatz 750 Pfund vom Spender; die Erstattung verringert sich jedoch auf 187,50 Pfund[44]. Die Begünstigung sinkt mithin auf insgesamt 937,50 Pfund.

Bei einem Brutto-covenant ist somit der Umfang der Gesamtbegünstigung der charity unabhängig vom Eingangssteuersatz; allerdings ändert sich der vom Spender an die charity abzuführende Betrag. Bei einem Netto-covenant bleibt dagegen der vom Spender abzuführende Betrag unverändert; statt dessen ändert sich der Umfang der Gesamtbegünstigung der charity. Diese unterschiedlichen Auswirkungen von Änderungen des Eingangssteuersatzes müssen bei der Gestal-

---

[43] 30 % der geschuldeten Bruttosumme von 1071, 43 Pfund.

[44] 20 % der geschuldeten Bruttosumme von 937, 50 Pfund.

tung eines covenant berücksichtigt werden. Dies gilt umso mehr, als ein covenant über einen Zeitraum von mindestens drei Jahren festgeschrieben werden muß, sofern eine Steuerrückerstattung möglich sein soll: Denn über einen solchen Zeitraum läßt sich die Entwicklung der Steuersätze kaum sicher vorhersehen.

bb. Spenden unter dem payroll deduction scheme

Das sogenannte payroll deduction scheme wurde durch den Finance Act 1986 eingeführt. Es sollte der breiten Masse der Arbeitnehmer eine einfache und steuerlich vorteilhafte Möglichkeit zum regelmäßigen Spenden eröffnen[45]. Gesetzlich geregelt ist das payroll deduction scheme heute in s. 202 I.C.T.A. 1988.

Auf Grundlage des payroll deduction scheme kann jeder einkommensteuerpflichtige Arbeitnehmer seinen Arbeitgeber anweisen, von seinem Einkommen einen Betrag von höchstens 1.200 Pfund pro Jahr als Spende für eine oder mehrere von ihm benannte charities einzubehalten (s. 202 (1) i.V.m. s. 202 (5) und (7) I.C.T.A. 1988). Die Arbeitgeber führen die einbehaltenen Beträge auf Grundlage behördlich genehmigter Pläne (schemes) an bestimmte, in den Plänen bezeichnete Stellen (approved agents) ab; diese übernehmen dann die Verteilung der Beträge an die von den Arbeitnehmern benannten charities (s. 202 (3) und (4) I.C.T.A. 1988). Weitere Einzelheiten bezüglich der Verteilung finden sich in den Charitable Deductions (Approved Schemes) Regulations 1986[46]. Ebenso wie Spenden auf Grundlage eines covenant sind auch Spenden auf Grundlage des payroll deduction scheme unter s. 505 (1) (c) (ii) I.C.T.A. 1988 in den Händen der begünstigten charity steuerbefreit, sofern dem Spender kein mehr als unbedeutender Vorteil gewährt wird. Der umständliche Weg der Rückerstattung der vom Spender auf die Spende entrichteten Steuer entfällt jedoch: Statt dessen kann der Arbeitnehmer den gespendeten Betrag steuerlich absetzen, sofern die oben genannten Vorgaben eingehalten wurden (s. 202 (2) I.C.T.A. 1988).

---

[45] Zehn Jahre nach Einführung des payroll deduction scheme erfreute sich dieses nur eines verhältnismäßig geringen Zuspruchs. So konnten auf diesem Weg im Jahr 1994/95 lediglich Spenden im Umfang von 18,5 Mio. Pfund gesammelt werden, vgl.: *Singh* (1996) 146 N.L.J. Annual Charities Review 20 ff.

[46] S.I. 1986/2211.

cc. Einzelspenden

Die steuerliche Behandlung von Einzelspenden, die nicht bereits als Zuwendung auf Grundlage eines covenant oder des payroll deduction scheme steuerlich begünstigt sind, regelt s. 25 Finance Act 1990. Demnach werden Einzelspenden im Grundsatz wie Zuwendungen unter einem covenant behandelt: So müssen auch Einzelspenden vom Spender zunächst mit dem Eingangssteuersatz der Einkommensteuer versteuert werden (s. 25 (7) bis (9) Finance Act 1990). Ferner sind auch hier die Spenden in den Händen der begünstigten charitable company steuerfrei. Allerdings gilt dies für Einzelspenden unabhängig von den Befreiungen in s. 505 (1) I.C.T.A. 1988: Denn Spenden, die nicht in Gestalt regelmäßiger Zahlungen eingehen, werden von vornherein nicht von den unter Schedule A, D, E und F I.C.T.A. 1988 zu versteuernden Gewinnen erfaßt. Schließlich kann sich die begünstigte charity auch hier die vom Spender entrichtete Steuer erstatten lassen (s. 25 (6) Finance Act 1990).

Eine Rückerstattung ist jedoch nur möglich, wenn die Spende mindestens 250 Pfund beträgt - bei geringeren Spenden muß die charity auf eine Steuerrückerstattung verzichten (s. 25 (2) (g) Finance Act 1990). Eine Obergrenze besteht dagegen nicht. Zudem enthält s. 25 (2) Finance Act 1990 bestimmte Vorgaben, die einen Mißbrauch der Rückerstattungsmöglichkeit verhindern sollen. So entsteht kein Rückerstattungsanspruch, wenn die begünstigte charity zur Rückzahlung der Spende verpflichtet ist; gleiches gilt, wenn die charity dem Spender oder einer ihm nahestehenden Person (connected person) im Zusammenhang mit der Spende einen Vorteil gewährt, dessen Wert 2,5 % der Spende oder den Betrag von 250 Pfund übersteigt; zudem darf sich die begünstigte charity nicht zum entgeltlichen Erwerb eines Gutes vom Spender oder einer ihm nahestehenden Person verpflichten (s. 25 (2) (b) bis (f) Finance Act 1990). Als nahestehend im Sinne von s. 25 (2) Finance Act 1990 gelten ausweislich s. 25 (11) Finance Act 1990 die in s. 839 I.C.T.A. 1988 genannten Personen.

b. Spenden körperschaftsteuerpflichtiger Gesellschaften

aa. Spenden auf Grundlage von covenants

Spendet eine körperschaftsteuerpflichtige Gesellschaft unter einem covenant, sind die geleisteten Zahlungen von der Körperschaftsteuer absetzbar, soweit die Zahlungen aus dem zu versteuernden Gewinn erfolgen (s. 338 (1) i.V.m. s. 338 (2) (a), (3) (a) und (5) (b) I.C.T.A. 1988). Die Gesellschaft muß jedoch auf den geschuldeten Betrag Einkommensteuer in Höhe des Eingangssteuersatzes abführen; anderenfalls entfällt die Befreiung von der Körperschaftsteuer (s. 339 (7) i.V.m. s. 4 (1) und Schedule 16 I.C.T.A. 1988). Die begünstigte charity ist wiederum gemäß s. 505 (1) (c) (ii) I.C.T.A. 1988 von einer Versteuerung der Spende befreit und kann sich aufgrund dessen zudem die von der Spendergesellschaft abgeführte Einkommensteuer erstatten lassen[47]. Auch hier ist eine Rückerstattung allerdings nur möglich, wenn der covenant eine Laufzeit von mindestens drei Jahren hat, ohne dem Spender eine vorherige Kündigung zu erlauben (s. 339 (8) I.C.T.A. 1988). Spenden auf Grundlage eines covenant durch körperschaftsteuerpflichtige Gesellschaften werden somit im Grundsatz genauso behandelt wie entsprechende Spenden einkommensteuerpflichtiger Einzelpersonen.

bb. Einzelspenden

Auch Einzelspenden kann eine Gesellschaft von der Körperschaftsteuer absetzen, sofern sie die Spenden aus dem zu versteuernden Gewinn bestreitet (s. 338 (1) und (2) (b) i.V.m. s. 339 I.C.T.A. 1988). Soll die Befreiung von der Körperschaftsteuer nicht entfallen, muß die Gesellschaft allerdings auch auf Einzelspenden Einkommensteuer in Höhe des Eingangssteuersatzes abführen (s. 339 (3) i.V.m. s. 4 (1) I.C.T.A. 1988). Auch hier ist die Spende in den Händen der begünstigen charity steuerfrei und somit die von der Spendergesellschaft abgeführte Einkommensteuer zu erstatten[48]. Insoweit werden auch Einzelspenden körperschaftsteuerpflichtiger

---

47 *Saunders/Antczak*, Tolley's Corporation Tax 1999-2000, S. 115; *Picarda*, The Law and Practice Relating to Charities, S. 700; *Cairns*, Charities: Law and Practice, S. 130; *Morris* (1990) J.B.L. 495, 496.

48 *Saunders/Antczak*, Tolley's Corporation Tax 1999-2000, S. 117; *Ray/Stary/Costello/de Voil*, Charities: Practical Tax Planning, para. 8-04; *Morris* (1990) J.B.L. 495, 498.

Gesellschaften genauso behandelt wie entsprechende Spenden einkommensteuerpflichtiger Einzelpersonen. Betragsgrenzen und Beschränkungen zum Schutz vor Mißbrauch wie bei Spenden von Einzelpersonen gelten allerdings nur, wenn es sich bei der Spendergesellschaft um eine sogenannte close company handelt (s. 339 (3A) bis (3E) I.C.T.A. 1988). Dies sind ausweislich s. 414 I.C.T.A. 1988 Gesellschaften, die von weniger als fünf Personen kontrolliert werden.

II. Kapitalzuwachssteuer (capital gains tax)

Der Taxation of Chargeable Gains Act 1992[49] regelt die Besteuerung bei der Veräußerung oder Übertragung von Vermögenswerten freigesetzter Wertzuwächse, sogenannter chargeable gains. Diese unterliegen einer besonderen Kapitalzuwachssteuer (capital gains tax). Der Steuersatz entspricht dem Eingangssteuersatz der Einkommensteuer von zur Zeit 23 % (s. 4 (1) T.C.G.A. 1992). Andere Grundsätze gelten jedoch für körperschaftsteuerpflichtige Gesellschaften: Die chargeable gains einer Gesellschaft unterliegen nicht der Kapitalzuwachssteuer, sondern der Körperschaftsteuer (s. 1 (2) T.C.G.A. 1992 i.V.m. s. 6 (3) I.C.T.A. 1988). Sie sind damit zu dem für die Körperschaftsteuer geltenden höheren Satz von 30 % zu versteuern.

Die Berechnung der als chargeable gains zu versteuernden Wertzuwächse vollzieht sich nach den Vorgaben in Part II bis Part VII T.C.G.A. 1992. Dabei finden sich in Part II und Part III T.C.G.A. 1992 die Grundlagen der Berechnung. Vorbehaltlich abweichender Regelungen ist jeder bei der Übertragung eines beliebigen Vermögensgegenstandes freigesetzte Wertzuwachs zu versteuern (s. 15 (2) T.C.G.A. 1992). Allerdings können im Rahmen von s. 16 T.C.G.A. 1992 Veräußerungsverluste mit Veräußerungsgewinnen aus anderen Geschäften verrechnet werden (s. 8 (1) (a) T.C.G.A. 1992). Zudem besteht ein Freibetrag von zur Zeit jährlich 7.100 Pfund[50], der allerdings nur natürlichen Personen zugute kommt und damit charitable companies vorenthalten bleibt (s. 3 (1) i.V.m. s. 3 (2) T.C.G.A. 1992). Part IV T.C.G.A. 1992 enthält besondere Vorschriften für die Veräußerung und Übertragung von Aktien und anderen Wertpapieren (securities), während Part V

---

[49] Im folgenden T.C.G.A. 1992.

[50] *Smailes/Walton*, Tolley's Capital Gains Tax 1999-2000, S. 8.

T.C.G.A. 1992 die Übertragung von Gegenständen des Betriebsvermögens eines Unternehmens (business assets) betrifft. Part VI T.C.G.A. 1992 enthält Sondervorschriften für Vermögensübertragungen innerhalb von Firmengruppen und für bestimmte Branchen.

In Part VII T.C.G.A. 1992 schließlich finden sich verschiedene Ausnahmevorschriften, darunter auch eine für charities: Ausweislich s. 256 T.C.G.A. 1992 sind alle charities unabhängig von der Rechtsform bei der Veräußerung oder Übertragung von Vermögenswerten vollständig von der Besteuerung der durch den T.C.G.A. 1992 erfaßten Wertzuwächse befreit. Voraussetzung für die Steuerbefreiung ist allerdings auch hier, daß die charity den freigesetzten Zuwachs tatsächlich für gemeinnützige Zwecke verwendet (s. 256 (1) T.C.G.A. 1992). Eine Besonderheit gilt, wenn ein zunächst der Verwirklichung des gemeinnützigen Zwecks einer charity dienender Vermögensgegenstand durch Umwidmung einer privatnützigen Verwendung zugeführt wird: Obwohl in diesem Fall keine Veräußerung oder Übertragung erfolgt, muß die charity laut s. 256 (2) (a) T.C.G.A. 1992 den zwischen Erwerb und Umwidmung des Gegenstandes angefallenen Wertzuwachs versteuern. Hatte die charity den umgewidmeten Gegenstand als Gegenleistung für die Veräußerung eines anderen Vermögenswertes erhalten, muß sie zudem auch den bei Veräußerung dieses Vermögenswertes freigesetzten Wertzuwachs nachträglich versteuern (s. 256 (2) (b) T.C.G.A. 1992).

III. Umsatzsteuer (value added tax)

Wie jeder Nachfrager muß grundsätzlich auch eine charitable company beim Erwerb von Gütern oder der Inanspruchnahme von Dienstleistungen die darauf entfallende Umsatzsteuer entrichten. Bietet eine charitable company umgekehrt in einem gewissen Umfang selbst Güter oder Dienstleistungen an, muß sie zudem ebenso wie ein privatnützig ausgerichtetes Unternehmen grundsätzlich selbst Umsatzsteuer abführen. Sowohl als Anbieter als auch als Nachfrager kommt eine charitable company jedoch auch bei der Umsatzsteuer in den Genuß weitreichender Begünstigungen.

1. Die charitable company als Anbieter

Die Umsatzsteuer (value added tax) ist im Value Added Tax Act 1994 geregelt[51]. Der Umsatzsteuersatz beträgt zur Zeit 17 %[52]. Gemäß s. 4 (1) V.A.T.A. 1994 löst grundsätzlich jede Veräußerung von Gütern oder Erbringung von Dienstleistungen die Verpflichtung zur Abführung von Umsatzsteuer aus, sofern sie als gewerbliche Betätigung einzustufen ist (in the course of any business). Somit muß auch eine charitable company Umsatzsteuer abführen, soweit sie gewerblich Güter veräußert oder Dienstleistungen erbringt. Ebenso wie der Begriff "trade" ist allerdings auch der Begriff "business" weder gesetzlich[53] noch durch die Rechtsprechung[54] definiert. Einigkeit besteht lediglich darin, daß unentgeltliche Leistungen nicht als gewerblich einzustufen sind[55]. Im übrigen lassen sich der Rechtsprechung auch hier wiederum nur gewisse Leitlinien entnehmen: Demnach sind vorrangig der Grad der Dauerhaftigkeit und Beständigkeit für die Einordnung einer Tätigkeit als gewerblich oder nicht gewerblich entscheidend[56]. Die Grenzen sind allerdings auch hier nach wie vor unscharf[57].

---

[51] Im folgenden V.A.T.A. 1994.

[52] *Wareham/Dolton*, Tolley's Value Added Tax 1999-2000, S. 3.

[53] Die wenig hilfreiche Auslegungsvorschrift in s. 94 V.A.T.A. 1994 zählt lediglich beispielhaft einige ihrerseits wieder definitionsbedürftige gewerbliche Tätigkeiten auf und findet in Literatur und Rechtsprechung kaum Beachtung.

[54] Die Rechtsprechung hat sich ausdrücklich geweigert, eine Definition zu entwickeln: *Town Investments Ltd. v. Department of the Environment* [1978] A.C. 359, 383, per *Lord Diplock* ("etymological chameleon"); siehe auch: *Customs and Excise Commissioners v. Morrison's Academy* [1978] S.T.C. 1.

[55] *Whitechapel Art Gallery v. Customs and Excise Commissioners* [1986] S.T.C. 156; siehe auch: *Wareham/Dolton*, Tolley's Value Added Tax 1999-2000, S. 137; *Picarda*, The Law and Practice Relating to Charities, S. 729; *Cairns*, Charities: Law and Practice, S. 139.

[56] *N.S.P.C.C. v. Customs and Excise Commissioners* [1992] V.A.T.T.R. 417; siehe auch: *Rael-Brook Ltd. v. Minister of Housing and Local Government* [1967] 2 Q.B. 65, zitiert in: *National Water Council v. Customs and Excise Commissioners* [1979] S.T.C. 157 und *Customs and Excise Commissioners v. Lord Fisher* [1981] S.T.C. 238.

[57] Für Abgrenzungsversuche siehe: *Wareham/Dolton*, Tolley's Value Added Tax 1999-2000, S. 137; *Ray/Stary/Costello/de Voil*, Charities: Practical Tax Planning, paras. 6-02 ff.; *Picarda*, The Law and Practice Relating to Charities, S. 724 ff.

a. Non-business activities; exempt supplies

Von dieser Rechtsunsicherheit sind charities allerdings nur eingeschränkt betroffen. Denn zum einen hat die Rechtsprechung bestimmte Tätigkeiten von charities ausdrücklich als nicht gewerblich eingestuft (sogenannte non-business activities); zum anderen hat auch der Gesetzgeber bestimmte Tätigkeiten aus dem Anwendungsbereich des V.A.T.A. 1994 ausgenommen (sogenannte exempt supplies). Einige dieser Ausnahmen sind auf charities beschränkt, andere gelten sowohl für charities als auch für privatnützig ausgerichtete Anbieter.

Da ausweislich s. 4 (1) V.A.T.A. 1994 nur gewerbliche Betätigungen der Umsatzsteuer unterliegen, muß die charity auf als non-business activity eingestufte Leistungen keine Umsatzsteuer abführen. Allerdings scheidet insoweit auch die Möglichkeit eines Vorsteuerabzuges aus; auch ist es der charity nicht möglich, die von ihr im Rahmen einer non-business activity entrichtete Umsatzsteuer als Vorsteuer mit der Umsatzsteuerschuld aus anderen, umsatzsteuerpflichtigen Geschäften zu verrechnen[58]. Entsprechendes gilt, sofern eine Veräußerung von Waren oder Erbringung von Dienstleistungen als exempt supply einzuordnen ist (s. 4 (1) i.V.m. s. 4 (2) und s. 25 (2) i.V.m. s. 26 (2) V.A.T.A. 1994). Aufgrund der Befreiung von der Umsatzsteuer kann die charity Leistungen, die als non-business activity oder als exempt supply gelten, zu geringeren Preisen anbieten. Der Gesetzgeber subventioniert auf diese Weise indirekt gemeinnützige Tätigkeiten. Da die charity die von ihr selbst entrichtete Umsatzsteuer nicht als Vorsteuer abziehen oder verrechnen kann, kann sie allerdings nur den Betrag als Preisvorteil an die Empfänger weitergeben, der als Umsatzsteuer auf die eigene Wertschöpfung entfiele.

Zu den non-business activities haben sich in der Rechtsprechung bestimmte gefestigte Grundsätze herausgebildet[59]. Demnach gilt als non-business activity zunächst jede Leistung mit überwiegend unentgeltlichem Charakter: Erhält eine charity für eine erbrachte Leistung keine kostendeckende Gegenleistung, sondern

---

[58] *Whitechapel Art Gallery v. Customs and Excise Commissioners* [1986] S.T.C. 156; siehe auch: *Warburton/Morris*, Tudor on Charities, S. 292.

[59] Grundlegend dazu: *Wareham/Dolton*, Tolley's Value Added Tax 1999-2000, S. 137; *H.M. Customs and Excise*, Value Added Tax - Charities, S. 7 ff.; *Warburton/Morris*, Tudor on Charities, S. 292 ff.

nur einen geringen Kostenbeitrag, ist die erbrachte Leistung umsatzsteuerfrei[60]. Sobald die jedoch eine Gegenleistung verlangt, welche die Kosten deckt oder einen Gewinn entstehen läßt, handelt es sich um eine gewerbliche Tätigkeit; auf die erbrachte Leistung muß grundsätzlich Umsatzsteuer abgeführt werden[61]. Auch der Erhalt eines kostendeckenden oder sogar gewinnbringenden Geldbetrages steht allerdings der Einordnung einer Tätigkeit als non-business activity nicht entgegen, solange zwischen der durch die charity erbrachten Leistung und der Zahlung des Geldbetrages kein Austauschverhältnis besteht: Stellt der Geldbetrag eher eine Spende als eine Gegenleistung dar, ist die erbrachte Leistung umsatzsteuerfrei[62].

Die als exempt supply einzuordnenden Leistungen sind laut s. 31 (1) V.A.T.A. 1994 in Schedule 9 V.A.T.A. 1994 gesetzlich bestimmt. Für eine charity ist die Einordnung einer Leistung als exempt supply nur dann von Belang, wenn sie eine zumindest kostendeckende Gegenleistung erhält; denn anderenfalls handelt es sich ohnehin bereits um eine umsatzsteuerfreie non-business activity. Aus der Sicht von charities sind dabei insbesondere folgende Fälle von Bedeutung: Als exempt supply umsatzsteuerfrei ist zunächst die Veranstaltung von Lotterien und sonstigen Glücksspielen: Group 4 Schedule 9 V.A.T.A. 1994. Gleiches gilt für berufsbildenden Unterricht und sonstige Ausbildungsleistungen sowie für den Verkauf des dazu erforderlichen Lehrmaterials: Items 1 und 4 Group 6 Schedule 9 I.C.T.A. 1994; für charities gilt dies jedoch nur, wenn die charity die dadurch erwirtschafteten Gewinne vollständig zur Verbesserung ihrer Dienstleistungen im Bereich der Ausbildung verwendet: Note 1 (f) Group 6 Schedule 9 V.A.T.A. 1994. Als exempt supply umsatzsteuerfrei sind auch Eintrittsgelder für Sportveranstaltungen, sofern der Veranstalter keinen Gewinn erzielt: Item 2 Group 10 Schedule 9 V.A.T.A. 1994; entsprechendes gilt für die Bereitstellung bestimmter Sportstätten: Item 3 Group 10 Schedule 9 V.A.T.A. 1994. Umsatzsteuerfrei ist zudem die Veräußerung von Waren und die Erbringung von Dienstleistungen im Zusammenhang mit einer

---

[60] *Greater London Red Cross Blood Transfusion Service v. Customs and Excise Commissioners* [1983] V.A.T.T.R. 241; *R.S.P.C.A. v. Customs and Excise Commissioners* [1991] V.A.T.T.R. 407.

[61] *Customs and Excise Commissioners v. Morrison's Academy Boarding Houses Association* [1978] S.T.C. 1.

[62] *Apple and Pear Development Council v. Customs and Excise Commissioners* [1988] S.T.C. 221; *Customs and Excise Commissioners v. High Street Vouchers Ltd.* [1990] S.T.C. 575; *Hillingdon Legal Resources Centre Ltd. v. Customs and Excise Commissioners* [1991] V.A.T.T.R. 39.

Wohltätigkeitsveranstaltung: Item 1 Group 12 Schedule 9 V.A.T.A. 1994. Die Umsatzsteuerbefreiung entfällt jedoch, wenn die Veranstaltung Teil einer Reihe gleichartiger Veranstaltungen ist: Note 1 Group 12 Schedule 9 V.A.T.A. 1994[63].

Als exempt supply gilt schließlich auch die entgeltliche Erbringung bestimmter Fürsorgeleistungen durch eine charity, sofern diese keine Gewinnerzielungsabsicht verfolgt (otherwise than for profit): Item 9 Group 7 Schedule 9 V.A.T.A. 1994. Dabei legt die Rechtsprechung den Begriff der Gewinnerzielungsabsicht eng aus: Auch wenn die charity tatsächlich einen Gewinn erzielt, ordnet die Rechtsprechung die Fürsorgeleistung als exempt supply ein, sofern der Überschuß vollständig zur Verbesserung der Fürsorgeleistungen verwendet wird[64]. Zu den erfaßten Fürsorgeleistungen zählen die Pflege alter, kranker oder behinderter Menschen sowie Kinderbetreuung: Note 6 Group 7 Schedule 9 V.A.T.A. 1994. Erfaßt wird auch die Unterbringung und Verpflegung bedürftiger Menschen im Zusammenhang mit der Erbringung von Pflegeleistungen: Note 7 Group 7 Schedule 9 V.A.T.A. 1994. Auch Krankentransporte sind als exempt supply stets umsatzsteuerfrei: Item 11 Group 7 Schedule 9 V.A.T.A. 1994.

b. Umsatzsteuerpflichtige Geschäfte; zero-rated supplies

Umsatzsteuerpflichtig ist das Angebot von Gütern oder Dienstleistungen durch eine charity somit nur, soweit es weder als non-business activity noch als exempt supply gilt und im übrigen die - unscharfen - Anforderungen einer gewerblichen Betätigung erfüllt. Zudem entsteht die Umsatzsteuerpflicht erst dann, wenn der in dieser Weise erzielte Umsatz den Betrag von 47.600 Pfund im Jahr übersteigt (s. 3 i.V.m. s. 1 (1) (a) Schedule 1 V.A.T.A. 1994). Überschreitet die charity diese Umsatzgrenze nicht, sind auch Leistungen, die nicht als non-business activity oder exempt supply gelten, umsatzsteuerfrei.

---

[63] Allerdings läßt die Finanzverwaltung in der Praxis die Umsatzsteuerbefreiung nicht entfallen, wenn zwischen mehreren gleichartigen Veranstaltungen ein Zeitraum von mindestens einem Jahr liegt: *H.M. Customs and Excise*, Value Added Tax - Charities, S. 30.

[64] *Customs and Excise Commissioners v. Bell Concord Educational Trust Ltd.* [1989] S.T.C. 264.

Soweit eine charity nach diesen Anforderungen umsatzsteuerpflichtige Leistungen erbringt, ist eine weitere Besonderheit zu beachten: Ausweislich s. 30 V.A.T.A. 1994 sind bestimmte Güter und Dienstleistungen mit einem Umsatzsteuersatz von 0 % belegt (sogenannte zero-rated supplies). Dies gilt in den meisten Fällen unabhängig davon, ob eine charity oder ein privatnützig ausgerichtetes Unternehmen als Anbieter auftritt. Aufgrund des auf 0 % reduzierten Umsatzsteuersatzes muß der Anbieter auf zero-rated supplies im Ergebnis keine Umsatzsteuer abführen (s. 30 (1) (a) V.A.T.A. 1994). Insoweit scheidet auch hier ein Vorsteuerabzug aus. Da die Leistung trotz des reduzierten Satzes grundsätzlich umsatzsteuerpflichtig bleibt, kann der Anbieter jedoch die von ihm selbst im Zusammenhang mit zero-rated supplies entrichtete Umsatzsteuer als Vorsteuer mit der aus anderen Geschäften abzuführenden Umsatzsteuer verrechnen (s. 30 (1) (b) i.V.m. s. 25 (2), s. 26 (1) und s. 26 (2) (a) V.A.T.A. 1994). Soweit eine Verrechnung nicht möglich ist, kann er sich die Vorsteuer gesondert erstatten lassen (s. 25 (3) V.A.T.A. 1994). Damit kann eine charity auch als zero-rated supply eingestufte Leistungen billiger anbieten. Aufgrund der Möglichkeit einer Verrechnung beziehungsweise Erstattung der Vorsteuer kann sie hier jedoch nicht nur den Betrag, der als Umsatzsteuer auf die eigene Wertschöpfung entfiele, sondern den vollständigen an sich als Umsatzsteuer zu berechnenden Betrag als Preisvorteil an die Empfänger ihrer Leistungen weitergeben.

Die als zero-rated supply einzuordnenden Leistungen sind laut s. 30 (2) V.A.T.A. 1994 in Schedule 8 V.A.T.A. 1994 gesetzlich bestimmt. Läßt sich eine Leistung sowohl als exempt supply als auch als zero-rated supply einordnen, ist sie als zero-rated supply zu behandeln[65]. Tritt eine charity als Anbieter auf, sind insbesondere folgende Fälle von Bedeutung: Als zero-rated supply gilt zunächst das Angebot bestimmter Nahrungsmittel und Getränke: Group 1 Schedule 8 V.A.T.A. 1994. Dies kann für eine charity insbesondere im Rahmen einer Wohltätigkeitsveranstaltung von Bedeutung sein. Auch der Verkauf von Büchern, Zeitungen, Zeitschriften oder Broschüren ist stets als zero-rated supply einzuordnen: Group 3 Schedule 8 V.A.T.A. 1994. Dies betrifft etwa charities, die die Öffentlichkeit durch Druckwerke über ihre Arbeit unterrichten oder sonstige Veröffentlichungen vertreiben. Sonderregelungen für charities finden sich in Group 15 Schedule 8 V.A.T.A. 1994: Als zero-rated supply gilt danach die Veräußerung von Gütern, die einer charity

[65] *Wareham/Dolton*, Tolley's Value Added Tax 1999-2000, S. 4.

zum Zwecke der Veräußerung gespendet wurden; dies gilt auch dann, wenn die Veräußerung nicht durch die charity selbst, sondern durch ein zu diesem Zweck errichtetes Tochterunternehmern erfolgt, das sämtliche Gewinne unter einem covenant an die charity abführt: Item 1 Group 15 Schedule 8 V.A.T.A. 1994.

2. Die charitable company als Nachfrager

Die Einstufung von Leistungen als zero-rated supply hat auch Bedeutung, wenn eine charitable company als Nachfrager auftritt: Schedule 8 V.A.T.A. 1994 behandelt bestimmte Leistungen als zero-rated supply, wenn sie an eine charity erbracht werden. In diesem Fall kommt die charity als Abnehmer selbst in den Genuß des durch die besondere umsatzsteuerliche Behandlung entstehenden Preisvorteils.

Als zero-rated supply gilt zunächst die Veräußerung bestimmter Hilfsmittel für blinde oder in anderer Weise behinderte Menschen an charities, die sich der Pflege und Unterstützung dieser Menschen widmen: Group 4 und Group 12 Schedule 8 V.A.T.A. 1994. Gleiches gilt für die Reparatur bestimmter Gegenstände, die eine charity zur Verfolgung ihres gemeinnützigen Zwecks benötigt: Item 6 Group 15 Schedule 8 V.A.T.A. 1994. Auch die Ausstrahlung von Werbespots für charities in Hörfunk, Fernsehen oder Kino sowie die Veröffentlichung von Werbeanzeigen in Zeitungen oder Zeitschriften[66] ist als zero-rated supply einzuordnen: Item 8 Group 15 Schedule 8 V.A.T.A. 1994. Als zero-rated supply gilt ferner die Veräußerung bestimmter Medikamente oder Verbandsmaterialien an charities zur Alten- und Krankenpflege: Item 9 Group 15 Schedule 8 V.A.T.A. 1994. Schließlich gelten ausweislich Group 5 Schedule 8 V.A.T.A. 1994 zahlreiche Leistungen im Zusammenhang mit der Errichtung und Reparatur von Bauwerken für charities als zero-rated supply[67].

---

[66] Die Aufmachung einer Anzeige muß bestimmten, von der Finanzverwaltung vorgegebenen Anforderungen genügen, damit die Veröffentlichung der Anzeige als zero-rated supply anerkannt wird, vgl.: *H.M. Customs and Excise*, Value Added Tax - Charities, S. 19 f.

[67] Siehe dazu: *H.M. Customs and Excise*, Value Added Tax - Charities, S. 22 ff.

IV. Stempelsteuer (stamp duty)

Nach englischem Steuerrecht wird auf bestimmte Urkunden eine Stempelsteuer (stamp duty) erhoben. Ausweislich Part I und Part II Schedule 13 Finance Act 1999 gehören dazu unter anderem Urkunden zur Übertragung von Grundeigentum sowie Miet- und Pachtverträge. Ist der Erwerber, Mieter oder Pächter eine charity, fällt jedoch keine Stempelsteuer an (s. 129 (1) Finance Act 1982). Allerdings muß die zuständige Steuerbehörde die Steuerbefreiung auf der Urkunde vermerken (s. 129 (2) Finance Act 1982).

V. Erbschaft- und Schenkungsteuer (inheritance tax)

Der Inheritance Tax Act 1984[68] regelt neben der Besteuerung von Zuwendungen von Todes wegen auch die Besteuerung bestimmter Zuwendungen unter Lebenden[69]. Der Steuersatz beträgt zur Zeit 40 % für Zuwendungen von Todes wegen; für Zuwendungen unter Lebenden gelten günstigere Sätze[70]. Zuwendungen an charities sind grundätzlich in unbegrenzter Höhe steuerfrei; dies gilt unabhängig davon, ob es sich um eine Zuwendung unter Lebenden oder eine Zuwendung von Todes wegen handelt (s. 23 (1) I.T.A. 1984).

Um sicherzustellen, daß die übertragenen Vermögenswerte auch tatsächlich gemeinnützigen Zwecken zugute kommen, bestehen allerdings einige Einschränkungen: So entfällt die Steuerbefreiung, wenn die Zuwendung erst nach Ablauf einer Frist wirksam wird oder unter einer aufschiebenden Bedingung oder einem Widerrufsvorbehalt erfolgt (s. 23 (2) (a) bis (c) I.T.A. 1984). Eine aufschiebende Bedingung beeinträchtigt die Steuerbefreiung allerdings nicht, wenn sie spätestens zwölf Monate nach Erklärung der Zuwendung eingetreten ist; ein Widerrufsvorbehalt ist unschädlich, wenn er auf höchstens zwölf Monate befristet ist und bis zum Ablauf der Frist kein Widerruf erfolgte (s. 23 (2) I.T.A. 1984). Die Steuerbefreiung entfällt auch bei befristeten oder auflösend bedingten Zuwendungen (s. 23 (3) I.T.A. 1984). Gleiches gilt, wenn die Zuwendung nicht zweckgebunden erfolgt und

---

[68] Im folgenden I.T.A. 1984.

[69] Vgl. dazu etwa: *Golding*, Tolley's Inheritance Tax 1999-2000, S. 95 ff.

[70] *Golding*, Tolley's Inheritance Tax 1999-2000, S. 2 f.

die übertragenen Vermögenswerte aufgrund dessen auch einer privatnützigen Verwendung zugeführt werden können (s. 23 (5) I.T.A. 1984).

Weitere Einschränkungen dienen dem Schutz der begünstigten charity: Ausweislich s. 23 (4) (a) I.T.A. 1984 entfällt die Steuerbefreiung bei Zuwendungen von Grundvermögen, wenn der ursprünglich Berechtigte sich selbst, seinem Ehegatten oder einer ihm im Sinne von s. 270 I.T.A. 1984 nahstehenden Person (connected person) ein Wohn- oder sonstiges Nutzungsrecht vorbehält, ohne dafür den marktüblichen Zins zu entrichten. Gleiches gilt bei Zuwendungen sonstiger Vermögensgegenstände, wenn sich der ursprünglich Berechtigte ohne entsprechende Gegenleistung ein Recht an dem übertragenen Gegenstand vorbehält, das aus Sicht der begünstigten charity die Brauchbarkeit des Gegenstandes mehr als nur unerheblich beeinträchtigt (s. 24 (4) (b) I.T.A. 1984). Diese Einschränkungen sollen verhindern, daß der charity die mit dem zugewendeten Vermögensgegenstand verbundenen Lasten aufgebürdet werden, ohne daß sie zugleich den vollen Nutzen hat.

VI. Gemeindeabgaben (rating)

Auf bestimmte Immobilien und bestimmte Rechte an Grundstücken werden nach englischem Recht Gemeindeabgaben erhoben. Dabei lassen sich zwei verschiedene Abgaben unterscheiden: die council tax und die non-domestic rates. Die für die council tax maßgeblichen Bestimmungen finden sich im Local Government Finance Act 1992[71], die für die non-domestic rates maßgeblichen Bestimmungen in Part III des Local Government Finance Act 1988[72]. Auch in diesem Zusammenhang kommen charities in den Genuß verschiedener Erleichterungen.

1. Non-domestic rates

Die Gemeindebehörden führen für ihr Gebiet sogenannte local non-domestic rating lists (s. 41 (1) L.G.F.A. 1988). Diese Listen erfassen bestimmte Arten nicht der

[71] Im folgenden L.G.F.A. 1992.
[72] Im folgenden L.G.F.A. 1988.

Behausung von Menschen dienender Immobilien sowie bestimmte Rechte an Grundstücken (s. 42 (1) i.V.m. s. 66 und s. 64 (4) und (8) L.G.F.A. 1988). Die in den local non-domestic rating lists geführten Vermögenswerte unterliegen Abgaben in Form sogenannter non-domestic rates (s. 43 (1) (b) L.G.F.A. 1988). In die Berechnung der Abgabe fließt neben dem Wert des Vermögensgegenstandes auch eine durch die Gemeinde festzulegende Konstante (non-domestic rating multiplier) ein (s. 43 (4) und (5) i.V.m. s. 44 (5) sowie s. 45 (4) und (5) i.V.m. s. 46 (4) L.G.F.A. 1988). Ihre Höhe ist somit von Gemeinde zu Gemeinde unterschiedlich.

Schuldner der Abgabe ist derjenige, der die tatsächliche Gewalt über die Immobilie ausübt[73] oder dem das erfaßte Recht zusteht (s. 43 (1) (a) L.G.F.A. 1988). Ist der Schuldner eine charity, beträgt die Höhe der Abgabe nur ein Fünftel des sonst am jeweiligen Ort geltenden Satzes, sofern die charity den betreffenden Vermögensgegenstand zur Verfolgung ihres gemeinnützigen Zwecks einsetzt (s. 43 (5) i.V.m. s. 43 (6) L.G.F.A. 1988). Übt niemand die tatsächliche Gewalt über eine der Abgabe unterliegende Immobilie aus, ist stets deren Eigentümer Schuldner der Abgabe (s. 45 (1) L.G.F.A. 1988). Auch in diesem Fall ermäßigt sich die Abgabe auf ein Fünftel des üblichen Satzes, sofern eine charity Schuldner der Abgabe ist. Diese Ermäßigung greift allerdings nur, wenn die Immobilie voraussichtlich einer gemeinnützigen Nutzung zugeführt werden wird (s. 45 (5) i.V.m. s. 45 (6) L.G.F.A. 1988).

Zudem dürfen verschiedene Immobilien aufgrund ihres Verwendungszwecks nicht in die local non-domestic rating lists aufgenommen werden (s. 42 (1) (c) L.G.F.A. 1988). Da nur die in den Listen geführten Vermögenswerte der Abgabe unterliegen, sind diese Immobilien vollständig von den non-domestic rates befreit. Die betroffenen Immobilien ergeben sich laut s. 51 L.G.F.A. 1988 aus Schedule 5 L.G.F.A. 1988. Aus Sicht einer charity sind dabei insbesondere zwei Fälle von Bedeutung: Zum einen befreit s. 16 Schedule 5 L.G.F.A. 1988 Immobilien, die dem Betrieb von Pflegediensten oder der Erbringung sonstiger Leistungen zugunsten behinderter oder kranker Menschen dienen, von den non-domestic rates; zum

---

[73] Vgl. dazu: *Liverpool Corporation v. Chorley Union Assessment Committee* [1913] A.C. 197; *Westminster City Council v. Southern Railway Company and W.H. Smith & Co. Ltd.* [1936] A.C. 511.

anderen befreit s. 11 Schedule 5 L.G.F.A. 1988 bestimmte der Religionsausübung oder der religiösen Bildung dienende Stätten.

Soweit eine charity trotz dieser gesetzlich vorgegebenen Ermäßigungen und Befreiungen abgabepflichtig bleibt, kann im Einzelfall die Gemeindebehörde die charity nach ihrem Ermessen vollständig oder teilweise von den noch zu entrichtenden Abgaben befreien (s. 47 L.G.F.A. 1988).

2. Council tax

Immobilien, die nicht von den non-domestic rating lists erfaßt werden und auch nicht aufgrund ihres Verwendungszwecks von einer Aufnahme in diese Listen ausgeschlossen sind, unterliegen einer sogenannten council tax (s. 1 (1) i.V.m. s. 3 (2) L.G.F.A. 1992). Ist die Immobilie bewohnt, sind die Bewohner Schuldner der council tax (s. 6 (1) i.V.m. s. 6 (2) L.G.F.A. 1992). Bewohner ist laut s. 6 (5) L.G.F.A. 1992 jeder, dem die Immobilie als einziger Wohnsitz oder als Hauptwohnsitz dient (sole or main residence). Ist die Immobilie unbewohnt, haftet der Eigentümer (s. 6 (2) (f) L.G.F.A. 1992). Bewohner im Sinne von s. 6 L.G.F.A. 1992 können nur natürliche Personen sein (s. 6 (5) L.G.F.A. 1992). Eine charitable company ist daher selbst nur dann Schuldner der council tax, wenn ihr unbewohnte Immobilien gehören, die von der council tax erfaßt werden. Betreibt eine charitable company ein Wohnheim oder eine ähnliche, Menschen als Wohnsitz dienende Einrichtung, sind statt dessen die Bewohner Schuldner der council tax.

Ebenso wie die Höhe der non-domestic rates wird auch die Höhe der council tax abhängig vom Wert der Immobilie durch die Gemeinde selbst bestimmt (s. 10 (1) i.V.m. s. 5 und s. 30 und s. 31 L.G.F.A. 1992). Dabei setzt die Gemeinde für jede Immobilie einen bestimmten pro-Kopf-Betrag fest, den grundsätzlich jeder Bewohner in voller Höhe entrichten muß (s. 10 (1) L.G.F.A. 1992). Mehrere Bewohner haften als Gesamtschuldner auf die Summe der von den einzelnen Bewohnern geschuldeten Beträge (s. 6 (3) L.G.F.A. 1992). Der für ein Gebäude festgelegte pro-Kopf-Betrag ermäßigt sich laut s. 11 (1) (a) L.G.F.A. 1992 um 25 %, sofern nur ein Bewohner vorhanden ist. Ist die Immobilie unbewohnt und damit der Eigentümer selbst Schuldner der council tax, schuldet dieser ausweislich

s. 11 (2) (a) L.G.F.A. 1992 nur 50 % des für seine Immobilie festgelegten Betrages.

Bei unbewohnten Gebäuden bestehen keine Vergünstigungen für charities. Auch bei bewohnten Gebäuden bestehen keine unmittelbaren Vergünstigungen. Jedoch können sich für die steuerpflichtigen Bewohner mittelbar gewisse Vorteile ergeben: Denn für bewohnte Gebäude sind gesetzlich bestimmte Ermäßigungen vorgeschrieben, die zahlreiche typischerweise von charities betriebene Einrichtungen betreffen. Eine solche Ermäßigung tritt ein, wenn die Bewohner bestimmten, in Schedule 1 L.G.F.A. 1992 festgelegten Personengruppen angehören. Der für eine Immobilie festgelegte pro-Kopf-Betrag ermäßigt sich um 50 %, wenn jeder der Bewohner einer der in Schedule 1 L.G.F.A. 1992 genannten Personengruppen angehört (s. 11 (2) (b) L.G.F.A. 1992). Gehört jeder bis auf einen Bewohner einer dieser Personengruppen an, beträgt die Ermäßigung noch 25 % (s. 11 (1) (b) L.G.F.A. 1992). Unter die von Schedule 1 L.G.F.A. 1992 erfaßten Personengruppen fallen etwa Patienten in Pflegeheimen für alte sowie für geistig oder körperlich behinderte Menschen, in solchen Heimen wohnende Pflegekräfte sowie Bewohner von Obdachlosenunterkünften (ss. 2, 7, 9 und 10 Schedule 1 L.G.F.A. 1992). Daher kommen jedenfalls die Bewohner von Einrichtungen, die von charities betrieben werden, vielfach in den Genuß ermäßigter Steuersätze.

VII. Zusammenfassung

Aufgrund ihrer gemeinnützigen Ausrichtung genießen charitable companies bei der Besteuerung zahlreiche Vorteile. Dies gilt zunächst für die Körperschaftsteuer: Charitable companies sind von der Versteuerung ihrer Gewinne größtenteils befreit. Gewinne aus unternehmerischer Betätigung sind jedoch nur steuerfrei, soweit die unternehmerische Betätigung hinreichend eng mit dem gemeinnützigen Gesellschaftszweck zusammenhängt. Im übrigen kann Steuerfreiheit durch die Gründung einer Tochtergesellschaft erreicht werden, die ihre Gewinne unter einem covenant an die charitable company abführt.

Spenden an charities kann der Spender grundsätzlich nicht steuerlich absetzen. Körperschaftsteuerpflichtige Gesellschaften können Spenden zwar von der

Körperschaftsteuer absetzen, müssen jedoch statt dessen auf die Spenden Einkommensteuer abführen. Die begünstigte charity kann sich dann unter bestimmten Voraussetzungen die vom Spender entrichtete Steuer erstatten lassen. Eine Ausnahme bilden Spenden unter dem payroll deduction scheme: Diese kann der Spender von vornherein steuerlich absetzen.

Von der Kapitalzuwachssteuer sind charities grundsätzlich vollständig befreit. Besonderheiten gelten, sofern Vermögensgegenstände durch Umwidmung von einer gemeinnützigen in eine privatnützige Verwendung überführt werden.

Umsatzsteuerpflichtig ist eine charity nur, soweit ihre Leistungen weder als non-business activity noch als exempt supply ausdrücklich von der Umsatzsteuer ausgenommen sind und im übrigen die unscharfen Anforderungen einer gewerblichen Betätigung erfüllen. Soweit danach eine Umsatzsteuerpflicht besteht, sind bestimmte Leistungen als zero-rated supply mit einem Umsatzsteuersatz von 0 % belegt: Die charity muß insoweit keine Umsatzsteuer abführen, kann jedoch die selbst entrichtete Umsatzsteuer als Vorsteuer mit ihrer Umsatzsteuerschuld aus anderen Geschäften verrechnen oder gegebenenfalls eine Erstattung verlangen. Auch die Veräußerung bestimmter Güter oder die Erbringung bestimmter Dienstleistungen an eine charity gilt als zero-rated supply. In diesem Fall kommt die charity als Abnehmer selbst in den Genuß des dadurch entstehenden Preisvorteils.

Erwirbt, mietet oder pachtet eine charity Grundeigentum, fällt keine Stempelsteuer an. Zuwendungen an charities sind grundsätzlich sowohl von der Erbschaft- als auch von der Schenkungsteuer vollständig befreit. Schließlich ergeben sich für charities auch hinsichtlich der Gemeindeabgaben verschiedene Vorteile: Bei den non-domestic rates gilt zugunsten von charities eine generelle Ermäßigung auf ein Fünftel des ortsüblichen Satzes. Bei der council tax ergeben sich mittelbar Ermäßigungen für die Bewohner bestimmter, typischerweise von charities betriebener Einrichtungen.

§ 7 Zweckänderung und Auflösung

Zweckänderung und Auflösung der Gesellschaft sind die tiefgreifendsten Eingriffe in die Verwirklichung des ursprünglich mit der Gründung einer charitable company verfolgten Zwecks. Möglichkeit und Grenzen einer Zweckänderung durch die Gesellschafterversammlung wurden bereits im Rahmen der Befugnisse der Gesellschafterversammlung dargestellt. Auf Grundlage der sogenannten cy-près Doktrin kann der Zweck einer charitable company auch von außen durch den High Court oder die Charity Commissioners geändert werden. Diese können auch die Auflösung der Gesellschaft veranlassen. Zudem kann sich aus der Auflösung selbst die Notwendigkeit eines Einschreitens auf Grundlage der cy-près Doktrin ergeben.

I. Zweckänderung mit Hilfe der cy-près Doktrin

Die Funktion der cy-près Doktrin[1] war ursprünglich auf charitable trusts begrenzt. Läßt sich der Zweck eines trust nicht mehr erreichen, führt dies grundsätzlich zu dessen Auflösung; das trust-Vermögen fällt an den settlor zurück[2]. Um dies zu vermeiden, müßte bei einem Fehlschlagen des ursprünglichen Zwecks der Zweck des charitable trust entsprechend geändert werden. Den Beteiligten selbst ist eine Änderung jedoch grundsätzlich verwehrt[3]. Mit Hilfe der cy-près Doktrin können statt dessen die Charity Commissioners oder der High Court den Zweck des trust durch einen anderen, möglichst ähnlichen Zweck ersetzen, um so ein Scheitern des trust und damit einen Rückfall des eingebrachten Vermögens an den settlor zu verhindern. Die cy-près Doktrin wurde damit von der Rechtsprechung entwickelt, um das einmal in einen charitable trust eingebrachte Vermögen auch bei einem

---

[1] Der Ursprung dieser Bezeichnung ist unklar; wahrscheinlich ist eine Ableitung von dem französischen "ici près", frei übersetzt "nahe daran": *Sheridan/Delany*, The Cy-près Doctrine, S. 5; *Sheridan*, Keeton & Sheridan's Modern Law of Charities, S. 213.

[2] *Hayton*, Underhill and Hayton - Law Relating to Trusts and Trustees, S. 244; *Oakley*, Parker and Mellows - The Modern Law of Trusts, S. 201 f.; siehe auch: *Re Good's Will Trusts* [1950] 2 All E.R. 653.

[3] Siehe oben § 1 II.3.

Fehlschlagen der ursprünglichen Zweckbestimmung für eine gemeinnützige Verwendung zu erhalten[4].

Die Voraussetzungen einer Zweckänderung mit Hilfe der cy-près Doktrin sind mittlerweile durch s. 13 und s. 14 Charities Act 1993 zum größten Teil gesetzlich geregelt und ergeben sich im übrigen aus dem einschlägigen case law. Entsprechendes gilt für die Verfahrensfragen[5].

1. Die Bedeutung der cy-près Doktrin für charitable companies

Die cy-près Doktrin findet heute nicht nur auf charitable trusts, sondern auch auf charitable companies Anwendung. Dies ergibt sich unmittelbar aus der gesetzlichen Verankerung der cy-près Doktrin im Charities Act 1993, der ausweislich s. 96 (1) ungeachtet der Rechtsform für jede charity gilt[6].

Anders als bei charitable trusts führt allerdings bei charitable companies ein Fehlschlagen des ursprünglichen Zwecks nicht zwangsläufig zur Auflösung der Gesellschaft. Zudem können charitable companies in den erörterten Grenzen durch Beschluß der Gesellschafterversammlung stets auch selbst ihren Zweck ändern. Während bei charitable trusts die cy-près Doktrin grundsätzlich die einzige Möglichkeit einer Zweckänderung darstellt, ist sie bei charitable companies folglich nur eine zusätzliche Möglichkeit. Daher hat die cy-près Doktrin für charitable companies einen geringeren praktischen Stellenwert als für charitable trusts.

Gleichwohl gibt es verschiedene Situationen, in denen die cy-près Doktrin auch für charitable companies Bedeutung erlangt. Dies gilt etwa dann, wenn der ursprüngli-

---

[4] *Committee on the Law and Practice Relating to Charitable Trusts*, Report of the Committee on the Law and Practice Relating to Charitable Trusts, para. 71; *Sheridan/Delany*, The Cy-près Doctrine, S. 2 f.; *Picarda*, The Law and Practice Relating to Charities, S. 280.

[5] Eingehend zur cy-près Doktrin in ihrer heutigen Form: *Chesterman*, Charities, Trusts and Social Welfare, S. 212 ff.; *Picarda*, The Law and Practice Relating to Charities, S. 279 ff.; *Sheridan*, Keeton & Sheridan's Modern Law of Charities, S. 212 ff.; Halsbury's Laws of England, Vol. 5 (2), paras. 169 ff. Grundlegend zur Entwicklung der cy-près Doktrin: *Sheridan/Delany*, The Cy-près Doctrine.

[6] Die Rechtsprechung hat die cy-près Doktrin auch schon vor ihrer gesetzlichen Verankerung auf charitable companies angewandt, vgl.: *Re Dominion Students' Hall Trust* [1947] Ch. 183.

che Gesellschaftszweck fehlgeschlagen ist und die Gesellschaft ihren Zweck nicht von sich aus den veränderten Umständen anpaßt: In diesen Fällen lassen sich nur durch eine Zweckänderung mit Hilfe der cy-près Doktrin Einbußen bei der Förderung des Gemeinwohls vermeiden. Die Gesellschaft selbst wird ein Einschreiten auf Grundlage der cy-près Doktrin wünschen, wenn ihr Spenden in trust gegeben wurden und sie diese Spenden einem geänderten Zweck zuführen will: Denn dazu bedarf es neben einer Änderung des Gesellschaftszwecks auch einer Änderung des Zwecks des hinsichtlich der Spenden bestehenden trust[7]; und wie soeben festgestellt läßt sich der Zweck eines trust grundsätzlich nur mit Hilfe der cy-près Doktrin ändern. Schließlich kann sich auch aus der Auflösung der Gesellschaft die Notwendigkeit eines Einschreitens auf Grundlage der cy-près Doktrin ergeben: Denn um als charity anerkannt zu werden, muß eine Gesellschaft die Verteilung eines Liquidationsüberschusses an die Gesellschafter ausschließen und statt dessen eine gemeinnützige Verwendung des Liquidationsüberschusses vorsehen[8]. Ist jedoch für den Überschuß kein bestimmter Verwendungszweck vorgegeben oder läßt sich der vorgegebene Zweck nicht verwirklichen, muß im Rahmen der Liquidation des Gesellschaftsvermögens mit Hilfe der cy-près Doktrin ein Verwendungszweck für den Liquidationsüberschuß festgelegt werden[9].

2. Voraussetzungen und Grenzen einer Zweckänderung mit Hilfe der cy-près Doktrin

Auch aus Sicht einer charitable company ist damit die cy-près Doktrin nicht bedeutungslos. Wie bereits angedeutet ist allerdings eine Zweckänderung mit Hilfe der cy-près Doktrin nur möglich, wenn die ursprüngliche Zweckbestimmung fehlschlägt. Bloße Schwierigkeiten bei der Verwirklichung des Gesellschaftszwecks reichen also nicht aus.

Die Fälle, in denen die Rechtsprechung von einem Fehlschlagen ausging, lassen sich den Oberbegriffen "Unmöglichkeit" (impossibility) und "Unsinnigkeit"

---

[7] Siehe dazu oben § 4 II.1.b.aa.(2)(c).

[8] Siehe oben § 3 II.1.a.ff.

[9] So geschehen im Fall *Liverpool and District Hospital for Diseases of the Heart v. Attorney General* [1981] 1 Ch. 193.

(impracticability) unterordnen[10]. Unmöglichkeit nahm die Rechtsprechung stets dann an, wenn sich der ursprüngliche Zweck nicht mehr erreichen ließ - etwa weil niemand mehr der Leistungen der charity bedurfte[11] oder weil eine bestimmte Einrichtung begünstigt werden sollte, und diese Einrichtung geschlossen wurde[12]. Von einem Fehlschlagen wegen Unsinnigkeit ging die Rechtsprechung dann aus, wenn die Erreichung des Zwecks zwar möglich, aber objektiv aussichtslos war: So entschied die Rechtsprechung etwa in solchen Fällen zugunsten einer Anwendung der cy-près Doktrin, in denen die zur Verfolgung des Zwecks zur Verfügung stehenden Mittel so gering waren, daß kein spürbarer Effekt hätte erzielt werden können[13].

Heute sind die Anlässe, die den High Court und die Charity Commissioners zu einer Zweckänderung mit Hilfe der cy-près Doktrin berechtigen, in s. 13 (1) Charities Act 1993 abschließend gesetzlich geregelt. Auch in der gesetzlichen Regelung spiegelt sich noch die Aufteilung in Unmöglichkeit und Unsinnigkeit wider: So läßt s. 13 (1) (a) Charities Act 1993 eine Zweckänderung zu, wenn der ursprüngliche Zweck bereits verwirklicht wurde oder sich nicht oder nicht mehr verwirklichen läßt. Unter den Oberbegriff der Unsinnigkeit läßt sich insbesondere der in s. 13 (1) (e) (iii) Charities Act 1993 genannte Anlaß einordnen: Demnach ist eine Zweckänderung immer dann zulässig, wenn das Gemeinwohl auf andere Weise effektiver gefördert werden kann. Läßt sich dadurch ein Zuwachs an Effektivität erzielen, erlaubt s. 13 (1) (c) Charities Act 1993 auch die Zusammenlegung mehrerer ähnlicher charities unter Angleichung ihrer Zweckbestimmungen. Dem Oberbegriff der Unsinnigkeit läßt sich schließlich der in s. 13 (1) (e) (i) Charities Act 1993 genannte Anlaß zuordnen: Demnach ist eine Zweckänderung zulässig, wenn der verfolgte Zweck bereits auf anderem Weg hinreichend gefördert wird. Diese Regelung hat insbesondere in solchen Fällen praktische Bedeutung

---

[10] *Sheridan*, Keeton & Sheridan's Modern Law of Charities, S. 218; *Warburton/Morris*, Tudor on Charities, S. 392 und 424; *Picarda*, The Law and Practice Relating to Charities, S. 286; Halsbury's Laws of England, Vol. 5 (2), para. 203.

[11] *Ironmongers' Company v. Attorney General* (1844) 10 Cl. & Fin. 908; *Attorney General v. Bunce* (1868) LR. 6 Eq. 563.

[12] *Re Bradfield* (1892) 8 T.L.R. 696; *Re Hutchinson's Will Trusts* [1953] Ch. 387.

[13] *Re Beck* (1926) 42 T.L.R. 245; *Re Baron Burton's Charity* [1938] 3 All E.R. 90; *Re Whittaker* [1951] 2 T.L.R. 955.

erlangt, in denen der Staat ursprünglich von charities wahrgenommene Aufgaben an sich gezogen hat[14].

Ferner enthält s. 13 (1) Charities Act 1993 Regelungen für bestimmte Sonderfälle: Ausweislich s. 13 (1) (b) Charities Act 1993 ist ein Einschreiten auf Grundlage der cy-près Doktrin auch dann möglich, wenn für einen Teil des bereitgestellten Vermögens überhaupt kein Verwendungszweck vorgegeben ist. Schließlich erlaubt s. 13 (1) (e) (ii) Charities Act 1993 eine Zweckänderung, wenn der ursprüngliche Zweck aufgrund einer Rechtsänderung nicht mehr als charitable purpose einzustufen ist.

Schlägt der ursprüngliche Zweck erst nach Gründung der charity fehl, sind damit die Voraussetzungen für eine Zweckänderung mit Hilfe der cy-près Doktrin erfüllt. Steht dagegen das Fehlschlagen schon bei Gründung der charity fest, ist eine Zweckänderung nur dann möglich, wenn mit der Gründung der charity über den vorgegebenen Zweck hinaus eine generell gemeinnützige Zielsetzung (general charitable intent) verfolgt wurde[15]. Dazu müssen die Gründer erkennbar die Absicht gehabt haben, das eingebrachte Vermögen auch bei einem Scheitern des eigentlich vorgegebenen Zwecks in jedem Fall im gemeinnützigen Bereich zu belassen[16]. Dabei gehen die Gerichte umso eher von einer generell gemeinnützigen Zielsetzung aus, je weiter der ausdrücklich festgelegte Zweck gefaßt ist[17]. Sind die Gründer nicht mehr auffindbar, wird gemäß s. 14 Charities Act 1993 eine generell gemeinnützige Zielsetzung unterstellt.

Liegen danach die Voraussetzungen für eine Zweckänderung mit Hilfe der cy-près Doktrin vor, darf der ursprüngliche Zweck nicht durch einen beliebigen anderen Zweck ersetzt werden; um den ursprünglich von den Gründern der charity verfolgten Zielen bestmöglich Geltung zu verschaffen, muß vielmehr ein Zweck

---

[14] *Picarda*, The Law and Practice Relating to Charities, S. 296; *Warburton/Morris*, Tudor on Charities, S. 429.

[15] *Re Whittaker* [1951] 2 T.L.R. 955; *Re Stemson's Will Trusts* [1970] Ch. 16; *Re Spence* [1979] Ch. 483.

[16] *Re Taylor* (1888) 58 L.T. 538, 542, per *Kay J.*; *Re Wilson* [1913] 1 Ch. 314, 320 f., per *Parker J.*

[17] Vgl. dazu: *Picarda*, The Law and Practice Relating to Charities, S. 306 f.; *Warburton/Morris*, Tudor on Charities, S. 417 ff..

gewählt werden, welcher der ursprünglichen Zweckbestimmung so weit wie möglich entspricht[18].

3. Verfahren

Die Zweckänderung erfolgt durch Aufstellung eines sogenannten cy-près Plans (scheme) durch den High Court oder die Charity Commissioners. Der High Court verfügt über eine entsprechende ungeschriebene Befugnis[19]. Kraft seiner Eigenschaft als Hüter und Beschützer der charities kann zunächst der Attorney General beim High Court die Aufstellung eines cy-près Plans beantragen[20]. Der Kreis der Antragsbefugten bestimmt sich im übrigen nach s. 32 und s. 33 Charities Act 1993. Antragsbefugt sind demnach neben den Charity Commissioners insbesondere die Gesellschaft selbst sowie Dritte, die ein hinreichendes Interesse an der Gesellschaft haben[21]. Die Befugnis der Charity Commissioners zur Aufstellung eines cy-près Plans ergibt sich aus s. 16 (1) (a) Charities Act 1993. Dabei können die Charity Commissioners auf Antrag der Gesellschaft selbst oder des Attorney General oder auf Anordnung der High Court tätig werden (s. 16 (4) Charities Act 1993).

II. Die Auflösung einer charitable company

Die Auflösung (winding up), die darauf folgende Liquidation (liquidation) sowie die Beendigung (dissolution) einer charitable company richten sich grundsätzlich nach den allgemeinen gesetzlichen Vorschriften. Diese finden sich überwiegend im Insolvency Act 1986 und zu einem kleineren Teil im Companies Act 1986[22]. Auch

---

[18] *Re Prison Charities* (1873) L.R. 16 Eq. 129, 148, per *Bacon V.C.*; siehe auch: *Re Avenon's Charity* [1913] 2 Ch. 261.

[19] *Sheridan*, Keeton & Sheridan's Modern Law of Charities, S. 212; Halsbury's Laws of England, Vol. 5 (2), para. 173 ; *Warburton/Morris*, Tudor on Charities, S. 330.

[20] Vgl. dazu: *Picarda*, The Law and Practice Relating to Charities, S. 654 und 662 f.; *Warburton/Morris*, Tudor on Charities, S. 338 ff.

[21] Im einzelnen zu s. 32 und s. 33 Charities Act 1993 siehe oben § 4 I.5.b.aa.(2).

[22] Eingehend dazu etwa: *Morse*, Palmer's Company Law, Vol. 3, paras. 15.001 ff.; *Gower/Prentice/Pettet*, Gower's Principles of Modern Company Law, S. 761 ff.; *Morse*, Charlesworth and Morse - Company Law, S. 471 ff.; *Goldenberg*, A Guide to Company Law, S. 230 ff.; siehe auch: *Charity Commission*, Managing Financial Difficulties and Insolvency in Charities, paras. 5 ff.

in diesem Zusammenhang ergeben sich allerdings verschiedene Sonderregelungen für charitable companies.

1. Die allgemeinen gesetzlichen Vorgaben

a. Auflösung

Die Auflösung einer Gesellschaft kann auf Anordnung des zuständigen Gerichts (winding up by the court) oder durch die Gesellschaft selbst (voluntary winding up) erfolgen (s. 73 (1) Insolvency Act 1986).

Die Gründe für eine Auflösung auf Anordnung des Gerichts finden sich in s. 122 (1) Insolvency Act 1986. Aus Sicht einer company limited by guarantee sind dabei insbesondere folgende Fälle von Bedeutung: Unter s. 122 (1) (d) Insolvency Act 1986 ist eine gerichtliche Auflösung möglich, wenn die Gesellschaft zahlungsunfähig ist[23]. Ausweislich s. 123 Insolvency Act 1986 wird bei Vorliegen bestimmter Anzeichen die Zahlungsunfähigkeit vermutet. Dies gilt vor allem im Falle der Überschuldung der Gesellschaft (s. 123 (2) Insolvency Act 1986). Eine gerichtliche Auflösung ist ferner dann möglich, wenn die Gesellschaft nicht innerhalb eines Jahres nach Gründung ihre Geschäfte aufnimmt oder über einen Zeitraum von mehr als einem Jahr ihre Geschäftstätigkeit einstellt (s. 122 (1) (d) Insolvency Act 1986). Schließlich kann das Gericht eine Gesellschaft auch dann auflösen, wenn es die Auflösung aus anderen Gründen für recht und billig (just and equitable) hält (s. 122 (1) (g) Insolvency Act 1986).

Der Kreis der Antragsbefugten ergibt sich aus s. 124 Insolvency Act 1986. Neben der Gesellschafterversammlung und den directors[24] ist demnach insbesondere jeder Gläubiger antragsbefugt; antragsbefugt ist ferner jeder sogenannte contributory (s. 124 (1) Insolvency Act 1986). Als contributory gilt ausweislich s. 79 (1) Insolvency Act 1986 jede Person, die im Falle der Auflösung der Gesellschaft einen

---

[23] Die Charity Commissioners haben Verhaltensmaßregeln aufgestellt, die charities möglichst wirksam vor einem Abrutschen in die Zahlungsunfähigkeit schützen sollen, vgl.: *Charity Commission*, Managing Financial Difficulties and Insolvency in Charities, paras. 18 ff.

[24] Diese können grundsätzlich nur einstimmig die gerichtliche Auflösung der Gesellschaft beantragen: *Re Instrumentation Electrical Services* (1988) 4 B.C.L.C. 550.

Haftungsbeitrag erbringen muß - bei einer company limited by guarantee also jeder gegenwärtige Gesellschafter sowie jeder ausgeschiedene Gesellschafter, der sich noch in der Nachhaftung befindet[25].

Einen Antrag auf gerichtliche Auflösung der Gesellschaft kann auch der Wirtschaftsminister (Secretary of State for Trade and Industry) stellen, wenn er aufgrund einer Untersuchung unter ss. 431 ff. Companies Act 1985 zu der Überzeugung gelangt, daß eine Auflösung im Interesse der Allgemeinheit geboten ist (s. 124 (4) (b) i.V.m. s. 124A Insolvency Act 1986).

Die Möglichkeiten einer Auflösung durch die Gesellschaft selbst (voluntary winding up) ergeben sich aus s. 84 (1) Insolvency Act 1986. Die Selbstauflösung erfolgt stets durch Beschluß der Gesellschafterversammlung. Ist die Dauer der Gesellschaft durch die articles of association begrenzt und die vorgegebene Zeit abgelaufen, reicht für die Auflösung ein Beschluß in Gestalt einer ordinary resolution aus; dies gilt auch, wenn die Gesellschaft auflösend bedingt errichtet wurde und die Bedingung eintritt (s. 84 (1) (a) Insolvency Act 1986). Bei Überschuldung kann die Gesellschaft durch extraordinary resolution aufgelöst werden (s. 84 (1) (c) Insolvency Act 1986). Beschließt die Gesellschafterversammlung die Auflösung durch special resolution[26], ist die Auflösung ausweislich s. 84 (1) (b) Insolvency Act 1986 nicht an besondere Voraussetzungen gebunden.

Löst sich die Gesellschaft durch Beschluß der Gesellschafterversammlung selbst auf, können die directors an Eides statt versichern, daß die Liquidation voraussichtlich zur vollen Befriedigung der Gläubiger führen wird (s. 89 Insolvency Act 1986). Geben die directors eine solche Erklärung ab, gilt die Auflösung als Auflösung im Interesse der Gesellschafter (members' voluntary winding up); anderenfalls gilt sie laut s. 90 Insolvency Act 1986 als Auflösung im Interesse der Gläubiger (creditors' voluntary winding up). Diese beiden Arten der Selbstauflösung unterscheiden sich darin, in welchem Umfang Gesellschafter und Gläubiger das Liquidationsverfahren beeinflussen können.

---

[25] Zur Haftung der Gesellschafter siehe oben § 4 II.2.c.aa.

[26] Allgemein zur Beschlußfassung durch ordinary, ertraordinary und special resolution oben unter § 4 II.1.a.

b. Liquidation

Folge der Auflösung ist stets die Liquidation der Gesellschaft. Die Liquidation wird durch einen Liquidator durchgeführt. Dieser hat die Aufgabe, die Forderungen der Gesellschaft einzuziehen, das Gesellschaftsvermögen zu verwerten, die Gläubiger zu befriedigen und für eine ordnungsgemäße Verteilung eines danach noch verbleibenden Liquidationsüberschusses zu sorgen (s. 143 (1) Insolvency Act 1986). Zu den einzuziehenden Forderungen zählen insbesondere die Haftungsbeiträge der Gesellschafter, die mit der Auflösung der Gesellschaft fällig werden[27].

Hinsichtlich der Bestellung und der Abberufung des Liquidators ist danach zu unterscheiden, ob es sich um eine Auflösung auf Anordnung des Gerichts oder um eine Auflösung durch die Gesellschaft selbst handelt. Im Falle einer gerichtlichen Auflösung nimmt kraft Gesetzes zunächst ein sogenannter official receiver die Aufgaben des Liquidators wahr (s. 136 (2) Insolvency Act 1986). Die official receivers sind besonders zu diesem Zweck eingesetzte Beamte des Wirtschaftsministeriums, die jeweils für einen bestimmten Gerichtsbezirk zuständig sind[28]. Der official receiver beruft getrennte Versammlungen der Gesellschafter und der Gläubiger ein, die dann eine andere Person zum Liquidator bestellen (s. 136 (4) i.V.m. s. 139 Insolvency Act 1986). Können sich Gesellschafter und Gläubiger nicht auf eine Person einigen, liegt die Entscheidung bei der Gläubigerversammlung (s. 139 (3) Insolvency Act 1986). Diese verfügt auch stets über die Befugnis zur Abberufung des Liquidators (s. 172 (2) Insolvency Act 1986). Hilfsweise kann auch der Wirtschaftsminister einen anderen Liquidator bestellen und gegebenenfalls wieder abberufen (s. 137 und s. 172 (4) Insolvency Act 1986). Kommt es dagegen zu einer Auflösung durch die Gesellschaft selbst, wird lediglich im Falle eines creditors' voluntary winding up eine Gläubigerversammlung einberufen, die dann auch den Liquidator bestellt (s. 98 i.V.m. s. 100 Insolvency Act 1986). Im Falle eines members' voluntary winding up bestellt statt dessen die Gesellschafterversammlung den Liquidator (s. 91 Insolvency Act 1986). Entprechendes gilt für die Abberufung des Liquidators (s. 171 (2) (b) beziehungsweise s. 171 (2) (a)

---

[27] Siehe dazu oben § 4 II.2.c.aa.

[28] *Gower/Prentice/Pettet*, Gower's Principles of Modern Company Law, S. 764; weiterführend zur Rechtsstellung des official receiver: *Morse*, Palmer's Company Law, Vol. 3, paras. 15.004/2 f.

Insolvency Act 1986). Sowohl bei einem members' als auch bei einem creditors' voluntary winding up kann hilfsweise auch gerichtlich ein Liquidator bestellt oder abberufen werden (s. 108 Insolvency Act 1986).

Die Befugnisse des Liquidators sind für alle Arten der Auflösung in s. 165 bis s. 170 Insolvency Act 1986 geregelt. Der Liquidator ist danach insbesondere zur Vertretung der in Abwicklung befindlichen Gesellschaft befugt; je nachdem, welche Art der Auflösung der Liquidation zugrundeliegt, hängt die Reichweite seiner Vertretungsmacht allerdings in unterschiedlichem Umfang von den Vorgaben des Gerichts sowie der Gläubigerversammlung beziehungsweise der Gesellschafterversammlung ab (s. 165 bis s. 167 Insolvency Act 1986).

Die Verteilung des Gesellschaftsvermögens an die Gläubiger ist im Grundsatz in s. 175 und s. 176 Insolvency Act 1986 geregelt. Weitere Einzelheiten finden sich in den Insolvency Rules 1986[29], einer auf Grundlage von s. 411 Insolvency Act 1986 erlassenen Rechtsverordnung. Ein Liquidationsüberschuß steht grundsätzlich den Gesellschaftern zu: Dies ergibt sich für die gerichtliche Auflösung aus s. 154, für die Auflösung durch die Gesellschaft selbst aus s. 107 Insolvency Act 1986.

c. Beendigung

Ist die Liquidation abgeschlossen, wird dies durch den Registrar of Companies in das register of companies eingetragen. In Ermangelung einer anderweitigen Anordnung des Gerichts oder des Wirtschaftsministers tritt mit Ablauf von drei Monaten nach dieser Eintragung kraft Gesetzes die Beendigung der Gesellschaft (dissolution) ein: Dies ergibt sich für die gerichtliche Auflösung aus s. 205, für die Selbstauflösung aus s. 201 Insolvency Act 1986. Die Beendigung der Gesellschaft kann durch das Gericht auf Antrag des Liquidators oder jeder anderen Person, die nach Auffassung des Gerichts ein hinreichendes Interesse hat[30], rückwirkend für nichtig erklärt werden (s. 651 Companies Act 1985).

---

[29] S.I. 1986/1925.

[30] Dies gilt stets für die Gesellschafter: *Re Thompson and Riches Ltd.* [1981] 2 All E.R. 477; unter bestimmten Umständen bescheinigen die Gerichte auch den Finanzbehörden ein hinreichendes Interesse, vgl. dazu: *Re Belmont & Co. Ltd.* [1952] Ch. 10.

Einen Sonderfall der Beendigung regelt s. 652 Companies Act 1985. Demnach kann der Registrar of Companies eine Gesellschaft ohne vorherige Auflösung und Liquidation aus dem register of companies löschen und dadurch beenden, wenn er der Überzeugung ist, daß die Gesellschaft ihre Geschäftstätigkeit eingestellt hat und nur noch als funktionslose Hülse fortbesteht. Dies setzt allerdings voraus, daß die Gesellschaft trotz mehrfacher Aufforderung zur Stellungnahme entweder nicht geantwortet oder der Überzeugung des Registrar of Companies nicht widersprochen hat (s. 652 (1) bis (4) Companies Act 1985). Zudem kann das Gericht auf Antrag der Gesellschaft selbst, eines Gesellschafters oder eines Gläubigers bis zum Ablauf von 20 Jahren nach der Löschung die Wiedereintragung der Gesellschaft anordnen (s. 653 Companies Act 1985). In diesem Fall erlangen rückwirkend alle zwischenzeitlich im Namen der Gesellschaft vorgenommenen Rechtsakte Wirksamkeit[31].

Die directors einer charitable company sind laut s. 3 (7) (b) Charities Act 1993 verpflichtet, den Charity Commissioners die Beendigung der Gesellschaft anzuzeigen. Diese löschen die Gesellschaft daraufhin auch aus dem register of charities (s. 3 (4) Charities Act 1993). Stellt die Gesellschaft ihre Geschäftstätigkeit ein, muß die Gesellschaft unabhängig von einer möglichen Beendigung aus dem register of charities gelöscht werden (s. 3 (4) Charities Act 1993). Erlangen die Charity Commissioners von der Einstellung der Geschäftstätigkeit Kenntnis, führt dies somit in jedem Fall zum Verlust des gemeinnützigen Status.

2. Sonderregelungen für charitable companies

Auch hinsichtlich der Auflösung, Liquidation und Beendigung ergeben sich für charitable companies verschiedene Sonderregelungen. So wird zunächst der Kreis derjenigen, die unter s. 124 Insolvency Act 1986 eine gerichtliche Auflösung der Gesellschaft beantragen können, um den Attorney General und die Charity Commissioners erweitert (s. 63 (1) beziehungsweise s. 63 (2) Charities Act 1993). Allerdings sind die Charity Commissioners nur antragsbefugt, wenn sie zuvor eine Untersuchung unter s. 8 Charities Act 1993 durchgeführt haben und auf Grundlage

---

[31] *Tyman's Ltd. v. Craven* [1952] 2 Q.B. 100; *Re Boxco Ltd.* [1970] Ch. 442.

dieser Untersuchung zu der Überzeugung gelangt sind, ein Fehlverhalten in der Verwaltung aufgedeckt zu haben oder aus anderen Gründen zum Schutz des Gesellschaftsvermögens oder zur Gewährleistung einer zweckentsprechenden Verwendung der Mittel der Gesellschaft einschreiten zu müssen (s. 63 (2) i.V.m. s. 18 (1) Charities Act 1993). Zudem können die Charity Commissioners ausweislich s. 63 (5) Charities Act 1993 nur mit Genehmigung des Attorney General tätig werden.

Wie bereits festgestellt wird ferner eine Gesellschaft nur dann als charity anerkannt, wenn in Abweichung von der allgemeinen Regelung in s. 154 beziehungsweise s. 107 Insolvency Act 1986 die Verteilung eines Liquidationsüberschusses an die Gesellschafter ausgeschlossen und statt dessen eine gemeinnützige Verwendung des Liquidationsüberschusses vorgeschrieben ist[32].

Kommt es nach Auflösung und Liquidation zur Beendigung einer charitable company, können die Charity Commissioners neben den sonst Antragsbefugten auch die Nichtigerklärung der Beendigung der Gesellschaft beantragen (s. 63 (3) Charities Act 1993 i.V.m. s. 651 Companies Act 1985). Entsprechendes gilt, wenn die Gesellschaft unter s. 652 Companies Act 1985 wegen Einstellung ihrer Geschäftstätigkeit ohne vorherige Auflösung und Liquidation aus dem register of companies gelöscht wurde (s. 63 (4) Charities Act 1993 i.V.m. s. 653 Companies Act 1985). Auch hierbei bedürfen die Charity Commissioners jeweils der Genehmigung des Attorney General (s. 63 (5) Charities Act 1993). Von diesen Befugnissen machen die Charity Commissioners etwa dann Gebrauch, wenn sich bei Beendigung der Gesellschaft noch Gesellschaftsvermögen in der Hand außenstehender Dritter befindet: Auf diese Weise können die diesbezüglichen Ansprüche der Gesellschaft noch durchgesetzt und die zurückerhaltenen Vermögenswerte für gemeinnützige Zwecke genutzt werden[33].

---

[32] Siehe oben § 3 II.1.a.ff.

[33] *Warburton/Morris*, Tudor on Charities, S. 461.

III. Zusammenfassung

Die cy-près Doktrin erlaubt den Charity Commissioners und dem High Court eine Änderung des Zwecks einer charity, wenn deren ursprüngliche Zweckbestimmung fehlschlägt. Die Voraussetzungen einer Änderung sind mittlerweile größtenteils im Charities Act 1993 gesetzlich geregelt. Obgleich ursprünglich für charitable trusts entwickelt, findet die cy-près Doktrin auch auf charitable companies Anwendung. Da charitable companies im Gegensatz zu charitable trusts ihren Zweck stets auch selbst ändern können, hat die cy-près Doktrin für charitable companies allerdings nur eine vergleichsweise geringe Bedeutung. Von Belang ist sie insbesondere dann, wenn eine charitable company trotz Fehlschlagens ihres Gesellschaftszwecks nicht selbst die gebotene Zweckänderung vornimmt, wenn sie Spenden in trust hält und diese einem anderen Zweck zuführen will, und wenn infolge der Auflösung der Gesellschaft ein Liquidationsüberschuß entsteht, für den keine geeignete Verwendung vorgegeben ist.

Auflösung, Liquidation und Beendigung einer charitable company richten sich im wesentlichen nach den allgemeinen gesetzlichen Vorgaben des Insolvency Act 1986 und des Companies Act 1985. Auf Grundlage des Charities Act 1993 erhalten allerdings auch der Attorney General und die Charity Commissioners weitreichenden Einfluß auf die Auflösung und Beendigung einer charitable company. In Abweichung von der allgemeinen Regelung muß zudem ein Liquidationsüberschuß - gegebenenfalls in Übereinstimmung mit einem entsprechenden cy-près Plan - einer gemeinnützigen Verwendung zugeführt werden.

§ 8 Schlußbetrachtung

Abgesehen von einigen Sonderformen sind in der englischen Rechtspraxis im wesentlichen zwei Arten von gemeinnützigen Organisationen anzutreffen: der charitable trust und die charitable company. Im Vergleich zum trust eignet sich eine company als Organisationsform besonders für solche charities, die in großem Umfang am Wirtschaftsverkehr teilnehmen sollen. Vor allem wegen der für die Gesellschafter günstigen Haftungsregelung werden charitable companies in aller Regel in Form einer company limited by guarantee errichtet.

Aufgrund ihrer gemeinnützigen Ausrichtung genießen charitable companies gegenüber privatnützig ausgerichteten Gesellschaften erhebliche Vorteile vor allem steuerlicher Art. Zu nennen ist ferner die Befreiung von der Pflicht zur Führung eines die Haftungsbeschränkung kennzeichnenden Namenszusatzes. Diese ermöglicht es der Gesellschaft, sich nach außen hin erkennbar von privatnützig ausgerichteten Unternehmen abzugrenzen.

Allerdings unterliegen charitable companies auch weitreichenden Schutzbestimmungen. Um die Einhaltung der gemeinnützigen Zweckbestimmung zu erzwingen, findet auf charitable companies nach wie vor die ultra vires Doktrin Anwendung: Nicht von der in der objects clause festgelegten gemeinnützigen Zweckbestimmung gedeckte Rechtsgeschäfte sind grundsätzlich nichtig und gegebenenfalls rückabzuwickeln. In den Grenzen der constructive notice Doktrin gilt gleiches für Rechtsgeschäfte, die unter Verstoß gegen sonstige Bestimmungen des memorandum oder der articles of association oder gegen Weisungen der Gesellschafterversammlung zustande gekommen sind.

Um eine Ausnutzung der mit dem gemeinnützigen Status verbundenen steuerlichen Vorteile zu privaten Zwecken zu verhindern, müssen charitable companies ihre Gewinne vollständig ihrem gemeinnützigen Zweck zuführen; Ausschüttungen an die Gesellschafter oder an Dritte außerhalb des gemeinnützigen Zwecks müssen ausgeschlossen werden. Dieser Ausschluß kann weder durch Selbstauflösung der Gesellschaft noch durch Aufgabe des gemeinnützigen Gesellschaftszwecks umgangen werden: Denn zum einen muß auch ein Liquidationsüberschuß - gegebenenfalls in Übereinstimmung mit einem entsprechenden cy-près Plan - für gemeinnützige Zwecke verwendet werden; zum anderen entfaltet eine Aufgabe des gemeinnützigen Gesellschaftszwecks keine Wirkung auf Altvermögen, bei dessen Entstehung die Gesellschaft von ihrer gemeinnützigen Ausrichtung profitiert hat.

Zum Schutz der Interessen außenstehender Dritter sind zudem die objects clause und sonstige für die Art und Weise der Vermögensverwendung bedeutende Bestimmungen des memorandum und der articles of association nur erschwert abänderbar. Besonderen Beschränkungen unterliegen charitable companies auch bei der Anlage von Gesellschaftsvermögen sowie bei der Bewirtschaftung ihres Grundvermögens. Im Interesse einer möglichst nachhaltigen Förderung des Gemeinwohls soll dadurch das Gesellschaftsvermögen vor Verlusten bewahrt werden.

Darüber hinaus unterliegen charitable companies einer verstärkten Kontrolle und Einflußnahme sowohl von außen durch den Staat und die Öffentlichkeit als auch von innen durch die Gesellschafter: Während privatnützig ausgerichtete Gesellschaften lediglich der Kontrolle des Wirtschaftsministers unterstehen, unterliegen charitable companies zudem der Kontrolle und Einflußnahme des High Court und der Charity Commissioners. Um eine wirksame öffentliche Kontrolle zu gewährleisten, muß sich jede charitable company durch einen entsprechenden Namenszusatz nach außen hin als charity zu erkennen geben. Bei den Charity Commissioners sind sowohl das register of charities als auch die von jeder charity zu erstellenden Jahresberichte und Jahresabschlüsse öffentlich einsehbar. Die Charity Commissioners müssen die Öffentlichkeit in weitem Umfang in die Ausübung der ihnen nach dem Charities Act 1993 zustehenden Kontroll- und Eingriffsbefugnisse einbinden. Zudem kann die Öffentlichkeit auch von sich aus die Charity Commissioners zur Ausübung bestimmter Eingriffsbefugnisse veranlassen. Auch die Rechtsstellung der Gesellschafterversammlung und des einzelnen Gesellschafters ist im Vergleich zu privatnützig ausgerichteten Gesellschaften aufgewertet: So können auch die Gesellschafterversammlung sowie einzelne Gesellschafter den High Court und die Charity Commissioners zu Eingriffen in die Verwaltung einer charitable company veranlassen. Dadurch wird ihnen über ihre allgemeinen gesellschaftsrechtlichen Befugnisse hinaus eine zusätzliche Möglichkeit der mittelbaren Einflußnahme eröffnet. In Ausnahme zur Rule in *Foss v. Harbottle* können zudem auch Minderheiten von Gesellschaftern oder einzelne Gesellschafter gerichtlich die Rückabwicklung eines aufgrund der ultra vires oder der constructive notice Doktrin unwirksamen Rechtsgeschäfts durchsetzen.

Angesichts dieser Sonderregelungen sind charitable companies in ihrer Handlungsfähigkeit stärker beschränkt und müssen zudem größere Rücksicht auf die Interessen ihrer Gesellschafter und der Allgemeinheit nehmen als privatnützig ausgerichtete Gesellschaften.

Schwierigkeiten bei der rechtlichen Behandlung der charitable company ergeben sich aus der Eigenart des englischen Rechts, für gemeinnützige Organisationen keine gesonderte Rechtsform bereitszustellen, sondern statt dessen allgemeine Rechtsformen durch Sonderregelungen den aus der Gemeinnützigkeit folgenden Anforderungen anzupassen. Dieses System ist insgesamt unübersichtlich und kompliziert, da stets zwei Regelungsebenen berücksichtigt werden müssen. Dieser Eindruck wird noch verstärkt durch die dem anglo-amerikanischen Rechtskreis eigene Durchmischung der Rechtsquellen Gesetzesrecht und case law. Vor diesem Hintergrund scheint die Einordnung des englischen Rechts gemeinnütziger Organisationen als "Dschungel" durch *Keeton*[1] jedenfalls im Hinblick auf charitable companies nicht unangemessen.

Besondere Probleme ergeben sich dort, wo die Sonderregelungen das allgemeine Recht nicht abändern oder ergänzen, sondern neben dem allgemeinen Recht eine zweite, selbständige Regelungsschiene begründen und sich daher mit dem allgemeinen Recht überschneiden. Für charitable companies zeigt sich dies vor allem bei der doppelten staatlichen Kontrolle: Die Befugnisse des Wirtschaftsministers lassen sich nicht klar von den Befugnissen des High Court und der Charity Commissioners abgrenzen - es droht ein uneinheitliches, widersprüchliches Vorgehen der verschiedenen staatlichen Stellen. Überschneidungen ergeben sich auch bei der Errichtung einer charitable company: Diese erfordert neben der Eintragung der Gesellschaft in das register of companies zudem eine Eintragung in das register of charities. Dadurch steigt der mit der Gründung verbundene Zeit- und Kostenaufwand. Schließlich sind die directors einer charitable company nicht nur dem Registrar of Companies, sondern auch den Charity Commissioners

---

[1] Siehe oben § 1 II.

gegenüber rechenschaftspflichtig. Die Folge ist ein entsprechend erhöhter Verwaltungsaufwand.

Dieser unbefriedigende Zustand hat in der Literatur wiederholt die Forderung ausgelöst, das Konstrukt der charitable company mit seinen aus der Doppelnatur als Gesellschaft und als charity folgenden Problemen durch eine völlig neue, eigene Rechtsform zu ersetzen: So sprechen sich *Warburton* und *Morris* für die Schaffung einer "charitable corporation" aus. Diese soll ebenso wie eine charitable company limited by guarantee über eine eigene Rechtspersönlichkeit und beschränkte Haftung verfügen, jedoch nicht den Bestimmungen des Companies Act 1985 unterliegen. Statt dessen sollen sämtliche Rechtsfragen zusammenhängend im Charities Act 1993 geregelt werden[2]. Auch die Regierung hat den Bedarf nach einem Ersatz der charitable company durch eine neue, eigene Rechtsform bereits im Weißbuch von 1989 anerkannt[3]. Mittlerweile wurde eine Kommission eingesetzt, die im Rahmen von Reformüberlegungen bezüglich des allgemeinen Gesellschaftsrechts auch Vorschläge für die Schaffung einer rechtsfähigen und haftungsbeschränkten Rechtsform speziell für gemeinnützige Betätigungen ausarbeiten soll[4]. Angesichts der Unübersichtlichkeit des zu reformierenden Rechtsgebiets, der Vielzahl der zu regelnden Rechtsfragen sowie der Unwägbarkeiten eines Gesetzgebungsverfahrens sind jedoch schnelle Ergebnisse kaum zu erwarten. Trotz aller systembedingen Nachteile dürfte daher die charitable company auf absehbare Zeit weiterhin die einzige ernstzunehmende Organisationsform bleiben, die das englische Recht für gemeinnützige Betätigungen größeren Maßstabs bereithält.

---

[2] *Warburton* (1990) Conv. 95, 99 ff.; *Warburton/Morris* (1991) Conv. 419, 431.

[3] *Home Office*, Charities: A Framework for the Future, para. 5.22.

[4] Siehe dazu: *Company Law Review Steering Group*, Modern Company Law, paras. 9.14 ff.

Anhang

I. Model Memorandum

The Companies Acts 1985 and 1989
Company Limited by Guarantee and not having a Share Capital

Memorandum of Association of

(name)..

1. The Company's name is ....
(and in this document it is called "the Charity").

2. The Charity's registered office is to be situated in England and Wales.

3. The Charity's objects ("the Objects") are ....
....
....
....

4. In furtherance of the Objects but not otherwise the Charity may exercise the following powers:

( ) to draw, make, accept, endorse, discount, execute and issue promissory notes, bills, cheques and other instruments, and to operate bank accounts in the name of the Charity;

( ) to raise funds and to invite and receive contributions: provided that in raising funds the Charity shall not undertake any substantial permanent trading activities and shall conform to any statutory regulations;

( ) to acquire, alter, improve and (subject to such consents as may be required by law) to charge or otherwise dispose of property;

( ) subject to Clause 5 below to employ such staff, who shall not be directors of the Charity (hereinafter referred to as "the trustees"), as are necessary for the proper pursuit of the Objects and to make all reasonable and necessary provision for the payment of pensions and superannuation to staff and their dependants;

( ) to establish or support any charitable trusts, associations or institutions formed for all or any of the Objects;

( ) to co-operate with other charities, voluntary bodies and statutory authorities operating in furtherance of the Objects or similar charitable purposes and to exchange information and advice with them;

( ) to pay out of the funds of the Charity the costs, charges and expenses of and incidental to the formation and registration of the Charity;

( ) to do all such other lawful things as are necessary for the achievement of the Objects.

5. The income and property of the Charity shall be applied solely towards the promotion of the Objects and no part shall be paid or transferred, directly or indirectly, by way of dividend, bonus or otherwise by way of profit, to members of the Charity, and no trustee shall be appointed to any office of the Charity paid by salary or fees or receive any remuneration or other benefit in money or money's worth from the Charity: Provided that nothing in this document shall prevent any payment in good faith by the Charity:

(1) of the usual professional charges for business done by any trustee who is a solicitor, accountant or other person engaged in a profession, or by any partner of his or hers, when instructed by the Charity to act in a professional capacity on its behalf: Provided that at no time shall a majority of the trustees benefit under this provision and that a trustee shall withdraw from any meeting at which his or her appointment or remuneration, or that of his or her partner, is under discussion;

(2) of reasonable and proper remuneration for any services rendered to the Charity by any member, officer or servant of the Charity who is not a trustee;

(3) of interest on money lent by any member of the Charity or trustee at a reasonable and proper rate per annum not exceeding 2 per cent less than the published base lending rate of a clearing bank to be selected by the trustees;

(4) of fees, remuneration or other benefit in money or money's worth to any company of which a trustee may also be a member holding not more than 1/100th part of the issued capital of that company;

(5) of reasonable and proper rent for premises demised or let by any member of the Company or a trustee;

(6) to any trustee of reasonable out-of-pocket expenses.

6. The liability of the members is limited.

7. Every member of the Charity undertakes to contribute such amount as may be required (not exceeding 10 pounds) to the Charity's assets if it should be wound up while he or she is a member or within one year after he or she ceases to be a member, for payment of the Charity's depts and liabilities contracted before he or she ceases to be a member, and of the costs, charges and expenses of winding up, and for the adjustment of the rights of the contributories among themselves.

8. If the Charity is wound up or dissolved and after all its depts and liabilities have been satisfied there remains any property it shall not be paid to or distributed among the members of the Charity, but shall be given or transferred to some other charity or charities having objects similar to the Objects which prohibits the distribution of its or their income and property to an extent at least as great as is imposed on the Charity by Clause 5 above, chosen by the members of the Charity at or before the time of dissolution and if that cannot be done then to some other charitable object.

We, the persons whose names and addresses are written below, wish to be formed into a company under this memorandum of association.

(Signatures, Names and Addresses of Subscribers)

Dated:
Witness to the above Signatures:
Name:
Address:

Occupation:

II. Model Articles

The Companies Acts 1985 and 1989
Company Limited by Guarantee and not having a Share Capital

Articles of Association of

(name)..

Interpretation.

1. In these articles:

"the Charity" means the company intended to be regulated by these articles;

"the Act" means the Companies Act 1985 including any statutory modification or re-enactment thereof for the time being in force;

"the articles" means the Articles of Association of the Charity;

"clear days" in relation to the period of a notice means the period excluding the day when the notice is given or deemed to be given and the day for which it is given or on which it is to take effect;

"executed" includes any mode of execution;

"the memorandum" means the memorandum of association of the Charity;

"office" means the registered office of the Charity;

"the seal" means the common seal of the Charity if it has one;

"secretary" means the secretary of the Charity or any other person appointed to perform the duties of the secretary of the Charity, including a joint, assistant and deputy secretary;

"the trustees" means the directors of the Charity (and "trustee" has a corresponding meaning);

"the United Kingdom" means Great Britain and Northern Ireland; and

words importing the masculine gender only shall include the feminine gender.

Subject as aforesaid, words or expressions contained in these Articles shall, unless the context requires otherwise, bear the same meaning as in the Act.

Members.

2. (1). The subscribers to the memorandum and such other persons or organisations as are admitted to membership in accordance with the rules made under Article 61 shall be members of the Charity. No person shall be admitted a member of the Charity unless his application for membership is approved by the trustees.

(2). Unless the trustees or the Charity in general mmeting shall make other provision under Article 61, the trustees may in their absolute discretion permit any member of the Charity to retire, provided that after such retirement the number of members is not less than two.

General Meetings.

3. The Charity shall hold an annual general meeting each year in addition to any other meetings in that year, and shall specify the meeting as such in the notices calling it; and not more than fifteen months shall elapse between the date of one annual general meeting of the Charity and of the next: Provided that so long as the Charity holds its first annual general meeting within eighteen months of its incorporation, it need not hold it in the year of ist incorporation or in the following year. The annual general meeting shall be held at such times and places as the trustees shall appoint. All general meetings other than annual general meetings shall be called extraordinary general meetings.

4. The trustees may call general meetings and, on the requisition of members pursuant to the provisions of the Act, shall fortwith proceed to convene an extraordinary general meeting for a date not later than eight weeks after the receipt of the requisition. If there are not within the United Kingdom sufficient trustees to call a general meeting, any trustee or any member of the Charity may call a general meeting.

Notice of general meetings.

5. An annual general meeting and an extraordinary general meeting called for the passing of a special resolution appointing a person as a trustee shall be called by at least twenty-one clear days' notice. All other extraordinary general meetings shall be called by at least fourteen clear days' notice but a general meeting may be called by shorter notice if it is so agreed:

(1) in the case of an annual general meeting, by all the members entitled to attend and vote; and

(2) in the case of any other meeting by a majority in number of members having a right to attend and vote, being a majority together holding not less than 95 per cent of the total voting rights at the meeting of all the members.

The notice shall specify the time and place of the meeting and the general nature of the business to be transacted and, in the case of an annual general meeting, shall specify the meeting as such.

The notice shall be given to all the members and to the trustees and auditors.

6. The accidental omission to give notice of a meeting to, or the non-receipt of a notice of a meeting by, any person entitled to receive notice shall not invalidate the proceedings at that meeting.

Proceedings at general meetings.

7. No business shall be transacted at any meeting unless a quorum is present. Ten persons entitled to vote upon the business to be transacted, each being a member or a duly authorised representative of a member organisation, or one tenth of the total number of such persons for the time being, whichever is the greater, shall constitute a quorum.

8. If a quorum is not present within half an hour of the time appointed for the meeting, or if during a meeting a quorum ceases to be present, the meeting shall be adjourned to the same day in the next week at the same time and place or to such time and place as the trustees may determine.

9. The chairman, if any, of the trustees or in his absence some other trustee nominated by the trustees shall preside as chairman of the meeting, but if neither the chairman nor such other trustee (if any) be present within fifteen minutes after the time appointed for holding the meeting and willing to act, the trustees present shall elect one of their number to be chairman and, if there is only one trustee present and willing to act, he shall be chairman.

10. If no trustee is willing to act as chairman, or if no trustee is present within fifteen minutes after the time appointed for holding the meeting, the members present and entitled to vote shall choose one of their number to be chairman.

11. A trustee shall, notwithstanding that he is not a member, be entitled to attend and speak at any general meeting.

12. The chairman may, with the consent of a meeting at which a quorum is present (and shall if so directed by the meeting), adjourn the meeting from time to time and from place to place, but no business shall be transacted at an adjourned meeting other than business which might properly have been transacted at the meeting had adjournment not taken place. When a meeting is adjourned for fourteen days or more, at least seven clear days' notice shall be given specifying the time and place of the adjourned meeting and the general business to be transacted. Otherwise it shall not be necessary to give any such notice.

13. A resolution put to the vote of a meeting shall be decided on a show of hands unless before, or on the declaration of the result of, the show of hands a poll is duly demanded. Subject to the provisions of the Act, a poll may be demanded:

(1) by the chairman; or

(2) by at least two members having the right to vote at the meeting; or

(3) by a member or members representing not less than one tenth of the total voting rights of all the members having the right to vote at the meeting.

14. Unless a poll is duly demanded a declaration by the chairman that a resolution has been carried or carried unanimously, or by a particular majority, or lost, or not carried by a particular majority and an entry to that effect in the minutes of the meeting shall be conclusive evidence of the fact without proof of the number or proportion of the votes recorded in favour of or against the resolution.

15. The demand for a poll may be withdrawn, before the poll is taken, but only with the consent of the chairman. The withdrawal of a demand for a poll shall not invalidate the result of a show of hands declared before the demand for the poll was made.

16. A poll shall be taken as the chairman directs and he may appoint scrutineers (who need not be members) and fix a time and place for declaring the results of the poll. The result of the poll shall be deemed to be the resolution of the meeting at which the poll is demanded.

17. In the case of an equality of votes, whether on a show of hands or on a poll, the chairman shall be entitled to a casting vote in addition to any other vote he may have.

18. A poll demanded on the election of a chairman or on a question of adjournment shall be taken immediately. A poll demanded on any other question shall be taken either immediately or at such time and place as the chairman directs not being more than thirty days after the poll is demanded. The demand for a poll shall not prevent continuance of a meeting for the transaction of any business other than the question on which the poll is demanded. If a poll is demanded before the declaration of the result of a show of hands and the demand is duly withdrawn, the meeting shall continue as if the demand had not been made.

19. No notice need be given of a poll not taken immediately if the time and place at which it is to be taken are announced at the meeting at which it is demanded. In other cases at least seven clear days' notice shall be given specifying the time and place at which the poll is to be taken.

Votes of members.

20. Subject to Article 17, every member shall have one vote.

21. No member shall be entitled to vote at any general meeting unless all moneys then payable by him to the Charity have been paid.

22. No objection shall be raised to the qualification of any voter except at the meeting or adjourned meeting at which the vote objected to is tendered, and every vote not disallowed at the meeting shall be valid. Any objection made in due time shall be referred to the chairman whose decision shall be final and conclusive.

23. A vote given or poll demanded by the duly authorised representative of a member organisation shall be valid notwithstanding the previous determination of the authority of the person voting or demanding a poll unless notice of the determination was received by the Charity at the office before the commencement of the meeting or adjourned meeting at which the vote is given or the poll demanded or (in the case of a poll taken otherwise than on the same day as the meeting or adjourned meeting) the time appointed for taking the poll.

24. Any organisation which is a member of the Charity may by resolution of its Council or other governing body authorise such person as it thinks fit to act as its representative at any meeting of the Charity, and the person so authorised shall be entitled to exercise the same powers on behalf of the organisation which he represents as the organisation could exercise if it were and individual member of the Charity.

Trustees.

25. The number of trustees shall be not less than three but (unless otherwise determined by ordinary resolution) shall not be subject to any maximum.

26. The first trustees shall be those persons named in the statement delivered pursuant to section 10 (2) of the Act, who shall be deemed to have been appointed under the articles. Future trustees shall be appointed as provided subsequently in the articles.

Powers of trustees.

27. Subject to the provisions of the Act, the memorandum and the articles and to any directions given by special resolution, the business of the Charity shall be managed by the trustees who may exercise all the powers of the Charity. No alteration of the memorandum or the articles and no such direction shall invalidate any prior act of the trustees which would have been valid if that alteration had not been made or that direction had not been given. The powers given by this article shall not be limited by any special power given to the trustees by the articles and a meeting of trustees at which a quorum is present may exercise all the powers exercisable by the trustees.

28. In addition to all powers hereby expressly conferred upon them and without detracting from the generality of their powers under the articles the trustees shall have the following powers, namely:

(1) to expend the funds of the Charity in such manner as they shall consider most beneficial for the achievement of the objects and to invest in the name of the Charity such part of the funds as they may see fit and to direct the sale or transposition of any such investments and to expend the proceeds of any such sale in furtherance of the objects of the Charity;

(2) to enter into contracts on behalf of the Charity.

Appointment and retirement of trustees.

29. At the first annual general meeting all the trustees shall retire from office, and at every subsequent annual general meeting one third of the trustees who are subject to retirement by rotation or, if their number is not three or a multiple of three, the number nearest to one third shall retire from office; but, if there is only one trustee who is subject to retirement by rotation, he shall retire.

30. Subject to the provisions of the Act, the trustees to retire by rotation shall be those who have been longest in office since their last appointment or reappointment, but as between persons who became or were last reappointed trustees on the same day those to retire shall (unless they otherwise agree among themselves) be determined by lot.

31. If the Charity at the meeting at which a trustee retires by rotation, does not fill the vacancy the retiring trustee shall, if willing to act, be deemed to have been reappointed unless at the meeting it is resolved not to fill the vacancy or unless a resolution for the reappointment of the trustee is put to the meeting and lost.

32. No person other than a trustee retiring by rotation shall be appointed or reappointed a trustee at any general meeting unless:

(1) he is recommended by the trustees; or

(2) not less than fourteen nor more than thirty-five clear days before the date appointed for the meeting, notice executed by a member qualified to vote at the meeting has been given to the Charity of the intention to propose that person for appointment or reappointment stating the particulars which would, if he were so appointed or reappointed, be required to be included in the Charity's register of trustees together with a notice executed by that person of his willingness to be appointed or reappointed.

33. No person my be appointed as a trustee:

(1) if they are under the age of 18 years unless the Charity is a registered company; or

(2) in circumstances such that, had he already been a trustee, he would have been disqualified from acting under the provisions of Article 38.

34. Not less than seven nor more than twenty-eight clear days before the date appointed for holding a general meeting notice shall be given to all persons who are entitled to receive notice of the meeting of any person (other than a trustee retiring by rotation at the meeting) who is recommended by the trustees for appointment or reappointment as a trustee at the meeting or in respect of whom notice has been duly given to the Charity of the intention to propose him at the meeting for appointment or reappointment as a trustee. The notice shall give the particulars of the person which would, if he were so appointed or reappointed, be required to be included in the Charity's register of trustees.

35. Subject as aforesaid, the Charity may by ordinary resolution appoint a person who is willing to act to be a trustee either to fill a vacancy or as an additional trustee and may also determine the rotation in which any additional trustees are to retire.

36. The trustees may appoint a person who is willing to act to be a trustee either to fill a vacancy or as an additional trustee provided that the appointment does not cause the number of trustees to exceed any number fixed by or in accordance with the articles as the maximum number of trustees. A trustee so appointed shall hold office only until the next following annual general meeting and shall not be taken into account in determining the trustees who are to retire by rotation at the meeting. If not reappointed at such annual general meeting, he shall vacate office at the conclusion thereof.

37. Subject as aforesaid, a trustee who retires at an annual general meeting may, if willing to act, be reappointed.

Disqualification and removal of trustees.

38. A trustee shall cease to hold office if he

(1) ceases to be a trustee by virtue of any provision in the Act or is disqualified from acting as a trustee by virtue of section 72 of the Charities Act 1993 (or any statutory re-enactment or modification of that provision);

(2) becomes incapable by reason of mental disorder, illness or injury of managing and administering his own affairs;

(3) resigns his office by notice to the Charity (but only if at least two trustees will remain in office if the notice of resignation is to take effect); or

(4) is absent without the permission of the trustees from all their meetings held within a period of six months and the trustees resolve that his office be vacated.

Trustees′ expenses.

39. The trustees may be paid all reasonable travel, hotel and other expenses properly incurred by them in connection with their attendance at meetings of trustees or committees of trustees or general meetings or otherwise in connection with the discharge of their duties, but shall otherwise be paid no remuneration.

Trustees′ appointments.

40. Subject to the provisions of the Act and to Clause 5 of the memorandum, the trustees may appoint one or more of their number to the unremunerated office of managing director or any other unremunerated executive office under the Charity. Any such appointment may be made upon such terms as the trustees determine. Any appointment of a trustee to an executive office shall terminate if he ceases to be a trustee. A managing director and a trustee holding any other executive office shall not be subject to retirement by rotation.

41. Except to the extent permitted by Clause 5 of the memorandum, no trustee shall take or hold any interest in property belonging to the Charity or receive remuneration or be interested otherwise than as a trustee in any other contract to which the Charity is a party.

Proceedings of trustees.

42. Subject to the provisions of the articles, the trustees may regulate their proceedings as they think fit. A trustee may, and the secretary at the request of a trustee shall, call a meeting of the trustees. It shall not be necessary to give notice of a meeting to a trustee who is absent from the United Kingdom. Questions arising at a meeting shall be decided by a majority of votes. In the case of an equality of votes, the chairman shall have a second or casting vote.

43. The quorum for the transaction of the business of the trustees may be fixed by the trustees but shall not be less than one third of their number or two trustees, whichever is the greater.

44. The trustees my act notwithstanding any vacancies in their number, but, if the number of trustees is less than the number fixed as the quorum, the continuing trustees or trustee may act only for the purpose of filling vacancies or of calling a general meeting.

45. The trustees may appoint one of their number to be the chairman of their meetings and may at any time remove him from that office. Unless he is unwilling to do so, the trustee so appointed shall preside at every meeting of trustees at which he is present. But if there is no trustee holding that office, or if the trustee holding it is unwilling to preside or is not present within five minutes after the time appointed for the meeting, the trustees present may appoint one of their number to be chairman of the meeting.

46. The trustees may appoint one or more sub-committees consisting of three or more trustees for the purpose of making any inquiry or supervising or performing any function or duty which in the opinion of the trustees would be more conveniently undertaken or carried out by a sub-committee: provided that all acts and proceedings of any such sub-committees shall be fully and promptly reported to the trustees.

47. All acts done by a meeting of trustees, or of a committee of trustees, shall, notwithstanding that it be afterwards discovered that there was a defect in the appointment of any trustee or that any of them were disqualified from holding office, or had vacated office, or were not entitled to vote, be as valid as if every such person had been duly appointed and was qualified and had continued to be a trustee and had been entitled to vote.

48. A resolution in writing, signed by all the trustees entitled to receive notice of a meeting of trustees or of a committee of trustees, shall be as valid and effective as if it had been passed at a meeting of trustees or (as the case may be) a committee of trustees duly convened and held. Such a resolution may consist of several documents in the same form, each signed by one or more of the trustees.

49. Any bank account in which any part of the assets of the Charity is deposited shall be operated by the trustees and shall indicate the name of the Charity. All cheques and orders for the payment of money from such account shall be signed by at least two trustees.

Secretary.

50. Subject to the provisions of the Act, the secretary shall be appointed by the trustees for such term, at such remuneration (if not a trustee) and upon such conditions as they may think fit; and any secretary so appointed may be removed by them.

Minutes.

51. The trustees shall keep minutes in books kept for the purpose:

(1) of all appointments of officers made by the trustees; and

(2) of all proceedings at meetings of the Charity and of the trustees and of committees of trustees including the names of the trustees present at such meeting.

The Seal.

52. The seal shall only be used by the authority of the trustees or of a committee of trustees authorised by the trustees. The trustees may determine who shall sign any instrument to which the seal is affixed and unless otherwise so determined it shall be signed by a trustee and by the secretary or by a second trustee.

Accounts.

53. Accounts shall be prepared in accordance with the provisions of Part VII of the Act.

Annual Report.

54. The trustees shall comply with their obligations under the Charities Act 1992 (or any statutory re-enactment or modification of that Act) with regard to the preparation of an annual report and its transmission to the Commissioners.

Annual Return.

55. The trustees shall comply with their obligations under the Charities Act 1992 (or any statutory re-enactment or modification of that Act) with regard to the preparation of an annual return and its transmission to the Commissioners.

Notices.

56. Any notice to be given to or by any person pursuant to the articles shall be in writing except that a notice calling a meeting of the trustees need not be in writing.

57. The Charity may give any notice to a member either personally or by sending it by post in a prepaid envelope addressed to the member at his registered address or by leaving it by that address. A member whose registered address is not within the United Kingdom and who gives to the company an address within the United Kingdom at which notices may be given to him shall be entitled to have notices given to him at that address, but otherwise no such member shall be entitled to receive any notice from the Charity.

58. A member present in person at any meeting of the Charity shall be deemed to have received notice of the meeting and, where necessary, of the purposes for which it was called.

59. Proof that an envelope containing a notice was properly addressed, prepaid and posted shall be conclusive evidence that the notice was given. A notice shall be deemed to be given at the expiration of 48 hours after the envelope containing it was posted.

Indemnity.

60. Subject to the provisions of the Act every trustee or other officer or auditor of the Charity shall be indemnified out of the assets of the Charity against any liability inccurred by him in that capacity in defending any proceedings, whether civil or criminal, in which judgment is given in his favour or in which he is acquitted or in connection with any application in which relief is granted to him by the court from liability for negligence, default, breach of duty or breach of trust in relation to the affairs of the Charity.

Rules.

61. (1). The trustees may from time to time make such rules or bye laws as they may deem necessary or expedient or convenient for the proper conduct and management of the Charity and for the purposes of prescribing classes of and conditions of membership, and in particular but without prejudice to the generality of the foregoing, they may by such rules or bye laws regulate:

(i) the admission and classification of members of the Charity (including the admission of organisations to membership) and the rights and privileges of such members, and the conditions of membership and the terms on which members may resign or have their membership terminated and the entrance fees, subscriptions and other fees or payments to be made by the members;

(ii) the conduct of members of the Charity in relation to one another, and to the Charity's servants;

(iii) the setting aside of the whole or any part or parts of the Charity's premises at any particular time or times or for any particular purpose or purposes;

(iv) the procedure at general meetings and meetings of the trustees and committees of the trustees in so far as such procedure is not regulated by the articles;

(v) generally, all such matters as are commonly the subject matter of company rules.

(2). The Charity in general meeting shall have power to alter, add to or repeal the rules or bye laws and the trustees shall adopt such means as they think sufficient to bring to the notice of members of the Charity all such rules or bye laws, which shall be binding on all members of the Charity. Provided that no rule or bye law shall be inconsistent with, or shall affect or repeal anything contained in, the memorandum or the articles.

(Signatures, Names and Addresses of Subscribers)

Dated:
Witness to the above Signatures:
Name:
Address:

Occupation:

Entscheidungsregister

Literaturverzeichnis

Arora, Anu — Abolition of the Ultra Vires Rule (1991) J.B.L. 582.

Atiyah, P.S. — Public Benefit in Charities (1958) 21 M.L.R. 138.

Barc, Stephen/ Bowen, Nicholas (Hrsg.) — Tolley's Company Law, Vol. 1, Croydon, Stand: Februar 2000, Vol. 2, Croydon, Stand: Februar 2000.

Bentwich, Norman — The Wilderness of Legal Charity (1933) 49 L.Q.R. 520.

Berkowitz, Leonard/ Cockain, G.D.M. — Companies Limited by Guarantee and Unlimited Companies, 3. Auflage, London 1977.

Bright, Susan — Charity and Trusts for the Public Benefit - Time for a Re-think? (1989) Conv. 28.

Bruce, Martha — Rights and Duties of Directors, London, Edinburgh, Dublin 1998.

Bruynate, John — The Legal Definition of Charity (1945) 61 L.Q.R. 268.

Bundeszentrale für politische Bildung — Informationen zur politischen Bildung - Großbritannien, Nr. 262, Bonn 1999.

Cairns, Elizabeth — Charities: Law and Practice, 3. Auflage, London 1997.

Cairns, Elizabeth — Preventing Abuse: Commissioners' Increased Powers (1992/93) C.L. & P.R. 127.

Campbell, I.D. Contracts with Companies - The Doctrine of Constructive Notice (1959) 75 L.Q.R. 469.

Charity Commission for England and Wales Managing Financial Difficulties and Insolvency in Charities, Charity Commission Publications No. CC 12, London, Stand: Januar 2000.

Charity Commission for England and Wales Accounting and Reporting by Charities: Exposure Draft of Recommended Practice, Charity Commission Publications, London, Stand: Dezember 1999.

Charity Commission for England and Wales Political Activities and Campaigning by Charities, Charity Commission Publications No. CC 9, London, Stand: September 1999.

Charity Commission for England and Wales Responsibilities of Charity Trustees, Charity Commission Publications No. CC3, London, Stand: September 1999.

Charity Commission for England and Wales Exempt Charities, Charity Commission Publications No. CC 23, London, Stand: Juli 1999.

Charity Commission for England and Wales Choosing and Preparing a Governing Document, Charity Commission Publications No. CC 22, London, Stand: Juli 1999.

Charity Commission for England and Wales Charities´ Reserves, Charity Commission Publications No. CC 19, London, Stand: Juni 1999.

Charity Commission for England and Wales Charities and the Charity Commission, Charity Commission Publications No. CC 2, London, Stand: Juni 1999.

Charity Commission for England and Wales Charities and Trading, Charity Commission Publications No. CC 35, London, Stand: Mai 1999.

Charity Commission for England and Wales Political Activities and Campaigning by Local Community Charities, Charity Commission Publications No. CC 9(a), London, Stand: Februar 1999.

Charity Commission for England and Wales Starting and Registering a Charity, Charity Commission Publications No. CC 21, London, Stand: November 1998.

Charity Commission for England and Wales Model Memorandum and Articles of Association for a Charitable Company, Charity Commission Publications No. GD1, London, Stand: April 1998.

Charity Commission for England and Wales Disposing of Charity Land, Charity Commission Publications No. CC 28, London, Stand: Juni 1996

Charity Commission for England and Wales Remuneration of Charity Trustees, Charity Commission Publications No. CC 11, London, Stand: August 1994

Charity Commission for England and Wales Decisions of the Charity Commissioners,
Vol. 1, H.M.S.O., London 1993,
Vol. 2, H.M.S.O., London 1994,
Vol. 4, H.M.S.O., London 1995.

Charity Commission for England and Wales Annual Report for 1998, H.M.S.O., London 1999.

Charity Commission for England and Wales Annual Report for 1997, H.M.S.O., London 1998.

Charity Commission for England and Wales Annual Report for 1990, H.M.S.O., London 1991.

Charity Commission for England and Wales Annual Report for 1989, H.M.S.O., London 1990.

Charity Commission for England and Wales Annual Report for 1988, H.M.S.O., London 1989.

Charity Commission for England and Wales Annual Report for 1986, H.M.S.O., London 1987.

Charity Commission for England and Wales Annual Report for 1985, H.M.S.O., London 1986.

Charity Commission for England and Wales Annual Report for 1984, H.M.S.O., London 1985.

Charity Commission for England and Wales Annual Report for 1983, H.M.S.O., London 1984.

Charity Commission for England and Wales Annual Report for 1980, H.M.S.O., London 1981.

Charity Commission for England and Wales Annual Report for 1971, H.M.S.O., London 1972.

Charity Commission for England and Wales Annual Report for 1970, H.M.S.O., London 1971.

Charity Commission for England and Wales Annual Report for 1966, H.M.S.O., London 1967.

Charity Commission for England and Wales — Annual Report for 1965, H.M.S.O., London 1966.

Chesterman, Michael — Foundations and Charity Law in the New Welfare State (1999) 62 M.L.R. 333.

Chesterman, Michael — Charities, Trusts and Social Welfare, London 1979.

Committee on the Law and Practice Relating to Charitable Trusts — Report of the Committee on the Law and Practice Relating to Charitable Trusts, H.M.S.O., Cmd. 8710, London 1952.

Company Law Review Steering Group — Modern Company Law - Developing the Framework for a Competitive Economy, D.T.I. Publications, No. 00/656, London, März 2000.

Cracknell, D.G. — Law Relating to Charities, 2. Auflage, London 1983.

Cross, Geoffrey — Some Recent Developments in the Law of Charity (1956) 72 L.Q.R. 187.

Dawson, Ian — Taxation of Trades in the Charities Sector, in: The Voluntary Sector, the State and the Law, herausgegeben von Alison Dunn, Oxford 2000, S. 177.

Deakin, Nicholas — Voluntary Action and the Future of Civil Society, in: The Voluntary Sector, the State and the Law, herausgegeben von Alison Dunn, Oxford 2000, S. 241.

Dyson, Jacqueline — Gifts to Charity (1991) 5 Trust L. & P. 7.

Elliott, Catherine/ Quinn, Frances	The English Legal System, 2. Auflage, London, New York 1998.
Erb, Gerald	Sammelvermögen und Stiftung - Ihre Verknüpfung nach englischem und deutschem Recht, Diss., Baden-Baden 1971.
Ferran, Eilis	The Reform of the Law on Corporate Capacity and Directors' and Officers' Authority, Part 1 (1992) 13 Co. Law. 124.
Ferran, Eilis	The Reform of the Law on Corporate Capacity and Directors' and Officers' Authority, Part 2 (1992) 13 Co. Law. 177.
Fitton, Roger/ Stallard, Hayley/ Edwardes-Evans, Michael	Lotteries (1994) 138 S.J. Charity Supplement 28.
Flynn, Norman	A Mixed Blessing: How the Contract Culture Works, in: The Role and Workings of Voluntary Organisations, herausgegeben von Chris Hanvey und Terry Philpot, London, New York 1996, S. 58.
Forder, Caroline J.	Too Political to be Charitable? (1984) Conv. 263.
Fox, Denis/ Bowen, Michael	The Law of Private Companies, London 1991.
Framjee, Pesh R.	Charities and Trading (1991) 141 N.L.J. Annual Charities Review 12.

Furmston, M. D.	Cheshire, Fifoot and Furmston's Law of Contract, 13. Auflage, London, Edinburgh, Dublin 1996.
Ghosh, I.J./ Robson, M.H.	Charity and Consideration (1993) B.T.R. 496.
Goldenberg, Philip	Guide to Company Law, 3. Auflage, Bicester 1991.
Golding, Jon	Tolley's Inheritance Tax 1999-2000, Croydon 1999.
Gower, L. C. B./ Prentice, D. D./ Pettet, B. G.	Gower's Principles of Modern Company Law, 5. Auflage, London 1992.
Gravells, Nigel P.	Charitable Trusts and Ancillary Purposes (1978) Conv. 92.
Gray, Joanna	Guarantee Companies in the Voluntary Sector, in: The Voluntary Sector, the State and the Law, herausgegeben von Alison Dunn, Oxford 2000, S. 75.
Griffin, Stephen	Company Law - Fundamental Principles, 2. Auflage, London 1996.
Halsbury's Laws of England	Vol. 5 (2), 4. Auflage, London 1993, Vol. 7 (1), 4. Auflage, London 1996, Vol. 7 (2), 4. Auflage, London 1996, Vol. 9 (1), 4. Auflage, London 1998.
Halsbury's Statutes of England and Wales	Vol. 5, 4. Auflage, London 1998, Vol. 33, 4. Auflage, London 1997.

Hartlieb, Gerd Walter	Die Haftung des "directors" einer englischen Kapitalgesellschaft, des Vorstandsmitglieds einer AG sowie des GmbH-Geschäftsführers nach deutschem Recht, Diss., Berlin 1987.
Hayton, David J.	Hayton and Marshall - Commentary and Cases on the Law of Trusts and Equitable Remedies, 10. Auflage, London 1996.
Hayton, David J.	Underhill and Hayton - Law Relating to Trusts and Trustees, 15. Auflage, London, Dublin, Edinburgh 1995.
Hicks, Andrew	Ultra Vires in Company Law - A Capacity to Confuse (1995) 27 Bracton L.J. 44.
Hill, Christopher P.	England und Wales, in: Stiftungen in Europa, herausgegeben vom Stifterverband für die Deutsche Wissenschaft e.V., Baden-Baden 1971, S. 219.
Hill, Judith	The Trust versus the Company under the Charities Acts 1992 and 1993 (1994) 144 N.L.J. Annual Charities Review 22.
Hill, Judith/ de Souza, Jeremy	Charities and Trading (1989) 3 Trust L. & P. 98.
H.M. Customs and Excise	Value Added Tax - Charities, V.A.T. Notice 701/1/95, London, Stand: Januar 1995.
Hollington, Robin	Minority Shareholders' Rights, 3. Auflage, London 1999.

Home Office — Charitable Fund-Raising: Professional and Commercial Involvement, H.M.S.O., London 1995.

Home Office — Charities: A Framework for the Future, H.M.S.O., Cm. 694, London 1989.

Inland Revenue — Trading by Charities - Guidelines on the Tax Treatment of Trades carried on by Charities, Inland Revenue Publications No. CS2, London, Stand: September 1998.

Jones, Gareth — History of the Law of Charity 1532 - 1827, Cambridge 1969.

Keeton, G.W. — Some Problems in the Reform of the Law of Charities (1960) 13 C.L.P. 22.

Keeton, G.W. — The Charity Muddle (1949) 2 C.L.P. 86.

Kessler, James — Trading by Charities (1994) 133 Tax. 465.

Kötz, Hein — Trust und Treuhand - Eine rechtsvergleichende Darstellung des anglo-amerikanischen trust und funktionsverwandter Institute des deutschen Rechts, Diss., Göttingen 1963.

Leatherdale, Malcolm — The Charitable Company - A Further Insight (1993/94) C.L. & P.R. 83.

Longley, Adrian/ Dockray, Martin/ Sallon, Jacqueline — Charity Trustees' Guide, 2. Auflage, London 1982.

Luxton, Peter Conflicts of Interest in Charity Law, in: The Voluntary Sector, the State and the Law, herausgegeben von Alison Dunn, Oxford 2000, S. 227.

Luxton, Peter From the Old World to the New - Fund-Raising after the Charities Act 1992 (1992) 142 N.L.J. Annual Charities Review 14.

McCall Q.C., Christopher Remuneration of Charity Trustees (1992/93) C.L. & P.R. 191.

McEvoy, John/ Bowles, Thomas Eggar Public Charitable Collections and Fund-Raising (1994) 144 N.L.J. Annual Charities Review 24.

Marks, Anthony/ Rees, William Department of Trade and Industry Company Investigations: Their Role and Future Prospects (1990) 11 Co. Law. 107.

Maurice, Spencer G. Recreational Charities - The New Act (1959) 23 Conv. (N.S.) 15.

Maurice, Spencer G. The Public Benefit Element in Charitable Trusts (1951) 15 Conv. (N.S.) 328.

Mestmäcker, Ernst-Joachim Recht und ökonomisches Gesetz: über die Grenzen von Staat, Gesellschaft und Privatautonomie, 2. Auflage, Baden-Baden 1984.

Middleton, Fiona/ Lloyd, Stephen The Charities Acts Handbook, Bristol 1996.

Morris, Debra — Paying the Piper: The "Contract Culture" as Dependency Culture for Charities? in: The Voluntary Sector, the State and the Law; herausgegeben von Alison Dunn, Oxford 2000, S. 123.

Morris, Debra — Corporate Support for Charity (1990) J.B.L. 495.

Morris, Debra — Charitable Covenants (1989) Conv. 321.

Morse, Geoffrey — Charlesworth and Morse - Company Law, 16. Auflage, London 1999.

Morse, Geoffrey (Hrsg.) — Palmer's Company Law,
Vol. 1, London, Edinburgh, Stand: Juni 1998,
Vol. 2, London, Edinburgh, Stand: Juni 1998,
Vol. 3, London, Edinburgh, Stand: Juni 1998.

NCVO — The Voluntary Sector in a Changing Welfare State, NCVO Publications, London 1999.

NCVO — The Company Right or Wrong? The Pros and Cons of Incorporation for Charities and Other Voluntary Organisations, NCVO Publications, 2. Auflage, London 1997.

Newark, Michael/ Samuels, Alec — Research and Charity (1965) 29 Conv. (N.S.) 368.

Oakley, A. J. — Parker and Mellows: The Modern Law of Trusts, 6. Auflage, London 1994.

Pennington, Robert R. — Company Law, 7. Auflage, London, Dublin, Edinburgh 1995.

Picarda, Hubert	The Law and Practice Relating to Charities, 2. Auflage, London 1995.
Picarda, Hubert	Remuneration of Charity Trustees (1987) 137 N.L.J. Annual Charities Review 24.
Plowright, G. Susan	Public Benefit in Charitable Trusts (1975) 39 Conv. (N.S.) 183.
Poole, Jill	Abolition of the Ultra Vires Doctrine and Agency Problems (1991) 12 Co. Law. 43.
Randall, Adrian	Charities' Trading Income (1998) 148 N.L.J. Annual Charities Review 21.
Ray, Ralph/ Stary, Erica/ Costello, Tim/ de Voil, Paul	Charities: Practical Tax Planning, London 1994.
Rice, D.G.	Companies Limited by Guarantee - A New Look (1964) 28 Conv. (N.S.) 214.
Ryan, Christopher	Company Directors - Liabilities, Rights and Duties, 3. Auflage, Bicester 1990.
Samuels, Alec	Charity Land (1996) 140 S.J. Charity Supplement 36.
Santow, G.F.K.	Charity in its Political Voice: a Tingling Cymbal or a Sounding Brass? (1999) 52 C.L.P. 255.
Saunders, Glyn (Hrsg.)	Tolley's Tax Planning 1999/2000, Vol. 1, Croydon 1999.

Saunders, Glyn/ Antczak, Gina — Tolley's Corporation Tax 1999-2000, Croydon 1999.

Saunders, Glyn/ Smailes, David/ Antczak, Gina — Tolley's Income Tax 1999-2000, 84. Auflage, Croydon 1999.

Schindhelm, Malte/ Stein, Klaus — Der trust im deutschen Erbschaft- und Schenkungsteuerrecht, Arbeitspapiere des Instituts für Handels- und Wirtschaftsrecht der Universität Osnabrück Nr. 5/98, 1998.

Sealy, L.S. — Disqualification and Personal Liability of Directors, 4. Auflage, Bicester 1993.

Sealy, L.S. — The Company Law Power of the General Meeting to Intervene (1989) 48 C.L.J. 26.

Sheridan, L.A. — Keeton & Sheridan's Modern Law of Charities, 4. Auflage, Chichester 1992.

Sheridan, L.A./ Delany, V.T.H. — The Cy-près Doctrine, London 1959.

Simon, John G. — Modern Welfare State Policy toward the Nonprofit Sector - Equity Dilemmas, in: The Third Sector - Comparative Studies, herausgegeben von Helmut K. Anheier und Wolfgang Seibel, Berlin, New York 1990, S. 31.

Sinclair, Neil/ Vogel, David/ Snowden, Richard (Hrsg.) — Company Directors: Law and Liability, Vol. 1, London, Stand: März 1999, Vol. 2, London, Stand: März 1999.

Singh, Ramsumair — An Assessment of a Decade of Payroll Giving (1996) 146 N.L.J. Annual Charities Review 22.

Smailes, David/ Walton, Kevin — Tolley's Capital Gains Tax 1999-2000, Croydon 1999.

Sullivan, G.R. — Restating the Scope of the Derivative Action (1985) 44 C.L.J. 236.

Swann, Stephen — Justifying the Ban on Politics in Charity, in: The Voluntary Sector, the State and the Law, herausgegeben von Alison Dunn, Oxford 2000, S. 161.

Sydenham, Angela — Trusts in a Nutshell, 4. Auflage, London 1997.

Thompson, Mark — Land Law, London 1995.

Thorne, James/ Walmsley, Keith (Hrsg.) — Butterworths Company Law Guide, 3. Auflage, London, Dublin, Edinburgh 1995.

Wade, E.C.S./ Phillips, G. Godfrey — Constitutional Law, 4. Auflage, London, New York, Toronto 1951.

Walters, Adrian/ Davis-White, Malcolm — Directors' Disqualification: Law and Practice, London 1994.

Warburton, Jean — Charities, Members, Accountability and Control (1997) Conv. 106.

Warburton, Jean — The Charities Act 1993 - Text and Commentary, London 1993.

Warburton, Jean Charitable Companies and the Charities Act 1992 (1992/93) C.L. & P.R. 203.

Warburton, Jean Charitable Companies and the Companies Act 1989 (1990) 4 Trust L. & P. 78.

Warburton, Jean Charity Corporations: The Framework for the Future? (1990) Conv. 95.

Warburton, Jean Charitable Companies and the Ultra Vires Rule (1988) Conv. 275.

Warburton, Jean Charitable Companies (1984) Conv. 112.

Warburton, Jean/ Morris, Debra Tudor on Charities, First Supplement to the Eighth Edition, London 1997.

Warburton, Jean/ Morris, Debra Tudor on Charities, 8. Auflage, London 1995.

Warburton, Jean/ Morris, Debra Charities and the Contract Culture (1991) Conv. 419.

Ward, Richard Walker & Walker's English Legal System, 8. Auflage, London, Edinburgh, Dublin 1998.

Wareham, Robert/ Dolton, Alan Tolley's Value Added Tax 1999-2000, 2. Auflage, Croydon 1999.

Waters, D.W.M. "Social Welfare" (1959) 23 Conv. (N.S.) 365.

Watkin, Thomas Glyn Charity: The Purport of "Purpose" (1978) Conv. 277.

Weisbrod, Burton A. The Nonprofit Economy, Cambridge 1988.

Westebbe, Achim Die Stiftungstreuhand - Eine Untersuchung des Privatrechts der unselbständigen gemeinnützigen Stiftung mit rechtsvergleichenden Hinweisen auf den charitable trust, Diss., Baden-Baden 1993.

Zander, Michael The Law-making Process, 5. Auflage, London, Dublin, Edinburgh 1999.

FSC
www.fsc.org
MIX
Papier | Fördert gute Waldnutzung
FSC® C083411

Kolibri 360 GmbH
Ferdinand-Jühlke-Straße 7
99095 Erfurt, Deutschland
produktsicherheit@kolibri360.de

Druck:
CPI Druckdienstleistungen GmbH
im Auftrag der
Kolibri 360 GmbH
Ferdinand-Jühlke-Str. 7
99095 Erfurt